Sebastian Weiss

Vermögensentzug in der Konzerninsolvenz

Schriften zum deutschen, europäischen und internationalen Insolvenzrecht

---

Herausgegeben von
Professor Dr. Stefan Smid, Kiel
Rechtsanwalt Professor Dr. Mark Zeuner, Hamburg
Rechtsanwalt Michael Schmidt, Berlin

Band 29

Sebastian Weiss

Vermögensentzug in der Konzerninsolvenz

Mechanismen und haftungsrechtliche Probleme

DE GRUYTER

Sebastian Weiss, Universität Kiel

ISBN 978-3-11-143707-1
e-ISBN (PDF) 978-3-11-143734-7
e-ISBN (EPUB) 978-3-11-143758-3

Library of Congress Control Number: 2024931484

Bibliografische Information der Deutschen Nationalbibliothek
Die Deutsche Nationalbibliothek verzeichnet diese Publikation in der Deutschen Nationalbibliografie; detaillierte bibliografische Daten sind im Internet über http://dnb.dnb.de abrufbar.

Druck und Bindung: CPI books GmbH, Leck

www.degruyter.com

MIX
Papier | Fördert gute Waldnutzung
FSC® C083411

Meinen Eltern

Vorwort

Die vorliegende Arbeit wurde im Sommersemester 2023 von der Rechtswissenschaftlichen Fakultät der Christian-Albrechts-Universität zu Kiel als Dissertation angenommen. Rechtsprechung und Literatur sind bis Mai 2023 berücksichtigt.

Besonderer Dank gebührt meinem Doktorvater, Herrn Prof. Dr. Stefan Smid, der nicht nur das Thema dieser Arbeit anregte, sondern darüber hinaus stets bereit war, seine fachliche Expertise zu teilen. Die Gespräche in Strande haben zum wesentlichen Gelingen dieser Arbeit beigetragen. Mein Dank gilt zudem Herrn Prof. Dr. Timo Fest für die Erstellung des Zweitgutachtens.

Widmen möchte ich diese Arbeit meinen Eltern, die durch ihre laufende Unterstützung meiner Ausbildung und stetige Befürwortung meiner Vorhaben die Entstehung der Dissertation ermöglicht haben. Ihnen gilt meine größte Dankbarkeit.

Hamburg, im Januar 2023 Sebastian Weiss

https://doi.org/10.1515/9783111437347-001

Inhalt

Einleitung

A. Hintergrund der Untersuchung

Der Begriff *Konzern* wird im alltäglichen Sprachgebrauch wohl überwiegend mit einem großen Unternehmen, das viele Arbeitnehmer[1] beschäftigt, konnotiert. Zwar steckt hinter Konzernen – dem alltäglichen Sprachgebrauch entsprechend – eine Wirtschaftseinheit, jedoch keine Rechtseinheit: Aus juristischer Sicht handelt es sich bei einem Konzern vielmehr um den Zusammenschluss mehrerer rechtlich selbständiger Unternehmen.[2] Der Begriff *Konzern* beschreibt im rechtlichen Sinne somit eine Organisationsform und kein Einheitsunternehmen.

Die konzernrechtliche Verbundenheit von Unternehmen ist heute längst keine Ausnahmeerscheinung mehr. Die Globalisierung, die Verflechtung des europäischen Binnenmarktes und nicht zuletzt wirtschaftliche Verbundwerte wie Diversifikation und Synergieeffekte brachten den Konzernzusammenschluss zur dominierenden Unternehmensorganisationsform am Wirtschaftsstandort Deutschland.[3] Dies bestätigt nicht nur ein Blick auf die Liste der 100 hiesigen größten Unternehmen (nach inländischer Wertschöpfung), wovon jedes eine Konzernstruktur auf-

1 Nicht nur aus medizinischer, sondern auch aus rechtlicher Sicht kann nicht an einer allein binären Geschlechtskonzeption festgehalten werden. So erkannte das BVerfG in seinem Beschluss vom 10.10.2017 – 1 BvR 2019/16 den Schutzbereich von Art. 2 Abs. 1 i.V.m. Art. 1 Abs. 1 GG (allgemeines Persönlichkeitsreicht) sowie Art. 3 Abs. 3 S. 1 GG (spezielles Gleichheitsrecht) auch für diejenigen an, die sich dauerhaft weder dem männlichen noch dem weiblichen Geschlecht zugeordnet fühlen. Der deutsche Rechtschreibrat hielt im Zuge des BVerfG-Beschlusses eine Lösung zur geschlechtergerechten Schreibung für notwendig (vgl. Beschluss zur „geschlechtergerechten Schreibung" v. 16.11.2018, S. 1). Die Entwicklung einer gendergerechten Schreibung befindet sich seitdem und bis zum Zeitpunkt der Vorlage dieser Arbeit in einer Erprobungsphase. Dabei ist zu berücksichtigen, dass sich ein sprachlicher Wandel stets aus der Gesellschaft heraus entwickelt und nicht staatlich vorgegeben werden kann. Dies bestätigte der deutsche Rechtschreibrat in seiner Pressemitteilung vom 26.03.2021 und hält den Wandel zur gendergerechten Schreibung für eine gesellschaftliche und gesellschaftspolitische Aufgabe, die nicht allein mit orthografischen Regeln und Änderungen der Rechtschreibung gelöst werden könne. In derselben Mitteilung sprach sich der Rechtschreibrat gegen die Empfehlung, Sonderzeichen zur Kennzeichnung mehrgeschlechtlicher Bezeichnungen im Wortinnern in das Amtliche Regelwerk der deutschen Rechtschreibung aufzunehmen, aufgrund grammatikalischer- sowie Verständlichkeits- und Lesbarkeitsbarrieren aus. Der Verfasser schließt sich dieser Einordnung an und verwendet in der vorliegenden Arbeit das generische Maskulinum, soweit Personen genannt werden, deren Geschlechtszugehörigkeit unbekannt ist. Dabei werden ausdrücklich alle Geschlechteridentitäten adressiert.

2 Creifelds/*Groh*, Rechtswörterbuch, 26. Edition; siehe unten Allgemeiner Teil, Kapitel 1, A.

3 Vgl. Gottwald/Haas/*Specovius*/*von Wilcken*, Insolvenzrechts-Handbuch, 6. Auflage, § 95 Rn. 1ff.

https://doi.org/10.1515/9783111437347-002

weist.[4] Sondern auch bei kleinen und mittleren Unternehmen (sog. KMU, mit bis zu 499 Beschäftigten[5]) hat sich die Organisationsform des Konzerns längst etabliert.[6]

Dadurch gehören Konzerninsolvenzen inzwischen zur alltäglichen Arbeitsbewältigung der Insolvenzgerichte, den -verwaltern und ihren Mitarbeitern. Die mit der (Teil-)Insolvenz einer Unternehmensgruppe einhergehenden betriebswirtschaftlichen, gesellschafts- und insolvenzrechtlichen Fragestellungen sind daher nicht mehr nur auf außergewöhnliche Großverfahren beschränkt.[7] Trotz der gestiegenen Verbreitung und Bedeutung von Konzernstrukturen erweist sich die Abwicklung einer Insolvenz mit konzernierten Rechtsträgern seit jeher als Herausforderung:[8] Konzerninterne Verflechtungen gehen unter anderem mit Haftungsverstrickungen einher, welche die Gefahr des Übergreifens der Insolvenz innerhalb der Unternehmensgruppe potenzieren.[9] Geraten dadurch mehrere oder sämtliche Unternehmensträger in wirtschaftliche Schieflage, führen zudem Interessenkonflikte unter den Verfahrensbeteiligten regelmäßig an die Grenzen einer wirtschaftlich erstrebenswerten Gesamtlösung; der Zusammenbruch des gesamten Konzerns droht.[10] Das Schädigungspotential ist hoch – jedenfalls das der Großkonzerne. Bereits im Jahr 2007 erwirtschafteten konzernverbundene Unternehmen etwa 70 Prozent des Gesamtumsatzes und beschäftigten 53 Prozent der Arbeitnehmer aller Unternehmen in Deutschland.[11] Bei der Großkonzern-Insolvenz drohen neben dem Verlust tausender Arbeitsplätze Folgeinsolvenzen von Lieferanten und anderen abhängigen Vertragspartnern.

Die zunehmende Verbreitung von konzernförmig organisierten Unternehmen und deren erschwerten Abwicklungsbedingungen im Insolvenzfall drängten den Gesetzgeber bereits seit Einführung der Insolvenzordnung in die Schaffungspflicht spezieller konzerninsolvenzrechtlicher Regelungen.[12] Um den Besonderheiten

---

4 Vgl. XXIII. Hauptgutachten der Monopolkommission (Wettbewerb 2020), S. 76.

5 Https://www.ifm-bonn.org/definitionen-/kmu-definition-des-ifm-bonn.

6 Wilhelm/*Dellit*/*Bräuer*, Konzerninsolvenzrecht, Teil 1, C. Rn. 1.

7 So auch Flöther/*Flöther*, Konzerninsolvenzrecht, 2. Auflage, § 1 Rn. 1.

8 Vgl. *Madaus*, NZI-Beilage 2018, S. 4 (4).

9 Siehe unten Allgemeiner Teil, Kapitel 3, A.

10 Als prominente Beispiele für den Zusammenbruch großer Konzerne lassen sich unteranderem die AEG-Telefunken AG im Jahr 1982 (dazu *Kübler*, ZGR 1984, S. 562 f. (560), die KirchMedia GmbH & Co. KGaA im Jahr 2002 (zusammenfassend WiWo vom 30.09.2018) und die Arcandor AG im Jahr 2009 (zusammenfassend WiWo vom 06.06.2019) aufführen.

11 XVIII. Hauptgutachtens der Monopolkommission, BT-Drs. 17/2600, S. 80.

12 Bereits 1984 forderte *Kübler* in ZGR 1984, S. 587 – 591 (560), die Einführung eines gesetzlichen Mindestinstrumentariums für die Insolvenz der Konzernmutter; nach Einführung der InsO forderte *Rattunde* in ZIP 2003, S. 599 f. (596), die Reformierung des Insolvenzplanrechts, um Großunterneh-

konzernverbundener Unternehmen zu entsprechen, reagierte er 2018 mit dem Erlass des *Gesetzes zur Erleichterung der Bewältigung von Konzerninsolvenzen* (KIG).[13] Das KIG wurde mit den §§ 3a bis 3e, 56b und 269a bis 269i in die Insolvenzordnung eingebettet. Die Neuregelungen beinhalten ausschließlich formelles Insolvenzrecht – verfahrensrechtliche Regelungen, unter denen das materielle (Konzern)Recht umgesetzt wird.[14] Der Gesetzgeber versuchte mit Hilfe von vier Regelungsansätzen die verfahrensrechtliche Abwicklung von Konzerninsolvenzen zu erleichtern: Neben einer örtlichen sowie personellen Verfahrenskonzentration (§§ 3a bis 3e, 56b InsO) wurden Kooperationspflichten (§§ 269a bis 269c InsO) und das Koordinationsverfahren (§§ 269d bis 269i InsO) eingeführt. Entgegen der Wunschvorstellung einiger Literaturstimmen[15] blieb eine materiellrechtliche Regelung, die das Zusammenlegen der verschiedenen Insolvenzmassen innerhalb derselben Unternehmensgruppe ermöglicht, aus. Auch das formelle Zusammenlegen der Insolvenzverfahren beleibt weiterhin ausgeschlossen.

Befürworter der sogenannten *Massekonsolidierung* sehen die Vorteile in der Zentralisierung des Abwicklungsverfahrens, welche durch das Zusammenführen der Massen verschiedener Insolvenzverfahren über das Vermögen von Unternehmen desselben Konzernverbunds erreicht werden könne.[16] Dies ermögliche eine zentrale Steuerung der Verfahren und erübrige eine aufwendige Differenzierung und Rückabwicklung der mitunter eng verflochtenen konzerninternen Vermögensströme und -massen.[17] Der Gesetzgeber entschied sich jedoch entschlossen gegen Konsolidierungsmöglichkeiten und stützte sich dabei vor allem auf einen Grundsatz, der schon der Konkursordnung zugrunde lag:

> *„Ein Rechtsträger, ein Vermögen, ein Verfahren“.*[18]

Aus der Umsetzung dieses Grundsatzes folgt, dass in der Insolvenz eines Konzerns über das Vermögen jedes einzelnen insolventen Konzernunternehmens ein Insol-

---

men besser sanieren zu können; 2010 plädierte *K. Schmidt* in KTS 2010, S. 11 – 17 (1), wiederholt für die Schaffung eines Konzerninsolvenzrechts.

13 Die Neuregelungen traten am 21.04.2018 in Kraft, BGBl. 2017 Nr. 22, S. 871 (866); siehe dazu unten Allgemeiner Teil, Kapitel 2, A. I.

14 Zum Verhältnis von formellem und materiellem Recht vgl. Rattunde/Smid/Zeuner/*Smid*, InsO, 4. Auflage, Einführung zum siebten Teil Rn. 5.

15 *Harder*, NJW-Spezial 2017, S. 470 (469), vermisst die letzte Konsequenz des KIG; *Paulus*, ZIP 2005, S. 1953 f. (1948), streitet für eine Konsolidierungslösung; in bestimmten Fallgestaltungen so auch *Verhoeven*, ZInsO 2012, S. 1758 ff. (1757).

16 *Verhoeven*, ZInsO 2012, S. 1758 (1757).

17 Vgl. *Verhoeven*, ZInsO 2012, S. 1758 (1757); *Paulus*, ZIP 2005, S. 1953

18 Vgl. Jaeger/*Weber*, KO, 8. Auflage §§ 207, 208, Rn. 10; *Uhlenbruck*, KTS 1986, S. 425 (419).

venzverfahren eröffnet werden und in jedem einzelnen Verfahren eine eigene Insolvenzmasse gebildet werden muss. Dazu führte die Bundesregierung im Gesetzesentwurf zum KIG vom 30.01.2014 aus:

> *„Mit der Einführung besonderer Regelungen zur Bewältigung von Konzerninsolvenzen sollen die Grundsätze und Zielbestimmungen des geltenden Insolvenzrechts (§ 1 InsO) nicht in Frage gestellt oder abgeändert werden. Vielmehr kann es nur darum gehen, diesen Grundsätzen und Zielbestimmungen im Konzernkontext Geltung zu verschaffen [...]. Dabei darf es allerdings nicht zu Verteilungseffekten zwischen den Gläubigern unterschiedlicher Konzerngesellschaften kommen [...]. Das würde den Grundsatz verletzen, dass die Vermögenswerte eines insolventen Rechtsträgers der Befriedigung der Gläubiger dieses Rechtsträgers dienen [...]. Vor diesem Hintergrund sieht der Entwurf von der Einführung eines konsolidierten Konzernverfahrens ab, bei dem das Vermögen der konzernangehörigen Unternehmensträger unter dem Dach eines einzigen Verfahrens verwertet wird [...]. Auch eine verfahrensrechtliche Zusammenfassung empfiehlt sich nicht. Die Unterstellung einer Mehrzahl von Konzerngesellschaften unter das Dach eines einheitlichen Konzernverfahrens erscheint nicht nur in Bezug auf lose strukturierte Konzernverbindungen übermäßig, sondern wirft darüber hinaus auch bei integrierten Konzernstrukturen eine Vielzahl von Fragen im Zusammenhang mit der verfahrensinternen Bewältigung von Interessenkonflikten zwischen den beteiligten Konzerngesellschaften und deren Gläubigern auf.“*[19]

Diese deutliche Absage an die formelle Konsolidierung der Verfahren wie auch an die materielle Konsolidierung der Massen stellte den Beteiligten der Abwicklung einer Konzerninsolvenz erneut keine Instrumentarien zur Verfügung, um den Konzernverbund in rechtlicher Hinsicht einheitlich zu erfassen. Darüber hinaus verdeutlichte der Gesetzgeber, dass nicht-insolvente Unternehmen des Konzerns ebenfalls nicht in das Abwicklungsverfahren der insolventen Konzernglieder einbezogen werden sollen. Hierzu führte die Bundesregierung aus:

> *„Mit der Entscheidung für Koordinierungslösungen wird inzident auch die förmliche Einbeziehung nicht insolventer Konzerngesellschaften in die Insolvenzabwicklung abgelehnt. Denn Gegenstand der Koordinierung können nur Maßnahmen im Rahmen von Insolvenzverfahren sein. Für eine Einbeziehung nicht insolventer Gesellschaften fehlt es dann aber nicht nur an einem förmlichen Anknüpfungspunkt, sondern auch an einer materiellen Legitimation.“*[20]

Das KIG soll die Bewältigung von Konzerninsolvenzen also nicht über Konsolidierungsmechanismen, sondern ausschließlich über Kooperations- und Koordinationsinstrumentarien erleichtern. Das (Konzern-)Insolvenzrecht betrachtet weiterhin sowohl den Schuldner als auch den Verfahrensgegenstand der Insolvenzmasse anhand der starren Grenzen des Rechtsträgerprinzips.

---

19 BT-Drs. 18/407, S. 16 f.
20 BT-Drs. 18/407, S. 17.

Stattdessen könnte eine Aufweichung des Rechtsträgerprinzips und einheitlichere rechtliche Betrachtung des Konzernverbunds Vorteile im Insolvenzverfahren über das Vermögen eines konzernierten Rechtsträgers einbringen. Insbesondere bei der Bildung der Insolvenzmasse einer Konzerngesellschaft kann das Vermögen der verbundenen Unternehmen eine entscheidende Rolle spielen: Zum einen könnte das Konzernvermögen einer Masseanreicherung dienen und dadurch die Befriedigungschancen der Gläubiger oder die Sanierungschancen des Unternehmens verbessern. Zum anderen könnte eine übertragende Sanierung durch den Zugriff auf Vermögenswerte verbundener Unternehmen wie Betriebsgrundstücke oder anderes Anlagevermögen für die Auffanggesellschaft wesentlich attraktiver gestaltet werden. Allein diese Effektivitätsgründe können in praktischer Hinsicht für eine konsolidierte Erfassung des Konzernverbunds und seiner Vermögensmassen sprechen.

Aufgrund der ungenutzten Möglichkeit, ein Konzerninsolvenzrecht zu schaffen und der jüngst abschließenden Ablehnung von Konsolidierungsmechanismen des Gesetzgebers, soll diese Arbeit hingegen kein Plädoyer und Lösungsvorschläge für eine Masse- oder Verfahrenskonsolidierung *de lege ferenda* beinhalten. Vielmehr ist fraglich, ob der Insolvenzverwalter eines konzernierten Rechtsträgers die Organisationsform des Konzerns und dessen Begebenheiten *de lege lata* nutzen kann, um die Abwicklungsbedingungen seines Verfahrens zu verbessern. Zur praktischen Veranschaulichung der Untersuchung liegt dieser Arbeit der nachstehende Sachverhalt sowie seine Erweiterung zugrunde. Gegenstand des Sachverhalts ist ein Insolvenzverfahren über das Vermögen einer Konzerntochter, bei dem der Zugriff auf einen Vermögenswert der Muttergesellschaft die Abwicklungsbedingungen der Tochter verbessern soll.

Unter Bezugnahme auf den Sachverhalt untersucht diese Arbeit zunächst die Frage, ob und inwieweit nach geltendem Recht ein Zugriff auf Vermögensmassen im Konzern ohne ausdrückliche gesetzliche Konsolidierungsmechanismen möglich ist. Unter Bezugnahme auf die Sachverhaltserweiterung stellt sich auf der Kehrseite die Frage, welche Folgerisiken der Entzug von Vermögenswerten innerhalb des Konzernverbunds mit sich bringt und inwieweit dadurch haftungsrechtliche Probleme der Verfahrensbeteiligten entstehen können.

I. Sachverhalt: Ansätze zum Entzug von Vermögenswerten innerhalb des Konzernverbunds

---

Die K-Unternehmensgruppe besteht aus der M-GmbH, welche die Muttergesellschaft der gruppenangehörigen T1-GmbH und T2-GmbH ist. Die T1-GmbH produziert in einem Gebäude, das von ihr auf einem der M-GmbH gehörenden Betriebsgrundstück errichtet worden ist. Der Bau des Gebäudes wurde durch die Bank B fremdfinanziert. Zur Sicherung der Finanzierung bestellte die M-GmbH der B eine Grundschuld in Höhe von EUR 1.700.000,00 an ihrem Grundstück. Zudem trat G, der Alleingesellschafter und Geschäftsführer der M-GmbH, neben der Muttergesellschaft als Bürge für die bestehende, aber noch nicht fällige Darlehensrückzahlungsforderung von B gegenüber der T1-GmbH in Höhe EUR 1.900.000,00 ein.

G ist ebenfalls der Alleingesellschafter und Geschäftsführer der T1-GmbH. Ferner ist er Geschäftsführer und Gesellschafter der T2-GmbH, deren weiteren Gesellschafter seine Ehefrau und Kinder sind. Auf dem Grundstück betreibt die M-GmbH neben der T1-GmbH eine eigene Produktion.

Nach einem Eigenantrag des G im Jahr 2020 wurde über das Vermögen der T1-GmbH das Insolvenzverfahren eröffnet und I zum Insolvenzverwalter bestellt. Um eine übertragende Sanierung zu ermöglichen, soll das Betriebsgrundstück an den Kaufinteressenten K mitveräußert werden. G bringt vor, dass das Grundstück nicht der Verwaltung des I unterliege und er ohne seine Mitwirkung nicht darauf zugreifen könne.

Der Sachverhalt verdeutlicht, dass in der Insolvenz eines Konzernunternehmens ein Zugriff auf das Vermögen eines verbundenen Unternehmens geeignet ist, die eigene wirtschaftliche Schieflage zu beseitigen. Vorliegend stellt sich die Frage, ob es I möglich ist, auf das Betriebsgrundstück der M-GmbH zuzugreifen und dadurch eine übertragende Sanierung der T1-GmbH an K zu gewährleisten.

Einem bloßen Herausgabeverlangen des Verwalters der insolventen Gesellschaft müssen die Vertretungsberechtigten der verbundenen Konzerngesellschaften grundsätzlich nicht nachkommen. Dies widerspräche der rechtlichen Selbstständigkeit der Konzerngesellschaften, welche dem oben genannten Grundsatz inhärent ist.[21] Denn die Konzernunternehmen können zwar in besonders stark ausgeprägter Abhängigkeit zueinanderstehen, generell behält jedoch jedes Konzernglied als eigenständiger Rechtsträger seine rechtlich selbstständige Vermögensmasse.[22]

Die vorliegende Arbeit untersucht daher die nachstehenden Mechanismen, welche nach geltendem Recht geeignet sein könnten, auf das Vermögen eines verbundenen (solventen) Unternehmens zuzugreifen, um die Sanierungschancen einer Konzerngesellschaft zu verbessern.

---

21 Dazu ausführlich Besonderer Teil I, Kapitel 1.

22 Vgl. *Bayer*, MüKo-AktG, 5. Auflage, § 15 Rn. 49, zur rechtlichen Selbstständigkeit verbundener Unternehmen nach § 15 AktG.

1. Vermögensentzug durch Konsolidierungsmechanismen

Das *Rechtsträgerprinzip* verbietet eine echte Verfahrens- und Massekonsolidierung in Insolvenzverfahren über das Vermögen konzernangehöriger Unternehmen.[23] Dennoch könnte das geltende Gesellschafts- und Insolvenzrecht Techniken zulassen, mithilfe derer die Verfahrensbeteiligten jedenfalls eine konsolidierungsähnliche Wirkung erzeugen könnten. Durch diese Konsolidierungswirkung könnte auch ein Zugriff auf das Vermögen der verbundenen Unternehmen erleichtert werden.

Wollen die Beteiligten eines Insolvenzverfahrens eine individuelle Lösung erarbeiten, ist zunächst an die Vorschriften des sechsten Teils der Insolvenzordnung – Insolvenzplan – zu denken. Die §§ 217 bis 264 InsO stellen dem Insolvenzverwalter einen Rechtsrahmen zur Verfügung, innerhalb dessen Grenzen eine privatautonome Vereinbarung und Lösung mit den Planbetroffenen erarbeitet werden kann.[24] Dabei sind gemäß § 217 Abs. 1 InsO auch Rechtsverhältnisse abweichend von den Vorschriften der InsO regelbar, die die Verwertung der Insolvenzmasse und deren Verteilung an die Beteiligten betreffen. Privatautonome Vereinbarungen, die die Verfahrensmasse betreffen, sind im Insolvenzplanverfahren mithin ausdrücklich zugelassen. Fraglich ist, wie stark von den Vorschriften des Regelverfahrens durch die Maßnahmen des Insolvenzplans abgewichen werden darf. Möglicherweise so weitreichend, dass auch das Vermögen verbundener Unternehmen in der planerischen Abwicklung einer Konzerngesellschaft berücksichtigt werden kann. Vorausgesetzt, und damit untersuchungswürdig, ist, dass überhaupt weitere Rechtsträger des Konzernverbunds in den Insolvenzplan einbezogen werden können. Zusätzlich erscheint problematisch, inwieweit der Grundsatz *„Ein Rechtsträger, ein Vermögen, ein Verfahren"* und auch die Beachtung der Gläubigergleichbehandlung das Erzeugen einer Konsolidierungswirkung und den Vermögensentzug per Insolvenzplan zulassen.

2. Vermögensentzug mit Hilfe des Koordinationsverfahrens

Darüber hinaus ist fraglich, ob die Neuregelungen des KIG und insbesondere das Koordinationsverfahren (§§ 269d bis 269i InsO) trotz der Absage an eine Konsolidierungslösung einen Zugriff auf Vermögensmassen des Konzernverbunds zulassen. Die Frage nach der Vereinbarkeit mit dem Rechtsträgerprinzip gerät dabei in den Hintergrund, da das KIG mit seiner Kooperations- und Koordinationslösung die Selbstständigkeit der Einzelverfahren ohnehin unberührt lässt. Im Vordergrund steht, ob der Koordinationsplan (§ 269 h InsO) ein taugliches Instrument ist, um eine

23 Dazu ausführlich Besonderer Teil I, Kapitel 1, C.

24 Vgl. BT-Drs. 12/2443, S. 90.

konsolidierungsähnliche Wirkung zu erzeugen und ob dabei Vorteile gegenüber dem vorgenannten Insolvenzplanverfahren bestehen.

3. Vermögensentzug durch Mitwirkungspflichten im Konzernverbund

Neben der Möglichkeit, eine Konsolidierungswirkung zu erzeugen, könnte auch die Statuierung gesellschaftsrechtlicher Mitwirkungspflichten dazu führen, die übrigen Konzerngesellschaften in das Insolvenzverfahren über das Vermögen einer verbundenen Gesellschaft einzubeziehen. Fraglich ist, ob der rechtliche Verbund zum Konzern erweiterte gesellschaftsrechtliche Pflichten begründet. Denn aufgrund der intensiven Abhängigkeiten und Verflechtungen unter den Einzelgesellschaften könnte der Verbund zur Teilhabe an einer bestmöglichen Abwicklung der insolventen Konzernglieder verpflichtet werden. Sofern die Organisation zum Konzern überhaupt eine erweiterte Pflichtenlage begründet, ist fraglich, wo Anknüpfungspunkte zur Statuierung von Mitwirkungspflichten liegen, die den Zugriff auf Vermögenswerte der solventen Konzernunternehmen ermöglichen könnten.

4. Vermögensentzug durch freiwillige Mitwirkung

Neben einer zwangsweisen Einbindung der verbundenen Unternehmen in das Insolvenzverfahren einer Konzerngesellschaft könnte ein Vermögensentzug durch eine freiwillige Beteiligung der übrigen Unternehmen erreicht werden. Die Privatautonomie ist ein Grundpfeiler unserer Privatrechtsordnung und wird grundrechtlich von Art. 2 Abs. 1 GG gewährleistet.[25] Im Sinne der Vertragsfreiheit können Rechtsverhältnisse ihrem Inhalt nach frei gestaltet werden. Grenzen liegen jedoch dort, wo die Rechts- und Sittenordnung, mithin die immanenten Schranken des BGB und ausdrückliche Verbotsnormen, verletzt werden.[26] Daher könnten grundsätzlich Rechtsverhältnisse unter den Gesellschaften vereinbart werden, durch welche die Insolvenzmasse eines wirtschaftlich schwachen Konzernunternehmens gestärkt wird, indem verbundenen Unternehmen Vermögenswerte beisteuern. Fraglich ist, welche individualvertraglichen Vereinbarung dazu geeignet sind.

25 Vgl. BVerfG, Beschluss v. 02.06.1996 – 1 BVR 696/69.
26 Dazu ausführlich *Paulus/Zenker*, JuS 2001, S. 4 (1).

II. Sachverhaltserweiterung: Folgeprobleme eines Vermögensentzugs

Im Zuge der Insolvenz der T1-GmbH stellte die B-Bank ihre Darlehensrückzahlungsforderung rechtmäßig fällig. Die M-GmbH verfügte ab diesem Zeitpunkt nicht über ausreichende Liquidität, um ihre ausstehenden Verbindlichkeiten zu begleichen.

G, I, K und B führten Vergleichsverhandlungen, um eine übertragende Sanierung der T1-GmbH zu realisieren. Unter anderem sollte G eine Verkaufsvollmacht für das Betriebsgrundstück erteilen. Ein Sachverständigengutachten bewertete das Grundstück samt Immobilie mit einem Verkehrswert in Höhe von EUR 2.100.000,00.

Die Verkaufsvollmacht wurde nicht eingesetzt und G verkaufte das Grundstück der M-GmbH – auch unter dem Druck seiner persönlichen Inanspruchnahme – selbstständig an den Erwerber E zu einem Kaufpreis von EUR 1.550.000,00. Nach anderen potenziellen Erwerbern schaute sich G nicht um. Er wusste, dass es zu diesem Zeitpunkt nicht zu einer Gesamtlösung der Verbindlichkeiten der Unternehmensgruppe im Sinne einer übertragenden Sanierung gekommen war. An dem Vertragsschluss waren I und B ebenfalls beteiligt. Der Vertrag sah unter anderem vor, dass aus dem Kaufpreis auch die B-Bank als Grundpfandgläubigerin befriedigt wird.

Die Vergleichsverhandlungen endeten erfolglos. Zu einer vollständigen Entschuldung der M-GmbH und des G gegenüber B kam es nicht. Die M-GmbH partizipierte mit einem Betrag in Höhe von EUR 50.000,00 an der Veräußerung des Grundstücks. Durch die Auskehr des restlichen Kaufpreises an die B-Bank ist die M-GmbH von eigenen Verbindlichkeiten in Höhe von EUR 1.500.000,00 freigekommen.

Infolge des Verlustes der Immobilie als Haftungsgegenstand trat neben ihrer Zahlungsunfähigkeit die Überschuldung der M-GmbH ein. Der Antrag auf Eröffnung eines Gruppen-Folgeverfahrens wurde nicht gestellt.

Die Sachverhaltserweiterung verdeutlicht, dass der Entzug von Vermögenswerten für die Bewältigung einer übertragenden Sanierung eines Konzernunternehmens fatale Folgen für den Konzernverbund haben kann. Eine Konzerngesellschaft, die Vermögenspositionen zu Gunsten ihrer Tochtergesellschaft einsetzt, kann ohne Weiteres selbst in wirtschaftliche Schieflage geraten. Untersucht wird, welche insolvenz- und haftungsrechtlichen Folgeprobleme das Aushöhlen der Vermögenswerte eines verbundenen Unternehmens für den Konzern und für die Verfahrensbeteiligten mit sich bringt.

1. Gruppen-Folgeverfahren

Zunächst stellt sich die Frage, inwiefern konzerntypische Vermögensströme durch finanz- und leistungswirtschaftliche Verflechtungen der Unternehmen bei der Prüfung der Insolvenzgründe zu berücksichtigen sind. Problematisch erscheint auch, ob die Neuregelungen des KIG tatsächlich dazu geeignet sind, Gruppen-Folgeverfahren gläubigergerecht abzuwickeln. Insbesondere die Bestellung eines personenidentischen Insolvenzverwalters nach § 56b InsO wirft Zweifel auf; die Sachverhaltserweiterung zeigt, dass Konzerninsolvenzen stets mit Interessenkonflikten verbunden sind.

2. Insolvenzanfechtung

Im Wege der Insolvenzanfechtung ist veräußertes, weggegebenes oder aufgegebenes Vermögen des Schuldners zur Insolvenzmasse zurückzugewähren (§ 143 Abs. 1 S. 1 InsO). Veräußert eine Konzerngesellschaft einen Vermögensgegenstand, um das Insolvenzverfahren eines verbundenen Unternehmens zu unterstützen, könnte darin eine in verschiedene Richtungen anfechtbare Leistung liegen, wenn die Gläubiger der vermögensgebenden Gesellschaft benachteiligt wurden. Fraglich ist insbesondere, wie der insolvenztypische Notverkauf eines bestimmten Vermögensgegenstandes für eine schnelle Liquiditätszufuhr anfechtungsrechtlich zu behandeln ist. Problematisch ist dabei auch, inwiefern belastete Vermögensgegenstände bei der Gläubigerbenachteiligung zu berücksichtigen sind.

3. Organrechtliche Innenhaftung

Die deutsche Rechtsordnung differenziert bei den konzerntypischen Kapitalgesellschaften zwischen Herrschaft und Haftung. Grundsätzlich haftet für die Verbindlichkeiten der Gesellschaft daher das Gesellschaftsvermögen (vgl. § 1 Abs. 1 S. 2 AktG, § 13 Abs. 2 GmbHG). Demgegenüber können die geschäftsführenden Organvertreter im Innenverhältnis gegenüber der Gesellschaft haften (vgl. § 93 Abs. 2 S. 1 AktG, § 43 Abs. 2 GmbHG). Problematisch erscheint, inwiefern sich die geschäftsführenden Organvertreter einer Konzerngesellschaft haftbar gemacht haben, wenn sie leichtfertig Vermögenswerte des Unternehmens veräußert oder weggegeben haben und dadurch die Insolvenz der eigenen Gesellschaft herbeiführten oder vertieften. Es gilt zu prüfen, ob das aktuelle gesellschafts- und insolvenzrechtliche Haftungssystem dicht genug ist, um fahrlässig verursachte Vermögensminderungen durch die Geschäftsführungsorgane zu erfassen.

B. Gang der Untersuchung

Der Sachverhalt und die Sachverhaltserweiterung dienen zum einen als Leitfaden für die Untersuchung abstrakter Fragen, die mit einem Vermögensentzug in der Konzerninsolvenz zusammenhängen. Zum anderen werden die abstrakten Ausführungen der jeweiligen Kapitel mit einem konkreten Bezug auf die Sachverhaltsvorlage in Verbindung gebracht. Um die aufgeworfenen Fragen zu beantworten, gliedert sich diese Arbeit in drei Hauptteile:

Auf die **Einleitung** folgt ein **Allgemeiner Teil.** Die Untersuchung von Vermögensmassen in der Konzerninsolvenz bedarf eines weiten Ausholens und setzt ein rechtliches Grundlagenwissen voraus. Hierzu wird in Kapitel 1 des Allgemeinen Teils dargestellt, was hinter dem Begriff *Konzern* steckt und wie sich die betriebswirtschaftliche von der rechtlichen Betrachtungsweise unterscheidet. Es folgt ein kurzer Abriss über die Entwicklung des Konzerninsolvenzrechts in Deutschland und ein vergleichender Blick auf die internationalen Gesetzgeber (Kapitel 2). In Kapitel 3 werden neben den Besonderheiten der Insolvenz eines konzernierten Rechtsträgers die Wirkungen der Eröffnung des Insolvenzverfahrens auf Konzernunternehmen dargestellt.

Danach beginnt mit dem **Besonderen Teil I** der erste Schwerpunkt dieser Arbeit. Zunächst wird in Kapitel 1 untersucht, welche Subprinzipien hinter dem Grundsatz *„Ein Rechtsträger, ein Vermögen, ein Verfahren"* stecken und ob das geltende Recht ihre Durchbrechungen zulässt. Kapitel 2 behandelt die Frage, welche Mechanismen und Techniken den Beteiligten eines Insolvenzverfahrens über das Vermögen einer Konzerngesellschaft *de lege lata* zur Verfügung stehen, um auf das Vermögen eines verbundenen Unternehmens zuzugreifen und die eigenen Abwicklungsbedingungen zu verbessern. Dieser Abschnitt zielt darauf ab, die vorstehenden Ansätze abschließend zu untersuchen.

Der **Besondere Teil II** behandelt den zweiten Schwerpunkt. Hier wird dargestellt, welches Konfliktpotential der Vermögensentzug im Rahmen eines Konzerninsolvenzverfahrens mit sich bringt und welche haftungsrechtlichen Folgeprobleme bestehen. Während Kapitel 1 die aufgeworfenen Fragen der Gruppen-Folgeverfahren behandelt, werden in Kapitel 2 die Probleme der Insolvenzanfechtung in der vorliegenden Fallkonstellation untersucht. Kapitel 3 geht schließlich der Frage nach, ob das aktuelle gesellschafts- und insolvenzrechtliche Haftungssystem insolvenzbegründende oder insolvenzverschärfende Geschäftsführerhandlungen ausreichend erfasst.

Abgeschlossen wird die Arbeit mit einem zusammenfassenden Überblick der gewonnenen Erkenntnisse (**Schluss**).

Allgemeiner Teil: Grundlagen zum Konzern in der Insolvenz

Dieser Teil der Arbeit bildet die Grundlagen für die Nachvollziehbarkeit der Ausführungen in den besonderen Teilen. Neben der Erläuterung des Konzernbegriffs ist dafür ein Blick auf das Konzerninsolvenzrecht notwendig. Ferner sind die tatsächlichen und rechtlichen Besonderheiten einer Konzerninsolvenz aufzuzeigen. Die Darstellungen erfolgen überblicksartig.

Kapitel 1: Der Konzernbegriff

Die unter anderem in der Einleitung verwendeten Begriffe rund um den Oberbegriff *Konzern* sind vielseitig. Im Rahmen dieser Arbeit – wie auch in der einschlägigen Literatur zum Konzernrecht – werden zum einen die Termini *Konzern*, *Konzernverbund* sowie *Unternehmensgruppe* verwendet. Hiermit ist stets der Zusammenschluss mehrerer Unternehmen zu einem Konzern gemeint;[27] die Begriffe werden daher vorliegend synonym verwendet. Zum anderen werden die Termini *Konzerngesellschaft*, *Konzernunternehmen*, *verbundenes Unternehmen* sowie *Gruppenunternehmen* verwendet, die stets ein einzelnes Unternehmen eines solchen Konzernverbunds bezeichnen. Sie werden vorliegend ebenfalls synonym verwendet. Darüber hinaus werden alle vorgenannten Begriffe in dieser Arbeit untechnisch und damit nicht im Sinne der Konzern-Begriffe von § 18 Abs. 1 S. 1, Abs. 2 AktG oder § 290 Abs. 1, Abs. 2 HGB benutzt, es sei denn, es wird explizit auf Unterschiede eingegangen.

A. Was ist ein Konzern?

Die Insolvenz eines Konzerns oder einzelner Konzernunternehmen stellt die Verfahrensbeteiligten regelmäßig vor eine komplexe Aufgabenbewältigung. Die unkoordinierte Abwicklung einer Konzerninsolvenz führt häufig zum Verlust der Vorteile, die die Konzernierung von Unternehmen mit sich bringt: Ressourcen werden nicht mehr gebündelt koordiniert und die Verwalter der Einzelunternehmen konzentrieren sich auf ihre eigenen Vorteile. Was betriebswirtschaftlich und rechtlich hinter dem Begriff *Konzern* steckt, welche Strukturen auftreten und wie

27 Zu den Unterschieden der gesetzlichen Konzernbegriffe siehe unten.

https://doi.org/10.1515/9783111437347-003

die Insolvenzordnung Konzernsachverhalte erfasst wird nachstehend im Überblick dargestellt.

I. Polarität – wirtschaftliche Einheit bei rechtlicher Vielfalt

Ein Konzern ist aus betriebswirtschaftlicher Sichtweise in erster Linie ein Phänomen:[28] Mehrere unabhängige Unternehmen fassen sich mit dem Ziel der Effizienzsteigerung und Gewinnmaximierung zu einem wirtschaftlichen Gesamtunternehmen zusammen. Diese Zusammenfassung schafft einen produktiven Ressourcenpool verschiedenster Elemente wie Arbeitskräfte, Knowhow, Maschinen, Material, Gebäude, Infrastruktur und Kundenstamm.[29] Die Konzernierung von Unternehmen schafft daneben einen verbundspezifischen Mehrwert, indem steuerliche Vorteile, Risiko- und Haftungsminderungen sowie Synergieeffekte unter einer einheitlichen und koordinierten Leitung genutzt werden können.[30] Schließlich ist man zusammen – wie so oft – stärker als allein. Hervorzuheben ist somit, dass der Konzern aus ökonomischem Blickwinkel als Einheit betrachtet wird.[31]

Widersprüchlich dazu verhält sich die rechtliche Sichtweise auf den Konzern: uneinheitlich. Zwar gelten §§ 15 ff. AktG als zentrale Rechtsquellen des Konzernrecht, allerdings mangelt es bereits an einem einheitlichen Konzernbegriff. Vielmehr ist der Terminus *Konzern* in den verschiedenen (Teil-)Rechtsgebieten mit unterschiedlichen Voraussetzungen verknüpft, was zu einer Koexistenz verschiedener Ansätze führt.[32] Eine rechtliche Einheitslösung ist daher für den Umgang mit Konzernsachverhalten ausgeschlossen. Fraglich ist somit, wann zusammengefasste Unternehmen überhaupt als Konzern zu qualifizieren sind.

Generell werden die konzernspezifischen Regelungen zweckgerichtet ausgelegt.[33] Jedes Gesetz stellt seine eigenen Tatbestandsmerkmale auf, welche sich am individuellen Regelungszweck des jeweiligen Teilrechtsgebiets orientieren. Beispielsweise verdeutlicht das Aktienrecht die rechtliche Vielfalt des Konzernverbunds und besteht dabei stets auf die Eigenständigkeit der jeweiligen Unternehmensträger. So stellt § 15 AktG die rechtliche Selbständigkeit der Unternehmen klar, während § 291 AktG durch Unternehmensverträge eine der Verschmelzung

---

28 Vgl. *Beck*, DZWIR 2014, S. 381 (381); Flöther/*Thole*, Konzerninsolvenzrecht, 2. Auflage, § 2 Rn. 1.

29 *Bous*, Konzernleitungsmacht im Insolvenzverfahren, S. 15.

30 Flöther/*Frege*/*Nicht*, Konzerninsolvenzrecht, 2. Auflage, § 4 Rn. 228.

31 Vgl. Flöther/*Thole*, Konzerninsolvenzrecht, 2. Auflage, § 2 Rn. 1.

32 *Smid*, ZInsO 2016, S. 1282 (1277); ausführlich zum aktienrechtlichen und handelsrechtlichen Konzernbegriff *Jensen*, Konzern in der Krise, S. 18 f; darüber hinaus das Arbeits-, Steuer- und Kartellrecht berücksichtigend *Schumann*, Unternehmensgruppe im InsR., S. 29 ff.

33 *K. Schmidt*, FS Bruno Kübler, S. 639 (633); so auch *Jensen*, Konzern in der Krise, S. 18.

nahekommenden Abhängigkeit[34] zwischen den Konzerngesellschaften ermöglicht, dabei aber stets auf die individuellen Rechtsträger abstellt. Demgegenüber berücksichtigt das Handelsrecht die wirtschaftliche Betrachtungsweise und lässt im Rahmen des Konzernabschlusses eine Einheits-Bilanzierung zu. Dabei ist nach § 297 Abs. 3 S. 1 HGB die *„[...]Vermögens-, Finanz- und Ertragslage der einbezogenen Unternehmen so darzustellen, als ob diese Unternehmen insgesamt ein einziges Unternehmen wären.“*

Alle Ansätze stimmen jedoch in folgendem Punkt überein: Konzerne sind keine eigenständigen juristischen Personen mit eigener Rechtsfähigkeit, sondern der wirtschaftliche Verbund mehrerer rechtlich selbstständiger Unternehmen.[35] Die Konzernstruktur ist von *rechtlicher Vielfalt bei wirtschaftlicher Einheit*[36] geprägt und besteht mindestens aus dem Verbund zweier Unternehmen.

Die legislative Gestaltung für Konzernsachverhalte folgte auf die ökonomische Entwicklung, welche aus den vorgenannten progressiven Zweckmäßigkeitserwägungen in der Organisationsform des Konzerns mündete.[37] Nun ist es Aufgabe der Betriebswirtschaftslehre die rechtliche Selbstständigkeit der Konzernunternehmen anzuerkennen und die rechtliche Vielseitigkeit der Organisationsformen zu berücksichtigen. Die gegensätzlichen Betrachtungsweisen führen zur Polarität[38] von wirtschaftlicher Einheit und rechtlicher Vielfalt.

II. Erscheinungsformen

Aufgrund der vielseitigen systematischen Verbindungen der Konzernunternehmen wird strukturell zwischen verschiedenen Konzernerscheinungsformen differenziert. Die konkrete Konzernstruktur beeinflusst maßgeblich die Taktik der insolvenzrechtlichen Abwicklung. Differenzierungskriterium ist insbesondere die Dichte der organisatorischen und leistungswirtschaftlichen Verflechtungen der Konzernunternehmen.[39] Sind die Einzelunternehmen eng miteinander verflochten, bedarf es daher einer koordinierten und kooperierenden Zusammenarbeit der Beteiligten, um eine akzeptable Gesamtlösung für den Konzern zu finden. Dies scheint bei geringfügig verflochtenen Konzernstrukturen weniger notwendig, da die Einzelunternehmen in wesentlich schwächeren Abhängigkeiten zueinanderstehen. Der In-

34 Emmerich/Habersack/*Emmerich*, Aktien- und GmbH-Konzernrecht, 10. Auflage, § 291 Rn. 2.
35 Creifelds/*Groh*, Rechtswörterbuch, 26. Edition.
36 Flöther/*Thole*, Konzerninsolvenzrecht, 2. Auflage, § 2 Rn. 1.
37 Vgl. Wilhelm/*Dellit*/*Bräuer*, Konzerninsolvenzrecht, Teil 1, C. Rn. 3.
38 A. A. *Verhoeven*, Die Konzerninsolvenz, S. 20, der von Dualismus ausgeht.
39 Flöther/*Thole*, Konzerninsolvenzrecht, 2. Auflage, § 2 Rn. 2.

tensität der Verflechtungen entsprechend, stehen also auch die einzelnen Insolvenzverfahren in höherer oder geringerer Abhängigkeit zueinander.

Die Dichte der organisatorischen Verflechtung wird anhand von *zentralen* oder *dezentralen* Konzernstrukturen bestimmt und das Ausmaß der wirtschaftlichen Verflechtung richtet sich nach *horizontalen* und *vertikalen* Konzernstrukturen.[40] Im Rahmen der strukturellen Konzernerscheinungsformen wird wiederum rechtlich differenziert: Je nach Steuerung des Konzerninteresses basiert die Konzernleitungsmacht auf einer anderen Rechtsgrundlage.[41]

1. Zentral oder dezentral organisierter Konzern

Es handelt sich um eine *zentrale* Konzernstruktur, wenn die Konzernleitungsmacht in der Hand eines Unternehmens liegt, welches strikte Vorgaben an die übrigen Konzerngesellschaften stellt, sodass diesen nur eine geringe Entscheidungsautonomie verbleibt (sog. *Über-/Unterordnungsverhältnis* oder *Unterordnungskonzern*).[42] In der Regel werden die Konzernunternehmen dabei von der Muttergesellschaft geführt. Häufig zeichnet sich die zentrale Konzernführung auch durch eine personelle Verflechtung aus.[43] Beispielsweise werden Mutter- und Tochtergesellschaft durch denselben Geschäftsführer besetzt. Infolge dieser intensiven Konzentration der Konzernleitungsmacht besteht eine hohe Leistungsdichte und eine entsprechend enge organisatorische Verflechtung der Konzernunternehmen.[44]

Demgegenüber zeichnet sich eine *dezentrale* Konzernstruktur durch weniger strikte Vorgaben der Konzernleitung aus. Den einzelnen Konzernunternehmen verbleibt ein weiter Handlungsspielraum und Entscheidungen werden näher am operativen Geschäft getroffen (sog. *Gleichordnungsverhältnis* oder *Gleichordnungskonzern*).[45] Infolge der schwächer ausgeprägten Konzernleitungsmacht besteht im Verhältnis zu zentral geführten Konzernen eine weniger enge organisatorische Verflechtung der Konzernunternehmen.

---

40 Vgl. Beck/Depré/*Cranshaw*/*Kühne*, Praxis der Insolvenz, 4. Auflage, § 32 Rn. 64; *Brünkmans*, Die Koordinierung von Insolvenzverfahren konzernverbundener Unternehmen, S. 29 ff.

41 Wilhelm/*Dellit*/*Bräuer*, Konzerninsolvenzrecht, Teil 1, C. Rn. 10.

42 Vgl. Flöther/*Thole*, Konzerninsolvenzrecht, 2. Auflage, § 2 Rn. 3; *Brünkmans*, Die Koordinierung von Insolvenzverfahren konzernverbundener Unternehmen, S. 30.

43 *Brünkmans*, Die Koordinierung von Insolvenzverfahren konzernverbundener Unternehmen, S. 30.

44 Vgl. *Brünkmans*, Die Koordinierung von Insolvenzverfahren konzernverbundener Unternehmen, S. 30.

45 Vgl. Flöther/*Thole*, Konzerninsolvenzrecht, 2. Auflage, § 2 Rn. 3; Beck/Depré/*Cranshaw*/*Kühne*, Praxis der Insolvenz, 4. Auflage, § 32 Rn. 66.

2. Horizontal, vertikal oder diversifiziert organisierter Konzern

Bei *horizontal* organisierten Konzernen arbeiten die Konzernunternehmen jeweils auf der gleichen Produktions- und Handelsstufe; das heißt, sie stellen eigenständig Produkte der gleichen Art her und verfügen in der Regel jeweils über einen eigenen Marktzugang.[46] Dadurch besteht die auf Erzielung von Synergieeffekten intendierende Verflechtung der Unternehmen nur in den substanziellen Bereichen wie Forschung, Entwicklung, Finanzierung, Verwaltung und Ähnlichem.[47] Folglich besteht zwischen horizontal organisierten Konzernunternehmen eine eher lockere wirtschaftliche Verflechtung.

Dagegen sind die Unternehmen eines *vertikal* organisierten Konzerns durch vor- und nachgelagerte Produktions- und Handelsstufen im Rahmen derselben Wertschöpfungskette miteinander verknüpft.[48] Für das fertige Endprodukt muss das Produktionsobjekt häufig die Produktionsstätten mehrerer rechtlich selbstständiger Konzernunternehmen durchlaufen.[49] Durch den einheitlichen Schöpfungsprozess sind die Konzernunternehmen insbesondere nicht auf zusätzliche Produkte oder Leistungen von anderen Unternehmen angewiesen. Infolgedessen besteht eine enge wirtschaftliche Verflechtung der Konzernunternehmen mit hoher gegenseitiger Abhängigkeit.

Bei sogenannten *Mischkonzernen* findet in der Regel nur ein geringer konzerninterner Leistungsaustausch statt.[50] Die Einzelunternehmen sind vielmehr auf voneinander unabhängigen Märkten tätig und auch nicht durch einen gemeinsamen Schöpfungsprozess verbunden.[51] Dabei dient die Konzernstruktur lediglich der Risikostreuung.[52] Man spricht in diesem Zusammenhang von einer *diversifizierten* Konzernstruktur.[53] Die wirtschaftliche Verflechtungsdichte ist entsprechend gering.

3. Eingliederungs-, Vertrags- oder faktischer Konzern

Die Rechtsgrundlage der Konzernleitungsmacht kann entweder auf einer *Eingliederung*, einem *Vertrag* oder auf *faktischen Begebenheiten* beruhen, vgl. § 18 Abs. 1

---

46 *Brünkmans*, Die Koordinierung von Insolvenzverfahren konzernverbundener Unternehmen, S. 31.

47 Flöther/*Thole*, Konzerninsolvenzrecht, 2. Auflage, § 2 Rn. 4.

48 Flöther/*Thole*, Konzerninsolvenzrecht, 2. Auflage, § 2 Rn. 5.

49 *Brünkmans*, Die Koordinierung von Insolvenzverfahren konzernverbundener Unternehmen, S. 32.

50 Beck/Depré/*Cranshaw*/*Kühne*, Praxis der Insolvenz, 4. Auflage, § 32 Rn. 70.

51 *Brünkmans*, Die Koordinierung von Insolvenzverfahren konzernverbundener Unternehmen, S. 31.

52 Beck/Depré/*Cranshaw*/*Kühne*, Praxis der Insolvenz, 4. Auflage, § 32 Rn. 70.

53 Vgl. Flöther/*Thole*, Konzerninsolvenzrecht, 2. Auflage, § 2 Rn. 7.

S. 1 Hs. 1, S. 2, Abs. 2 Hs. 1 AktG. Dabei kommen für den Unterordnungskonzern alle der vorstehenden Grundlagen in Betracht, während sich die Leitungsmacht eines Gleichordnungskonzerns nur aus einer Vertragsgrundlage oder faktischen Umständen bilden kann.[54]

Die Konzernleitungsmacht beruht auf einer *Eingliederung* im Sinne der §§ 319 bis 327 AktG, wenn sich eine Gesellschaft in eine andere Aktiengesellschaft eingliedert, indem sich alle Aktien der Gesellschaft in der Hand der zukünftigen Hauptgesellschaft befinden (vgl. § 319 Abs. 1 S. 1 AktG). Die Hauptgesellschaft ist sodann berechtigt, der eingegliederten Gesellschaft hinsichtlich ihrer Leitung Weisungen zu erteilen (vgl. § 323 Abs. 1 S. 1 AktG). Eine Eingliederung bewirkt die stärkste Form der Konzernleitungsmacht und steht einer Verschmelzung von Unternehmen nur nicht gleich, weil die eingegliederte Gesellschaft ihre rechtliche Selbstständigkeit behält.[55] Mithin erfolgt die konzernrechtliche Bindung durch die Eigentumsübertragung an allen Aktien der einzugliedernden Gesellschaft. Dadurch entsteht eine enge Kapitalverflechtung.[56]

Die Leitungsmacht eines *Vertragskonzerns* beruht demgegenüber auf einem Unternehmensvertrag nach § 291 Abs. 1 S. 1 Alt. 1 AktG. Es erfolgt somit keine Übernahme von Gesellschaftsanteilen. Vielmehr berechtigt der Beherrschungsvertrag gemäß § 308 Abs. 1 S. 1 AktG das herrschende Unternehmen dazu, der abhängigen Gesellschaft hinsichtlich ihrer Leitung Weisungen zu erteilen. Kompensierend ist die herrschende Gesellschaft nach § 302 Abs. 1 AktG zum Ausgleich des Jahresfehlbetrags (Verlustübernahme) der Untergesellschaft verpflichtet. Ein weiterer von § 291 Abs. 1 S. 1 AktG normierter Unternehmensvertrag ist der Gewinnabführungsvertrag (Alt. 2). Durch diesen Vertrag verpflichtet sich eine Gesellschaft, ihren gesamten Gewinn an eine andere Gesellschaft abzuführen. Eine Konzernleitungsmacht mit Weisungsbefugnis wird hingegen nicht begründet.[57] Nur der Beherrschungsvertrag stellt damit den Grundpfeiler der konzernrechtlichen Bindung vertraglicher Art dar.[58] Wird hingegen ein Unternehmensvertrag geschlossen, der kein Abhängigkeitsverhältnis begründet und sich die beteiligten Gesellschaften freiwillig einer einheitlichen Leitung unterstellen, liegt ein vertraglicher Gleichordnungskonzern vor.[59]

---

54 Wilhelm/*Dellit*/*Bräuer*, Konzerninsolvenzrecht, Teil 1, C. Rn. 10.
55 Vgl. MüKo-AktG/*Grunewald*, 5. Auflage, Vorbem. zu §§ 319 – 327 Rn. 3.
56 Wilhelm/*Dellit*/*Bräuer*, Konzerninsolvenzrecht, Teil 1, C. Rn. 11.
57 Vgl. Emmerich/Habersack/*Emmerich*, Aktien- und GmbH-Konzernrecht, 10. Auflage, § 291 Rn. 70.
58 *Rotstegge*, Konzerninsolvenz, S. 43.
59 Emmerich/Habersack/*Emmerich*, Aktien- und GmbH-Konzernrecht, 10. Auflage, § 18 Rn. 25.

Der *faktische Konzern* ist ein Phänomen ohne gesetzliche Definition.[60] Allerdings zeigt § 18 Abs. 1 S. 1 Hs. 1, S. 3 AktG, dass eine konzernbegründende Leitungsmacht weder eine Eingliederung noch bestimmte Unternehmensverträge voraussetzt. Ein faktischer Konzern entsteht entweder durch die mehrheitliche Beteiligung einer Gesellschaft an einer anderen Gesellschaft und darin begründeter gesellschaftsrechtlicher Möglichkeiten, ein Abhängigkeitsverhältnis zu schaffen, das eine Einflussnahme auf die Leitungsmacht zulässt (faktischer Unterordnungskonzern).[61] Oder es entsteht ein faktischer Gleichordnungskonzern infolge personeller Verflechtungen, indem beide Gesellschaften denselben oder dieselben Allein- bzw. Mehrheitsgesellschafter haben.[62] Zum Schutz der abhängigen Gesellschaft regelt § 311 Abs. 1 AktG, dass die Obergesellschaft keine für die Untergesellschaft nachteiligen Rechtsgeschäfte oder Maßnahmen treffen darf, sofern die Nachteile nicht ausgeglichen werden.

4. Die GmbH als Konzernbaustein

Die vorangestellten Konzerntypen sind im Sinne des Aktienrechts und der §§ 291 ff. AktG stets rechtsformgebunden und erfassen ausschließlich Gesellschaften, die in Form der AG oder KGaA organisiert sind (vgl. § 291 Abs. 1 S. 1 und § 319 Abs. 1 S. 1 AktG). Insbesondere in der Größenordnung der KMU, jedoch auch als Baustein größerer Konzerne, ist hingegen die GmbH als Konzernglied verbreitet; und zwar sowohl als herrschende als auch als abhängige Gesellschaft.[63] An einem GmbH-Konzernrecht fehlt es allerdings. Dennoch existiert die GmbH als Baustein von Vertrags- und faktischen Konzernen.

Auf den *GmbH-Vertragskonzern*, der ausschließlich aus verbundenen Gesellschaften mbH besteht, sind die §§ 291 ff. AktG analog anwendbar.[64] Nimmt eine AG die Stellung der Untergesellschaft und eine GmbH die Stellung der Obergesellschaft ein, bleiben die §§ 291 ff. AktG demgegenüber unmittelbar anwendbar, da sich der Wortlaut von § 291 Abs. 1 S. 1 AktG explizit auf eine AG als Untergesellschaft bezieht und die Rechtsform der Obergesellschaft unabhängig lässt.

Der *faktische GmbH-Konzern* kommt der Organisation beherrschungsvertraglich konzernierter Gesellschaften nahe, indem die Ausübung eines tatsächlich beherrschenden Einflusses ebenso möglich ist wie bei der konzernierten AG: Perso-

---

60 MüKo-AktG/*Bayer*, 5. Auflage, § 18 Rn. 8.

61 MüKo-AktG/*Bayer*, 5. Auflage, § 18 Rn. 9.

62 Emmerich/Habersack/*Emmerich*, Aktien- und GmbH-Konzernrecht, 10. Auflage, § 18 Rn. 30 f.

63 Vgl. MüKo-GmbHG/*Liebscher*, 4. Auflage, Anhang zu § 13 Rn. 8 f.

64 BGH, Beschl. v. 24.10.1988 – II ZB 7/88 = NJW 1989, S. 295 (Supermarkt); BGH, Beschl. v. 30.01.1992 – II ZB 15/91 = ZIP 1992, S. 395 (Siemens); OLG Düsseldorf, Beschl. v. 19.08.1994 – 3 Wx 178/94 = NJW-RR 1995, S. 233 (Rütgerswerke AG).

nelle Gleichbesetzungen durch dieselben Allein- oder Mehrheitsgesellschafter oder der Mehrheitsbesitz der einen an einer anderen GmbH schaffen tatsächliche Abhängigkeitsverhältnisse.[65] §§ 311 ff. AktG sind für den Ausgleich nachteiliger Rechtsgeschäfte oder Maßnahmen hingegen nicht analog anwendbar, da sich die AG von der GmbH nach Ansicht höchstrichterlicher Rechtsprechung strukturell wesentlich unterscheide.[66] Stattdessen sei im Fall eines Nachteils für die abhängige GmbH ein Schadensausgleich aus der gesellschafterlichen Treupflicht herzuleiten.[67]

III. Konzern im insolvenzrechtlichen Sinn nach § 3e InsO

Ob seiner fehlenden Rechtsfähigkeit ist ein Konzern kein eigenständiger Träger von Rechten und Pflichten und wird daher auch nicht unter der Insolvenzfähigkeit des § 11 InsO aufgeführt. Vielmehr wird in § 11 Abs. 1 S. 1 Alt. 2 InsO die Insolvenzfähigkeit eines einzelnen Rechtsträgers festgelegt. Aufgrund des variierenden Konzernbegriffs im deutschen Recht orientiert sich jedes Gesetz – wie vorstehend aufgeführt – an seinem eigenen Telos. Während der aktienrechtliche Konzernbegriff des § 18 Abs. 1 S. 1, Abs. 2 AktG verbundene Unternehmen unter jedenfalls einheitlicher Leitung voraussetzt, lässt der handelsrechtliche Konzernbegriff des § 290 Abs. 1, Abs. 2 HGB die Möglichkeit eines beherrschenden Einflusses durch das Mutterunternehmen ausreichen und folgt dem sogenannten *Control-Konzept.*[68]

Die Insolvenzordnung enthält keinen eigenen Konzernbegriff. Allerdings führte das am 21.04.2018 in Kraft getretene Gesetz zur Erleichterung der Bewältigung von Konzerninsolvenzen (KIG) § 3e InsO ein, welcher den Begriff der *Unternehmensgruppe* enthält und bestimmt: Eine Unternehmensgruppe besteht demnach aus rechtlich selbstständigen Unternehmen, die den Mittelpunkt ihrer hauptsächlichen Interessen im Inland haben und die unmittelbar oder mittelbar durch

(1.) die Möglichkeit der Ausübung eines beherrschenden Einflusses oder (2.) eine Zusammenfassung unter einheitlicher Leitung miteinander verbunden sind.

In der Insolvenzordnung wird der Konzernbegriff wird daher in gewisser Weise durch den Begriff der *Unternehmensgruppe* ersetzt.[69] Dabei sind die Voraussetzungen an § 290 Abs. 1 HGB angelehnt, wodurch die Merkmale des § 18 AktG nicht vorliegen müssen.[70] Verbundene Unternehmen, bei denen die abhängigen Unternehmen unter der einheitlichen Leitung des herrschenden Unternehmens

---

65 Vgl. Kessler/Kröner/Köhler/*Kersenbrock*, Konzernsteuerrecht, 3. Auflage, § 2 Rn. 81, 112 f.

66 BGH, Urteil v. 16.09.1985 – II ZR 275/84 = DNotZ 1986, S. 362 (358).

67 BGH, Urteil v. 16.09.1985 – II ZR 275/84 = DNotZ 1986, S. 362 (358).

68 Ausführlich zum Control-Konzept MüKo-HGB/*Busse von Colbe/Fehrenbacher*, 4. Auflage, § 290 Rn. 25–29.

69 Rattunde/Smid/Zeuner/*Smid*, InsO, 4. Auflage, § 3e Rn. 1.

70 BT-Drs. 18/407, S. 28.

stehen, fallen vielmehr erst recht in den insolvenzrechtlichen Tatbestand. Ferner erfasst § 3e Abs. 1 Nr. 2 InsO den Gleichordnungskonzern, bei dem die Einzelunternehmen nicht in Abhängigkeit zueinanderstehen, sondern lediglich unter einheitlicher Leitung kumuliert sind.

Generell spielt die spezifische Rechtsform der Konzernunternehmen keine Rolle für die Eröffnung des Insolvenzverfahrens und die Anwendung des § 3e InsO. § 11 InsO erfasst nämlich alle konzernrelevanten Gesellschaftsformen und § 3e Abs. 1 InsO setzt keine bestimmte Rechtsform voraus.

1. Rechtlich selbstständige Unternehmen

Konträr zu § 290 HGB knüpft § 3e InsO nicht an die Voraussetzung, dass das Mutterunternehmen als Kapitalgesellschaft verfasst ist. Folglich werden auch solche Unternehmen vom Gruppenverbund erfasst, die keine Kapitalgesellschaften sind, soweit sie die Funktion eines Mutterunternehmens erfüllen.[71] Insofern ist zunächst entscheidend, dass das betreffende Konzernunternehmen im Sinne des § 11 InsO insolvenzfähig ist.[72] Da die Insolvenzordnung keinen eigenen Unternehmensbegriff definiert, stellt sich die Frage, wann überhaupt ein Unternehmen vorliegt. Auf einen allgemeingültigen rechtsgebietsübergreifenden Unternehmensbegriff kann dafür auch nicht zurückgegriffen werden.[73] Grundsätzlich wird ein Unternehmen im Insolvenzrecht als selbstständiges wirtschaftliches Gebilde mit Vermögenswerten rechtlicher (wie Eigentum oder Forderungen) und tatsächlicher Art (wie Kundschaft, Know-how oder Goodwill) verstanden.[74] Dabei ist das Unternehmen kein eigenes Rechtssubjekt. Vielmehr besteht ein Unternehmensträger als Rechtssubjekt, der von § 11 InsO erfasst wird und somit tauglicher Insolvenzschuldner sein kann.[75] Alle natürlichen und juristischen Personen (§ 11 Abs. 1 S. 1) sowie Gesellschaften ohne Rechtspersönlichkeit (§ 11 Abs. 2 Nr. 1) können grundsätzlich Unternehmensträger sein. Teile des Schrifttums verlangen zudem eine jeweils am Zweck der betreffenden Norm orientierte Begriffsbestimmung.[76] Demnach ist vorliegend der Konzentrations- und Koordinationszweck des KIGs zu berücksichtigen, wodurch bei einer *Unternehmensgruppe* mindestens zwei Konzernunternehmen in-

---

71 BT-Drs. 18/407, S. 29.

72 Flöther/*Thole*, Konzerninsolvenzrecht, 2. Auflage, § 2 Rn. 39.

73 Vgl. *K. Schmid*, Gesellschaftsrecht, 4. Auflage, S. 494, der daneben den konzernrechtlichen Unternehmensbegriff kritisch betrachtet; zustimmend MüKo-InsO/*Bruns*, 4. Auflage, § 3e Rn. 3.

74 K. Schmidt/*Jungmann*, InsO, 20. Auflage, § 157 Rn. 1; Uhlenbruck/*Zipperer*, InsO, 15. Auflage, § 158 Rn. 3; Nerlich/Römermann/*Balthasar*, InsO, 46. EL, § 162 Rn. 7.

75 K. Schmidt/*Jungmann*, InsO, 20. Auflage, § 157 Rn. 1.

76 *K. Schmidt*, FS Bruno Kübler, S. 639 (633); MüKo-InsO/*Bruns*, 4. Auflage, § 3e Rn. 3; K/P/B/*Webel*, InsO, 95. EL, § 160 Rn. 10; HambKomm/*Decker*, InsO, 9. Auflage, § 160 Rn. 7.

solvent sein müssen, da anderenfalls eine Koordinierung mehrerer Insolvenzverfahren gar nicht infrage kommt.[77]

Rechtlich selbstständig sind darüber hinaus alle (teil-)rechtsfähigen Unternehmen,[78] wodurch auch die GbR vom Begriff der Unternehmensgruppe erfasst wird.[79]

2. Mittelpunkt der hauptsächlichen Interessen im Inland

Art. 3 Abs. 1 EuInsVO entsprechend geht § 3e InsO im Rahmen des örtlichen Anwendungsbereichs vom Mittelpunkt der hauptsächlichen Interessen der Unternehmensgruppe aus.[80] Folglich muss die Unternehmensgruppe gerade nicht ausschließlich aus Unternehmen bestehen, die ihre hauptsächlichen Interessen im Inland haben. Erst bei einem Interessenschwerpunkt im Ausland wird die Geltung der Europäischen Insolvenzordnung berührt.[81] Hauptsächliche Interessen meint im Sinne einer Auslegung des Art. 3 Abs. 1 S. 2 EuInsVO den Ort, an dem der Schuldner der Verwaltung seiner Interessen nachgeht und der für Dritte feststellbar ist.[82] Das betrifft für gewöhnlich den Standort der Unternehmensleitung. Obschon dies nicht gleichbedeutend mit dem Mittelpunkt der selbstständigen wirtschaftlichen Tätigkeit nach § 3 Abs. 1 S. 2 InsO ist, wird sich der Ort in aller Regel decken.[83]

3. Unmittelbare oder mittelbare Verbindung

§ 3e Abs. 1 InsO enthält zwei Alternativen, nach denen einzelne Unternehmen derart verbunden sind, dass sie eine Unternehmensgruppe bilden.

Die Möglichkeit der *Ausübung eines beherrschenden Einflusses* (Nr. 1) entspringt dem Vorbild des § 290 Abs. 1 S. 1 HGB und liegt vor, wenn einer der Tatbestände des § 290 Abs. 2 Nr. 1 bis 4 HGB einschlägig ist. Diese stellen unwiderlegliche Vermutungen auf.[84] Dabei kommt es nicht auf die tatsächliche Ausübung des beherrschenden Einflusses, sondern auf die *de facto* gegebene Möglichkeit der Ausübung eines solchen Einflusses durch das Mutterunternehmen an.[85] Im Umkehrschluss

77 MüKo-InsO/*Bruns*, 4. Auflage, § 3e Rn. 3.
78 MüKo-InsO/*Bruns*, 4. Auflage, § 3e Rn. 6.
79 Eine Rechtsfähigkeit wird der (Außen-)GbR vom BGH und weiten Teilen des Schrifttums zuerkannt, vgl. dazu BGH, Urteil v. 29.01.2001 – II ZR 331/00 = BGH NJW 2001 S. 1056 ff. (1056); MüKo-BGB/*Schäfer*, 8. Auflage, § 705 Rn. 10 ff.
80 BT-Drs. 18/407, S. 28.
81 MüKo-InsO/*Bruns*, 4. Auflage, § 3e Rn. 7.
82 *Prosteder*, NZI-Beilage 2018, S. 9 (9).
83 MüKo-InsO/*Bruns*, 4. Auflage, § 3e Rn. 7.
84 Uhlenbruck/*Pape*, InsO, 15. Auflage, § 3e Rn. 6.
85 Flöther/*Thole*, Konzerninsolvenzrecht, 2. Auflage, § 2 Rn. 43.

genügt eine denkbare, aber ungewisse Einflussmöglichkeit nicht. In der Regel wird die beherrschende Einflussnahme durch die gesellschaftsrechtliche Beteiligung an den Einzelunternehmen erzielt, wodurch das Mutterunternehmen auf die Geschäfts- und Finanzpolitik sowie Personalentscheidungen einwirken kann.[86]

Eine *Zusammenfassung unter einheitlicher Leitung* (Nr. 2) liegt insbesondere in der Struktur von Gleichordnungskonzernen im Sinne des § 18 Abs. 2 AktG vor.[87] Eine einheitliche Leistung ist schon bei der Zusammenfassung wesentlicher Funktionsbereiche gegeben.[88] Die Erweiterung des Begriffs der Unternehmensgruppe auf Gleichordnungskonzerne erfolgte unter der Erwägung des Gesetzgebers, dass die Anwendung der Koordinierungsmechanismen auch bei der Abwicklung von Gleichordnungskonzernen sinnvoll sein kann.[89]

4. Erweiterung des Gruppenbegriffs durch Abs. 2

§ 3e Abs. 2 InsO erweitert den Gruppenbegriff auf die GmbH & Co. KG und hemmt dadurch den Streit, ob die Komplementär-GmbH in dem Gebilde der GmbH & Co. KG die Möglichkeit hat, einen beherrschenden Einfluss auf die KG auszuüben, für das Konzerninsolvenzrecht.[90] Ob es sich bei Abs. 2 um eine Klarstellung oder – wie überwiegend angenommen[91] – um eine Fiktion handelt, ist für den Anwendungsbereich des KIG unbedeutend, jedenfalls ist er stets für die Insolvenz einer GmbH & Co. KG eröffnet.

5. Kritik: Konzerninsolvenz und Insolvenz im Konzern

Gemäß § 3a Abs. 1 S. 1 InsO erklärt sich das aufgerufene Insolvenzgericht auf Antrag eines gruppenangehörigen Schuldners auch für die Insolvenzverfahren über die anderen gruppenangehörigen Schuldner (sog. *Gruppen-Folgeverfahren*) für zuständig, wenn ein zulässiger Eröffnungsantrag vorliegt und der Schuldner nicht offensichtlich von untergeordneter Bedeutung für die gesamte Unternehmensgruppe ist. Folglich kann der zur Verfahrenskonzentration führende Antrag nur von einem Schuldner gestellt werden, der einer Unternehmensgruppe im Sinne des § 3e InsO angehört.

---

86 Vgl. Flöther/*Thole*, Konzerninsolvenzrecht, 2. Auflage, § 2 Rn. 43

87 Vgl. MüKo-AktG/*Bayer*, 5. Auflage, § 18 Rn. 3.

88 HK-InsO/*Sternal*, 10. Auflage, § 3e Rn. 6.

89 BT-Drs. 18/407, S. 29.

90 Vgl. Rattunde/Smid/Zeuner/*Smid*, InsO, 4. Auflage, § 3e Rn. 8.

91 Rattunde/Smid/Zeuner/*Smid*, InsO, 4. Auflage, § 3e Rn. 8; MüKo-InsO/*Bruns*, 4. Auflage, § 3e Rn. 10; *Prosteder*, NZI-Beilage 2018, S. 11 (9).

Weder der Wortlaut von § 3a InsO noch der Wortlaut von § 3e InsO verlangen die Insolvenz aller Konzernunternehmen. Dem weiten Begriff der Unternehmensgruppe des § 3e InsO wurde im Schrifttum insbesondere wegen der hohen Praktikabilität überwiegend zugestimmt.[92] Demgegenüber beanstanden Kritiker, dass es einer koordinierten Verfahrensbewältigung unter Anwendung des KIG nur bedürfe, wenn sich auch die Muttergesellschaft und ein wesentlicher Teil des Konzerns in der Insolvenz befinde. Für andere Fälle genüge nach ihrer Auffassung das Regelinsolvenzverfahren.[93]

Der Gesetzesentwurf enthält dazu keine klare Vorgabe. Der Gesetzgeber geht bei einer Konzerninsolvenz vielmehr von der *„[...] simultanen oder sukzessiven Insolvenz einer Mehrzahl von Unternehmen, die demselben Konzern angehören"*[94] aus. Obgleich eine *„Mehrzahl"* für die Insolvenz eines überwiegenden Teils der Konzernunternehmen spricht, müssen die Regelungen des KIG bereits bei der Insolvenz einer Minderheit (mindestens zwei) der Konzernunternehmen einer Gruppe anwendbar sein. Die Insolvenz der Muttergesellschaft darf dabei nicht vorausgesetzt werden. Anderes widerspräche einer zweckkonformen Ausschöpfung der Mechanismen des KIG: Ziel des neuen Konzerninsolvenzrechts war es, *„[...] die im Fall einer Konzerninsolvenz zu eröffnenden Einzelverfahren über die Vermögen konzernanhängiger Unternehmen besser aufeinander abzustimmen."*[95] Einer Abstimmung der Einzelverfahren bedarf es gewiss auch bei der Insolvenz einer Minderheit der Konzernunternehmen, um ein Übergreifen der wirtschaftlichen Schieflage auf weitere Konzernunternehmen oder den gesamten Konzern zu vermeiden (sog. *Dominoeffekt*[96]). Eine Ineffizienz durch fehlende Absprache der Insolvenzverwalter und unangepasste Verfahrensstrategien genügen auch bei Insolvenzverfahren über das Vermögen zweier Unternehmen einer Gruppe, um

---

92 *Pleister/Sturm*, ZIP 2017, S. 2332 (2329); Uhlenbruck/*Pape*, InsO, 15. Auflage, § 3e Rn. 3 f; *Brünkmans*, ZIP 2013, S. 195 (193); *Fölsing*, ZInsO 2013, S. 414 f. (413); *Andres/Möhlenkamp*, BB 2013, S. 584 (579); *Leutheusser-Schnarrenberger*, ZIP 2013, S. 100 (97).

93 *Verhoeven*, ZInsO 2014, S. 218 (217); Zum Diskussionsentwurf des KIG siehe *Frind*, ZInsO 2013, S. 429 f. (429).

94 BT-Drs. 18/407, S. 15.

95 BT-Drs. 18/407, S. 1.

96 Der Dominoeffekt umfasst im Wesentlichen die Ausbreitung der Insolvenz durch Haftungsverstrickungen zwischen den Konzernunternehmen. Dabei sind es verschiedenste Haftungsverstrickungen, die als Auslöser des Dominoeffekts infrage kommen (z. B. Beherrschungs- und/oder Gewinnabführungsverträge zwischen Mutter- und Tochtergesellschaft, Verlustausgleichspflichten oder Kreditsicherungen durch Up- bzw. Downstream-Finanzierung). Siehe zum Dominoeffekt *Siemon/Frind*, NZI 2013, S. 1 ff. (1); Flöther/*Specovius*, Konzerninsolvenzrecht, 2. Auflage, § 3 Rn. 124 ff; ausführlich unter Allgemeiner Teil, Kapitel 3, A.

suboptimale Verwertungsergebnisse zu erzielen.[97] Für den weiten Anwendungsspielraum spricht auch eine erhöhte Flexibilität bei der Abwicklung von Konzerninsolvenzen, die der Gesetzgeber mit der Schaffung des KIG anstrebte.[98] So können die Regelungen zur Verfahrenskonzentration oder -koordination optional bei der Insolvenz einer Minderheit der Konzernunternehmen angewendet werden. Da hierzu keine Verpflichtung besteht, kann alternativ anhand des Regelverfahrens agiert werden. Folglich darf es nicht darauf ankommen, dass die Mehrheit der Konzernunternehmen oder die Muttergesellschaft insolvent ist, sondern jede *Insolvenz im Konzern* [99] muss mit Hilfe des KIG bewältigt werden können.

Der im Rahmen dieser Arbeit verwendete Begriff *Konzerninsolvenz* meint daher stets, dass zumindest zwei Gesellschaften eines Konzerns, bestehend aus mindestens zwei verbundenen Unternehmen, insolvent sind.

B. Konzerngefüge der K-Gruppe

Die im *einleitenden* Sachverhalt beschriebene K-Gruppe bildet einen Konzern ab, der aus drei verbundenen Unternehmen besteht, welche jeweils in der Rechtsform einer GmbH organisiert sind. Unternehmensverträge, die ein Beherrschungsverhältnis statuieren, sind nicht ersichtlich. Allerdings besteht aufgrund der personellen Identität der Geschäftsführer der Gesellschaften und der Stellung des G als Alleingesellschafter ein faktisches Abhängigkeitsverhältnis zwischen der M-GmbH und der T1- bzw. T2-GmbH. Die Konzernleitungsmacht liegt dabei als Geschäftsführer und Alleingesellschafter der Muttergesellschaft in den Händen des G. Folglich liegt ein *zentral* organisierter *faktischer GmbH-Konzern* vor.

Der Sachverhalt wird zudem von § 3e Abs. 1 InsO und dem Oberbegriff der Unternehmensgruppe erfasst, da sowohl das Merkmal des möglichen beherrschenden Einflusses (Nr. 1) als auch die Zusammenfassung unter einheitlicher Leitung (Nr. 2) erfüllt ist.

C. Zusammenfassung

Die Wirtschaftswissenschaft und die Rechtswissenschaft betrachten den Konzernbegriff aus gegenteiliger Perspektive: Während auf der einen Seite die ökonomische

97 Vgl. BT-Drs. 18/407, S. 15 als Handlungsmotiv des Gesetzgebers.
98 Vgl. BT-Drs. 18/407, S. 17.
99 Siehe *K. Schmidt*, FS Bruno Kübler, S. 640 (633).

Einheit im Vordergrund steht, ist es auf der anderen Seite die rechtliche Vielfalt. Die Ansätze schließen sich jedoch nicht gegenseitig aus, weshalb auch nicht von einem Verhältnis des Dualismus[100], sondern vielmehr von einem der Polarität auszugehen ist.

Der Zusammenschluss zum Konzern lässt die rechtliche Selbstständigkeit der einzelnen Unternehmen generell unberührt. Dabei kann die Organisation der konzernierten Rechtsträger in verschiedenen Erscheinungsformen mit unterschiedlich dichten Verflechtungen und Abhängigkeiten erfolgen. Es muss kein Beherrschungsverhältnis unter den verbundenen Gesellschaften bestehen, allerdings stets eine – jedenfalls in Teilbereichen – einheitliche Leitung. Die Insolvenzordnung kennt keinen eigenen Konzernbegriff und subsumiert Konzernsachverhalte unter die Merkmale einer *Unternehmensgruppe* nach § 3e InsO. Anforderungen an die Verbundenheit der Unternehmen werden bereits durch die Möglichkeit einer beherrschenden Einflussnahme zwischen den Konzerngesellschaften erfüllt. Die Neuregelungen des KIG können zudem nicht nur bei Insolvenz der Muttergesellschaft und einer Mehrheit der Konzernunternehmen zur Anwendung gelangen, sondern gleichermaßen, wenn die wirtschaftliche Schieflage eine Minderheit des Konzerns betrifft.

100 So aber *Verhoeven*, Die Konzerninsolvenz, S. 20.

Kapitel 2: Konzerninsolvenzrecht

A. Entwicklung des Konzerninsolvenzrechts in Deutschland

Das Insolvenzverfahren dient primär der gemeinschaftlichen Gläubigerbefriedigung (§ 1 S. 1 InsO). Um dieses Ziel zu verwirklichen, kommen zum einen die Liquidation und zum anderen die Unternehmenserhaltung, in Form der Sanierung oder übertragenden Sanierung, als Handlungsalternativen in Betracht.[101] Zudem ist eine Kombination der Verwertungsinstrumente möglich. So kann eine Teilliquidation mit einer Teilsanierung oder mit einer übertragenden Sanierung eines Betriebsteils verknüpft werden.[102] Die Verwertungsarten sind gleichrangig und die Wahl ist stets eine Einzelfallentscheidung.[103] Dabei begrenzen die Marktgesetze den Entscheidungsspielraum: Der insolvente Betrieb muss in einer solchen Weise aus dem Markt genommen oder dessen finanziellen Verhältnisse müssen so korrigiert werden, dass es nicht zu einer Wettbewerbsverzerrung durch Begünstigung des insolventen Betriebes führt – die jeweilige Verwertung hat somit marktgerecht zu erfolgen.[104] Für eine marktkonforme Abwicklung ist die anhand der wirtschaftlichen Lage des Schuldners angemessenste und zugleich gesamtwirtschaftlich interessengechteste Verwertungsart zu wählen.[105] Diese Grundsätze gelten freilich auch für die Insolvenz einer oder in einer Unternehmensgruppe.

I. Historische Entwicklung des KIG

Bereits die Reichsjustizgesetze aus dem Jahr 1877 enthielten den Grundsatz: *„Ein Rechtsträger, ein Vermögen, ein Verfahren“.*[106] Weder die Konkursordnung noch die Vergleichs- oder Gesamtvollstreckungsordnung normierten Bestimmungen zur Abwicklung konzernverbundener Unternehmen. Daher wurde jede in den Konkurs gefallene Konzerngesellschaft in einem eigenen Konkursverfahren, formal getrennt von den übrigen Verfahren, abgewickelt.[107] Die Forderung, ein Konzerninsolvenzrecht zu schaffen, rückte durch die Insolvenzen bekannter Unternehmensgruppen

---

101 MüKo-InsO/*Stürner*, 4. Auflage, Einleitung Rn. 2f; mit Schaubild Beck/Depré/*Beck*, Praxis der Insolvenz, 3. Auflage, § 1 Rn. 6f.

102 Beck/Depré/*Beck*, Praxis der Insolvenz, 3. Auflage, § 1 Rn. 10.

103 MüKo-InsO/*Ganter*/*Bruns*, 4. Auflage, § 1 Rn. 46.

104 Vgl. MüKo-InsO/*Ganter*/*Bruns*, 4. Auflage, § 1 Rn. 43.

105 Vgl. MüKo-InsO/*Ganter*/*Bruns*, 4. Auflage, § 1 Rn. 43.

106 Vgl. Jaeger/*Weber*, KO, 8. Auflage, §§ 207, 208, Rn. 8ff; *Uhlenbruck*, KTS 1986, S. 425 (419).

107 Vgl. *Kübler*, ZGR 1984, S. 561f. (560).

seither immer wieder in den Vordergrund.[108] Vergebens, die am 01.01.1999 in Kraft getretene Insolvenzordnung kannte kein besonderes Konzerninsolvenzrecht. Am Grundsatz *„Ein Rechtsträger, ein Vermögen, ein Verfahren"* wurde festgehalten.

Das bedeutete jedoch nicht, dass Insolvenzen konzernverbundener Unternehmen nicht abgewickelt werden konnten. Vielmehr nutzen Insolvenzgerichte und -Verwalter stets eine konzernfreundliche Auslegung des geltenden Insolvenzrechts, wodurch die einzelnen Insolvenzverfahren der Konzernunternehmen aufeinander abgestimmt werden konnten.[109] Dadurch ließen sich die negativen Auswirkungen einer dezentralen Insolvenzbewältigung zumindest abmildern. Eine abgestimmte Abwicklung funktionierte nach Ansicht von *Madaus* jedoch nur mit dem *„Wohlwollen der Beteiligten"*.[110] Folglich gestaltete sich eine interessengerechte Abwicklung schwierig, wenn das Wohlwollen auf Seiten der Gesellschafter, Insolvenzgerichte oder Verwalter fehlte. Nicht zuletzt, weil die Insolvenzgerichte oder Verwalter auf keine besonderen Verfahrensvorschriften zurückgreifen konnten, anhand derer eine Abstimmung aufgezwungen werden konnte. Zusätzlich war der Erfolg des Wohlwollens mangels hinreichender Rechtsgrundlage und durch bloße Auslegung des geltenden Rechts mit erheblicher Rechtsunsicherheit belastet. So konnten bereits die verschiedenen Gerichtsstände der einzelnen Konzernunternehmen einer einheitlichen Verwalterbestellung im Weg stehen.[111]

Um eine bessere Verfahrensabstimmung zu gewährleisten, brachte die Bundesregierung am 30.01.2014 den *„Entwurf eines Gesetzes zur Erleichterung der Bewältigung von Konzerninsolvenzen"* (KIG) zur Abstimmung in den Bundestag ein.[112] Die Neuregelungen traten am 21.04.2018 in Kraft. Zwar gilt weiterhin der Grundsatz *„Ein Rechtsträger, ein Vermögen, ein Verfahren"* und es besteht *de lege lata* kein eigenes Konzerninsolvenzrecht. Jedoch wurden erstmalig verfahrensrechtliche Instrumentarien geschaffen, um den Ablauf einer Konzerninsolvenz zu unterstützen.[113]

---

108 Etwa in den 1980er Jahren: Aufgrund der wirtschaftlichen Schieflage von AEG, Pelikan und IBH verlangten gewichtige Stimmen des Schrifttums, Regelungen zur Vereinfachung eines Konzerninsolvenzverfahrens in die geplante Insolvenzrechtsreform aufzunehmen, siehe dazu *K. Schmidt*, ZGR 1983, S. 514 (513); *Kübler*, ZGR 1984, S. 561 (560); *Uhlenbruck*, BB 1983, S. 1496 (1485).

109 So 2009 im Insolvenzfall der Arcandor/Quelle-Gruppe, bei dem es zu einer faktischen Verfahrenskonzentration am AG Essen kam; ausführlich dazu *Pluta*, ZIP 2009, S. 1827 ff. (1826).

110 *Madaus*, NZI-Beilage 2018, S. 4 (4).

111 Flöther/*Flöther*, Konzerninsolvenzrecht, 2. Auflage, § 1 Rn. 2 am Beispiel der Praktiker-Gruppe.

112 BT-Drs. 18/407, S. 1.

113 BT-Drs. 18/407, S. 17.

II. Neuregelungen des KIG im Überblick

Das Gesetz zur Erleichterung der Bewältigung von Konzerninsolvenzen stellt den letzten Teil einer dreistufigen Reform des deutschen Insolvenzrechts dar.[114] 2012 reformierte der Gesetzgeber mit dem ESUG[115] insbesondere das Insolvenzplanverfahren. 2014 folgte das *„Gesetz zur Verkürzung des Restschuldbefreiungsverfahrens und zur Stärkung der Gläubigerrechte“*.[116] Ziel des neuen Konzerninsolvenzrechts war, eine Grundlage für die Abstimmung der Einzelverfahren im Rahmen der Insolvenz eines oder in einem Konzern zu schaffen.[117] Der Gesetzgeber verfolgte dabei vier wesentliche Ansätze.

1. Erster Ansatz: Örtliche und personelle Verfahrenskonzentration

Zum einen wurden durch die Einführung von §§ 3a bis 3e InsO sowie § 56b InsO Rechtsgrundlagen geschaffen, um die Einzelverfahren der Unternehmensgruppe örtlich sowie personell zu konzentrieren.[118] Nunmehr sollen die Einzelverfahren über das Vermögen von Unternehmen desselben Konzerns am selben Gericht, durch denselben Richter und denselben Insolvenzverwalter abgewickelt werden können.

Die Einzelunternehmen eines Konzerns sitzen häufig an unterschiedlichen Standorten. Nicht selten befindet sich die Konzernspitze in städtischen Ballungszentren und der Produktionsbereich in ländlichen Regionen. Dadurch bestünden wegen des Grundsatzes *„Ein Rechtsträger, ein Vermögen, ein Verfahren“* und der Regelung des § 3 Abs. 1 InsO grundsätzlich auch verschiedene Gerichtsstände. Um eine effektive Abstimmung der Einzelverfahren zu realisieren, ermöglicht nun § 3a InsO die Errichtung eines Gruppen-Gerichtsstandes.[119] Nach § 3a Abs. 1 S. 1 InsO erklärt sich das aufgerufene Insolvenzgericht auf Antrag eines gruppenangehörigen Schuldners auch für die Insolvenzverfahren über die anderen gruppenangehörigen Schuldner (Gruppen-Folgeverfahren) für zuständig, wenn ein zulässiger Eröffnungsantrag vorliegt und der Schuldner nicht offensichtlich von untergeordneter Bedeutung für die gesamte Unternehmensgruppe ist. Ferner ermöglicht § 3c Abs. 1 InsO die Zuständigkeit desselben Richters. Der Gesetzgeber bindet den Gerichtsstand dabei nicht an den Sitz der Konzernmutter. Indes orientieren sich die

114 Uhlenbruck/*Lüer*/*Streit*, InsO, 15. Auflage, § 217 Rn. 93.
115 Gesetz zur weiteren Erleichterung der Sanierung von Unternehmen, BGBl. 2011, Teil 1 Nr. 64, S. 2582.
116 BGBl. 2013, Teil 1 Nr. 38, S. 2379.
117 Vgl. BT-Drs. 18/407, S. 1.
118 Vgl. BT-Drs. 18/407, S. 19 f.
119 Vgl. BT-Drs. 18/407, S. 19 f.

Regelungen an dem sogenannten Prioritätsprinzip.[120] Wodurch der Gruppen-Gerichtsstand an dem Gericht begründet wird, an welchem der erste Insolvenzantrag eines gruppenangehörigen Unternehmens gestellt wird.[121]

§ 56b InsO ermöglicht einen weiteren Schritt der personellen Verfahrenskonzentration für Fälle, in denen kein Gruppen-Gerichtsstand begründet werden konnte.[122] Nach Abs. 1 S. 1 haben sich die Insolvenzgerichte bei Beantragung der Eröffnung des Insolvenzverfahrens über das Vermögen von gruppenangehörigen Schuldnern darüber abzustimmen, ob es im Interesse der Gläubiger liegt, lediglich eine Person zum Insolvenzverwalter zu bestellen. Zusätzlich legitimiert Abs. 1 S. 2 die Gerichte zu der Einsetzung von Sonderinsolvenzverwaltern. Der Gesetzgeber sah von der strikten Regelung ab, stets einen Insolvenzverwalter zu bestellen, um Interessenkonflikte zwischen den verschiedenen Gläubigergemeinschaften in unterschiedlichen Verfahren zu vermeiden.[123]

2. Zweiter Ansatz: Kooperationspflichten

Schwerpunkt des KIG ist der hinter § 269 InsO eingefügte 7. Teil der Insolvenzordnung.[124] §§ 269a bis 269c InsO regeln *Kooperationspflichten* der Verfahrensbeteiligten, soweit die Abwicklung einer Unternehmensgruppe trotz der dargestellten Konzentrationsmittel nicht an einem Gruppen-Gerichtsstand stattfindet und/oder verschiedene Verwalter bestellt worden sind.[125] Gemäß § 269a S. 1 InsO sind mehrere Insolvenzverwalter zur gegenseitigen Unterrichtung und Zusammenarbeit verpflichtet, soweit dadurch nicht die Interessen der Verfahrensbeteiligten gefährdet werden. Sollten die Insolvenzverfahren bei verschiedenen Gerichten geführt werden, sind diese gemäß § 269b S. 1 InsO ebenfalls zum Informationsaustausch und zur Zusammenarbeit verpflichtet. Gleichermaßen können die jeweiligen Gläubigerausschüsse miteinander kooperieren. Nach § 269c Abs. 1 S. 1 InsO kann das Gericht des Gruppen-Gerichtsstands auf Antrag eines Gläubigerausschusses des gruppenangehörigen Schuldners einen Gruppen-Gläubigerausschuss einsetzen. Die Aufgabe des Gruppen-Gläubigerausschusses liegt gemäß § 269c Abs. 2 S. 1 InsO in der Unterstützung der Insolvenzverwalter und der Gläubigerausschüsse der Einzelverfahren. Die Regelungen gelten ebenfalls für den vorläufigen Gläubigerausschuss (vgl. § 269c Abs. 3 InsO). Ob § 269c InsO – wie auch §§ 269a und § 269b InsO –

---

120 Flöther/*Flöther*, Konzerninsolvenzrecht, 2. Auflage, § 1 Rn. 7.
121 BT-Drs. 18/407, S. 19.
122 MüKo-InsO/*Graeber*, 4. Auflage, § 56b Rn. 2.
123 BT-Drs. 18/407, S. 21.
124 Uhlenbruck/*Pape*, InsO, 15. Auflage, § 3a Rn. 7.
125 *Madaus*, NZI-Beilage 2018, S. 5 (4).

eine Kooperationspflicht für die Gläubigerausschüsse untereinander anordnet, bleibt offen.[126] Hinsichtlich eines Verfahrens in (vorläufiger) Eigenverwaltung verweist § 270d S. 1 InsO auf § 269a InsO und schreibt eine Koopera-tionspflicht der Schuldner anstelle der Insolvenzverwalter vor. Ferner stehen dem Schuldner gemäß § 270d S. 2 InsO auch die Antragsrechte des (vorläufigen) Insolvenzverwalters zur Verfügung.

3. Dritter Ansatz: Koordinationsverfahren

Weiteres Element des 7. Teils der Insolvenzordnung ist das in den §§ 269d bis 269i InsO geregelte *Koordinationsverfahren.* Der Gesetzgeber schaffte hierdurch die verfahrensrechtlichen Grundsteine, um die Einzelverfahren enger miteinander zu koordinieren und Einigungshindernisse in streitigen Fragen zu bewältigen.[127] Das Koordinationsverfahren befindet sich nach *Brünkmans* im *„Mittelfeld"* zwischen den Kooperationspflichten der §§ 269a bis 269c InsO und der personellen Verfahrenskonzentration nach § 56b InsO.[128]

Im Sinne des § 269d Abs. 1 und Abs. 2 InsO kann das Gericht des Gruppen-Gerichtsstands (Koordinationsgericht) auf Antrag eines gruppenangehörigen Schuldners oder eines (vorläufigen) Gläubigerausschusses das Koordinationsverfahren einleiten und einen Verfahrenskoordinator bestellen. Dieser bildet das Kernelement des Koordinationsverfahrens und soll für eine abgestimmte Abwicklung der Einzelverfahren sorgen (vgl. § 269f Abs. 1 S. 1).[129] Dabei tritt der Verfahrenskoordinator wie ein Mediator auf und versucht die Einzelverfahren im Sinne des Gruppen-Gläubigerinteresses zu vereinen.[130] Gemäß § 269f Abs. 2 InsO sind die (vorläufigen) Insolvenzverwalter der Einzelverfahren zur Zusammenarbeit mit dem Verfahrenskoordinator verpflichtet. Dafür haben sie dem Verfahrenskoordinator insbesondere die Informationen mitzuteilen, die er für seine Aufgabenwahrnehmung benötigt (vgl. § 269 f Abs. 2 S. 2).

Zur abgestimmten Abwicklung der Einzelverfahren kann der Verfahrenskoordinator gemäß § 269h Abs. 1 S. 1 InsO einen *Koordinationsplan* vorlegen. Diesem muss der Gruppen-Gläubigerausschusses und das Insolvenzgerichts zustimmen (vgl. § 269h Abs. 1 S. 2, 3). Solange kein Verfahrenskoordinator bestellt ist, sind hierzu vorbehaltlich der erforderlichen Zustimmungen auch die Insolvenzverwalter der Einzelverfahren gemeinsam berechtigt (vgl. § 269h Abs. 1 S. 2, 3). Der Ko-

126 K/P/B/*Thole*, InsO, 95. EL, § 269c Rn. 21.
127 BT-Drs. 18/407, S. 22 f.
128 MüKo-InsO/*Brünkmans*, 4. Auflage, § 269d Rn. 2.
129 BT-Drs. 18/407, S. 23.
130 Flöther/*Flöther*, Konzerninsolvenzrecht, 2. Auflage, § 1 Rn. 15.

ordinationsplan soll sämtliche Maßnahmen festhalten, die für die abgestimmte Abwicklung der Einzelunternehmen dienlich sind.[131] Welche Maßnahmen festgehalten werden können, verdeutlicht der Katalog des § 269h Abs. 2 S. 2 InsO. Demnach können vor allem Vorschläge zur Wiederherstellung der wirtschaftlichen Leistungsfähigkeit, zur Beilegung von gruppeninternen Streitigkeiten und zu vertraglichen Vereinbarungen zwischen den Insolvenzverwaltern gemacht werden. Der Maßnahmenkatalog ist jedoch nicht abschließend. Dadurch kann der Koordinationsplan flexibel ausgestaltet werden, solange das zwingende Recht nicht gebrochen und das Ziel des § 1 InsO gefördert wird.[132] Im Vergleich zum Insolvenzplan ist er nicht nur auf Sanierungsvorschläge begrenzt. Vielmehr können auch koordinierte Liquidationsstrategien für die gruppenverbundenen Unternehmen getroffen werden.[133] Der Koordinationsplan gilt als Wegweiser für die Insolvenzverwalter der Einzelverfahren. Er trifft keine eigenständigen Maßnahmen und gestaltet keine Rechtsverhältnisse.[134] Die Umsetzung des Koordinationsplans soll daher durch Insolvenzpläne in den jeweiligen Einzelverfahren erfolgen.[135] Dabei sind nach § 269i Abs. 1 InsO nur begründete Abweichungen vom Koordinationsplan zugelassen. Insofern besteht eine mittelbare Bindungswirkung, da die Abweichungen durch den Insolvenzverwalter darzulegen und zu erläutern sind.[136] Die mittelbare Bindungswirkung entfällt, wenn die Gläubigerversammlung von § 269i Abs. 2 InsO Gebrauch macht und den einzelnen Insolvenzverwalter durch Beschluss zur Erstellung eines Insolvenzplans auf Grundlage des Koordinationsplans verpflichtet.

4. Vierter Ansatz: Keine Konsolidierung

Der Gesetzgeber beschränkte sich ausdrücklich auf die Schaffung von verfahrensrechtlichen Steuerungsinstrumenten, um die Bewältigung einer Konzerninsolvenz zu erleichtern. Eine *formelle* und *materielle Konsolidierung* der einzelnen Insolvenzverfahren nach internationalem Vorbild wurde in der Begründung des Gesetzesentwurfs ausdrücklich ausgeschlossen.[137]

---

131 BT-Drs. 18/407, S. 23.

132 MüKo-InsO/*Eidenmüller*/*Frobenius*, 4. Auflage, § 269 h Rn. 43.

133 BT-Drs. 18/407, S. 38 f.

134 MüKo-InsO/*Eidenmüller*/*Frobenius*, 4. Auflage, § 269 h Rn. 10.

135 BT-Drs. 18/407, S. 39.

136 BT-Drs. 18/407, S. 39.

137 Vgl. BT-Drs. 18/407, S. 16 f.

a) Keine formelle Konsolidierung

Die Kommission der Vereinten Nationen für internationales Handelsrecht (UNCITRAL)[138] wurde 1966 von der UN-Hauptversammlung mit Sitz in Wien und New York ins Leben gerufen. Aufgabe von UNCITRAL ist es, durch Vorschläge zu internationalen Abkommen oder Modellgesetzen die Vereinheitlichung des internationalen Wirtschafts- und Handelsrechts voranzubringen.[139] Die Kommission empfiehl 2012 im dritten Teil des Legislative Guide on Insolvency Law das Konzept der *procedural coordination.*[140] Hiernach sollen die Insolvenzverfahren über die verschiedenen Unternehmen desselben Konzerns von einem Insolvenzgericht und von einem personenidentischen Insolvenzverwalter koordiniert werden können. Ferner sieht das Konzept die Möglichkeit eines Gruppeninsolvenzplans vor, in welchem auch die liquiden Unternehmen des Konzerns einbezogen werden können.[141] Im Unterschied hierzu sieht eine formelle Konsolidierung die Vereinigung der einzelnen Insolvenzverfahren zu einem Einheitsverfahren vor.[142]

Während die nationalen Neuregelungen zwar die Möglichkeit einer örtlichen und personellen Verfahrenskonzentration schufen, findet gleichwohl keine Verfahrensvereinigung statt.[143] Mit der Ablehnung eines einheitlichen Konzerninsolvenzverfahrens erhoffte sich der Gesetzgeber eine erhöhte Flexibilität bei der Abwicklung konzernverbundener Unternehmen.[144] Zudem komme man durch die Möglichkeit der Verfahrenskonzentration und -kooperation zum einen der formellen Konsolidierung nahe und zum anderen könne man auch solchen Fällen gerecht werden, in denen es keiner intensiven Zusammenarbeit der Beteiligten bedürfe.[145] Von der Möglichkeit eines Gruppeninsolvenzplans nach Vorbild der UNCITRAL machte der Gesetzgeber ebenfalls keinen Gebrauch und entschied sich für das Instrument des Koordinationsplans.[146] So wurde dem deutschen Insolvenzrecht auch die Option der förmlichen Einbindung von solventen Gruppenunternehmen vorenthalten, indem es ungeachtet der materiellen Berechtigung bereits an einer verfahrensrechtlichen Verknüpfung fehlt.[147]

---

138 United Nations Commission on international Trade Law.

139 Creifelds/*Groh*, Rechtswörterbuch, 26. Edition.

140 Vgl. UNCITRAL, Part three, Chapter II, Rn. 22–25.

141 Vgl. UNCITRAL Part three, Chapter II, Rn. 22.

142 So z.B. das US-amerikanische Konzept der „Joint Administration“, bei dem jedoch die Insolvenzmassen getrennt bleiben; hierzu ausführlich *Hong*, Materielle Konsolidierung bei Konzerninsolvenz, S. 33f.

143 BT-Drs. 18/407, S. 17.

144 BT-Drs. 18/407, S. 17.

145 BT-Drs. 18/407, S. 17.

146 *Specovius*, NZI-Beilage 2018, S. 35 (35).

147 Vgl. BT-Drs. 18/407, S. 17.

b) Keine materielle Konsolidierung

Neben dem Konzept der *„procedural coordination"* empfiehl UNCITRAL das Konzept der *„substantive consolidation"* für die Abwicklung der Insolvenz einer Unternehmensgruppe.[148] Demnach kann die Zusammenführung der Insolvenzmassen und Verbindlichkeiten der konzernanhängigen Unternehmen angeordnet werden (*materielle Konsolidierung*).[149] Infolge der materiellen Konsolidierung wird eine einheitliche Haftungsmasse gebildet, aus der alle Gläubiger der insolventen Unternehmen zu befriedigen sind. Dadurch können die Gläubiger unterschiedlicher Gesellschaften gegenseitig auf das Vermögen der anderen zugreifen.[150]

Die Neuregelungen lassen ebenfalls das Zusammenfassen von Insolvenzmassen der insolventen Konzernunternehmen nicht zu. Zur Begründung brachte der Gesetzgeber die bereits bei Einführung der Insolvenzordnung von der Kommission für Insolvenzrecht angeführten Argumente vor.[151] Eine Massekonsolidierung lasse sich nicht mit dem im Gesellschafts- und Konzernrecht verankerten Grundsatz der Haftungstrennung vereinbaren.[152] Denn gemäß § 13 Abs. 2 GmbHG und § 1 Abs. 1 S. 2 AktG haftet für die Verbindlichkeiten der Gesellschaft grundsätzlich das Gesellschaftsvermögen und nicht die Gesellschafter oder das Vermögen einer konzernverbundenen Gesellschaft.[153] Eine materielle Konsolidierung im Insolvenzfall würde folglich eine Verletzung des konzernrechtlichen Haftungssystems bedeuten. Zudem sah der Gesetzgeber den Grundsatz der Gläubigergleichbehandlung gefährdet. Denn durch die Zusammenführung der Insolvenzmassen würden die Gläubiger eines Konzernunternehmens, das bei getrennter Abwicklung höhere Befriedigungsquoten erwarten ließe, benachteiligt werden.[154] Das KIG weicht somit auch nicht in Ausnahmefällen von der insolvenzrechtlichen Maxime *„Ein Rechtsträger, ein Vermögen, ein Verfahren"* ab. Eine Massekonsolidierung bleibt nach deutschem Recht ausgeschlossen.

---

148 Vgl. UNCITRAL part three, chapter II, Rn. 105 – 133.

149 Flöther/*Pleister*, Konzerninsolvenzrecht, 2. Auflage, § 5 Rn. 53.

150 *Smid*, Handbuch Insolvenzrecht, 7. Auflage, § 45 Rn. 1; ausführlich zur Massenkonsolidierung nach US-amerikanischem Vorbild *Hong*, Materielle Konsolidierung bei Konzerninsolvenz, S. 55 ff.

151 Siehe dazu Erster Bericht der Kommission für InsolvenzR, 1985, S. 290 ff.

152 BT-Drs. 18/407, S. 17.

153 MüKo-GmbHG/*Liebscher*, 4. Auflage 2022, Anhang zu § 13 Rn. 214; ausführlich zum Trennungsprinzip BGH, Urteil v. 24.01.2006 – XI ZR 384/03 = NJW 2006, 835 f. (830).

154 BT-Drs. 18/407, S. 17.

B. Europäisches und internationales Konzerninsolvenzrecht

Mit der Verordnung (EU) 2015/848 des Europäischen Parlaments und des Rates vom 20.05.2015 über Insolvenzverfahren (EuInsVO n.F.)[155] reagierte auch der europäische Verordnungsgeber auf die Notwendigkeit eines geregelten Umgangs mit Konzernsachverhalten, welche nationalen Grenzen der Mitgliedstaaten überschreiten.[156] Kapitel V trifft mit den Art. 56 bis 78 die ersten europäischen konzernspezifischen Regelungen. Zweck der Verordnung ist neben der Gewährleistung einer ordnungsgemäßen Zusammenarbeit aller Verfahrensbeteiligten insbesondere die Unterbindung von sog. *forum shopping*, also das Verlagern von Vermögensgegenständen oder Gerichtsverfahren von einem Mitgliedstaat in einen anderen, um eine günstigere Rechtsstellung zum Nachteil der Gläubigergesamtheit zu erlagen.[157] Unter den Stichworten *Zusammenarbeit, Kommunikation* und *Kooperation* wurden daher wie in Deutschland Kooperations- und Koordinationspflichten eingeführt. Konsolidierungsmechanismen blieben aus; der Verordnungsgeber bestand auf die Achtung der Rechtspersönlichkeit jedes einzelnen Gruppenmitglieds.[158] Die Zuständigkeit der mitgliedstaatlichen Gerichte orientiert sich dabei weiterhin nach dem *COMI-Konzept.*[159] Folglich kann in jedem Mitgliedstaat ein Hauptinsolvenzverfahren eröffnet werden, in dem der Mittelpunkt der hauptsächlichen Interessen des schuldnerischen Konzernunternehmens liegt (vgl. VO (EU) 2015/848 Art. 3 Abs. 1). Es gibt somit keinen einheitlichen Konzerninsolvenzgerichtsstand.[160] Kommt es dadurch in der Insolvenz einer Unternehmensgruppe zu mehreren Hauptinsolvenzverfahren an verschiedenen Gerichtsständen greifen die Kooperations- und Koordinationsvorschriften.

Die Kommission schaffte somit kein international gültiges Konzerninsolvenzrecht, sondern gab Leitlinien vor, an denen sich die Mitgliedstaaten im Rahmen ihrer nationalen Gesetzgebung orientieren können. Der europäische Verordnungsgeber orientierte sich kaum an den Leitlinien der UNCITRAL.[161] Die Working Group V (Insolvency Law) erhielt Ende 2013 den Auftrag, Model-Vorschriften zur Behandlung von grenzüberschreitenden Insolvenzen multinationaler Unterneh-

---

155 Abl. L 141, S. 19 ff.

156 Ausführlich zur europäischen Konzerninsolvenz vor der Verordnung (EU) 2015/848 siehe *Pannen*, ZInsO 2014, S. 244.

157 Vgl. Abl. L 141, S. 25 ErwG 29 f., 48 f.

158 Vgl. Abl. L 141, S. 25 ErwG 54.

159 Vgl. VO (EU) 2015/848 Art. 3; COMI steht für *„center of main interests"*.

160 Wilhelm/*Vallender*, Konzerninsolvenzrecht, Teil 2, A. Rn. 44.

161 Abl. L 141, S. 24 ErwG 48.

mensgruppen zu erarbeiten.[162] Das abgeschlossen erarbeitete Modelgesetz (Draft model law on enterprise group insolvency) lag der Versammlung der UNCITRAL erst für die 52. Sitzung im Juli 2019 vor.[163]

C. Zusammenfassung

Der Gesetzgeber führte mit der Reform zur Erleichterung der Bewältigung von Konzerninsolvenzen kein eigenständiges Konzerninsolvenzrecht ein. Vielmehr wurden eher lockere Steuerungsinstrumente der Verfahrenskooperation und -koordination geschaffen. Auch wenn eine formelle Konsolidierung ausgeblieben ist, besteht die Option einer Verfahrenskonzentration, die zumindest in die Nähe einer Verfahrenskonsolidierung kommt, indem die Einzelverfahren über die konzernanhängigen Unternehmen am selben Gruppen-Gerichtsstand und von einem personenidentischen Insolvenzverwalter abgewickelt werden können. Findet keine Verfahrenskonzentration statt, sind die Beteiligten der Einzelverfahren zum gegenseitigen Informationsaustausch und (teilweise) zur Zusammenarbeit verpflichtet. Die neutrale Position des Verfahrenskoordinators schafft die zusätzliche Option, die Einzelverfahren und deren Beteiligten aufeinander abzustimmen. Durch den Koordinationsplan, der sich grundsätzlich als flexibles Sanierungs- oder Liquidationsinstrument eignet, hat der Verfahrenskoordinator die Möglichkeit, eine Marschroute vorzugeben, der jedoch nur mittelbar Folge zu leisten ist. Traditionell bleibt die Zusammenführung der Insolvenzmassen zu einer einheitlichen Haftungsmasse ebenso ausgeschlossen wie die formelle Zusammenlegung der Verfahren.

Der europäische Verordnungsgeber verzichtete auf einen einheitlichen Konzerngerichtsstand und lässt unter Umständen verschiedene Hauptinsolvenzverfahren in den betreffenden Mitgliedstaaten entstehen. Für eine ordnungsgemäße Zusammenarbeit aller Verfahrensbeteiligten wurden Koordinations- und Kooperationspflichten eingeführt. Ein international gültiges Konzerninsolvenzrecht besteht nicht.

162 Vgl. UN A/CN.9/966, Chapter I. A.
163 UN A/CN.9/966.

Kapitel 3: Besonderheiten der Insolvenz konzernverbundener Unternehmen im Überblick

A. Insolvenzbeschleuniger – Dominoeffekt auslösende Konzernverflechtungen

Die sachgerechte Bewältigung der Insolvenz konzernverbundener Unternehmen erfordert neben der tiefgehenden betriebswirtschaftlichen Analyse der Krisenursachen die Berücksichtigung der vielseitigen rechtlichen, organisatorischen sowie personellen Verknüpfungen der Konzernunternehmen.[164] Ein Konzern setzt sich regelmäßig aus verschiedenen Gesellschaften mit gesellschaftsrechtlichen Beteiligungsverhältnissen untereinander zusammen.[165] Die Verbindungen gehen unter anderem mit Kapitalaufbringungs- und Erhaltungspflichten oder Ausübung von Gesellschafterbefugnissen einher, welche durch den Eintritt der materiellen Insolvenz nicht beeinträchtigt werden.[166] Die Eröffnung des Insolvenzverfahrens kann hingegen zur Auflösung der Gesellschaft und damit zur Beseitigung dieser Pflichten und Befugnissen führen, wodurch die Betriebsfortführung des Gesamtkonzerns beeinträchtigt wird (vgl. exemplarisch §§ 131 Abs. 1 Nr. 3, 161 Abs. 2 HGB, § 60 Abs. 1 Nr. 4, § 262 Nr. 4 AktG).[167]

Interessenkonflikte drohen, wenn durch die wirtschaftliche Schieflage ein übergreifendes Konzerninteresse hinter das eigene Ziel der bestmöglichen Gläubigerbefriedigung des jeweiligen Unternehmens zurücktritt.[168] Dabei wirkt eine, die einheitliche Leitung des Konzerns fördernde, personenidentische Besetzung der Gesellschaftsorgane krisenverschärfend. Denn es entstehen zusätzliche Rollenkonflikte der Geschäftsleiter, wenn diese sowohl liquide als auch insolvente Gesellschaften des Konzerns gleichzeitig lenken und in den jeweiligen Positionen eine entsprechend abweichende Unternehmensstrategie verfolgen.[169]

Das Kernproblem einer Konzerninsolvenz liegt neben der Überwindung solcher Interessenkonflikte in der Bewältigung des sogenannten *Dominoeffekts.* Die rechtliche und wirtschaftliche Verflechtung zwischen den Konzernbausteinen führt häufig zum Übergreifen der Insolvenz auf gesunde Konzernglieder. Dabei gilt: je enger die Verflechtungen der Konzernunternehmen, desto schneller breitet sich die

---

164 *Geiwitz*, NZI-Beilage 2018, S. 54 f. (54).

165 Vgl. Flöther/*Frege*/*Nicht*, Konzerninsolvenzrecht, 2. Auflage, § 4 Rn. 227.

166 Flöther/*Frege*/*Nicht*, Konzerninsolvenzrecht, 2. Auflage, § 4 Rn. 227.

167 Vgl. MüKo-InsO/*Brünkmans*, 4. Auflage, § 269a Rn. 5; *Brünkmans*, Die Koordinierung von Insolvenzverfahren konzernverbundener Unternehmen, S. 76 f.

168 Vgl. Flöther/*Frege*/*Nicht*, Konzerninsolvenzrecht, 2. Auflage, § 4 Rn. 227.

169 Flöther/*Frege*/*Nicht*, Konzerninsolvenzrecht, 2. Auflage, § 4 Rn. 227.

Insolvenz aus.[170] Der Dominoeffekt wird vor allem durch Haftungsverstrickungen zwischen den Konzernunternehmen ausgelöst, die nachfolgend aufgrund ihrer Vielfältigkeit nur im Überblick dargestellt werden.

I. Verstrickungen des Vertragskonzerns

Besteht ein Beherrschungsvertrag nach § 291 Abs. 1 S. 1 AktG, trifft die Obergesellschaft gemäß § 302 Abs. 1 AktG die Pflicht, den Jahresfehlbetrag der abhängigen Gesellschaft auszugleichen. Tritt die materielle Insolvenz der abhängigen Gesellschaft ein wird der bestellte Insolvenzverwalter diesen Ausgleichsanspruch in der Regel gegenüber dem herrschenden Unternehmen geltend machen.[171] Ist das herrschende Unternehmen aufgrund eines fehlenden operativen Geschäfts – wie z. B. bei einer Holding- bzw. Muttergesellschaft üblich – und ausgesetztem *Cash-Pool-Systems*[172] nicht in der Lage, auf hinreichendes Aktivvermögen zurückgreifen und somit unfähig die Forderung zu erfüllen, droht die eigene Insolvenz des herrschenden Unternehmens.[173] Zudem können Beherrschungsvertrag und Cash-Pool-System eine derartige Abhängigkeit der Tochtergesellschaft bewirken, infolge derer die Tochtergesellschaft vollständig auf die Finanzierung der Muttergesellschaft angewiesen ist (sog. *downstream-loans*) und nur noch als verlängerter Arm des herrschenden Unternehmens fungiert.[174] Wird in dieser Konstellation ein Insolvenzverfahren über das Vermögen der Obergesellschaft eröffnet ist wegen der besonders starken Abhängigkeit eine Insolvenz der Tochtergesellschaft unausweichlich. Dieselben Haftungsverstrickungen sind aufgrund der Analogiefähigkeit des § 302 AktG bei einem GmbH-Konzern möglich.[175]

Als prominentes Beispiel für die Ingangsetzung des Dominoeffekts durch Haftungsverstrickungen im Vertragskonzern eignet sich die Insolvenz der Babcock Borsig AG: [176] Aufgrund des *Cash-Clearing* und der damit verbundenen Verpflich-

170 Vgl. *Brünkmans*, Die Koordinierung von Insolvenzverfahren konzernverbundener Unternehmen, S. 67; *Siemon/Frind*, NZI 2013, S. 3 f. (1); Flöther/*Specovius*, Konzerninsolvenzrecht, 2. Auflage, § 3 Rn. 130.

171 Flöther/*Specovius*, Konzerninsolvenzrecht, 2. Auflage, § 3 Rn. 131.

172 Cash-Pooling dient der Liquiditätsbündelung und kommt häufig bei zentralen Konzernstrukturen zur Anwendung. Das herrschende Unternehmen bündelt die liquiden Mittel, um diese strategisch und im Sinne des gesamten Konzerns an die Einzelunternehmen zu verteilen (hierzu ausführlich MüKo-AktG/*Altmeppen*, 5. Auflage, § 311 Rn. 226 ff; *ders.* NZG 2010, S. 361 ff. und S. 401 ff; *Krieger*, Münchener Handbuch Gesellschaftsrecht, 5. Auflage, § 70 Rn. 58 ff.

173 Vgl. Flöther/*Specovius*, Konzerninsolvenzrecht, 2. Auflage, § 3 Rn. 131.

174 Vgl. Flöther/*Specovius*, Konzerninsolvenzrecht, 2. Auflage, § 3 Rn. 135.

175 BGH, Urteil v. 10.07.2006 – II ZR 238/04 = BGH NJW 2006, S. 3279 ff. (3279); BGH, Urteil v. 05.11. 2001 – II ZR 119/00 = BGH NJW 2002, S. 822 ff. (822).

176 Vgl. AG Duisburg v. 01.09.2002 – 62 IN 167/02 = ZIP 2002, S. 1636 – 1639.

tung der Muttergesellschaft, die fälligen Zahlungen der untergeordneten Konzerngesellschaften zu leisten, trat ihre Zahlungsunfähigkeit ein. Die Muttergesellschaft und ihre Zwischenholding stellten am 04.07.2002 jeweils einen Antrag auf Eröffnung des Insolvenzverfahrens. Derweil scheiterten Gespräche mit mehreren Kernbanken der Schuldnerinnen über eine strategische Stabilisierung der Konzernspitze. Darauf stellten mindestens 62 verbundene Konzernunternehmen bei Insolvenzgerichten eigene Eröffnungsanträge wegen Zahlungsunfähigkeit. In allen Fällen wurde die materielle Insolvenz durch das Unvermögen der Muttergesellschaft ausgelöst, im Rahmen des Cash-Clearing die fälligen Zahlungspflichten der Konzernunternehmen zu erfüllen.

II. Verstrickungen des faktischen Konzerns

Im Rahmen der Verbindungen des faktischen Konzerns regeln die §§ 311, 317 AktG Nachteilausgleichspflichten für den Fall, in dem das herrschenden Unternehmen durch die Einflussnahme des Mehrheitsbesitzes die abhängige Gesellschaft dazu veranlasst, ein für sie nachteiliges Rechtsgeschäft vorzunehmen. Tritt die materielle Insolvenz der abhängigen Gesellschaft ein und macht der Insolvenzverwalter den Nachteilsausgleichsanspruch geltend, droht auch in dieser Konstellation die Insolvenz des herrschenden Unternehmens.[177] Maßgeblich ist hiervon die Gewährung von ungesicherten aufsteigenden Darlehen der Tochter- an die Muttergesellschaft (sog. *upstream-loans*) betroffen, die gängige Praxis eines Cash-Pool-Systems sind.[178] Für einen GmbH-Konzern finden §§ 311, 317 AktG keine Anwendung. Indes besteht im Fall der ungedeckten *upstream-loans* ein Rückzahlungsanspruch der Tochtergesellschaft aus den kapitalerhaltungsdienenden §§ 30 Abs. 1, 31 Abs. 1 GmbHG.[179] Im Fall der Insolvenz eines GmbH-Konzerns wird dieser Rückzahlungsanspruch ebenfalls zum Auslöser des Dominoeffekts.

III. Weitere Verstrickungen

Neben den Ausgleichsansprüchen des GmbHG und des AktG führen up- und downstream-Finanzierungen in der Regel auch zu schuldrechtlichen Haftungsverstrickungen.[180] So werden Darlehen der Muttergesellschaft durch Bürgschaften der Tochtergesellschaften gesichert oder umgekehrt. Kommt es zur Insolvenz der Darlehensnehmerin wird der Darlehensgeber auf die schuldrechtliche Sicherheit zu-

177 Vgl. Flöther/*Specovius*, Konzerninsolvenzrecht, 2. Auflage, § 3 Rn. 141.
178 Vgl. *Altmeppen*, NZG 2010, S. 404 (401).
179 Vgl. *Altmeppen*, NZG 2010, S. 405 f. (401).
180 Flöther/*Specovius*, Konzerninsolvenzrecht, 2. Auflage, § 3 Rn. 151.

rückgreifen und die konzernierte Bürgin aus § 765 Abs. 1 BGB in Anspruch nehmen.[181] In Ermangelung ausreichender Liquidität droht eine weitere Insolvenz im Konzern durch die intern vergebene Bürgschaft.

Auch leistungswirtschaftliche Beziehungen können den Dominoeffekt verstärken: Bestehen zwischen den Konzernunternehmen gegenseitige Forderungen und Verbindlichkeiten kann die Insolvenz einer der Gesellschaften dazu führen, dass andere Unternehmen ihre Forderungen gegen das insolvente Unternehmen aussetzen und dadurch selbst insolvent werden.[182] Leistungswirtschaftliche Verstrickungen sind insbesondere bei vertikal organisierten Konzernen vorzufinden. Denn durch die einheitliche Wertschöpfungskette besteht ein enges Organisationsgefüge und dementsprechend eine starke Abhängigkeit.[183] Dadurch ist es möglich, dass die wirtschaftliche Schieflage Einkaufs-, Produktions- und Vertriebsgesellschaften gleichermaßen erfasst, indem beispielsweise ein Absatzrückgang an die jeweiligen Konzernunternehmen weitergereicht wird.[184]

IV. Hemmung des Dominoeffekts durch das KIG?

Die Einführung des KIG hat die Gefahrenpotentiale der Interessenkonflikte und Haftungsverstrickungen im Rahmen einer Konzerninsolvenz freilich nicht beseitigt. Vielmehr dienen die vier vorgestellten Ansätze einer besseren Abstimmung der einzelnen Insolvenzverfahren. Dadurch erwirkt das KIG die Möglichkeit, den Besonderheiten jedenfalls präventiv entgegenzutreten. Die Instrumente der Verfahrenskonzentration und -kooperation eröffnen den Weg zur Vermeidung von Interessenkonflikten. Ob daneben auch die Verhütung des Dominoeffekts verbessert wurde, bleibt fraglich.[185] Entscheidend ist, ob sich die Koordinationsmechanismen des KIG als taugliche Mittel für die Bewältigung von Haftungsverstrickungen der Konzernunternehmen herausstellen. Letztlich bedarf es hierfür den Handlungswillen und die Mitwirkung aller Beteiligten in den betreffenden Insolvenzverfahren. Die fehlende Möglichkeit, eine Kooperation der Beteiligten zu erzwingen, bildet jedenfalls dann eine Schwachstelle des KIG, wenn sich Verfahrensbeteiligte einer gemeinsamen Verfahrensbewältigung entgegenstellen.

---

181 Vgl. Flöther/*Specovius*, Konzerninsolvenzrecht, 2. Auflage, § 3 Rn. 151.

182 Flöther/*Specovius*, Konzerninsolvenzrecht, 2. Auflage, § 3 Rn. 156.

183 *Lehmann*, FS Beusch, S. 484 (479).

184 Vgl. *Brünkmans*, Die Koordinierung von Insolvenzverfahren konzernverbundener Unternehmen, S. 69.

185 Kritisch *Siemon*/*Frind*, NZI 2013, S. 9 (1), welche stattdessen die Neuregelung eines konzernspezifischen Sachwalterverfahrens fordern, das keinen Insolvenzgrund voraussetzt, um gerade den Eintritt der Insolvenz zu verhindern.

B. Konzernierte Unternehmen als Insolvenzschuldner

Durch den Fortbestand des Grundsatzes *„Ein Rechtsträger, ein Vermögen, ein Verfahren"* wird kein Konzerninsolvenzverfahren oder Einheitsverfahren eröffnet. Die formelle Konsolidierung mehrerer Einzelverfahren aus einer Gruppe verbundener Unternehmen bleibt ausgeschlossen.

§ 11 InsO legt fest, welche Rechtsträger und Vermögensmassen Gegenstand eines Insolvenzverfahrens sein können.[186] Wie dargestellt, besteht ein Konzern im insolvenzrechtlichen Sinn aus dem Verbund mehrerer rechtlich selbstständiger Unternehmen zu einer Unternehmensgruppe.[187] Gerät ein oder geraten mehrere Unternehmen der Gruppe in wirtschaftliche Schieflage ist allein der hinter dem Unternehmen stehende Unternehmensträger taugliches Rechtssubjekt des Insolvenzverfahrens im Sinne des § 11 InsO.[188] Da Konzerne typischerweise in Gesellschaften organisiert sind, verbirgt sich hinter den Konzernunternehmen regelmäßig eine juristische Person (§ 11 Abs. 1 S. 1 Alt. 2). Juristische Personen sind ebenfalls die AG, KGaA und GmbH, welche als Kapitalgesellschaften den Regelfall konzernverbundener Unternehmensträger bilden.[189] Konzerne können jedoch auch in Gesellschaften ohne Rechtspersönlichkeit organisiert sein, worunter die OHG, KG und GbR fallen (vgl. § 11 Abs. 2 Nr. 1).

Festzuhalten ist, dass stets die einzelne Konzerngesellschaft Insolvenzschuldnerin des Verfahrens ist und ausschließlich mit dem ihr zugewiesenen Vermögen haftet.

I. Wirkungen der Eröffnung des Insolvenzverfahrens

Mit dem dritten Teil der Insolvenzordnung regelt der Gesetzgeber die Wirkungen der Eröffnung des Insolvenzverfahrens in drei Abschnitten. Während der erste Abschnitt (§ 80 bis § 102) die allgemeinen Eröffnungswirkungen zusammenfasst, enthält der zweite Abschnitt (§ 103 bis § 128) Regelungen, welche insbesondere gegenseitige Verträge, Dauerschuldverhältnisse und Gesellschaften nach der Eröffnung betreffen. Im dritten Abschnitt (§ 129 bis § 147) wird das Recht der Anfechtung im Insolvenzverfahren geregelt. Durch das Ausbleiben eines eigenen Konzerninsolvenzrechts gelten die im Regelverfahren normierten Grundlagen über die Eröffnung des Insolvenzverfahrens auch für die Insolvenz eines konzernierten

186 Braun/*Bußhardt*, InsO, 9. Auflage, § 11 Rn. 1.

187 Allgemeiner Teil, Kapitel 1, III.

188 Uhlenbruck/*Hirte*, InsO, 15. Auflage, § 11 Rn. 7; ausführlich zum Unternehmensbegriff im Insolvenzrecht siehe oben Allgemeiner Teil, Kapitel 1, A. III. 1.

189 Vgl. *Häsemeyer*, Insolvenzrecht, 4. Auflage, Rn. 32.01.

Rechtsträgers. Dennoch treten bei der Insolvenz von Konzernunternehmen Besonderheiten auf, welche zusammen mit den grundlegenden Eröffnungswirkungen im Überblick dargestellt werden.

1. Auflösung der Gesellschaft und Verlust der Konzernleitungsmacht

Durch Eröffnung des Insolvenzverfahrens über das Vermögen einer Konzerngesellschaft wird die Gesellschaft in der Regel aufgelöst.[190] Neben den Hauptzweck der gleichmäßigen Gläubigerbefriedigung tritt zusätzlich die Aufgabe, die Gesellschaft bis hin zur formalen Beendigung durch Löschung im Handelsregister abzuwickeln.[191] Mit der Beendigung und Löschung des Unternehmensträgers wollte der Gesetzgeber zum Schutz des Rechtsverkehrs gewährleisten, dass insolvente Gesellschaften nach Durchführung des Insolvenzverfahrens in aller Regel nicht mehr am Rechtsverkehr teilnehmen.[192] Zwischen Auflösung und Beendigung bleibt die Gesellschaft jedoch als juristische Person bestehen. Zur Auflösung und Beendigung der Gesellschaft kommt es allerdings allein im Zuge der Anwendung des Verwertungsinstruments der Liquidation. Steht der Unternehmenserhalt im Vordergrund und soll der Rechtsträger saniert werden, wird auch die Gesellschaft fortgesetzt.[193]

Mit Eröffnung des Insolvenzverfahrens über das Vermögen einer Konzerngesellschaft tritt darüber hinaus ihre Trennung vom Konzernverbund ein, indem die (faktische) Einflussmöglichkeit der herrschenden Gesellschaft entweder nach einer Ansicht automatisch endet oder jedenfalls nach anderer Ansicht vom Insolvenzrecht überlagert wird.[194] Dadurch kann der Insolvenzverwalter unabhängig von der Konzernleitungsmacht oder sonstigen konzernspezifischen Bindungen agieren.[195] Auch die Steuerung des vom Insolvenzbeschlag erfassten Unternehmensvermögens unterliegt nicht mehr der Konzernleitung, da der Insolvenzverwalter im Wege des Übergangs der Verwaltungs- und Verfügungsbefugnis (§ 80 Abs. 1 InsO) die Befugnisse der herrschenden Gesellschaft verdrängt.[196]

---

190 Vgl. § 728 Abs. 1 S. 1 BGB, §§ 131 Abs. 1 Nr. 3, 161 Abs. 2 HGB, § 60 Abs. 1 Nr. 4 Hs. 1 GmbHG, § 262 Abs. 1 Nr. 3 AktG.

191 Vgl. Gottwald/Haas/*Haas*, Insolvenzrechts-Handbuch, 6. Auflage, § 89 Rn. 15.

192 Vgl. BT-Drs. 12/2443, S. 84.

193 Vgl. § 728 Abs. 1 S. 2 BGB, § 144 Abs. 1 HGB, § 60 Abs. 1 Nr. 4 Hs. 2 GmbHG, § 274 Abs. 2 Nr. 1 AktG.

194 Siehe unten Allgemeiner Teil, Kapitel 3, B. I. 1. a).

195 Vgl. *Rotstegge*, Konzerninsolvenz, S. 92; Uhlenbruck/*Hirte*, InsO, 15. Auflage, § 11 Rn. 398; Emmerich/Habersack/*Emmerich*, Aktien- und GmbH-Konzernrecht, 10. Auflage, § 297 Rn. 52b.

196 *Brünkmans*, Die Koordinierung von Insolvenzverfahren konzernverbundener Unternehmen, S. 77.

a) Insolvenz der Untergesellschaft im Vertragskonzern

Von der Auflösung des Konzernverbunds sind vor allem die vielfach bestehenden Beherrschungs- und Gewinnabführungsverträge (Unternehmensverträge) betroffen, die die Konzernleitungsmacht im Vertragskonzern begründen. Umstritten ist, ob diese als konzernrechtliche Geschäftsbesorgungsverträge in den Anwendungsbereich der §§ 115, 116 InsO fallen. Träfe dies zu, fiele der Unternehmensvertrag mit Eröffnung des Insolvenzverfahrens weg (vgl. §§ 115 Abs. 1, 116 S. 1 InsO).

So wird teilweise vertreten, dass es sich bei Beherrschungs- und Gewinnabführungsverträgen um gesellschaftsvertragliche Sonderformen des Auftrags im Sinne des § 662 BGB handele,[197] der analog § 115 InsO mit Insolvenzeröffnung erlöschen müsse, da die Fusion der Interessen von Mutter- und Tochtergesellschaft, die der Beherrschungsvertrag herbeiführt, mit Insolvenzeröffnung automatisch zerbreche.[198]

Sowohl die Rechtsprechung als auch herrschende Ansicht im Schrifttum[199] gehen ebenfalls von der automatischen Beendigung der Unternehmensverträge aus. Hierfür spreche insbesondere eine ergänzende Auslegung des Unternehmensvertrags: Da der Unternehmenszweck der insolventen Gesellschaft nicht mehr in der Gewinnerzielung, sondern vielmehr in der Verwertung des Gesellschaftsvermögens liege, würden Beherrschungs- und Gewinnabführungsverträge automatisch beendet. Der Fortbestand der Verträge sei nunmehr mit dem veränderten Unternehmenszweck unvereinbar. Ferner widerspreche eine Weisungsgebundenheit des Insolvenzverwalters der abhängigen Gesellschaft den grundsätzlichen Befugnissen der Amtswalterstellung.[200]

Die Gegenansicht[201] plädiert für das Fortbestehen der Beherrschungs- und Gewinnabführungsverträge: Die Eröffnung des Insolvenzverfahrens berühre die Unternehmensverträge nicht. Wie für alle schwebenden Verträge seien §§ 103 ff. InsO (analog) maßgeblich, sodass eine Vertragserfüllung abgelehnt werden kön-

---

197 Ausführlich dazu *Berthold*, Unternehmensverträge in der Insolvenz, S. 39 ff.

198 Vgl. auch *Haas*, NZI 2022, S. 81, m. Anm. zu OLG Düsseldorf, Beschl. v. 19.07.2021 – 3 Wx 152/20; MüKo-GmbHG/*Liebscher*, 4. Auflage, Anhang zu § 13 Rn. 1072 f.

199 Vgl. BGH, Urteil v. 14.12.1987 – II ZR 170/87 = NJW 1988, S. 1326 ff; OLG Hamburg, Beschl. v. 13.07. 2001 – 11 W 29/94 = NZG 2002, S. 189; Emmerich/Habersack/*Emmerich*, Aktien- und GmbH-Konzernrecht, 10. Auflage, § 297 Rn. 52b; Gottwald/Haas/ *Specovius*/*von Wilcken*, Insolvenzrechts-Handbuch, 6. Auflage, § 95 Rn. 87; siehe ausführlich zum Meinungsstand *Berthold*, Unternehmensverträge in der Insolvenz, S. 25 ff.

200 So schon der BGH zum früheren Konkursrecht, Urteil v. 14.12.1987 – II ZR 170/87 = NJW 1988, S. 1327 (1326); Emmerich/Habersack/*Emmerich*, Aktien- und GmbH-Konzernrecht, 10. Auflage, § 297 Rn. 52b; Gottwald/Haas/*Specovius*/*von Wilcken*, Insolvenzrechts-Handbuch, 6. Auflage, § 95 Rn. 87.

201 Vgl. Uhlenbruck/*Hirte*, InsO, 15. Auflage, § 11 Rn. 398; *Häsemeyer*, Insolvenzrecht, 4. Auflage, Rn. 32.09; *Bultmann*, ZInsO 2007, S. 787 (785).

ne.[202] Weiter stehe dem Insolvenzverwalter eine Kündigungsmöglichkeit aus § 297 Abs. 1 AktG zur Verfügung.[203] Erfolgt jedoch weder eine Absage der Vertragserfüllung noch eine Kündigung, überlagere das Insolvenzrecht ohnehin die aus den Beherrschungs- und Gewinnabführungsverträgen folgenden Rechte und Pflichten, sodass der Verwalter niemals der Leitung des herrschenden Unternehmens unterworfen sei.[204]

Gegen die automatische Beendigung von Unternehmensverträgen im Rahmen einer Konzerninsolvenz spricht nach hiesiger Auffassung zudem der vordergründige Sanierungszweck des KIG.[205] Auch wenn das KIG keine besonderen Regelungen für den Fortbestand von Unternehmensverträgen enthält, wäre eine automatische Beendigung für eine abgestimmte Verfahrensabwicklung nicht praktikabel, sollte im Sanierungsszenario die Fortführung der Verträge gewollt sein. Dies widerspräche insbesondere der vom Gesetzgeber intendierten hohen Abwicklungs-Flexibilität bei der Bewältigung von Konzerninsolvenzen. Das Wahlrecht des Verwalters nach § 103 InsO ist daher auf Unternehmensverträge analog anzuwenden, sofern die gesellschaftsrechtlichen Organisationsverträge keinen synallagmatischen Leistungsaustausch enthalten; liegt ein synallagmatischer Austausch vor ist § 103 InsO unmittelbar anzuwenden.

Über die Wirkung der Verfahrenseröffnung auf Unternehmensverträge hat sich der BGH jüngst nicht geäußert. Bis zur Klärung der Rechtsfrage sollte der Insolvenzverwalter einer abhängigen Konzerngesellschaft jedenfalls die Kündigungsmöglichkeit nutzen, um Streitigkeiten präventiv zu begegnen und eine Abstimmung der Konzernglieder zu gewährleisten.[206] Etwas anderes gilt, wenn die Durchsetzung des Verlustausgleichanspruchs nach § 302 Abs. 1 AktG im Interesse des Verwalters liegt.[207]

b) Insolvenz der Obergesellschaft im Vertragskonzern

Auch im Falle einer Insolvenz der Obergesellschaft kann die Verfahrenseröffnung zu Interessenkonflikten des Verwalters führen, indem dieser bei Fortbestehen der Unternehmensverträge zum einen die Interessen der Gläubiger und zum anderen das Konzerninteresse wahren müsste.[208] Aus den vorgenannten Gründen des Sa-

---

202 *Häsemeyer*, Insolvenzrecht, 4. Auflage, Rn. 32.09; *Bultmann*, ZInsO 2007, S. 787 (785).

203 Uhlenbruck/*Hirte*, InsO, 15. Auflage, § 11 Rn. 398.

204 *Häsemeyer*, Insolvenzrecht, 4. Auflage, Rn. 32.09.

205 So schon *Smid/Rattunde/Martini*, Der Insolvenzplan, 4. Auflage, Rn. 2.69.

206 So auch Flöther/*Pleister/Theusinger*, Konzerninsolvenzrecht, 2. Auflage, § 4 Rn. 476.

207 Zur Verlustübernahme in der Insolvenz der Untergesellschaft siehe unten Besonderer Teil I, Kapitel 2, B. II. 2 u. 3.

208 Vgl. Gottwald/Haas/*Specovius/von Wilcken*, Insolvenzrechts-Handbuch, 6. Auflage, § 95 Rn. 87.

nierungszwecks und der gebotenen Flexibilität wäre die generelle automatische Beendigung der Unternehmensverträge auch im Insolvenzverfahren der Obergesellschaft nicht praktikabel.

c) Insolvenz des faktischen Konzerns und des Eingliederungskonzerns

Da bei einem faktischen Konzern keine Beherrschungs- und Gewinnabführungsverträge bestehen, endet der faktische Konzernverbund mit Eröffnung des Insolvenzverfahrens unstreitig.[209] Dies gilt gleichermaßen für den Eingliederungskonzern, da die Leitungsmacht nicht auf Unternehmensverträgen beruht (vgl. §§ 319 Abs. 1 S. 1, 323 Abs. 1 AktG).

2. Übergang des Verwaltungs- und Verfügungsrechts, § 80 InsO

a) Allgemeines

Die Eröffnung des Insolvenzverfahren bewirkt eine tiefe Zäsur in der rechtlichen Kontrollbefugnis über das schuldnerische Vermögen.[210] Gemäß § 80 Abs. 1 InsO geht die Verwaltungs- und Verfügungsbefugnis über das zur Insolvenzmasse gehörende Vermögen auf den Insolvenzverwalter über; auf der Kehrseite verliert der Schuldner seine Verfügungsbefugnis. Verfügt der Schuldner nach Eröffnung des Insolvenzverfahrens über einen Gegenstand der Insolvenzmasse ist diese Verfügung gemäß § 81 Abs. 1 S. 1 InsO – vorbehaltlich der Ausnahmen des § 81 Abs. 1 S. 1 und Abs. 2 InsO – absolut unwirksam. Allerdings bleibt er weiterhin Rechtsträger und damit Eigentümer (§ 903 BGB) seines gesamten Vermögens und kann über das insolvenzfreie Vermögen weiterhin frei verfügen.[211]

Die Zäsur erfolgt *ipso iure*, sie tritt zeitlich mit der Beschlussunterzeichnung durch den Insolvenzrichter ein und endet mit der Aufhebung des Insolvenzverfahrens (§ 200 InsO), dessen Einstellung (§§ 207 ff. InsO) oder der Freigabe des konkreten Vermögensgegenstandes durch den Insolvenzverwalter.[212] Die Bildung der Insolvenzmasse und der Übergang der Kontrollbefugnis dient dem Hauptzweck des Insolvenzverfahrens:[213] die gemeinschaftliche Gläubigerbefriedigung – *par condicio creditorum* (§ 1 S. 1 InsO) – soll ungestört erreicht werden.[214] Aus diesem

---

209 Vgl. Uhlenbruck/*Hirte*, InsO, 15. Auflage, § 11 Rn. 413.

210 *Smid*, Handbuch Insolvenzrecht, 7. Auflage, § 13 Rn. 1.

211 *Häsemeyer*, Insolvenzrecht, 4. Auflage, Rn. 9.03.

212 Uhlenbruck/*Mock*, InsO, 15. Auflage, § 80 Rn. 6 f; zur Freigabe siehe unten Allgemeiner Teil, Kapitel 3, B. II. 2. f).

213 Amtl. Begr. des RegEInsO, S. 83; so auch *Smid*, DZWIR 1997, S. 310 (309), im Zuge einer Klärung der Stellung der Statuierung von Insolvenzzwecken des § 1 InsO.

214 MüKo-InsO/*Peters*, 4. Auflage, § 35 Rn. 1.

Grund ist auch der Eingriff in das Recht der Eigentumsfreiheit des Schuldners aus Art. 14 GG verfassungsrechtlich gerechtfertigt. Das Bundesverfassungsgericht führte bereits zu § 6 KO, der Vorgängervorschrift von §§ 80 ff. InsO, aus, dass hierin eine verfassungsgemäße Inhalts- und Schrankenbestimmung im Sinne von Art. 14 Abs. 1 S. 2 GG liege.[215] Ferner bestünden auf Gläubigerseite mit ihren Insolvenzforderungen ebenfalls geschützte Eigentumspositionen. Sei der Schuldner nicht mehr in der Lage seine Gläubiger zu befriedigen, müsse man Handlungen verhindern, die einzelne Gläubiger begünstigen oder belasten.[216]

Der Übergang des Verwaltungs- und Verfügungsrechts begründet eine besondere, in der Theorie umstrittene, rechtliche Stellung des Insolvenzverwalters. Nach der *Amtstheorie* (st. Rspr.[217] und h.M. des Schrifttums[218]) ist der Insolvenzverwalter ein Amtsträger, der die Verwaltungs- und Verfügungsbefugnis im eigenen Namen ausübt, jedoch mit Wirkung für und gegen die Masse handelt. Während der Theorienstreit überwiegend für praktisch wenig relevant gehalten wird,[219] wird in dieser Arbeit im Rahmen der *Freigabe* (Allgemeiner Teil, Kapitel 3, B. II. 2 f.)) auf seine praktische Bedeutung eingegangen.

b) Verwaltungs- und Verfügungsrecht in der Konzerninsolvenz

Auch im Fall einer Konzerninsolvenz geht das Verwaltungs- und Verfügungsrecht *ipso iure* (§ 80 Abs. 1 InsO) auf den oder die Verwalter über. Streitig ist hingegen, wie sich der Insolvenzverwalter in das gesellschaftsrechtliche Organisationsrecht des Konzernverbunds einfügt: Hierbei kollidieren Gesellschafts- und Insolvenzrecht.[220] Im Sinne der *Amtstheorie* wird der Verwalter weder zum Gesellschaftsorgan noch tritt er an die Stelle eines Gesellschafters, sondern wird Träger eines eigenen Amtes.[221] Dabei beziehen sich die Befugnisse des Insolvenzverwalters auf alle Ange-

---

215 BVerfG, Beschl. v. 18.07.1979 – 1 BvR 655/79; BVerfGE 51 405, 408; *Lepa*, Insolvenzordnung und Verfassungsrecht, S. 191.

216 BVerfG Beschl. v. 18.07.1979 – 1 BvR 655/79; BVerfGE 51 405, 408.

217 St. Rspr. seit RG v. 30.03.1892, RGZ 29, 29 f; so auch beispielsweise der BGH, Beschl. v. 27.10.1983 – I ARZ 334/83 = NJW 1984, S. 739 (739).

218 Jaeger/*Windel*, InsO, 1. Auflage, § 80 Rn. 15; Uhlenbruck/*Mock*, InsO, 15. Auflage, § 80 Rn. 60; MüKo-InsO/*Vuia*, 4. Auflage, § 80 Rn. 35; FK-InsO/*Wimmer-Amend*, 9. Auflage, § 80 Rn. 11, 14; K/P/B/*Lüke*, InsO, 95. EL, § 80 Rn. 37.

219 Nach Gottwald/Haas/*Pechartscheck*, Insolvenzrechts-Handbuch, 6. Auflage, § 22 Rn. 20 handelt es sich bei dem Theorienstreit um ein „Fiasko“ und „Spiegelfechterei“.

220 Gottwald/Haas/*Haas*, Insolvenzrechts-Handbuch, 6. Auflage, § 89 Rn. 62; vgl. auch Beck/Depré/*Jenal*, Praxis der Insolvenz, 4. Auflage, § 31 Rn. 1.

221 Vgl. Uhlenbruck/*Hirte*, InsO, 15. Auflage, § 11 Rn. 118; K. Schmidt/*Sternal*, InsO, 20. Auflage, § 80 Rn. 66.

legenheiten, die das Vermögen der insolventen Konzerngesellschaft betreffen.[222] Äquivalent zur Reichweite der Befugnisse des Insolvenzverwalters werden die Gesellschaftsorgane aus ihren massebezogenen Kompetenzen verdrängt; in ihrer Struktur bleiben die Organe jedoch grundsätzlich bestehen.[223] Sie nehmen nur noch diejenigen Kompetenzen wahr, die nicht die Insolvenzmasse betreffen.[224] So können die Organe der jeweiligen juristischen Person weiterhin innerverbandliche Angelegenheiten regeln und über das insolvenzfreie Vermögen verfügen.[225] Beispielsweise bleibt dem Geschäftsführer das Recht, eine Gesellschafterversammlung einzuberufen, auch die Gesellschafterversammlung kann weiterhin einen Geschäftsführer wählen oder abwählen.[226] Zudem obliegen den Mitgliedern des Vertretungs- oder Aufsichtsorgan eines konzernierten Schuldners gemäß § 101 Abs. 1 S. 1 InsO die Aufgaben und Pflichten eines natürlichen Schuldners. Somit sind die Geschäftsführungsorgane insbesondere im Sinne der §§ 97, 20 InsO zur Auskunft und Mitwirkung verpflichtet.

3. Insolvenzanfechtung, §§ 129 ff. InsO

Das Recht der Insolvenzanfechtung (§§ 129 bis 147) verfolgt den Zweck, den Bestand des haftenden schuldnerischen Vermögens dadurch zu sichern und wiederherzustellen, dass ungerechtfertigt erfolgte Vermögensverschiebungen rückgängig gemacht werden.[227] Ungerechtfertigt sind dabei insbesondere Verschleuderung und Verheimlichung von Schuldnervermögen.[228] Während das allgemeine Vollstreckungsverbot und die Rückschlagsperre Vermögensschmälerungen nach Eröffnung des Insolvenzverfahrens bzw. einen Monat vor Antragstellung erfassen, greift das Anfechtungsrecht bei Rechtshandlungen, die bereits drei Monate (vgl. §§ 130 bis 132), 4 Jahre (vgl. § 134) oder bis zu zehn Jahre (vgl. §§ 133, 135) vor Antragstellung getroffen wurden. Beide Mechanismen ergänzen sich im Schutz der Gläubigergleichbehandlung und des schuldnerischen Haftungsvermögens.[229] Die Ausübung des Anfechtungsrechts wird dem Insolvenzverwalter mit der Eröffnung des Insolvenzverfahrens möglich gemacht.

Für Konzernsachverhalte ergeben sich keine Abweichungen von den Regelungen der §§ 129 ff. InsO: Das Rechtsträgerprinzip unterbindet ein Konzernprivi-

222 K. Schmidt/*Sternal*, InsO, 20. Auflage, § 80 Rn. 66.
223 Grundlegend dazu *Weber*, KTS 1970, S. 73 ff.
224 BGH, Urteil v. 26.01.2006 – IX ZR 282/03; MüKo-InsO/*Vuia*, 4. Auflage, § 80 Rn. 112.
225 Uhlenbruck/*Hirte*, InsO, 15. Auflage, § 11 Rn. 118.
226 Vgl. K. Schmidt/*Sternal*, InsO, 20. Auflage, § 80 Rn. 66.
227 HK-InsO/*Thole*, 10. Auflage, § 129 Rn. 1.
228 Vgl. *Häsemeyer*, Insolvenzrecht, 4. Auflage, Rn. 21.01.
229 *Häsemeyer*, Insolvenzrecht, 4. Auflage, Rn. 21.01.

leg, die Anfechtungsansprüche stehen daher nur den voneinander unabhängigen Gläubigergruppen der einzelnen Konzerngesellschaften zu.[230] Ferner darf der Insolvenzverwalter einer Konzerngesellschaft grundsätzlich nur Rechtshandlungen der verwalteten Gesellschaft anfechten, sofern der Anfechtungstatbestand eine schuldnerische Rechtshandlung voraussetzt (z. B. §§ 132, 133, 134 InsO). Eine Zurechnung von Rechtshandlungen zwischen den Konzerngesellschaften findet nicht statt.[231] Bei einer Inanspruchnahme durch Insolvenzanfechtung setzt sich auch die Haftungsmasse ausschließlich aus dem Vermögen der anfechtungsgegnerischen Konzerngesellschaft zusammen – die Vermögensmassen der verbundenen Unternehmen haften nicht.[232] Diese isolierte Betrachtung der Insolvenzanfechtung veranschaulicht erneut den Widerspruch zur ökonomischen Einheitsbetrachtung des Konzerns.[233] Gleichwohl können die Rechtsfolgen konzerninterner Anfechtungen eine Bedeutung für den gesamten Verbund haben. Denn die Insolvenz einer Konzerngesellschaft wird zum unkalkulierbaren Risiko für die übrigen Gruppenunternehmen, wenn diese ob der strategischen Unternehmensverflechtungen anfechtungsrechtlich in Anspruch genommen werden und nunmehr zur Rückgewähr des Erlangten verpflichtet sind (vgl. § 143 Abs. 1 S. 1 InsO). Grundsätzlich gilt für Anfechtungen innerhalb des Konzerns: je enger die konzerninternen Verflechtungen sind, umso häufiger wurden im Vorfeld der Insolvenz anfechtungsrelevante Handlungen vorgenommen.

Von besonderer Bedeutung für Konzerngesellschaften ist die Anfechtung nach § 135 InsO. Durch das Gesetz zur Modernisierung des GmbH-Rechts und zur Bekämpfung von Missbräuchen (MoMiG) wurden die Anfechtungsregelungen zum Gesellschafterdarlehen grundlegend geändert und mit § 135 InsO auf eine rein insolvenzrechtliche Grundlage gestellt.[234] Zudem trat einer Verschärfung hinsichtlich der Rückzahlung oder Besicherung von Gesellschafterdarlehen ein, denn nach § 135 InsO kommt es nicht mehr darauf an, ob das betreffende Darlehen Eigenkapital ersetzt oder nicht. Für die Anfechtung im Konzern geraten insbesondere die o.g. downstream-loans sowie im Rahmen von Cash-Pooling erfolgte Verrechnungen

---

230 Flöther/*Thole*, Konzerninsolvenzrecht, 2. Auflage, § 4 Rn. 402.

231 Flöther/*Thole*, Konzerninsolvenzrecht, 2. Auflage, § 4 Rn. 411 f; a. A. *Wenner/Schuster*, ZIP 2008, S. 1518 (1512), die der Auffassung sind, der Verwalter der Konzernmutter könne Rechtshandlungen der Tochter anfechten.

232 Siehe dazu unten Besonderer Teil I, Kapitel 1, C. I.

233 Siehe dazu oben Allgemeiner Teil, Kapitel 1, A. I; so auch *Flöther/Hoffmann*, FS Kübler, S. 148 (147).

234 Das MoMiG trat am 01.11.2008 in Kraft (BGBl. I S. 2026, 2038); K/S/W/*Schäfer*, Insolvenzanfechtung, 3. Auflage, § 135 Rn. H 21.

innerhalb der Konzerngesellschaften in den Anwendungsbereich des § 135 InsO.[235] Auf die Anfechtung im Konzern wird im *Besonderen Teil II* unter *Kapitel 2* ausführlicher eingegangen.

4. Zwischenergebnis

Die Eröffnung des Insolvenzverfahrens über das Vermögen eines konzernierten Rechtsträgers bewirkt den Bruch der Konzernleitungsmacht und damit die Auflösung der Weisungsgebundenheit des insolventen Konzernglieds. Von einer automatischen Beendigung der Beherrschungs- und Gewinnabführungsverträge sollte nicht ausgegangen werden. Denn die Bewältigung einer Konzerninsolvenz wird insbesondere durch ein hohes Maß an Flexibilität gefördert. Daher sollten die §§ 103 ff. InsO ebenfalls für die Handhabung der Unternehmensverträge (analog) zur Anwendung gelangen.

Mit dem Übergang des Verwaltungs- und Verfügungsrechts tritt der Insolvenzverwalter nicht an die Stelle eines Gesellschafters, sondern wird Träger eines eigenen Amtes, bei dem sich seine Kompetenzen auf alle Angelegenheiten des Gesellschaftsvermögens beziehen. Die Gesellschaftsorgane werden dadurch aus ihren massebezogenen Befugnissen verdrängt, bleiben aber grundsätzlich erhalten.

Weitere Eröffnungswirkungen wie das Anfechtungsrecht treten ohne besondere Abweichungen gegenüber den Wirkungen bei nicht-konzernierten Rechtsträgern ein.

II. Verfahrensmassen im Konzernverbund

Als amtliches Gesamtvollstreckungsverfahren soll das Insolvenzverfahren in den Fällen zur Anwendung gelangen, in denen die individuelle Rechtsdurchsetzung (Einzelzwangsvollstreckung) nicht mehr zu einer gleichmäßigen Befriedigung der Gläubiger führen kann, weil hierfür schlichtweg schuldnerisches Vermögen fehlt.[236] Während die Einzelzwangsvollstreckung den Zugriff auf einzelne Vermögensgegenstände des Schuldners ermöglicht, unterwirft das Insolvenzrecht im Dienste des sozialen Friedens dessen gesamtes Vermögen der Haftung.[237] Dadurch wird zugleich das Prioritätsprinzip der ZPO (vgl. § 804 Abs. 3 ZPO) durchbrochen und der Wettlauf der Gläubiger gestoppt.[238] *Haftung* meint das Unterworfensein des Vermögens einer Person unter der zwangsvollstreckungsweise Durchsetzung von An-

---

235 Dazu grundlegend *Klinck/Gärtner*, NZI 2008, S. 457 ff.
236 *Smid*, Handbuch Insolvenzrecht, 7. Auflage, § 1 Rn. 1.
237 Vgl. *Häsemeyer*, Insolvenzrecht, 4. Auflage, Rn. 2.01.
238 Vgl. MüKo- InsO/*Ganter/Bruns*, 4. Auflage, § 1 Rn. 51.

sprüchen der Gläubiger.[239] *Haftung* bezieht sich auf die Vermögensmasse, auf die der Gläubiger zurückgreifen kann und bezeichnet damit die möglicherweise unterschiedlichen Vermögen (Haftungsverbände von Werten), aus denen sich jeweils bestimmte Gruppen von Gläubigern befriedigen (vgl. Art. 1 Abs. 1 EuInsVO).[240] Für den Schutz und die Wiederherstellung des schuldnerischen Vermögens ist maßgeblich, welche Posten in das haftende Vermögen fallen. Die Insolvenzordnung verwendet dafür den Oberbegriff der *Masse*. In den verschiedenen Phasen eines Insolvenzverfahrens umfasst der Massebegriff unterschiedliche Vermögenspositionen. Der Verwalter ist beauftrag, die Insolvenzmasse zu bereinigen und anzureichern, um die Gläubigergemeinschaft optimal und gleichmäßig zu befriedigen.[241] Dabei gilt grundsätzlich: je mehr Masse vorhanden ist, desto umfangreicher fällt die Befriedigung der Gläubiger aus. Welche Vermögensmassen im Fall einer Konzerninsolvenz bestehen und woraus sich diese zusammensetzen, wird nachstehend in einem Überblick dargestellt.

1. Historische Entwicklung

Die Konkursordnung verwendete den Begriff der *Konkursmasse* undifferenziert, indem hiervon sowohl die unbereinigte als auch die bereinigte Masse erfasst wurde (vgl. §§ 43, 46 KO).[242] Die Insolvenzordnung verwendet neben dem Terminus der *Insolvenzmasse* den der *Masse*, welche stets übereinstimmen. *Insolvenzmasse* meint im Gegensatz zum konkursordnungsrechtlichen Begriff grundsätzliche die sogenannte *Soll-Masse*.[243] Ausnahmen bilden jedoch § 86 Abs. 1 Nr. 1 InsO, welcher von der *„Aussonderung eines Gegenstandes aus der Insolvenzmasse“* spricht und daher die sogenannte *Ist-Masse* meint. So auch § 148 InsO, welcher hinsichtlich der Inbesitznahme und Verwaltung des schuldnerischen Vermögens ebenfalls auf die unbereinigte *Ist-Masse* abstellt.[244]

Mit der Einführung der Insolvenzordnung veränderte sich der Massebegriff zudem über die Bezeichnung der Ist- bzw. Soll-Masse hinaus: Konträr zum Recht der Konkursordnung wurde die Insolvenzmasse nunmehr auch auf solches Vermögen erweitert, welches der Schuldner während des Verfahrens erlangt (sog. *Neuerwerb*).[245] Die Konkursordnung sah unter Berücksichtigung des privaten Wohls und

239 *Smid*, Handbuch Insolvenzrecht, 7. Auflage, § 1 Rn. 3.
240 *Smid*, Deutsches und europäisches internationales Insolvenzrecht, Art. 1 Rn. 15.
241 Vgl. *Smid*, DZWIR 1997, S. 310 f. (309).
242 Uhlenbruck/*Hirte/Praß*, InsO, 15. Auflage, § 35 Rn. 48.
243 Siehe unten Allgemeiner Teil, Kapitel 3, B. II. 2. a).
244 Vgl. Uhlenbruck/*Hirte/Praß*, InsO, 15. Auflage, § 35 Rn. 48.
245 MüKo-InsO/*Peters*, 4. Auflage, § 35 Rn. 7; kritisch dazu *Häsemeyer*, Insolvenzrecht, 4. Auflage, Rn. 9.02.

der wirtschaftlichen Regeneration des Schuldners sowie seiner Motivation zur Aufrechterhaltung von Erwerbspositionen davon ab, während des Verfahrens erlange Vermögenspositionen in die Masse einzubeziehen.[246] Dies hatte in solchen Fällen Abgrenzungsprobleme zwischen der haftenden Masse und dem konkursfreien Neuerwerb zur Folge, in denen Unklarheit darüber bestand, ob der Rechtsgrund des Erwerbs in die Zeit vor oder nach Insolvenzeröffnung fiel.[247] Mit der großen Insolvenzrechtsreform und der grundsätzlichen Erweiterung des Insolvenzbeschlags auf den Neuerwerb erledigten sich diese Abgrenzungsprobleme.

2. Insolvenzmasse im Sinne des § 35 InsO

Wie soeben beschrieben, bewirkt die Eröffnung des Insolvenzverfahrens einen starken Einschnitt in das Vermögen des Insolvenzschuldners. Im Wege des Übergangs der Kontrollbefugnis nach § 80 Abs. 1 InsO erfolgt eine generelle Spaltung zwischen dem Vermögen, welches der Gesamtvollstreckung unterliegt und dem vollstreckungsfreien Vermögen.[248] Das der Vollstreckung unterliegende Vermögen, einschließlich aller im Besitz des Schuldners befindlichen Sachen sowie der von ihm genutzten Grundstücke und Gebäude, wird mit der Wirksamkeit des Eröffnungsbeschlusses – rückwirkend auf den Zeitpunkt seiner Fassung – beschlagnahmt.[249] Diese Beschlagnahme beruht auf einem staatlichen Hoheitsakt (Insolvenzbeschlag), der vom zuständigen Amtsgericht (vgl. § 2 InsO) erlassen wird.[250] Der Insolvenzbeschlag weist den Insolvenzgläubigern die Masse als abgegrenztes Sondervermögen haftungsrechtlich zu.[251] *Haftungsrechtliche Zuweisung* meint also Zugriffsobjekt in der durch das Insolvenzverfahren betriebenen Gesamtvollstreckung zu sein.

Die Insolvenzmasse wird in § 35 Abs. 1 InsO legal definiert und umfasst das gesamte Vermögen, das dem Schuldner zur Zeit der Eröffnung des Verfahrens gehört und das er während des Verfahrens erlangt. Das gesamte Vermögen meint die Summe aller geldwerter körperlichen und unkörperlichen Gegenstände.[252] Folglich bewegliche und unbewegliche Sachen als *körperliche Gegenstände* (vgl. § 90 BGB)

---

246 Vgl. Jäger/*W. Henckel*, KO, 9. Auflage, § 1 Rn. 117.

247 Abgrenzungsprobleme entstanden insb. bei sog. transitorischen Erwerbstatbeständen, die zum einen Teil vor und zum anderen Teil nach Konkurseröffnung lagen, vgl. Kuhn/Uhlenbruck/*Uhlenbruck*, KO, 11. Auflage, § 1 Rn. 94.

248 *Häsemeyer*, Insolvenzrecht, 4. Auflage, Rn. 9.01.

249 Vgl. *R. Mothes*, Die Beschlagnahme nach Wesen, Arten und Wirkungen, S. 46 f; erweiternd Rattunde/Smid/Zeuner/*Smid*, InsO, 4. Auflage, § 35 Rn. 8.

250 Rattunde/Smid/Zeuner/*Smid*, InsO, 4. Auflage, § 35 Rn. 9.

251 Vgl. *W. Henckel*, FS Weber 1975, S. 252 (237).

252 Uhlenbruck/*Hirte/Praß*, InsO, 15. Auflage, § 35 Rn. 1.

sowie oberbegrifflich Rechte als *unkörperliche Gegenstände.* Für die vermögensrechtliche Zuordnung ist – vorbehaltlich des Sicherungseigentums (vgl. §§ 49, 50, 165, 166 InsO) – entscheidend, dass der Schuldner Rechtsinhaber der Sache oder des Rechts ist.[253] In Bezug auf Sachen ist somit eine dingliche Zuweisung nötig. Forderungen und sonstige Rechte benötigen hingegen ein zuweisendes Rechtsgeschäft.[254] § 36 Abs. 1 InsO begrenzt die Insolvenzmasse, indem Gegenstände, die nicht der Zwangsvollstreckung unterliegen, nicht erfasst werden und verweist dabei auf Pfändungsschutzvorschriften der ZPO. Hiervon machen wiederum Abs. 2 und Abs. 3 besondere Ausnahmen.

Auch die Eröffnung eines Konzerninsolvenzverfahrens führt zur haftungsrechtlichen Zuweisung des massezugehörigen Vermögens zugunsten der Insolvenzgläubiger der jeweiligen Konzerngesellschaft. Eine materielle Konsolidierung der Haftungsmassen mehrerer insolventer Konzernunternehmen erfolgt nicht.[255]

a) Von der Ist- zur Soll-Masse

Im Rahmen der gemeinschaftlichen Befriedigung der Gläubiger ist der Insolvenzverwalter dazu verpflichtet, die Insolvenzmasse zu verwerten, vgl. § 159 InsO. Da der Insolvenzbeschlag mit Ausnahme des pfändungsfreien Vermögens alle Vermögenswerte des Schuldners erfasst, hat der Insolvenzverwalter aus der *Ist-Masse* die *Soll-Masse* zu bilden.[256]

Die Ist-Masse erfasst alle Vermögensgegenstände, die der Insolvenzverwalter bei dem Insolvenzschuldner tatsächlich vorfindet und die er im Sinne des § 148 InsO in Besitz und Verwaltung zu nehmen hat.[257] Um seiner Sicherungsfunktion nachzukommen, fallen auch solche Gegenstände in den Besitz des Verwalters, deren Massezugehörigkeit zunächst unklar ist.[258] Dabei hat er alle in Betracht kommenden Herausgabeansprüche der dinglich berechtigten Gläubiger zu prüfen;[259] nicht vom Insolvenzbeschlag betroffene Gegenstände sind herauszugeben. Dies sind insbesondere solche, die der Aussonderung (vgl. §§ 47, 48) oder der Unpfändbarkeit (vgl. § 36) unterliegen.[260] Demgegenüber sind vom Insolvenzbeschlag betroffene

253 Uhlenbruck/*Hirte/Praß*, InsO, 15. Auflage, § 35 Rn. 25.
254 Vgl. Uhlenbruck/*Hirte/Praß*, InsO, 15. Auflage, § 35 Rn. 25.
255 Siehe oben Allgemeiner Teil, Kapitel 2, A. II. 4.
256 Rattunde/Smid/Zeuner/*Smid*, InsO, 4. Auflage, § 35 Rn. 24.
257 Uhlenbruck/*Hirte/Praß*, InsO, 15. Auflage, § 35 Rn. 46.
258 Uhlenbruck/*Hirte/Praß*, InsO, 15. Auflage, § 35 Rn. 46.
259 Rattunde/Smid/Zeuner/*Smid*, InsO, 4. Auflage, § 35 Rn. 24.
260 *Häsemeyer*, Insolvenzrecht, 4. Auflage, Rn. 9.06.

Rechte geltend zu machen und vor allem mittels Herausgabeansprüche und Insolvenzanfechtungen durchzusetzen und in die Insolvenzmasse zu kehren.[261]

Durch diese Bereinigung der Insolvenzmasse bildet der Insolvenzverwalter die Soll-Masse. Diese entspricht der Legaldefinition in § 35 Abs. 1 InsO und stellt das haftende Vermögen dar, aus dem die Gläubigergemeinschaft befriedigt wird.[262] Die Soll-Masse hat der Insolvenzverwalter im Sinne des § 159 InsO unverzüglich nach dem Berichtstermin zu verwerten.

Regelmäßig erschweren Konzernstrukturen die Bildung der Soll-Masse. Die vielfachen leistungswirtschaftlichen und haftungsrechtlichen Verstrickungen lassen eine Zuordnung vermögenswerter Rechtspositionen an die jeweiligen Rechtsträger auf den ersten Blick nicht zu. Geschäftliche Transaktionen und einzelne Ansprüche zwischen den Konzerngliedern können kaum mehr differenziert und dadurch nur schwer rückabgewickelt oder ausgeglichen werden. Die konzerninternen Verflechtungen sind mitunter derart tiefgreifend, dass es den Verfahrensbeteiligten einer Konzerninsolvenz nur unter unverhältnismäßigem finanziellem Aufwand möglich ist, die Vermögensmassen zu entflechten.[263] Nach *Paulus* kann sich dieses Szenario so sehr zuspitzen, dass eine Differenzierung und Rückabwicklung der Verstrickungen faktisch ausgeschlossen sei und geradezu eine Vermögensvermischung gegeben sei.[264]

b) Massezugehörigkeit des Konzernunternehmens

Obwohl ein Unternehmen als selbstständiges wirtschaftliches Gebilde mit Vermögenswerten rechtlicher und tatsächlicher Art nicht pfändbar ist, fällt es nach ganz herrschender Meinung in seiner Sachgesamtheit in die Insolvenzmasse.[265] Dabei umfasst der Begriff des *Unternehmens* über Sachen und Rechte hinaus auch tatsächliche Vermögenswerte wie den Kundenstamm oder Geschäfts- und Betriebsgeheimnisse.[266] Während diese Positionen generell nicht der Einzelzwangsvollstreckung unterliegen (vgl. §§ 857 Abs. 1, 851 Abs. 1 ZPO), bilden sie in ihrer Gesamtheit einen messbaren Wert, der in der Insolvenzmasse abgebildet werden kann.[267] Dass das Unternehmen in die Insolvenzmasse fällt, entspricht auch dem Sinne des Gesetzgebers: Neben dem gesamtvollstreckenden Charakter der Insol-

---

261 Gottwald/Haas/*Wimmer*, Insolvenzrechts-Handbuch, 6. Auflage, § 24 Rn. 4.
262 *Häsemeyer*, Insolvenzrecht, 4. Auflage, Rn. 9.06.
263 *Verhoeven*, ZInsO 2012, S. 1758 (1757).
264 *Paulus*, ZIP 2005, S. 1954 (1948), am Beispiel des KPNQwest-Konzerns.
265 Jaeger/*Henckel*, InsO, 1. Auflage, § 35 Rn. 9; Uhlenbruck/*Hirte*/*Praß*, InsO, 15. Auflage, § 35 Rn. 268; MüKo-InsO/*Peters*, 4. Auflage, § 35 Rn. 532; K/P/B/*Holzer*, InsO, 95. EL, § 35 Rn. 70.
266 Uhlenbruck/*Hirte*/*Praß*, InsO, 15. Auflage, § 35 Rn. 268.
267 Vgl. MüKo-InsO/*Peters*, 4. Auflage, § 35 Rn. 532

venzordnung spricht dafür § 160 Abs. 2 Nr. 1 InsO.[268] Denn hier wird die Möglichkeit der Veräußerung im Ganzen ausdrücklich vorausgesetzt. Folglich gilt die Unpfändbarkeitsformel des § 36 Abs. 1 S. 1 InsO und der damit verbundene Masseausschluss nicht für die Sachgesamtheit des einzelnen Konzernunternehmens.

c) Gesellschaftsrechte

Da Konzerne typischerweise in Kapitalgesellschaften organisiert sind, verbirgt sich hinter dem insolventen Konzernunternehmen regelmäßig eine AG, KGaA oder GmbH. Hinsichtlich der Bildung der Insolvenzmasse gelten für diese Gesellschaftsformen im Verhältnis zur Insolvenz einer natürlichen Person einige Besonderheiten, welche nachfolgend kurz dargestellt werden.

aa) AG

Generell haftet gemäß § 1 Abs. 1 S. 2 AktG nur das Gesellschaftsvermögen für die Verbindlichkeiten der AG. Insolvenzmasse und Gesellschaftsvermögen sind somit kongruent. Das Vermögen der Gesellschafter ist von der Insolvenz einer Konzern-AG nicht betroffen. Ausgleichend dazu bildet das Grundkapital einer AG das Mindesthaftkapital, welches dem Schutz und der Sicherung der Gläubiger dient (vgl. §§ 1 Abs. 2, 6, 7 AktG).[269]

Ferner fallen sämtliche Haftungsansprüche der AG in die Masse.[270] Dazu gehören Ansprüche gegen die Gesellschafter auf Zahlung der rückständigen Einlagen, Schadensersatzansprüche der Gesellschaft – insbesondere Ansprüche aus gesellschafts- und gläubigerschädigendem Verhalten (vgl. § 48, § 93 und §§ 116, 111 Abs. 1 AktG) – und Anfechtungsansprüche aufgrund von eigenkapitalersetzender Gesellschafterdarlehen (vgl. § 135 InsO).[271] Zudem bestehen besondere Schadensersatzansprüche aus § 46 Abs. 1, Abs. 2 AktG bei schuldhaften Verletzungen der Gründungsvorschriften. Das kürzlich reformierte Zahlungsverbot[272] und die damit verbundene Haftung der Geschäftsführer ist nunmehr rechtsformunabhängig in § 15b InsO geregelt. Demnach dürfen Mitglieder des Vertretungsorgans und Abwickler einer juristischen Person nach dem Eintritt der Zahlungsunfähigkeit oder

268 *Herchen*, ZInsO 2004, S. 1113 (1112).

269 MüKo-AktG/*Heider*, 5. Auflage, § 1 Rn. 97.

270 Vgl. *Häsemeyer*, Insolvenzrecht, 4. Auflage, Rn. 30.31 ff.

271 Vgl. *Häsemeyer*, Insolvenzrecht, 4. Auflage, Rn. 30.31 ff; MüKo-InsO/*Peters*, 4. Auflage, § 35 Rn. 268 f, 287.

272 Das SanInsFoG trat in weiten Teilen am 01.01.2021 in Kraft. Eine wesentliche Reform war die Streichung von § 92 Abs. 2 AktG und eine gebündelte Neufassung der Regelungen von Zahlungen trotz Zahlungsunfähigkeit bzw. Überschuldung in § 15b InsO.

der Überschuldung der juristischen Person keine Zahlungen mehr für diese vornehmen (§ 15b Abs. 1 S. 1 InsO). Werden dennoch Zahlungen geleistet, sind die Antragspflichtigen der juristischen Person gemäß § 15 b Abs. 4 S. 1 InsO zur Erstattung verpflichtet. Die organrechtliche Innenhaftung nach § 15b Abs. 4 S. 1 InsO wird schwerpunktmäßig im Besonderen Teil II unter Kapitel 3 dieser Arbeit behandelt.

bb) KGaA

Gemäß § 278 Abs. 2 AktG bestimmt sich das Rechtsverhältnis der persönlich haftenden Gesellschafter untereinander und gegenüber der Kommanditaktionäre sowie gegenüber Dritten nach den §§ 161 ff. HGB. Jedoch gelten nach § 283 AktG für die persönlich haftenden Gesellschafter die für den Vorstand der AG geltenden Vorschriften sinngemäß. Somit fallen insbesondere sämtliche Ersatzansprüche aus gesellschafts- und gläubigerschädigendem Verhalten in die Insolvenzmasse (vgl. §§ 283 Nr. 2, 3 und 4 AktG).[273]

cc) GmbH

Ebenso wie die AG haftet eine insolvente Konzern-GmbH generell nur mit ihrem Gesellschaftsvermögen, vgl. § 13 Abs. 2 GmbHG. Daher bestehen bei der Bildung der Insolvenzmasse wesentliche Parallelen zur AG. So bilden die Einlagen der Gesellschafter das Mindesthaftkapital im Sinne der §§ 5 Abs. 1, 14 GmbHG. Ist die Einlage noch nicht vollständig erbracht, fällt der Anspruch der Gesellschaft auf noch ausstehende Einzahlungen der Einlage in die Insolvenzmasse.[274] Ebenfalls fallen sämtliche Haftungsansprüche der GmbH aus gesellschafts- und gläubigerschädigendem Verhalten in die Masse (vgl. § 43 Abs. 2, 3 GmbHG). Ansprüche durch schuldhafte Verletzungen von Gründungsvorschriften ergeben sich aus § 9a Abs. 1, 2 GmbHG. § 15b InsO ersetzt im Fall des Zahlungsverbots ab Insolvenzreife den früheren § 64 GmbHG.[275]

dd) GmbH & Co. KG

Befindet sich in der Konzernstruktur eine insolvente GmbH & Co. KG werden in der Regel zwei verschiedene Insolvenzverfahren eröffnet: Zum einen über das Vermögen der Komplementärin (Kapitalgesellschaft) und zum anderen über das Vermögen der KG (Personengesellschaft), da die Insolvenz der KG praktisch immer die

---

273 Uhlenbruck/*Hirte*/*Praß*, InsO, 15. Auflage, § 35 Rn. 346.
274 MüKo-InsO/*Peters*, 4. Auflage, § 35 Rn. 259.
275 BT-Drs. 19/24181, S. 195.

Insolvenz der Komplementär-GmbH bewirkt.[276] Denn die GmbH wird als persönlich haftende Komplementärin von den Gläubigern der KG in Anspruch genommen. Häufig kann die Komplementärin nur das Mindestkapital vorweisen, wodurch eine Überschuldung der KG in der Regel auch zu einer Überschuldung der GmbH führt.[277] Die Abwicklung in einem einheitlichen Insolvenzverfahren ist aufgrund der zwei getrennt zu behandelnden Rechtsträger nicht möglich.[278]

Hinsichtlich des Haftungsvermögens der KG gelten für den Kommanditisten die allgemeinen Vorschriften der §§ 171, 172 HGB, sodass seine persönliche Haftung ausgeschlossen ist, soweit die Einlage vollständig geleistet ist. Für die Haftung der Komplementär-GmbH gelten die vorstehend aufgeführten Grundsätze zur Rechtsform der GmbH. Allerdings kann eine enge Verflechtung der Gesellschaften zu Zuordnungsproblemen der Mittelflüsse führen.[279]

ee) Mitgliedschaft und Gesellschaftsanteil als Massegegenstand

Durch die gesellschaftsrechtlichen Verflechtungen im Konzernverbund sind die konzernierten Rechtsträger häufig aneinander beteiligt.[280] In der Insolvenz eines Konzernunternehmens fallen Beteiligung in Form von Mitgliedschaftsrechten und Gesellschaftsanteilen als vermögenswerte Rechtsposition in die Insolvenzmasse.[281] Dazu gehören auch Aktien sowie GmbH-Geschäftsanteile, für die im Fall der Übertragung im Sinne des § 15 Abs. 5 GmbHG oder § 68 Abs. 2 AktG satzungsmäßig ein Zustimmungserfordernis der Gesellschaft vorgesehen ist (sog. Vinkulation).[282]

Befinden sich mehrere Gesellschaften des Konzernverbunds in wirtschaftlicher Schieflage birgt die Verwertung von Mitgliedschaften und Gesellschaftsanteilen jedoch Gefahren. Infolge der Veräußerung von Beteiligungen können diese im Konzernverbund nicht mehr nutzbar gemacht werden, was das Insolvenzrisiko der übrigen Gesellschaften verstärken kann.[283] Daher ist im Hinblick auf den Erhalt des Konzernverbunds stets eine koordinierte Behandlung der Mitgliedschaften und Gesellschaftsanteile unter Anwendung der KIG-Mechanismen von Vorteil.

---

276 Vgl. Jaeger/*Ehricke*, InsO, 1. Auflage, § 11 Rn. 45; Reichert/*Salger*, GmbH & Co. KG, 8. Auflage, § 49 Rn. 29.

277 Reichert/*Salger*, GmbH & Co. KG, 8. Auflage, § 49 Rn. 29.

278 Siehe oben Allgemeiner Teil, Kapitel 3, B.

279 MüKo-InsO/*Peters*, 4. Auflage, § 35 Rn. 226; dazu ausführlich *Häsemeyer*, Insolvenzrecht, 4. Auflage, Rn. 31.62 ff.

280 *Rotstegge*, Konzerninsolvenz, S. 155.

281 MüKo-InsO/*Peters*, 4. Auflage, § 35 Rn. 255 f., 266; Braun/*Bäuerle*, InsO, 9. Auflage, § 35 Rn. 93, K/P/B/*Holzer*, InsO, 95. EL, § 35 Rn. 68.

282 Vgl. *Bergmann*, ZInsO 2004, S. 225 f. (225).

283 Vgl. *Rotstegge*, Konzerninsolvenz, S. 165 f.

d) Neuerwerb

Wie bereits dargestellt, umfasst die Insolvenzmasse auch solches Vermögen, das der Schuldner während des Verfahrens erlangt (vgl. § 35 Abs. 1 Hs. 2 InsO). Wird das haftende Vermögen während des Verfahrens erweitert, ist zwischen Neuerwerb und Surrogationserwerb zu unterscheiden.[284]

Neuerwerb ist die Masseanreicherung kraft Schuldnerhandelns nach Verfahrenseröffnung.[285] Exemplarisch liegt ein Neuerwerb vor, wenn der Schuldner mit seinem insolvenzfreien Vermögen Gegenstände erwirbt. Diese Gegenstände werden Teil der Insolvenzmasse, sofern sie nicht im Sinne des § 36 InsO unpfändbar sind. Umgekehrt ist auch der Erlös aus dem Verkauf eines pfändungsfreien Gegenstandes massezugehörig.[286] Weiter fallen grundsätzlich das pfändbare Arbeitseinkommen, Erbschaften, Schenkungen und Lotteriegewinne als Neuerwerb in die Insolvenzmasse.[287] Um einem Motivationsverlust hinsichtlich einer weiteren Erwerbstätigkeit des Schuldners entgegenzuwirken, führte der Gesetzgeber die Restschuldbefreiung (vgl. §§ 286 ff. InsO) ein und schaffte ausgleichend zum Neuerwerb eine tragfähige Grundlage für den wirtschaftlichen Neubeginn des Insolvenzschuldners, indem die Nachhaftung des Schuldners mit seinem künftigen Vermögen beendet wurde.[288] Die Vorschriften über die Restschuldbefreiung gelten allein für natürliche Personen und finden somit für Konzerngesellschaften keine Anwendung.

Bei der Insolvenz von Gesellschaften und juristischen Personen bewirkt die Einbeziehung des Neuerwerbs in die Masse kaum Veränderung, da bereits die KO vorsah, dass Gegenstände, die der Verwalter mit Mitteln der Insolvenzmasse erwirbt, keinen Neuerwerb, sondern eine Surrogation darstellen und daher ohnehin zur Masse gehören.[289] Folgt man der Auffassung, dass es im Insolvenzverfahren über das Vermögen einer Gesellschaft des Handelsrechts und sonstigen juristischen Personen überhaupt kein insolvenzfreies Gesellschaftsvermögen geben kann,[290] fällt daher ohnehin jede Vermögensmehrung in die Insolvenzmasse.

---

284 Vgl. *Häsemeyer*, Insolvenzrecht, 4. Auflage, Rn. 9.28.

285 *Häsemeyer*, Insolvenzrecht, 4. Auflage, Rn. 9.25.

286 MüKo-InsO/*Peters*, 4. Auflage, § 35 Rn. 45 f; vgl. BGH, Beschl. v. 26.09.2013 – IX ZB 247/11 = NJW-RR 2013, S. 1520 (1519).

287 Ausführlich dazu MüKo-InsO/*Peters*, 4. Auflage, § 35 Rn. 47–64.

288 BT-Drs. 12/2443, S. 122.

289 MüKo-InsO/*Peters*, 4. Auflage, § 35 Rn. 6; Uhlenbruck/*Hirte*/*Praß*, InsO, 15. Auflage, § 35 Rn. 120.

290 *K. Schmidt*, KTS 1988, S. 12 (1); *K. Schmidt*/*Schulz*, ZIP 1982, S. 1021 (1015); vgl. Rattunde/Smid/Zeuner/*Smid*, InsO, 4. Auflage, § 35 Rn. 3.

e) Massesurrogation

Demgegenüber ist der Surrogationserwerb die Masseanreicherung kraft Verwalterhandelns.[291] Davon sind alle Rechte erfasst, die der Insolvenzverwalter für die Masse im Rahmen eines Rechtsgeschäfts unter Verwendung von Massemitteln erwirbt.[292] Häufigster Fall ist die Veräußerung eines massezugehörigen Gegenstandes im Zuge der Verwertung, bei der der Erlös aus diesem Geschäft automatisch in die Insolvenzmasse fließt.[293] Zudem fallen die nach Verfahrenseröffnung gezogenen Früchte und Nutzungen aus Massegegenständen in die Insolvenzmasse.[294] Folglich ermöglicht die Massesurrogation eine Anreicherung der Insolvenzmasse und zugleich die Vermögensumsetzung durch Verwertungsgeschäfte.

f) Freigabebefugnis und Rechtsstellung des Insolvenzverwalters

Neben der Masseanreicherung bietet die Insolvenzordnung die Möglichkeit, Vermögenswerte aus der Insolvenzmasse freizugeben. Im Wege der (echten) Freigabe wird ein Gegenstand aus der Insolvenzmasse befreit und in das insolvenzfreie Vermögegen gegeben, wodurch der Schuldner die Verfügungsbefugnis zurückerlangt.[295] Dies erweist sich vor allem als sinnvoll, wenn die Verwaltungs- und Verwertungskosten höher als der voraussichtliche Verwertungserlös des Vermögensgegenstandes ausfallen werden.[296]

Die Befugnis zur Freigabe des Insolvenzverwalters ergibt sich aus § 80 und § 85 Abs. 2 InsO.[297] Die Freigabebefugnis wird ferner von § 32 Abs. 3 S. 1 sowie § 35 Abs. 2 S. 1, Abs. 3 InsO vorausgesetzt und ist – wie schon zur Geltung der Konkursordnung – gewohnheitsrechtlich anerkannt.[298]

Die Frage nach der Berechtigung zur Freigabe ist dabei eng an die Rolle des Verwalters geknüpft.[299] Denn teilweise kollidieren die Theorien um die rechtssystematische und rechtsdogmatische Erfassung der rechtlichen Stellung des Insolvenzverwalters mit der gesetzlich vorgesehenen Freigabebefugnis: So behandelt die

291 Vgl. Rattunde/Smid/Zeuner/*Smid*, InsO, 4. Auflage, § 35 Rn. 2.
292 *Häsemeyer*, Insolvenzrecht, 4. Auflage, Rn. 9.28.
293 Uhlenbruck/*Hirte/Praß*, InsO, 15. Auflage, § 35 Rn. 123.
294 *Häsemeyer*, Insolvenzrecht, 4. Auflage, Rn. 9.28.
295 BGH, Beschl. v. 03.04.2014 – IX ZA 5/14 = NZI 2014, S. 501 Rn. 5; K/P/B/*Holzer*, InsO, 95. EL, § 35 Rn. 30.
296 Exemplarisch anhand des BGH-Urteils v. 21.04.2005 – IX ZR 281/03 siehe Uhlenbruck/*Hirte/Praß*, InsO, 15. Auflage, § 35 Rn. 7.
297 Rattunde/Smid/Zeuner/*Smid*, InsO, 4. Auflage, § 32 Rn. 14.
298 Vgl. BGH, Urteil v. 21.04.2005 – IX ZR 281/03 = NJW 2005, S. 2016 (2015); Braun/*Bäuerle*, InsO, 9. Auflage, § 35 Rn. 7.
299 Ausführlich zur Theorie der Insolvenzverwaltung MüKo-InsO/*Vuia*, 4. Auflage, § 80 Rn. 20 ff.

modifizierten Organ- bzw. *Vertretertheorie* (auch *„neue Vertretertheorie“* genannt) den Insolvenzverwalter stets als gesetzlichen Vertreter im Rahmen des jeweiligen Verfahrenszwecks.[300] Dadurch sei er bei natürlichen Personen als deren gesetzlicher Vertreter mit Beschränkung auf die Masse und in der Insolvenz von juristischen Personen und insolvenzfähigen Personenvereinigungen als obligatorischer Fremdliquidator und deren Organ anzusehen.[301] Bei der rechtlichen Zulässigkeit der Freigabe in Verfahren über das Vermögen einer juristischen Person oder Personenvereinigung – somit auch in der Konzerninsolvenz – gerät die modifizierten Organ- bzw. Vertretertheorie an ihre Grenzen. Denn diese Theorie erhebt den Verwalter zwingend zum Fremdliquidator[302] und geht davon aus, dass es kein beschlagfreies Gesellschaftsvermögen geben soll, da die Vollabwicklung des Gesellschaftsvermögens verpflichtend sei.[303] Eine Freigabe von Massegegenständen an den Schuldner wäre unter diesen Bedingungen nicht möglich, weil die Freigabe ebendiese insolvenzfreie Vermögenssphäre voraussetzt. Gegen diese Theorie spricht ferner, dass sogenannte Minusobjekte, also Massegegenstände, die im Rahmen der Abwicklung kostenverursachend wirken, über die Freigabe abgestoßen werden können. Dadurch wird die Insolvenzmasse vor Schmälerungen geschützt und die Befriedigungschance der Gläubiger erhöht. Eine Pflicht zur Vollliquidierung der Gesellschaft widerspricht unter diesen Gesichtspunkten dem Verfahrenszweck des § 1 S. 1 InsO und einer maximalen Gläubigerbefriedigung.[304] Die modifizierte Organ- bzw. Vertretertheorie ist daher nicht mit dem geltenden Recht und der Befugnis zur Freigabe (vgl. § 32 Abs. 3 und § 85 Abs. 2 InsO) vereinbar.[305]

Die Zulässigkeit der Freigabe muss auch bei juristischen Personen und insolvenzfähigen Personenvereinigungen bejaht werden können. Ausgehend von der o. g. *Amtstheorie*[306] kommt es dabei nicht zu Widersprüchen: Der Insolvenzverwalter wird hiernach kein Organ des schuldnerischen Unternehmens, sondern Träger eines eigenen Amtes. Auch die Gesellschaftsorgane werden nicht ersetzt, sondern allein aus ihren massebezogenen Kompetenzen verdrängt. Der Verwalter löst sich daher nur insoweit von seinem Amt, wie die Freigabeerklärung reicht und der freigegebene Vermögensgegenstand geht im Falle juristischen Person willens-

---

300 Diese Theorie wurde von *K. Schmidt* entwickelt, vgl. dazu NJW 1987, S. 1907 (1905); KTS 1994, S. 310 (309).

301 MüKo-InsO/*Vuia*, 4. Auflage, § 80 Rn. 31.

302 So auch K/P/B/*Lüke*, InsO, 95. EL, § 80 Rn. 36.

303 Vgl. *K. Schmidt*, KTS 1988, S. 12 (1); Rattunde/Smid/Zeuner/*Smid*, InsO, 4. Auflage, § 80 Rn. 33.

304 Vgl. Rattunde/Smid/Zeuner/*Smid*, InsO, 4. Auflage, § 80 Rn. 33.

305 Bestätigt vom BGH: Urteil v. 21.04.2005 – IX ZR 281/03 = NJW 2005, S. 2015.

306 Siehe Allgemeiner Teil, Kapitel 3, B. I. 2. b).

unabhängig auf den Liquidator über.[307] Somit lässt sich die rechtliche Zulässigkeit einer Freigabe in der Insolvenz von juristischen Personen und insolvenzfähigen Personenvereinigungen mit der Amtstheorie, nicht aber mit der modifizierten Organtheorie begründen.

3. Verteilungsmasse im Sinne der §§ 187 ff. InsO

Die §§ 187 ff. InsO verwenden ebenfalls den Begriff der *Insolvenzmasse.* Gemeint ist dabei nicht die *Soll-Masse,* sondern der Erlös, der bei der Verwertung der Soll-Masse erzielt wird und für die Verteilung an die Insolvenzgläubiger verfügbar ist.[308] In der Regel wurde die Soll-Masse zuvor durch Befriedigung der Masse- und Absonderungsgläubiger sowie durch Aufrechnungen und Freigaben gekürzt.[309] Die Verteilung der Masse in Geld kann zunächst in Abschlagsverteilungen stattfinden, sofern und sooft hinreichende Barmittel verfügbar sind (vgl. § 187 Abs. 2 S. 1 InsO). Zuletzt erfolgt die Schlussverteilung nach Maßgabe der Befriedigungsquote im Sinne des § 196 Abs.1 InsO.[310]

C. Zusammenfassung

Im Rahmen einer Konzerninsolvenz ist niemals das jeweilige Unternehmen selbst Rechtssubjekt des Insolvenzverfahrens. Denn hinter jedem Unternehmen steht ein Unternehmensträger, der im Sinne des § 11 InsO ausschließlicher Bezugspunkt des Verfahrens ist. Im Fall der Konzerninsolvenz ist der Rechtsträger regelmäßig eine Kapitalgesellschaft.

Unter den Besonderheiten in der Insolvenz konzernierter Rechtsträger ist der Dominoeffekt hervorzuheben. Die Gefahr des Übergreifens der Insolvenz auf weitere Konzernglieder wird durch wirtschaftliche und haftungsrechtliche Verstrickungen unter den Konzernunternehmen verschärft. Dabei ist das Schädigungspotential umso größer, je enger die Konzernglieder miteinander verflochten sind. Zur Eindämmung dieses Insolvenzbeschleunigers brachte das KIG keine Mittel ein, die eine Zwangskooperation oder -koordination unter den insolventen Konzerngliedern ermöglichen. Für eine Unterbindung des Dominoeffekts bedarf es weiterhin den Handlungswillen aller Verfahrensbeteiligten.

---

307 Rattunde/Smid/Zeuner/*Smid,* InsO, 4. Auflage, § 80 Rn. 36; MüKo-InsO/*Vuia,* 4. Auflage, § 80 Rn. 42.

308 Rattunde/Smid/Zeuner/*Smid,* InsO, 4. Auflage, § 35 Rn. 41.

309 MüKo-InsO/*Peters,* 4. Auflage, § 35 Rn. 21.

310 Uhlenbruck/*Hirte/Praß,* InsO, 15. Auflage, § 35 Rn. 50.

Bei der Bildung der Soll-Masse sind auf der einen Seite massefremde Gegenstände aus der Ist-Masse auszukehren und risikobehaftete Gegenstände freizugeben. Um die rechtssystematische Stellung des Insolvenzverwalters in Einklang mit der Freigabebefugnis des geltenden Rechts zu bringen, ist allein die Amtstheorie anzuwenden. Zudem kann mittels Durchsetzung von Herausgabe- und Anfechtungsansprüchen sowie Neuerwerb und Massesurrogation eine Anreicherung der Masse verfolgt werden. Darüber hinaus fällt das Konzernunternehmen in seiner Sachgesamtheit in die Insolvenzmasse. Auch die konzerninternen Beteiligungen in Form von Mitgliedschaftsrechten und Gesellschaftsanteilen werden Bestandteil der Insolvenzmasse.

Im Einzelfall kann die zur Bildung der Insolvenzmasse erforderliche Differenzierung und Rückabwicklung der Vermögensmassen aufgrund starker Konzernverflechtungen unverhältnismäßig aufwendig sein. Eine Lösung im Interesse des gesamten Konzerns kann nur unter Anwendung der Kooperations- und Koordinationsinstrumentarien des KIG erreicht werden.

Besonderer Teil I: Entzug von Vermögenswerten im Konzernverbund – Mechanismen und ihre Grenzen

Nachdem der Allgemeine Teil die Grundzüge des Konzernbegriffs, des Konzerninsolvenzrechts und die Besonderheiten von Konzernsachverhalten behandelt hat, soll in diesem Teil der Arbeit der *einleitend* dargestellte Sachverhalt[311] und die damit verbundene Fragestellung untersucht werden, ob und inwieweit der Entzug von Vermögenswerten innerhalb eines Konzernverbunds im eröffneten Insolvenzverfahren über das Vermögen einer der Gruppengesellschaften möglich ist. Es wird der Versuch unternommen, die *de lege lata* bestehenden Mechanismen, mit denen ein Vermögensentzug erreicht werden kann, herauszufiltern und ihre rechtlichen Grenzen aufzuzeigen.

Kapitel 1: *„Ein Rechtsträger, ein Vermögen, ein Verfahren"* – Grenzen der Vermögensvermischung in der Konzerninsolvenz

Aus betriebswirtschaftlicher Sicht wird der Konzern wegen seiner vielfältigen wirtschaftlichen Verflechtungen in der Regel als Einheit wahrgenommen.[312] Im Insolvenzverfahren hingegen erhält die rechtliche Vielfalt der rechtlich selbstständigen Unternehmen eine besondere Bedeutung. In Ermangelung der eigenen Rechtsfähigkeit eines gesamten Konzernverbunds wird im Sinne des § 11 InsO nur über das Vermögen der einzelnen insolventen Konzerngesellschaften das Insolvenzverfahren eröffnet.[313] Die ewige Grundregel *„Ein Rechtsträger, ein Vermögen, ein Verfahren"*[314] ist eine der dogmatischen Fundamente der geltenden Insolvenzordnung und Grundlage der traditionellen rechtlichen Trennung von den verschiedenen Vermögensmassen im Konzernverbund.[315] Dadurch findet in Insolvenzverfahren über das Vermögen konzernierter Rechtsträger gerade keine Vermögenszusammenführung und -vermischung mittels formeller oder materieller Konsolidierungsmechanismen statt. Diese Ausprägung des vorgenannten Grund-

311 Siehe oben Einleitung, A. I.

312 Siehe dazu Allgemeiner Teil, Kapitel 1, A. I.

313 Vgl. Allgemeiner Teil, Kapitel 1, A. I. und Kapitel 3, B.

314 Siehe oben Einleitung, A.

315 Vgl. Allgemeiner Teil, Kapitel 2, II. 2.

https://doi.org/10.1515/9783111437347-004

satzes basiert auf vier wesentliche Subprinzipen:[316] Das Universal-, das Einheits- und das Trennungsprinzip sowie der Grundsatz der rechtlichen Selbstständigkeit. Es stellt sich die Frage, in welcher Weise diese Prinzipien zum Ergebnis einer klar abgrenzbaren Vermögenstrennung beitragen und ob sie (partielle) Durchbrechungen zulassen.

A. Universalprinzip

I. Bedeutung

Dem *Universalprinzip* liegt insbesondere § 343 InsO zugrunde. Demnach wird die Eröffnung eines ausländischen Insolvenzverfahrens automatisch im Inland anerkannt. Im Sinne des Universalprinzips verfolgt ein Insolvenzverfahren einen universellen Geltungsanspruch, weshalb die Eröffnungswirkungen das weltweite Vermögen eines Schuldners erfassen sollen.[317] Denn der *par condicio creditorum Grundsatz* (Gläubigergleichbehandlung) kann nur erreicht werden, wenn auch das in anderen Staaten belegene Schuldnervermögen vom Insolvenzbeschlag erfasst und vor Einzelzwangsvollstreckungen anderer Gläubiger oder Verfügungen des Schuldners geschützt wird.[318] Territoriale Landesgrenzen sind für die Entfaltung der Eröffnungswirkungen daher unerheblich. Vorbild auf europäischer Ebene ist Art. 19 EuInsVO, der eine automatische Verfahrensanerkennung zwischen allen Mitgliedstaaten regelt. § 343 InsO ist somit auf Sachverhalte anwendbar, die nicht der EuInsVO unterfallen.[319] Zwecks Rechtssicherheit bestimmt § 335 InsO als Grundregel des deutschen Internationalen Insolvenzrechts, die Anwendung des Insolvenzstatuts desjenigen Staates, in dem das Insolvenzverfahren eröffnet wurde (sog. Kollisionsnorm).[320] Im Anwendungsbereich der EuInsVO gilt diesbezüglich Art. 7 EuInsVO vorrangig.

---

316 Vgl. *Schmidt*, KTS 2015, S. 21 (19), die jedoch den Grundsatz der rechtlichen Selbstständigkeit und den Grundsatz der Haftungstrennung unter „*Trennungsprinzip*" gleichsetzt.

317 Uhlenbruck/*Lüer*/*Knof*, InsO, 15. Auflage, § 343 Rn. 4.

318 *Spahlinger*, Sekundäre Insolvenzverfahren, S. 50.

319 Andres/Leithaus/*Dahl*, InsO, 4. Auflage, § 343 Rn. 6.

320 MüKo-InsO/*Reinhart*, 4. Auflage, § 335 Rn. 1.

II. Durchbrechungen

Das Universalitätsprinzip erfährt signifikante Durchbrechungen in Form von Sonderanknüpfungen und Sachnormen, einem *ordre-public*-Vorbehalt[321] und sogenannten Partikularinsolvenzverfahren.[322]

Die Grundregel der Rechtswirkung des Eröffnungsstaates nach § 335 InsO wird unter bestimmten Sonderanknüpfungen eingeschränkt: So bestimmt § 336 S. 1 InsO, dass die Eröffnungswirkungen eines Insolvenzverfahrens auf Verträge über dingliche Rechte oder Nutzungsrechte an unbeweglichen Gegenständen dem Recht des Staates unterliegen, in dem der Gegenstand belegen ist. §§ 337 ff. InsO regeln weitere Einschränkungen in Bezug auf Arbeitsverhältnisse, Aufrechnungsrechte, Anfechtungsrechte und andere Rechtsverhältnisse. Die Sonderanknüpfungen sollen insbesondere ein überwiegendes Interesse am ungestörten Rechtsverkehr schützen.[323] Auch der Anerkennungsgrundsatz des § 343 Abs. 1 InsO erfährt Einschränkungen. Beispielsweise greifen gemäß der Sachnorm[324] des § 351 Abs. 1 InsO die Eröffnungswirkungen ausländischer Insolvenzverfahren nicht bei Rechten Dritter an Gegenständen, die zum Eröffnungszeitpunkt im Inland belegen waren und nach inländischem Recht einen Anspruch auf Aussonderung oder auf abgesonderte Befriedigung besteht.

Der *ordre-public*-Vorbehalt nach § 343 Abs. 1 Nr. 2 InsO stellt die Anwendbarkeit des ausländischen Insolvenzrechts unter den Vorbehalt der Achtung der inländischen Sittenordnung sowie der verfassungsmäßig geschützten Rechte und Freiheiten.[325] Eine ausländische Norm gelangt demnach im Inland nicht zur Anwendung, sofern sie gegen die guten Sitten oder gegen den Zweck eines deutschen Gesetzes verstoßen würde.[326] Der BGH stellt für einen Verstoß darauf ab, ob *„[...] das Ergebnis der Anwendung des ausländischen Rechts für den Grundgedanken der deutschen Regelung und der in ihnen liegenden Gerechtigkeitsvorstellungen in so starkem Widerspruch steht, dass es von uns für untragbar gehalten wird.“*[327]

Eine weitere elementare Durchbrechung des Universalprinzips im deutschen Insolvenzstatut ist die vorgesehene Möglichkeit von Partikularinsolvenzverfahren.[328] Der Begriff des Partikularinsolvenzverfahrens ist in § 354 Abs. 1 InsO legal definiert und meint die Eröffnung eines besonderen Insolvenzverfahrens über in-

---

321 Französisch für *öffentliche Ordnung.*

322 *Schmidt*, KTS 2015, S. 22 (19).

323 Uhlenbruck/*Lüer*/*Knof*, InsO, 15. Auflage, Vorbem. zu §§ 335 bis 358 Rn. 29.

324 Braun/*Ehret*, InsO, 9. Auflage, § 351 Rn. 1.

325 Vgl. LSZ-*Smid*, Internationales Insolvenzrecht, 2. Auflage, § 343 Rn. 7.

326 Uhlenbruck/*Lüer*/*Knof*, InsO, 15. Auflage, Vorbem. zu §§ 335 bis 358 Rn. 31.

327 BGH, Beschl. v. 17.09.1968 – IV ZB 501/68 = BGH NJW 1969, S. 370 (369).

328 *Schmidt*, KTS 2015, S. 25 (19); K/P/B/*Paulus*, InsO, 95. EL, § 354 Rn. 1.

ländisches schuldnerisches Vermögen im Falle der Unzuständigkeit eines deutschen Gerichts im Hauptinsolvenzverfahren. Im Rahmen des Partikularverfahrens wird somit eine bestimmte Verfahrensmasse – die inländische – konträr zum Universalitätsgedanken gesondert abgewickelt. Zweck der gesonderten Abwicklung ist der Schutz lokaler Interessen von deutschen Gläubigern.[329] Dabei unterscheidet das deutsche (internationale) Insolvenzrecht zwischen unabhängigen Partikularverfahren (§§ 354 f. InsO) und Sekundärinsolvenzverfahren (§ 356 InsO).[330] Unterschied ist, dass für die Eröffnung eines Sekundärverfahrens kein Insolvenzgrund vorliegen muss; Voraussetzung ist vielmehr ein eröffnetes Hauptinsolvenzverfahren in einem anderen Mitgliedstaat der EU (vgl. § 356 Abs. 3 InsO). § 356 InsO bezieht sich daher ausschließlich auf inländische Sekundärverfahren. Demgegenüber sind Partikularinsolvenzverfahren solche, die vor dem Hauptinsolvenzverfahren eröffnet werden und somit Insolvenzgründe voraussetzen.[331]

Die dargelegten Durchbrechungen des Universalprinzips beschränken den freien Zugang zur Masse des Hauptinsolvenzverfahrens. Dadurch wird die im Grundsatz geltende universale und grenzüberschreitende Eröffnungswirkung gestoppt.

B. Einheitsprinzip

I. Bedeutung

Das *Einheitsprinzip* erweitert das Universalprinzip, indem über das Vermögen desselben Rechtsträgers grundsätzlich nur ein Insolvenzverfahren eröffnet wird, obwohl dessen Vermögenswerte an unterschiedliche (grenzüberschreitende) Standorte gebunden sein können.[332] Denn nur eine einheitliche Verwaltung und Verteilung aller schuldnerischen Vermögenswerte nach einheitlichen Regeln führt zur Gleichbehandlung aller Gläubiger. Das Einheitssystem wird daher auch als *„Idealform"* der Universalität bezeichnet.[333]

II. Durchbrechungen

Die Universalprinzip durchbrechende Eröffnung von Partikular- und Sekundärinsolvenzverfahren schränkt gleichermaßen das Einheitsprinzip ein, indem nicht nur ein Insolvenzverfahren über das Vermögen desselben Rechtsträgers eröffnet

329 LSZ-*Smid*, Internationales Insolvenzrecht, 2. Auflage, § 354 Rn. 1.
330 *Schmidt*, KTS 2015, S. 27 (19).
331 Vgl. MüKo-InsO/*Reinhart*, 4. Auflage, § 354 Rn. 35.
332 Vgl. *Spahlinger*, Sekundäre Insolvenzverfahren, S. 67 f.
333 *Hanisch*, ZIP 1994, S. 2 (1).

wird.[334] Sinn und Zweck der Sonderinsolvenzverfahren ist zum einen der Interessensschutz inländischer Gläubiger bei fehlender Zuständigkeit deutscher Gerichte und zum anderen im Fall unübersichtlicher Vermögensmassen als Strukturierungsinstrument zu dienen.[335]

C. Grundsatz der rechtlichen Selbstständigkeit und Trennungsprinzip

I. Bedeutung

§ 11 InsO statuiert die Rechtsträgerbezogenheit des geltenden Insolvenzrechts und legt den Kreis der Personen und Organisationen fest, deren Vermögensmassen Bezugsobjekte eines Insolvenzverfahrens sein können. In Konzernsachverhalten erlangt der dem § 11 InsO inhärente *Grundsatz der rechtlichen Selbstständigkeit* eine besonders starke Ausprägung. Konzernförmig organisierte Unternehmensverbunde werden in ihrer Gesamtheit nicht von der Zulässigkeitsnorm erfasst und sind damit auch nicht insolvenzfähig. Eine selbstständige Insolvenzfähigkeit wird ausschließlich den einzelnen Rechtsträgern des Verbunds zugeschrieben.[336] Das Insolvenzrecht geht daher generell davon aus, dass jeder einzelne Rechtsträger trotz bestehender Unternehmensverbindungen in einem eigenen Insolvenzverfahren abgewickelt wird (auch *Prinzip der Einzelgesellschaft* genannt).[337] Folglich findet kein Einheitsverfahren statt, vielmehr führt die rechtliche Selbstständigkeit der Rechtsträger auch zur Selbstständigkeit der getrennten Verfahren.

Das gesellschafts- und insolvenzrechtliche *Trennungsprinzip* baut auf dem Grundsatz der rechtlichen Selbstständigkeit auf und erklärt darüber hinaus die zuordnungsrechtliche Selbstständigkeit juristischer Personen im Verhältnis zu ihren Gesellschaftern. Denn im Sinne des Trennungsprinzips stehen sich die beiden Parteien bei der Zuordnung ihrer Rechte und Pflichten sowie ihres Vermögens grundsätzlich wie Dritte gegenüber.[338] Dadurch haftet in der Insolvenz einer juristischen Person grundsätzlich nur das Gesellschaftsvermögen und nicht das Vermögen der Gesellschafter (vgl. § 1 Abs. 1 S. 2 AktG und § 13 Abs. 2 GmbHG). Die Unterscheidung zwischen der Insolvenz der Gesellschaft und der Insolvenz der Gesellschafter gilt auch dann, wenn Gesellschaften eines Konzerns organisatorisch

334 *Schmidt*, KTS 2015, S. 26 (19).

335 Vgl. BT-Drs. 12/2443, S. 237 f.

336 Dazu bereits Allgemeiner Teil, Kapitel 3, B.

337 Vgl. *Smid/Rattunde/Martini*, Der Insolvenzplan, 4. Auflage, Rn. 11.1; MüKo-GmbHG/*Liebscher*, 4. Auflage, Anhang zu § 13 Rn. 1328.

338 MüKo-AktG/*Heider*, 5. Auflage, § 1 Rn. 47.

(eng) miteinander verbunden und aneinander beteiligt sind.[339] Die Haftungstrennung beruht auf einer ausdrücklich wirtschaftspolitisch motivierten Anordnung des Gesetzgebers, um das Risiko einer unternehmerischen Betätigung zu begrenzen.[340] Für den Gläubigerschutz gewährleistet das Gesetz im Gegenzug die Erhaltung des Stammkapitals als Haftungssubstanz, die ausschließlich den Gesellschaftsgläubigern zugutekommen soll (vgl. §§ 30 ff. GmbHG).[341]

Im Ergebnis führen die Grundsätze gemeinsam zu einer formellen Trennung der Insolvenzverfahren und zu einer materiellen Trennung der Haftungsmassen.

II. Durchbrechungen

Die Kommission für Insolvenzrecht lehnte in ihrem ersten Bericht unter dem Ordnungspunkt *„Konzernunternehmen"* eine formelle und materielle Konsolidierung ab.[342] Sie stützte sich dabei auf den vorgenannten Grundsatz der rechtlichen Selbstständigkeit und das Trennungsprinzip.[343] 1985 hielt es das Bundesjustizministerium nicht für sachgerecht, in die Struktur des Konzernrechts einzugreifen und erteilte mit Verweis auf die fehlende Disponibilität des einschlägigen Rechts sowohl dem einheitlichen Konzerngerichtsstand als auch der einheitlichen Insolvenzverwaltung des Vermögens mehrerer Konzernunternehmen eine Absage.[344] Das geltende Insolvenzrecht beinhaltet hingegen ebendiese Möglichkeiten: Die vorangestellten Neuregelungen des KIG lassen im Sinne der §§ 3a bis 3e und § 56b InsO eine örtliche sowie personelle Konzentration der einzelnen Insolvenzverfahren zu.[345] Neben der Einrichtung eines einheitlichen Gruppen-Gerichtsstands (§ 3a InsO) kann in personeller Hinsicht eine einheitliche richterliche Zuständigkeit (§ 3c InsO) und eine einheitliche Insolvenzverwaltung (§ 56b InsO) festgelegt werden. Der Standpunkt der Kommission für Insolvenzrecht in ihrem ersten Bericht ist somit unlängst überholt. Die Konzentrationsmechanismen des KIG bewirken jedenfalls eine partielle Durchbrechung der strikten Verfahrenstrennung.

Auch das mit dem KIG eingeführte Koordinationsverfahren (§§ 269d bis 269i InsO) durchbricht die Verfahrenstrennung partiell. Zwar fehlt es diesem aufgrund des ausbleibenden Gruppen-Gerichtsstands und der personenidentischen Verwaltung an örtlicher und personeller Einheit, allerdings dient der Koordinationsplan

339 Vgl. Gottwald/Haas/*Haas*/*Mock*, Insolvenzrechts-Handbuch, 6. Auflage, § 94 Rn. 4.
340 Vgl. dazu BeckOK-GmbHG/*Wilhelmi*, 55. Edition, § 13 Rn. 54.
341 MüKo-GmbHG/*Merkt*, 4. Auflage, § 13 Rn. 340.
342 Erster Bericht der Kommission für Insolvenzrecht, S. 292.
343 Vgl. Erster Bericht der Kommission für Insolvenzrecht, S. 292 f.
344 Erster Bericht der Kommission für Insolvenzrecht, S. 293.
345 Allgemeiner Teil, Kapitel 2, A. II. 1.

einer gemeinsamen Verfahrensabstimmung.[346] Der Planinhalt erzeugt dabei zumindest eine mittelbare Bindungswirkung, die in die Selbstständigkeit der einzelnen Verfahren strahlt.

Ebenfalls wird der Grundsatz der Haftungstrennung durch das geltende Konzernrecht nicht verabsolutiert. Denn es gehört zur Aufgabe eines jeden Teilrechtsgebiets, welches das Trennungsprinzip verinnerlicht, diesen Grundsatz in Verhältnismäßigkeit zum Gläubigerschutz zu berücksichtigen.[347] Zur Wahrung des Gläubigerschutzes lässt das AktG daher partielle Durchbrechungen des Trennungsprinzips (sog. *Haftungsdurchgriffe*) zu.[348] Exemplarisch lässt sich der Durchgriff im Eingliederungskonzern[349] gemäß § 322 Abs. 1 S. 1AktG aufführen: Demnach haftet die Hauptgesellschaft den Gläubigern der eingegliederten Gesellschaft für die vor der Eingliederung begründeten Verbindlichkeiten. Obwohl also im Entstehungszeitpunkt der Verbindlichkeit nach § 1 Abs. 1 S. 2 AktG eine klare Haftungstrennung gegeben ist, können die Gläubiger nach der Eingliederung auf die Haftungsmasse der Hauptgesellschaft zugreifen. Ist die Eingliederungsgesellschaft insolvent, wirkt der Haftungsdurchgriff fort; allerdings kann die Mithaftung der Hauptgesellschaft im Sinne des § 93 InsO analog nur noch vom Insolvenzverwalter geltend gemacht werden.[350] Dennoch hat dies in der Insolvenz des Eingliederungskonzerns zur Folge, dass auf das Vermögen eines verbundenen (und beteiligten) Unternehmens zugegriffen werden kann. Folglich kommt es zu einer Durchbrechung des Trennungsprinzips.

Auch die Verlustübernahmepflicht der herrschenden Gesellschaft im Vertragskonzern nach § 302 Abs. 1 AktG[351] begründet eine partielle Durchbrechung der Haftungstrennung, indem durch eine mittelbare Haftung der herrschenden Gesellschaft eine Überschuldung der vertraglich verbundenen Konzerngesellschaft verhindert wird.[352] Gleiches gilt für die Pflicht des herrschenden Unternehmens im Modell des faktischen Konzerns[353], nachteilige Rechtsgeschäfte und Maßnahmen gegenüber der abhängigen Gesellschaft nach § 311 Abs. 1 AktG auszugleichen. Die Ansprüche aus der Verlustübernahme- bzw. Ausgleichspflicht können in der Insolvenz der abhängigen Gesellschaft vom Insolvenzverwalter geltend gemacht

346 Siehe Allgemeiner Teil, Kapitel 2, A. II. 3.

347 *Boujong*, FS Odersky 1996, S. 739 (739).

348 MüKo-AktG/*Heider*, 5. Auflage, § 1 Rn. 46; vgl. zur GmbH Habersack/Casper/Löbbe/*Raiser*, GmbHG, 3. Auflage, § 13 Rn. 47; *Altmeppen*, GmbHG, 11. Auflage, § 13 Rn. 132.

349 Zum Eingliederungskonzern siehe Allgemeiner Teil, Kapitel 1, A. II. 3.

350 BeckOGK-AktG/*Singhof*, § 322 Rn. 10.

351 Dazu Allgemeiner Teil, Kapitel 1, A. II. 3.

352 Vgl. statt aller MüKo-AktG/*Altmeppen*, 5. Auflage, § 302 Rn. 2.

353 Dazu Allgemeiner Teil, Kapitel 1, A. II. 3.

werden.[354] Damit kommt es zu einem Haftungsdurchgriff innerhalb des teilinsolventen Konzernverbunds. Das Trennungsprinzip wird somit partiell durchbrochen.

Ein Haftungsdurchgriff bei den konzernrelevanten Kapitalgesellschaften wie der AG und GmbH lässt sich nach aktueller Rechtsprechung sowie herrschender Literatur darüber hinaus auf drei Fallgruppen stützen:[355] Vermögensvermischung, Unterkapitalisierung und Existenzvernichtung.

Eine Vermögensvermischung liegt vor, wenn die erforderliche Vermögensabgrenzung zwischen Gesellschafts- und Eigenvermögen der Gesellschafter nicht eingehalten wird.[356] Die persönliche Haftung der Gesellschafter beruht dabei selbst auf der Verletzung des Trennungsprinzips, da die Haftungsbeschränkung eine begrenzte Vermögensmasse und damit ihre klare und konsequente Absonderung von anderen Vermögen voraussetzt.[357] Die Durchgriffshaftung kann daher mit dem *venire contra factum proprium* Grundsatz gerechtfertigt werden.[358]

Eine Unterkapitalisierung beschreibt die nicht ausreichende Versorgung einer Kapitalgesellschaft mit Kapitalausstattung.[359] Die Gesellschaft leidet im Verhältnis zur Größe des Unternehmens und zum Umfang der bestehenden Verbindlichkeiten unter zum geringem Eigenkapital.[360] Die Anerkennung eines Haftungsdurchgriffs ist in diesen Fällen umstritten. Bisher zieht die höchstrichterliche Rechtsprechung eine Unterkapitalisierung in wenigen Ausnahmefällen als Haftungsgrund heran. Eine durch die obersten Gerichte vorgegebene Marschroute ist dabei nicht erkennbar.[361] Mit seiner jüngsten Entscheidung (*Gamma*-Urteil) aus dem Jahr 2008 bestätigte der BGH jedoch seinen ursprünglichen Leitsatz, dass die Unterkapitalisierung einer Gesellschaft grundsätzlich nicht zu einem Haftungsdurchgriff auf die Gesellschafter führt.[362] Vielmehr kann fehlendes Eigenkapital nur zu einer sogenannten *Existenzvernichtungshaftung* und damit zu einem besonderen Fall der vorsätzlichen sittenwidrigen Schädigung nach § 826 BGB führen, wenn ein kompensationsloser Eingriff in das Gesellschaftsvermögen vorliegt.[363] Das bloße Un-

---

354 Vgl. Allgemeiner Teil, Kapitel 3, A. I. und II.
355 Vgl. Habersack/Casper/Löbbe/*Raiser*, GmbHG, 3. Auflage, § 13 Rn. 80; MüKo-AktG/*Heider*, 5. Auflage, § 1 Rn. 70; Beck/Depré/*Jenal*, Praxis der Insolvenz, 4. Auflage, § 33 Rn. 66 f.
356 Beck/Depré/*Jenal*, Praxis der Insolvenz, 4. Auflage, § 33 Rn. 66.
357 Habersack/Casper/Löbbe/*Raiser*, GmbHG, 3. Auflage, § 13 Rn. 124.
358 Habersack/Casper/Löbbe/*Raiser*, GmbHG, 3. Auflage, § 13 Rn. 124.
359 Vgl. MüKo-AktG/*Heider*, 5. Auflage, § 1 Rn. 75; *Altmeppen*, GmbHG, 11. Auflage, § 13 Rn. 142.
360 Habersack/Casper/Löbbe/*Raiser*, GmbHG, 3. Auflage, § 13 Rn. 130.
361 Vgl. BGH, Urteil v. 16.09.1985 – II ZR 275/84 = NJW 1986, S. 188 (ablehnend); BSG, Urteil v. 01.02. 1996 – 2 RU 7/95 = NJW-RR 1997, S. 94 (zustimmend); BAG Urt. v. 3.9.1998 – 8 AZR 189/97 = ZIP 1999, S. 24 (zustimmend); BAG Urt. v. 10.2.1999 – 5 AZR 677/97 = ZIP 1999, S. 878 (ablehnend).
362 BGH, Urteil v. 28.04.2008 – II ZR 264/06 = NJW 2008, S. 2438 (2437) Rn. 17 ff.
363 BGH, Urteil v. 28.04.2008 – II ZR 264/06 = NJW 2008, S. 2438 (2437) Rn. 10.

terlassen einer Kapitalstärkung genügt damit nicht für die persönliche Haftung der Gesellschafter.

Die höchstrichterliche Entwicklung der vorgenannte Fallgruppe des Haftungsdurchgriffs wegen existenzvernichtenden Eingriffs ist von regelmäßig wiederkehrenden Neuorientierungen geprägt.[364] Grundlage der persönlichen Haftung der Gesellschafter ist jedoch stets ein pflichtwidriger Eingriff in das Gesellschaftsvermögen, bei dem der jeweilige Gesellschafter seine Rücksichtnahmepflicht zur Erhaltung der Fähigkeit, die Gesellschaftsverbindlichkeiten bedienen zu können, und damit die Zweckbindung des Gesellschaftsvermögens in einem erheblichen Maße außer Acht lässt.[365] Im eröffneten Insolvenzverfahren über das Vermögen der betreffenden Gesellschaft kann der Insolvenzverwalter den Anspruch aus § 826 BGB gegenüber den Gesellschaftern geltend machen; folglich kommt es auch hier zu einer Durchbrechung des Trennungsgrundsatzes.

Die Ausführungen verdeutlichen, dass sowohl der Grundsatz der rechtlichen Selbstständigkeit als auch das Trennungsprinzip durch das geltende Insolvenz- und Gesellschaftsrecht (partielle) Durchbrechungen erfährt.

D. Ergebnis

Das bearbeitete Kapitel zeigt, welche Subprinzipien hinter der historischen Grundregel *„Ein Rechtsträger, ein Vermögen, ein Verfahren“* stehen und dass diesen weiterhin ein hoher Geltungsanspruch im Recht, der Rechtsprechung und der Gesetzgebung zukommt. Keines der Subprinzipien entfaltet jedoch eine absolute Wirkung. Es ist ersichtlich, dass der Gesetzgeber im Laufe der Rechtsentwicklung zunehmend Durchbrechungen der Grundsätze zuließ. Das Vorbild einer strikten Verfahrens- und Vermögenstrennung, welches grundsätzlich der fundamentalen Grundregel innewohnt, wird an verschiedenen Punkten aufgeweicht.

Zwar kannte bereits die KO partielle Durchbrechungen des Universalitäts- und Einheitsprinzips, indem sie durch § 238 KO die Eröffnung gesonderter Insolvenzverfahren im Inland möglich machte. Allerdings waren die Vorschriften zu Sachverhalten mit grenzüberschreitendem Bezug nicht so weitreichend wie heute.[366]

---

364 Ausführlich siehe MüKo-GmbHG/*Liebscher*, 4. Auflage, Anhang zu § 13 Rn. 539 ff.

365 BGH, Urteil v. 17.09.2001 – II ZR 178/99 = NJW 2001, S. 3622 (*Bremer Vulkan*); MüKo-GmbHG/*Liebscher*, 4. Auflage, Anhang zu § 13 Rn. 545.

366 Die 1877 verabschiedete Konkursordnung enthielt lediglich zwei Vorschriften im internationalen Kontext. Neben § 238 KO (s. o.) regelte § 237 KO die Zwangsvollstreckung in das inländische Vermögen eines ausländischen Gemeinschuldners (vgl. MüKo-InsO/*Reinhart*, 4. Auflage, Vorbem. zu §§ 335 ff. Rn. 7).

Auch von der rechtlichen Einordnung der ersten Kommission für Insolvenzrecht zum Grundsatz der rechtlichen Selbstständigkeit wurde durch die Einführung der Regelungen des KIG für eine örtliche und personelle Verfahrenskonzentration abgerückt. Ferner stellen die Entwicklungen der Fallgruppen zur Durchgriffshaftung sowie die Ausgleichs- und Verlustübernahmevorschriften für verbundene Kapitalgesellschaften eine Aufweichung des Trennungsprinzips dar.

Kapitel 2: Mechanismen für den Entzug von Vermögenswerten aus dem Konzernverbund im eröffneten Insolvenzverfahren

Die (partiellen) Durchbrechungen der vorgenannten Subprinzipien der Grundformel *„Ein Rechtsträger, ein Vermögen, ein Verfahren"* zeigen, dass der Gesetzgeber nicht aus bloßer Tradition an den Maßstäben der Vergangenheit festhält, sondern eine Überprüfung und Aufweichung seiner Prinzipien zulässt. Fraglich ist, ob diese Sollbruchstellen *de lege lata* auch einen Spielraum für den Entzug von Vermögenswerten aus dem Konzernverbund im eröffneten Insolvenzverfahren zulassen. Im Zuge der folgenden Ausführungen werden die theoretischen Möglichkeiten zum Vermögensentzug untersucht und unter Bezugnahme auf den einleitend dargestellten Sachverhalt auch auf ihre praktische Anwendbarkeit getestet.

A. Vermögensentzug durch Konsolidierungsmechanismen

Im Falle einer Konzerninsolvenz haben bereits die Konkurs- und Vergleichsordnung kein einheitliches Konzerninsolvenzverfahren und keine Zusammenfassung des Vermögens aller verbundenen Unternehmen vorgesehen. Auch heute sieht die Insolvenzordnung weder eine formelle Verfahrenskonsolidierung noch eine materielle Konsolidierung der Verfahrensmassen vor.[367] Seit jeher hält der Gesetzgeber – vorbehaltlich der vorangestellten Durchbrechungen – am Grundsatz der rechtlichen Selbstständigkeit sowie dem gesellschafts- und insolvenzrechtlichen Trennungsprinzip fest. Untersuchungswürdig ist, ob jegliche Ausgestaltung eines Konsolidierungsansatzes durch das geltende Recht unterbunden wird.

I. Totaler Konsolidierungsansatz

Vereinzelt wurde in der Literatur die Konsolidierung aller Konzerngesellschaften – somit auch die Einbeziehung der liquiden Unternehmen – (sog. *totale Konsolidierung*) diskutiert.[368] Infolge derer würde das Insolvenzverfahren über den gesamten Konzern, und zwar unabhängig von der Insolvenz aller verbundenen Unternehmensträger, eröffnet. Dadurch würde der Konzern wie ein eigenständiger Rechtsträger behandelt, der nur als Ganzes insolvenzfähig ist, wobei nur eine einzelne Tochtergesellschaft einen Insolvenzantrag stellen müsste.[369] Dieser im Sinne der

367 Siehe bereits Allgemeiner Teil, Kapitel 2, A. II. 4.

368 Ablehnend *Ehricke*, DZWIR 1999, S. 357 f. (353); *Vormstein*, Zuständigkeit bei Konzerninsolvenzen, S. 33 ff; zusammenfassend und ablehnend *Verhoeven*, Die Konzerninsolvenz, S. 208 f.

369 Vgl. *Ehricke*, DZWIR 1999, S. 358 (353).

sogenannten *alten Einheitstheorie*[370] mögliche Konsolidierungsansatz widerspricht jedoch gerade den Grundstrukturen des heutigen Konzern-Phänomens: der Verbund aus mehreren rechtlich selbstständigen Unternehmen mit rechtlicher Vielfalt bei wirtschaftlicher Einheit.[371] Die Haftungssegmentierung des Konzernverbunds würde ausgehebelt und somit ein elementarer Vorteil der Konzernierung von Unternehmen abhandenkommen.[372] Daher lässt sich der Ansatz der totalen Konsolidierung nicht mit den Grundstrukturen des deutschen Konzernverständnisses vereinbaren.

II. Materieller Konsolidierungsansatz

Der Ansatz der *materiellen Konsolidierung* weicht von dem vorangestellten der *totalen Konsolidierung* ab, indem nicht die Vermögensmassen des gesamten Unternehmensverbunds, sondern nur solche zusammengelegt werden, die den insolventen Rechtsträgern des Konzerns als Haftungsmasse zugeordnet sind.[373] Wie bereits im *Allgemeinen Teil* dargestellt, hat sich der Gesetzgeber bei der Verabschiedung des KIG auch gegen eine Massekonsolidierung der insolventen Konzerngesellschaften ausgesprochen.[374]

1. Kein Zugriff auf das Grundstück der M-GmbH im Wege der totalen Konsolidierung

Unter Bezugnahme auf den in der *Einleitung* dargestellten Sachverhalt ist ein Zugriff auf das Grundstück der M-GmbH im Wege einer totalen Konsolidierung der Vermögensmassen aller Gesellschaften aufgrund der Unvereinbarkeit mit dem geltenden Recht ausgeschlossen.

Der Entzug des Grundstücks im Wege der materiellen Konsolidierung scheitert bereits daran, dass die M-GmbH im Vorlauf der übertragenden Sanierung und dem Verkauf des Grundstücks noch nicht insolvent war, da ihre Zahlungsunfähigkeit erst mit Eintritt des Sicherungsfalls gegenüber B entstand. Ihre spätere Überschuldung wurde zudem erst durch die Weggabe des Grundstücks ausgelöst (vgl. Sachverhaltserweiterung). Aufgrund der ausgebliebenen Rechtsgrundlage ist ein Zugriff auf

370 Vertreten von *Isay*, Recht am Unternehmen, S. 103 ff.

371 Allgemeiner Teil, Kapitel 1, A. I.

372 *Ehricke*, DZWIR 1999, S. 358 (353)

373 Vertreten von *Paulus*, ZIP 2005, S. 1953 f. (1948); in abgeschwächter Form *Hirte*, FS Schmidt 2009, S. 649 f. (641); in bestimmten Fallgestaltungen *Verhoeven*, ZInsO 2012, S. 1758 ff. (1757); Uhlenbruck/*Pape*, InsO, 15. Auflage, § 3a Rn. 8.

374 Vgl. Allgemeiner Teil, Kapitel 2, A. II. 4. b).

das Grundstück der M-GmbH durch eine materielle Zusammenfassung der Insolvenzmassen ohnehin ausgeschlossen.

III. Konsolidierungsdiskurs und konsolidierungsartige Alternativmechanismen

Die Ablehnung formeller und materieller Konsolidierungsansätze ist teilweise auf Kritik gestoßen.[375] Um die Anwendung konsolidierungsartiger Alternativmechanismen zum Zweck des Vermögensentzug innerhalb eines Konzernverbunds nachvollziehbar untersuchen zu können, werden im Folgenden zunächst die *pro* und *contra* Argumente einer Konsolidierungslösung im Überblick und ohne diskursbezogene Stellungnahme des Verfassers dargestellt. Anschließend werden unter Anwendung des geltenden Rechts Mechanismen erörtert, denen eine konsolidierungsartige Wirkung zukommen könnte.

1. Für und Wider der Konsolidierung

Verfechter der materiellen Verfahrenszusammenfassung sehen klare Vorteile in der Zentralisierung der einzelnen Insolvenzverfahren und der damit einhergehenden Möglichkeit zur zentralen Steuerung der Abwicklung.[376] Dies bringe ebenfalls einen Kostenvorteil ein, da durch die Vereinigung der Verfahren bzw. der Verfahrensmassen ein geringerer Verwaltungsaufwand bestünde.[377] Insbesondere steht jedoch die mitunter enge Verflechtung der verschiedenen Vermögensmassen eines Konzernverbunds im Vordergrund des Diskurses: In besonderen Fällen einer Konzerninsolvenz könne es dazu kommen, dass die vermögensverschiebenden Transaktionen zwischen den einzelnen Konzerngesellschaften nicht mehr differenzierbar sind. Dadurch sei eine Rückabwicklung der Vermögensströme entweder gar nicht oder nur unter einem finanziell nicht vertretbaren Aufwand möglich.[378] Ferner vertraue der Geschäftsverkehr vor allem bei engen wirtschaftlichen Verflechtungen eines Konzerns nicht auf die Bonität der einzelnen Gesellschaft, sondern auf die des gesamten Verbunds und somit auch auf eine haftungsrechtliche Zuordnung des gesamten Konzernvermögens.[379] Dem durchschnittlichen Gläubiger sei es zudem kaum möglich, einen tatsächlichen Eindruck über die Bonität des einzelnen Unternehmens zu erlangen, da das vielfach verwendete Cash-Pooling

375 Vgl. *Paulus*, ZIP 2005, S. 1953 f. (1948); *Verhoeven*, ZInsO 2012, S. 1759 ff. (1757); *Humbeck*, NZI 2013, S. 958 ff. (957); *Madaus*, NZI-Beilage 2018, S. 6 (4).

376 *Verhoeven*, ZInsO 2012, S. 1758 (1757).

377 *Hirte*, FS K. Schmidt, S. 645 (641).

378 *Verhoeven*, ZInsO 2012, S. 1758 (1757).

379 *Humbeck*, NZI 2013, S. 958 (957); so auch *Verhoeven*, ZInsO 2012, S. 1760 (1757).

Gewinne und Verluste des gesamten Konzerns strategisch verteile.[380] Dem ist hinzuzufügen, dass Konzerne in ihrer Außenwirkung regelmäßig und bei vielen Gläubigern ein Grundvertrauen genießen, welches in Korrelation zur jeweiligen wirtschaftlichen Größe und zum Bekanntheitsgrad des Konzerns steht, ohne dass tatsächliche Erkenntnisse über die gegebenen Konzernverbindungen gewonnen wurden.

Gegen eine einheitliche Betrachtung der Konzernunternehmen und eine Zusammenfassung der Massen in der Krise spricht nach den Befürwortern der individuellen und rechtsträgerbezogenen Betrachtungsweise die Unvereinbarkeit mit den Grundsätzen des deutschen Insolvenzrechts: Der oben genannte[381] *Grundsatz der rechtlichen Selbstständigkeit* sowie das *Trennungsprinzip* würde im Zuge des Konsolidierungskonzepts stets verletzt werden.[382] Auf Schuldnerseite würde entgegen der Regelungen über Kapitalgesellschaften wie § 13 Abs. 2 GmbHG und § 1 S. 2 AktG nicht nur auf das Vermögen der einzelnen insolventen Gesellschaft, sondern auch auf das der verbundenen Unternehmen zugegriffen werden.[383] Auf Gläubigerseite führe eine Zusammenlegung der Insolvenzmassen ferner dazu, dass die Gläubiger unterschiedlicher Gesellschaften auf das gegenseitige Vermögen zugreifen könnten.[384] Dadurch würden solche Gläubiger benachteiligt, die bei der Einzelabwicklung aus den Quoten der wirtschaftlich besser gestellten Konzerngesellschaft befriedigt worden wären (sog. *Egalisierung der Haftungsmassen*[385]). Eine Gleichstellung der Massen führe somit auf den einzelnen Rechtsträger bezogen zu einer Ungleichbehandlung der Gläubiger und widerspräche dadurch dem Verfahrenszweck der *par condicio creditorum.*[386]

Der vorstehende Diskurs lässt sich darin zusammenfassen, dass die Vorteile einer Konsolidierung nur unter der Bedingung einer elementaren Durchbrechung des Grundsatzes der rechtlichen Selbstständigkeit und des Trennungsprinzips, dies

---

380 Vgl. *Andres/Möhlenkamp*, BB 2013, S. 581 (579).

381 Besonderer Teil I, Kapitel 1, C.

382 Vgl. die einleitend dargestellte Begründung des Gesetzgebers (BT-Drs. 18/407, S. 16 f.); *Mertens*, ZGR 1984, S. 554 ff. (542) erkennt zwar praktische Vorteile einer haftungsrechtlichen Konzerneinheit an, lehnt diese jedoch ab; *Eidenmüller*, ZHR 169 (2005), S. 531 f. (528); *K. Schmidt*, KTS 2010, S. 14 f. (1); *Brünkmans*, ZIP 2013, S. 194 f. (193); *Siemon/Frind*, NZI 2013, S. 10 (1), die sich hingegen für ein konzernspezifisches Sachwalterverfahren einsetzen; *Fölsing*, ZInsO 2013, S. 414 (413); *Jensen*, Konzern in der Krise, S. 65 ff; Rattunde/Smid/Zeuner/*Smid*, InsO, 4. Auflage, Einführung 7. Teil Rn. 2 f.

383 Vgl. BT-Drs. 18/407, S. 17; siehe zu den Beweggründen des Gesetzgebers oben Zweiter Teil, Kapitel 2, A., II., 4., b).

384 Rattunde/Smid/Zeuner/*Smid*, InsO, 4. Auflage, Einführung 7. Teil Rn. 3.

385 Vgl. *Brünkmans*, Die Koordinierung von Insolvenzverfahren konzernverbundener Unternehmen, S. 102.

386 Vgl. *Fölsing*, ZInsO 2013, S. 414 (413).

einhergehend mit einer Ausweitung des Gleichbehandlungsgrundsatzes auf alle Konzerngläubiger, erreichbar sind.

2. Konsolidierungsartige Alternativen

Nach *Verhoeven* sei die Ausweitung des *par condicio creditorum* Grundsatzes auf den Konzern als Wirtschaftseinheit gerade notwendig, um eine möglichst gerechte Gläubigerbehandlung zu gewährleisten.[387] Eine solche Ausweitung entspräche der betriebswirtschaftlichen Sichtweise auf Konzerne als ökonomische Einheit[388] und bedeutete die Neugestaltung einer rechtlichen Einheit im eröffneten Insolvenzverfahren.

Fraglich ist, ob eine Durchbrechung der rechtlichen Selbstständigkeit und der Haftungstrennung überhaupt notwendig ist, um die Vorteile von Konsolidierungsmechanismen im Zuge einer Konzerninsolvenz auszuschöpfen. Befürworter der materiellen Konsolidierung heben diese Notwendigkeit für Sanierungsszenarien mit besonders enger wirtschaftlicher Verflechtung des Konzernverbunds hervor.[389] Eine Änderung der Insolvenzordnung unter Abweichung von der Rechtsträgerbezogenheit und Durchbrechung des Trennungsprinzips für die Abwicklung einzelner Sonderfälle führte jedoch zu einem schweren Eingriff in die Grundzüge des bestehenden Insolvenzrechts. *De lege lata* lassen die Vorschriften über eine personelle Verfahrenskonzentration (§§ 3a bis e, 56b InsO) lediglich leichte Abweichungen vom Grundsatz der rechtlichen Selbstständigkeit und der Rechtsträgerbezogenheit des § 11 InsO zu.[390]

Einer das Insolvenzrecht in seinen Grundzügen verändernde Reform bedarf es hingegen nicht, wenn die im Einzelfall notwendigen Konsolidierungswirkungen auf eine alternative Weise nach geltendem Recht erzeugt werden können. Untersuchungswürdig ist auch, ob die Instrumentarien des KIG die Möglichkeit einer konzernbewussten Sanierung oder (Teil-)Liquidation anhand eines Gesamtkonzepts gewähren, welches die Verlagerung von Vermögenswerten über den einzelnen Rechtsträger hinaus zulässt.

---

387 *Verhoeven*, ZInsO 2012, S. 1761 (1757).

388 Vgl. Allgemeiner Teil, Kapitel 1, A. I.

389 *Verhoeven*, ZInsO 2012, S. 1758 (1757); *Paulus*, ZIP 2005, S. 1953 f. (1948); in abgeschwächter Form *Hirte*, FS Schmidt 2009, S. 649 f. (641).

390 Siehe oben Besonderer Teil I, Kapitel 1, C. II.

a) Alternative 1: Insolvenzplanverfahren mit Konsolidierungseffekt

aa) Grundzüge des Insolvenzplanverfahrens

Das im sechsten Teil der Insolvenzordnung (§§ 217 bis 269 InsO) geregelte Insolvenzplanverfahren dient abweichend von den Bestimmungen zum Regelinsolvenzverfahren dazu, die Insolvenz des Schuldners durch privatautonome Entscheidung der Beteiligten zu gestalten.[391] Ziel des Planverfahrens ist, unter Gewährleistung hoher Gestaltungs-Flexibilität eine bestmögliche Befriedigung für die Gläubiger zu erreichen.[392] Daneben tritt häufig das Ziel einer erhaltenden Sanierung des schuldnerischen Betriebs, welches bereits in § 1 S. 1 InsO niedergelegt ist.[393] Der Insolvenzplan ist somit vor allem ein Instrument für die Unternehmenskrise.[394] Seit Aufhebung der §§ 312 bis 314 InsO im Juli 2014 kann er jedoch auch bei Verbraucherinsolvenzen und Kleinverfahren eingesetzt werden.[395] Der dafür geschaffene Rechtsrahmen ist folgenderweise gegliedert: §§ 217 bis 234 InsO regeln Voraussetzungen, Gliederung und Inhalt des Insolvenzplans. Die Annahme und Bestätigung des Plans richten sich nach den §§ 235 bis 253 InsO. §§ 254 bis 269 InsO bestimmen neben den Wirkungen des bestätigten Insolvenzplans die Planüberwachung.

Der in § 217 Abs. 1 S. 1 InsO normierte Grundsatz des Planverfahrens besagt, dass *„[...] die Befriedigung der absonderungsberechtigten Gläubiger und der Insolvenzgläubiger, die Verwertung der Insolvenzmasse und deren Verteilung an die Beteiligten sowie die Verfahrensabwicklung und die Haftung des Schuldners nach der Beendigung des Insolvenzverfahrens (...) in einem Insolvenzplan abweichend von den Vorschriften über Regelverfahren gestaltet werden (können).“* Sofern der Schuldner keine natürliche Person ist, können auch die Anteils- oder Mitgliedschaftsrechte der am Schuldner beteiligten Personen einbezogen werden (vgl. § 217 Abs. 1 S. 2). Im Sinne des Abs. 2 können zudem Rechte gestaltet werden, die sich aus gruppeninternen Drittsicherheiten eines verbundenen Unternehmens ergeben. § 217 InsO legt somit den Gestaltungsspielraum für die privatautonomen Abreden der Beteiligten fest. Die Aufzählung der möglichen Regelungsbereiche ist abschließend.[396] Darüber hinaus ist die Rechtsnatur des Insolvenzplans ist umstritten.[397] Während das eine

---

391 BT-Drs. 12/2443, S. 90.

392 Vgl. BT-Drs. 12/2443, S. 78, S. 90 f; HambKomm/*Thies*/*Lieder*, InsO, 9. Auflage, Vorbem. zu §§ 217 ff. Rn. 1.

393 K/P/B/*Spahlinger*, InsO, 95. EL, § 217 Rn. 8.

394 Vgl. *Smid*/*Rattunde*/*Martini*, Der Insolvenzplan, 4. Auflage, Rn. 2.3.

395 Vgl. BT-Drs. 17/11268, S. 1 – Gesetz zur Verkürzung des Restschuldbefreiungsverfahrens und zur Stärkung der Gläubigerrechte.

396 MüKo-InsO/*Eidenmüller*, 4. Auflage, § 217 Rn. 96.

397 Vgl. dazu ausführlich *Smid*/*Rattunde*/*Martini*, Der Insolvenzplan, 4. Auflage, Rn. 7.4 ff; MüKo-InsO/*Eidenmüller*, 4. Auflage, § 217 Rn. 6 ff.

Lager diesen als *Vertrag des bürgerlichen Rechts*[398] qualifiziert (sog. *Vertragstheorie*), sieht ihn das andere Lager als insolvenzrechtliches Instrument *sui generis*[399] (sog. *Verfahrenstheorie*). Eine Einordnung der Rechtsnatur ist für den Fortgang der Arbeit hingegen unerheblich.

Der Gesetzgeber schuf mit dem Insolvenzplanverfahren einen gestalterischen Freiraum, der den Verfahrensbeteiligten auch für kreative Lösungsansätze offensteht. Im Unterschied zum Verfahrensrecht des KIG bietet das ältere Planverfahren auch materielle Gestaltungsmöglichkeiten.

bb) Konzerninsolvenzplan

Da der Insolvenzplan einen Rechtsrahmen für privatautonome Abreden der Beteiligten zur Verfügung stellt, ergibt sich die Frage, ob die Zusammenlegung der Verfahrensmassen oder jedenfalls eine konsolidierungsartige Wirkung durch entsprechende Abreden im Wege eines *Konzerninsolvenzplans* erreicht werden kann.

Generell weicht allerdings auch das Insolvenzplanverfahren nicht vom Grundsatz der rechtlichen Selbstständigkeit und der Rechtsträgerbezogenheit des § 11 InsO ab.[400] Wie das Regelverfahren bezieht es sich daher immer auf die einem bestimmten Rechtsträger zugeordnete Vermögensmasse. Dies ist insbesondere an § 217 InsO zu erkennen: Die oben dargestellten zulässigen Abweichungen vom Regelverfahren durch das Planverfahren erfassen nicht die Regelungen der §§ 11 und 12 InsO. Folglich kann auch nicht davon abgewichen, dass über jeden einzelnen Rechtsträger ein eigenes Insolvenzverfahren zu eröffnen ist, auch wenn es sich um Rechtsträger desselben Konzernverbunds handelt. Stattdessen kann in jedem dieser einzelnen Verfahren ein eigener Insolvenzplan vorgelegt werden.[401] Es existiert *de lege lata* daher kein einheitliches Konzerninsolvenzplanverfahren.[402]

cc) Konsolidierungseffekt durch abgestimmte Insolvenzpläne

Da das geltende Recht einen Einheitsplan nicht zulässt, könnte eine Konsolidierung der Vermögensmassen oder jedenfalls ihr Effekt durch mehrere Einzelpläne erzielt werden, um auf die Vermögenswerte der beteiligten Unternehmen zugreifen

---

398 BT-Drs 12/2443, S. 91; *Madaus*, Der Insolvenzplan, S. 173 ff.

399 Uhlenbruck/*Lüer*/*Streit*, InsO, 15. Auflage, § 217 Rn. 1; K/P/B/*Spahlinger*, InsO, 95. EL, § 217 Rn. 59.

400 Vgl. MüKo-InsO/*Eidenmüller*, 4. Auflage, Vorbem. §§ 217 – 269 Rn. 36.

401 Brünkmans/Thole/*Brünkmans*, HB Insolvenzplan, 2. Auflage, § 39 Rn. 5.

402 *Smid*/*Rattunde*/*Martini*, Der Insolvenzplan, 4. Auflage, Rn. 11.1; Flöther/*Pleister*, Konzerninsolvenzrecht, 2. Auflage, § 5 Rn. 34; Brünkmans/Thole/*Brünkmans*, HB Insolvenzplan, 2. Auflage, § 39 Rn. 8; MüKo-InsO/*Eidenmüller*, 4. Auflage, Vorbem. §§ 217 – 269 Rn. 36; a. A. noch *Uhlenbruck*, NZI 1999, S. 43 (41), der einen „frühen“ konsolidierten Insolvenzplan für möglich hielt.

zu können. Für eine erfolgreiche Konzernsanierung mittels Insolvenzplan müssen die Insolvenzpläne der einzelnen Konzerngesellschaften inhaltlich aufeinander abgestimmt und die Insolvenzplanverfahren koordiniert werden.[403] Aufgrund der Rechtsträgerbezogenheit tritt die bindende Wirkung der einzelnen Pläne stets nur für den jeweiligen Rechtsträger des Konzerns ein (vgl. § 249 Abs. 1 InsO). Daher ist im Sinne eines umsetzbaren Gesamtkonzepts zu berücksichtigen, dass kein Plan rechtskräftig bestätigt wird, während den anderen Plänen die Bestätigung versagt wird.[404]

Nach *Brünkmans* bestehe im Zuge der inhaltlichen Abstimmung der Insolvenzpläne die Möglichkeit, in den Einzelverfahren eine *Masseverwertungs- und Verteilungseinheit* zu realisieren.[405] Neben der Beseitigung konzerninterner Forderungen und Anfechtungsansprüchen könne sowohl eine einheitliche Masseverwertung als auch eine konsolidierte Verteilung der Gesamtmasse umgesetzt werden.[406] Durch die einzelnen und aufeinander abgestimmten Insolvenzpläne könnte somit eine *konsolidierende Wirkung*[407] erzeugt werden, ohne eine Verletzung des Rechtsträger- und Trennungsprinzips zu verursachen. Unter der Fortführung des Gedankens von *Brünkmans* sollen in diesem Abschnitt Gestaltungsmöglichkeiten aufeinander abgestimmter Insolvenzpläne, die eine Masseverwertungs- und Verteilungseinheit beinhalten, darauf geprüft werden, ob anhand dieser auch der Entzug von Vermögenswerten innerhalb eines Konzernverbunds möglich ist.

(1) Aufstellung und Vorlage der Insolvenzpläne

Gemäß § 218 Abs. 1 S. 1 InsO ist sowohl der Insolvenzverwalter als auch der Schuldner zur Vorlage eines Insolvenzplans an das Insolvenzgericht berechtigt. Bei mehreren Insolvenzplänen in Konzernsachverhalten betrifft die Planvorlage dem-

---

403 Vgl. *Rattunde*, ZIP 2003, S. 2106 (2103) am Beispiel der Herlitz-Insolvenz; *Rotstegge*, Konzerninsolvenz, S. 351f; *Smid/Rattunde/Martini*, Der Insolvenzplan, 4. Auflage, Rn. 11.4; Kübler/*Pleister/Theusinger*, HRI, 3. Auflage, § 50 Rn. 46; Flöther/*Pleister*, Konzerninsolvenzrecht, 2. Auflage, § 5 Rn. 57; Brünkmans/Thole/*Brünkmans*, HB Insolvenzplan, 2. Auflage, § 39 Rn. 6, 8ff.

404 Vgl. MüKo-InsO/*Eidenmüller*, 4. Auflage, Vorbem. §§ 217 – 269 Rn. 38.

405 *Brünkmans*, Die Koordinierung von Insolvenzverfahren konzernverbundener Unternehmen, S. 305; Brünkmans/Thole/*Brünkmans*, HB Insolvenzplan, 2. Auflage, § 39 Rn. 10.

406 *Brünkmans*, Die Koordinierung von Insolvenzverfahren konzernverbundener Unternehmen, S. 306.

407 Nach Ansicht des Verfassers findet keine echte (materielle) Konsolidierung statt, da die Bildung einer Masseverwertungs- und Verteilungseinheit das Ergebnis einer abgestimmten Plangestaltung darstellt, bei der im Grundsatz verschiedene und differenzierte Ausgestaltungen möglich sind. Im Unterschied dazu führte die Anwendung des Prinzips der „*substantive consolidation*" (siehe dazu Allgemeiner Teil, Kapitel 2, A. II. 4. b)) zur Anordnung einer festgelegten materiellen Zusammenlegung der Haftungsmassen. Insofern ist an dieser Stelle auch terminologisch zu unterscheiden.

entsprechend den jeweiligen Verwalter bzw. den jeweiligen Schuldner des Einzelverfahrens.[408] Ferner kann die Gläubigerversammlung gemäß § 157 S. 2 InsO den Insolvenzverwalter beauftragen, einen Insolvenzplan auszuarbeiten, und ihm dafür das Planziel vorgeben. Auf ein eigenes Planvorlagerecht können die Gläubiger hingegen nicht zurückgreifen.[409]

Die Vorlage abgestimmter Insolvenzpläne in Konzerninsolvenzszenarien führt auf formeller Seite zwar nicht zum vorgenannten Einheitsverfahren, ist aber jedenfalls zur Herbeiführung einer koordinierten Parallelität der Einzelverfahren geeignet. Sofern in den Einzelverfahren jeweils ein Insolvenzverwalter bestellt ist, erfordert die Planvorlage den stetigen Kontakt aller Verwalter zum Austausch von Informationen und der Koordinierung ihres Vorgehens.[410] Ist hingegen im Sinne des § 56b Abs. 1 InsO derselbe Insolvenzverwalter bestellt,[411] kann dieser zunächst ein einheitliches Gesamtrestrukturierungskonzept erarbeiten und dessen Kernpunkte anhand der Einzelpläne der betreffenden Konzerngesellschaften umsetzen.[412] Die Einsetzung des Einheitsverwalters hat hierbei den Vorteil, alle Informationen des Konzerns berücksichtigen zu können und daher die Chance, Reibungsverluste im Abstimmungsverfahren zwischen den einzelnen Konzerngliedern zu minimieren.[413] *In praxi* sollte die Vorlage des jeweiligen Insolvenzplans und eine Einbindung der Gläubiger möglichst frühzeitig erfolgen, weil hierdurch die Planakzeptanz und die Sanierungschancen des Konzerns erheblich gesteigert werden können.[414] Im Sinne einer frühzeitigen Planvorlage kann der Schuldnerplan gemäß § 218 Abs. 1 S. 2 InsO mit dem Antrag auf Insolvenzeröffnung verbunden werden.

(2) Darstellender Teil

Der darstellende Teil des einzelnen Insolvenzplans beschreibt, welche Maßnahmen nach der Eröffnung des Insolvenzverfahrens getroffen worden sind oder noch getroffen werden sollen, um die Grundlagen für die geplante Gestaltung der Rechte der Beteiligten zu schaffen (§ 220 Abs. 1 InsO). Es werden folglich die Voraussetzungen der Krise und der beabsichtigten Sanierung des Schuldners erläutert.[415] Im

---

408 Vgl. Flöther/*Pleister*, Konzerninsolvenzrecht, 2. Auflage, § 5 Rn. 55.

409 Braun/*Braun*/*Frank*, InsO, 9. Auflage, § 218 Rn. 4.

410 Vgl. BT-Drs. 18/407, S. 30.

411 Siehe dazu Allgemeiner Teil, Kapitel 2, A. II. 1. sowie Besonderer Teil II, Kapitel 1, C.

412 Flöther/*Pleister*, Konzerninsolvenzrecht, 2. Auflage, § 5 Rn. 42.

413 Vgl. BT-Drs. 18/407, S. 18.

414 Flöther/*Pleister*, Konzerninsolvenzrecht, 2. Auflage, § 5 Rn. 56; vgl. auch K/P/B/*Spahlinger*, InsO, 95. EL, § 218 Rn. 23.

415 *Smid*/*Rattunde*/*Martini*, Der Insolvenzplan, 4. Auflage, Rn. 6.2.

Falle einer Konzerninsolvenz sind Schilderungen über den gesamten Konzern, inklusive einer Insolvenzbewältigungsstrategie, sowie über das einzelne Konzernunternehmen selbst zu treffen.[416] Hierbei liegt es im Interesse des Planverfassers, den darstellenden Teil mit allen relevanten Informationen zu bestücken, um die Zustimmung der Gläubiger zu erreichen.[417] § 220 Abs. 2 S. 1 InsO legt hierfür die Mindestanforderungen fest: Der darstellende Teil *muss* alle sonstigen Angaben zu den Grundlagen und den Auswirkungen des Plans enthalten, die für die Entscheidung der Beteiligten über die Zustimmung zum Plan und für dessen gerichtliche Bestätigung erheblich sind. Dies betrifft alle Angaben, welche die Beteiligten für ein sachgerechtes Urteil über den Insolvenzplan benötigen.[418] Die Angaben enthalten gemäß § 220 Abs. 2 S. 2 InsO insbesondere eine Vergleichsrechnung, in der die Auswirkungen des Plans auf die voraussichtliche Befriedigung der Gläubiger dargestellt werden. Eine Vergleichsrechnung wird vor allem in den Fällen wesentliche Entscheidungsgrundlage der Gläubiger sein, in denen die Abstimmung der Insolvenzpläne die Bildung einer *Masseverwertungs- und Verteilungseinheit* und damit einen Konsolidierungseffekt bezweckt. Denn eine Konsolidierung, welche die Gleichstellung der Haftungsmassen und gegebenenfalls das Erlöschen konzerninterner Ansprüche bedeutet, sollte mit einer positiven Auswirkung auf den gesamten Konzern belegt werden können. Anderenfalls ist die Zustimmung jener Gläubiger, die dem Konzernunternehmen mit der größten Haftungsmasse angehören, kaum vorstellbar. Denn die einzelnen Gläubigergruppen werden einem Plan nur zustimmen, wenn er sie besserstellt als seine Alternative – welche in der Regel die Verwertung ist.[419]

(3) Gestaltender Teil

Während der darstellende Teil eine Beschreibung der tatsächlichen Maßnahmen beinhaltet, die im Zuge der Planumsetzung ausgeführt werden sollen, enthält der gestaltende Teil die rechtliche Durchführung dieser Maßnahmen.[420] § 221 S. 1 InsO legt fest, wie die Rechtsstellung der Beteiligten durch den Plan geändert werden soll. Diese Grundnorm wird durch §§ 222 bis 228 InsO ergänzt.[421] Der gestaltende Teil umfasst somit den Vollzugsteil und stellt damit das Kernstück eines Insolvenzplans

416 Brünkmans/Thole/*Brünkmans*, HB Insolvenzplan, 2. Auflage, § 39 Rn. 13.
417 K/P/B/*Spahlinger*, InsO, 95. EL, § 220 Rn. 1.
418 BGH, Beschl. v. 13.10.2011 – IX ZB 37/08 = NZI 2012, S. 140 (139).
419 Bieg/Borchardt/Frind/*Martini*, Unternehmenssanierung u. Betriebsfortführung, 1. Auflage, Teil 3 F Rn. 9.
420 *Smid/Rattunde/Martini*, Der Insolvenzplan, 4. Auflage, Rn. 6.65.
421 HambKomm/*Thies/Lieder*, InsO, 9. Auflage, § 221 Rn. 1.

dar.[422] Im Gegensatz zum darstellenden Teil ist er ausschließlich auf den jeweiligen Rechtsträger zu beziehen.[423] Die im gestaltenden Teil festgelegten Rechtsänderungen treten gemäß § 254 Abs. 1 InsO mit der Rechtskraft der gerichtlichen Bestätigung des Insolvenzplans für und gegen alle Beteiligten ein.

Fraglich ist, ob nach dem Vorbild einer Masseverwertungs- und Verteilungseinheit mit Maßnahmen des gestaltenden Teils eine Konsolidierungswirkung erzeugt werden und ob auf diese Weise ein Vermögensentzug innerhalb des Konzernverbunds durchgesetzt werden kann.

(a) Masseverwertungseinheit

§ 217 S. 1 InsO sieht vor, dass von den Vorschriften über die Verwertung der Insolvenzmasse im Regelverfahren abgewichen werden kann. Dies betrifft insbesondere die gesetzliche Regelung des § 159 InsO, welcher die unverzügliche Verwertung der Masse vorschreibt.[424]

Um den Effekt einer Konsolidierung zu erzeugen, müsste im ersten Schritt die Regulierung des Massebestands eine zulässige Abweichung im Sinne des § 217 S. 1 InsO darstellen. Verwertung meint, die Vermögensmasse des Schuldners verfügbar zu machen – mithin in Geld umzusetzen.[425] Die aus der Verwertung entstehenden Geldmittel bilden sodann die *Verteilungsmasse* im Sinne des § 187 InsO.[426]

Nach überwiegender Ansicht[427] können in einem Insolvenzplan auch Ansprüche des Schuldners gegen Dritte geregelt werden. Gestaltbar seien insbesondere Anfechtungs-, Gesamtschadens- und sonstige Haftungsansprüche, solange die Abweichung nicht zulasten des Anspruchsgegners eintritt.[428] Diese Ansprüche fallen grundsätzlich in die Insolvenzmasse.[429] Eine Abweichung durch Verzicht auf deren Durchsetzung berührt somit den Umfang der Masse und stellt zugleich eine Plan-

---

422 HambKomm/*Thies*/*Lieder*, InsO, 9. Auflage, § 221 Rn. 1; Uhlenbruck/*Lüer*/*Streit*, InsO, 15. Auflage, § 221 Rn. 1.

423 Brünkmans/Thole/*Brünkmans*, HB Insolvenzplan, 2. Auflage, § 39 Rn. 21.

424 *Smid*/*Rattunde*/*Martini*, Der Insolvenzplan, 4. Auflage, Rn. 6.22.

425 BGH, Urteil v. 20.02.2003 – IX ZR 81/02 = NZI 2003, S. 261 (259).

426 Siehe oben Allgemeiner Teil, Kapitel 3, B, II. 3.

427 Vgl. *Brünkmans*, Die Koordinierung von Insolvenzverfahren konzernverbundener Unternehmen, S. 305; K. Schmidt/*Spliedt*, InsO, 20. Auflage, § 217 Rn. 10; HK-InsO/*Haas*, 10. Auflage, § 217 Rn. 4; Brünkmans/Thole/*Brünkmans*, HB Insolvenzplan, 2. Auflage, § 8 Rn. 279; MüKo-InsO/*Eidenmüller*, 4. Auflage, § 217 Rn. 118 ff.

428 Siehe dazu MüKo-InsO/*Eidenmüller*, 4. Auflage, § 217 Rn. 119 u. 120; HK-InsO/*Haas*, 10. Auflage, § 217 Rn. 4; a. A. *Thole*, ZIP 2014, S. 1659 f. (1653), der die Disposition von Anfechtungsansprüchen bejaht, aber eine angemessene Gegenleistung fordert.

429 Vgl. Allgemeiner Teil, Kapitel 3, B. II. 2.

regelung über die Masseverwertung dar.[430] Folglich kann durch den Insolvenzplan von den Vorschriften über die *Soll-Masse* des Regelverfahrens abgewichen werden.[431] Eine Regulierung des Massebestandes ist daher grundsätzlich zulässig. Abweichungen unterliegen jedoch den Grenzen des von § 217 S. 1 InsO explizit oder implizit Erlaubten sowie der generellen Dispositionstauglichkeit jener gesetzlichen Bestimmung, von der abgewichen werden soll.[432] Zu den planfesten Vorschriften gehören zum Beispiel die §§ 1 bis 147 InsO (Voraussetzungen des Insolvenzverfahrens, Rechtsstellung der Beteiligten und Wirkungen der Eröffnung) sowie die §§ 174 bis 186 InsO (Feststellung der Forderungen).[433]

Eine der entscheidenden Maßnahmen abgestimmter Insolvenzpläne in Konzernsachverhalten ist die Regelung der konzerninternen und wechselseitigen Ansprüche.[434] Wie bereits im *Allgemeinen Teil* unter *Kapitel 3, A.* dieser Arbeit ausgeführt, können die konzerninternen Verflechtungen die Verbreitung der Insolvenz innerhalb des Konzerns beschleunigen, da Haftungsverstrickungen die Gefahr beinhalten, Entschädigungs- und Ausgleichsansprüche unter den einzelnen Konzerngesellschaften auszulösen. Das Erlöschen bzw. der Verzicht auf die vollständige Durchsetzung dieser Ansprüche müsste daher in den jeweiligen Insolvenzplan der anspruchsberechtigten Konzerngesellschaft aufgenommen werden, um eine Verschärfung der Insolvenz infolge der wechselseitigen Geltendmachung der Ansprüche zu unterbinden.[435] Der Verzicht auf die Durchsetzung konzerninterner Ansprüche ist auch rechtlich durchführbar: So erlaubt § 302 Abs. 3 S. 2 AktG bei Vertragskonzernen,[436] dass die Ausgleichsforderung in der Insolvenz der ausgleichpflichtigen Gesellschaft planrechtlich geregelt werden kann. Gleiches gilt für Schadensersatzforderungen nach § 309 AktG (vgl. § 309 Abs. 3 S. 2 AktG), welcher ebenfalls für die Nachteilsausgleichspflicht im faktischen Konzern Anwendung findet (vgl. § 317 Abs. 5 AktG). Ebenso wird für den Schadensersatzanspruch nach § 93 AktG die Dispositionstauglichkeit im Planverfahren von § 93 Abs. 4 S. 4 AktG vorausgesetzt.

Ferner liegt die Geltendmachung von Anfechtungsansprüchen nicht immer im Interesse der gesamten Unternehmensgruppe. Ganz im Gegenteil, wechselseitige

---

430 MüKo-InsO/*Eidenmüller*, 4. Auflage, § 217 Rn. 118.
431 So auch *Smid/Rattunde/Martini*, Der Insolvenzplan, 4. Auflage, Rn. 6.21
432 *Madaus*, ZIP 2016, S. 1141 f. (1141).
433 K/P/B/*Spahlinger*, InsO, 95. EL, § 217 Rn. 51 u. 53.
434 *Brünkmans*, Die Koordinierung von Insolvenzverfahren konzernverbundener Unternehmen, S. 305; Brünkmans/Thole/*Brünkmans*, HB Insolvenzplan, 2. Auflage, § 39 Rn. 22.
435 Vgl. *Brünkmans*, Die Koordinierung von Insolvenzverfahren konzernverbundener Unternehmen, S. 305; Brünkmans/Thole/*Thole*, HB Insolvenzplan, 2. Auflage, § 11 Rn. 34 u. Rn. 43 – 45.
436 Siehe zu den Erscheinungsformen des Konzerns Allgemeiner Teil, Kapitel 1, A. II.

Anfechtungsansprüche im Verbund sind Störfaktoren der Konzernsanierung bzw. -liquidation.[437] Die materielle Planregelbarkeit von Anfechtungsansprüchen ist umstritten, wird aber weit überwiegend angenommen.[438] Rechtsdogmatischer Hintergrund des Streits ist die Vorgabe im Regelverfahren, dass der Insolvenzverwalter grundsätzlich zur Anfechtung gläubigerbenachteiligender Rechtshandlungen verpflichtet ist (arg. e. c. § 60 InsO).[439] Zum einen aus Gründen der Gläubigergleichbehandlung, zum anderen, um masseschädigende Verfügungen rückabzuwickeln, jedoch auch, um dazu beizutragen, die Insolvenzantragspflicht zu stärken.[440] Ein Verzicht auf die Durchsetzung im Insolvenzplanverfahren wirkt diesen Absichten im Grunde entgegen. Anfechtungsansprüche der Planbarkeit zu entziehen, könnte demgegenüber der Systematik und dem Telos des Planverfahrens widersprechen: Zunächst kann der Insolvenzordnung keine ausdrückliche Pflicht zur Durchsetzung von Anfechtungsansprüchen entnommen werden.[441] Eine materielle Dispositionsbefugnis ergibt sich allerdings auch nicht aus § 259 Abs. 3 S. 1 InsO, der ausschließlich die Planregelbarkeit der zugehörigen Prozessführungsbefugnis betrifft.[442] Indes müsste die den Anspruch betreffende Planregelung unter § 217 S. 1 InsO subsumierbar sein. Wie schon bei den Entschädigungs- und Ausgleichsansprüchen könnte die Planregelung unter den Tatbestand der „*Verwertung der Insolvenzmasse*“ fallen. Denn nach allgemeinem Verständnis werden Anfechtungsansprüche als Sonderbestandteil der Masse verstanden; durch die Entscheidung über Verzicht oder Durchsetzung der Ansprüche wird somit der Massebestand reguliert.[443] Zudem steht die Geltendmachung der Anfechtungsansprüche dem Insolvenzverwalter zu (§ 129 InsO), sodass sie auch funktional der Masse zuzuordnen sind. Der Umgang mit Anfechtungsansprüchen im Planverfahren betrifft dadurch Verwertungsentscheidungen im Sinne des § 217 InsO. Mithin sind sie plandispositiv. Im Sinne einer effizienten Verfahrensbewältigung sollten konzerninterne Entschädigungs- und Anfechtungsansprüche somit in den Einzelplänen der anspruchsberechtigten Gesellschaften geregelt werden.

---

437 Dies erkannte auch der Gesetzgeber in seiner Begründung zum Erlass des KIG: BT-Drs. 18/407, S. 40.

438 Vgl. *Brünkmans*, Die Koordinierung von Insolvenzverfahren konzernverbundener Unternehmen, S. 305; *Pape*, FS Kübler, S. 492 f. (487); *Smid/Rattunde/Martini*, Der Insolvenzplan, 4. Auflage, Rn. 6.74; K. Schmidt/*Spliedt*, InsO, 20. Auflage, § 217 Rn. 10; HK-InsO/*Haas*, 10. Auflage, § 217 Rn. 4; Brünkmans/Thole/*Thole*, HB Insolvenzplan, 2. Auflage, § 11 Rn. 4; MüKo-InsO/*Eidenmüller*, 4. Auflage, § 217 Rn. 120.

439 Vgl. BGH, Urteil v. 28.10.1993 – IX ZR 21/93 = NJW 1994, S. 324 (323); K. Schmidt/*Thole*, InsO, 20. Auflage, § 60 Rn. 16.

440 Vgl. *Thole*, ZIP 2014, S. 1655.

441 *Buchalik/Hiebert*, ZInsO 2014, S. 110 (109).

442 Brünkmans/Thole/*Thole*, HB Insolvenzplan, 2. Auflage, § 11 Rn. 22.

443 *Buchalik/Hiebert*, ZInsO 2014, S. 111 (109); *Thole*, ZIP 2014, S. 1659.

Nach Beseitigung der konzerninternen Forderungen müsste der Massebestand zudem derart gestaltet werden können, dass die Vermögenswerte der einzelnen Konzerngesellschaften zu Verwertungszwecken als Einheit betrachtet werden.[444] Der einheitlichen Betrachtung im Insolvenzplan sind auch nach deutschem Recht keine besonderen Schranken gesetzt. Denn § 217 S. 1 InsO gestattet ausdrücklich die Abweichung von der Masseverwertung im Regelverfahren. Der Grundsatz der rechtlichen Selbstständigkeit bliebe ebenfalls unberührt: Nähme man die einheitliche Betrachtung in den einzelnen Insolvenzplänen der jeweiligen Gesellschaft auf, bezöge sich der jeweilige Plan stets und ausschließlich auf den eigenen Rechtsträger. Dies bestärkt auch die eingangs beschriebene Rechtsträgerbezogenheit des gestaltenden Teils.

(b) Masseverteilungseinheit und Befriedigung der Gläubiger

Um einen Konsolidierungseffekt zu erzeugen, müsste es im zweiten Schritt möglich sein, eine Masseverteilungseinheit für die planmäßige Befriedigung der Gläubiger zu bilden. Gemäß § 217 S. 1 InsO ist die Verteilung der Insolvenzmasse plandispositiv. Begrifflich ist die *Befriedigung der Insolvenzgläubiger* mit der *Verteilung der Insolvenzmasse* deckungsgleich.[445] Der Wortlaut lässt trotz der Doppelung daher keine zusätzliche Abweichung oder einen weiteren Gestaltungsspielraum zu. Die Regelungen der Insolvenzordnung, welche die Verteilung der Masse betreffen, finden sich in den §§ 187 bis 206. Die gesetzgeberische Befugnis, von diesen abzuweichen, bietet den Plangestaltern die Möglichkeit, die Masseverteilung zu modifizieren und dabei weitestgehend freie Regelungen zu treffen.[446] Exemplarisch können einzelne Gläubigergruppen mit einer geringen Quote berücksichtigt oder eine Kapitalerhöhung mittels neuerworbener Masse beschlossen werden.[447] Auch die Verteilung nur eines bestimmten Anteils der Masse an die Gläubiger ist grundsätzlich zulässig.[448]

Um eine Masseverteilungseinheit mit Konsolidierungseffekt zu bilden, müsste zunächst der Konzerngesamtertrag (oder der Gesamtliquidationswert) ermittelt und im Folgeschritt die Partizipation der Gläubiger der einzelnen Gesellschaft am Er-

---

444 Vgl. *Brünkmans*, Die Koordinierung von Insolvenzverfahren konzernverbundener Unternehmen, S. 297 f., der die *„Substantive Consolidation"* durch einen Reorganisationsplan im US-amerikanischen Recht als Vorbild für das deutsche Recht verwendet.

445 MüKo-InsO/*Eidenmüller*, 4. Auflage, § 217 Rn. 122.

446 BeckOK-InsO/*Geiwitz/von Danckelmann*, 30. Edition, § 217 Rn. 22.

447 Vgl. MüKo-InsO/*Eidenmüller*, 4. Auflage, § 217 Rn. 123; BeckOK-InsO/*Geiwitz/von Danckelmann*, 30. Edition, § 217 Rn. 22.

448 MüKo-InsO/*Eidenmüller*, 4. Auflage, § 217 Rn. 123.

trag festgelegt werden.[449] Die Benachteiligung von Gläubigern jener Gesellschaften, die aufgrund ihrer ertragreicheren Vermögensgegenstände im Regelverfahren eine höhere Befriedigungsquote abgeworfen hätten, kann durch die Verteilung von Zuschlägen ausgeglichen werden.[450] Somit können die einzelnen aufeinander abgestimmten Insolvenzpläne grundsätzlich auch auf Seiten der Masseverteilung eine einheitliche Betrachtung der einzelnen Vermögensmassen verabschieden, um die Gläubiger einheitlich zu befriedigen.

(c) Vermögensübertragungen

Fraglich ist, ob die abgestimmten Insolvenzpläne der einzelnen Konzerngesellschaften auch die Übertragung von Vermögenswerten innerhalb des Konzernverbunds – gegebenenfalls mit Zwang – bestimmen dürfen. Vermögensübertragungen können notwendig sein, um die Fortführungswerte eines Konzernunternehmens zu verbessern und es dadurch für Investoren oder Käufer attraktiver zu gestalten.

§ 228 InsO regelt die Änderung sachenrechtlicher Verhältnisse im Insolvenzplanverfahren; S. 1 setzt voraus, dass Rechte an Gegenständen planerisch begründet, geändert, übertragen oder aufgehoben werden können. Die Rechtsgeschäfte können sich sowohl auf Gegenstände der Insolvenzmasse als auch auf massefremde Gegenstände beziehen.[451] Im Falle der Übertragung massefremder Gegenstände eines Dritten in die Insolvenzmasse muss jedoch § 230 Abs. 3 InsO berücksichtigt und die Erklärung des betroffenen Dritten dem Plan beigefügt werden.[452] Besonderheiten für Konzernsachverhalte sind hierbei nicht ersichtlich. Es lässt sich daher festhalten, dass es für die rechtliche Ausgangslage unerheblich ist, ob die Übertragung eines Vermögensgegenstandes zwischen Konzernunternehmen geregelt wird odersonstige Rechte an Gegenständen geändert werden sollen. Vermögensverschiebungen innerhalb eines Konzernverbunds können somit grundsätzlich in die einzelnen Insolvenzpläne aufgenommen werden.

Fraglich erscheint hingegen, ob die Übertragung eines Vermögensgegenstandes zwischen den verbundenen Konzernunternehmen als Planregelung mit Zwangswirkung durchgesetzt werden kann. Die Beantwortung der Frage hängt davon ab, ob das den Vermögensgegenstand übertragende Unternehmen selbst von der Konzerninsolvenz betroffen ist: Trifft dies zu, kann im gestaltenden Teil des Insol-

---

449 *Brünkmans*, Die Koordinierung von Insolvenzverfahren konzernverbundener Unternehmen, S. 306.

450 Zu den Vorteilen einer Konsolidierung so schon *Brünkmans*, Die Koordinierung von Insolvenzverfahren konzernverbundener Unternehmen, S. 302.

451 HK-InsO/*Haas*, 10. Auflage, § 228 Rn. 3f; MüKo-InsO/*Breuer*, 4. Auflage, § 228 Rn. 3.

452 Vgl. HambKomm/*Thies*/*Lieder*, InsO, 9. Auflage, § 228 Rn. 3.

venzplans der übertragenden Gesellschaft festgelegt werden, dass sie ihr Vermögen bzw. einen Vermögensgegenstand in eine andere Konzerngesellschaft einbringt.[453] Dieser Planinhalt kann auch mit Zwang durchgesetzt werden, da die Übertragung eines Vermögensgegenstandes aus der Masse eines insolventen Unternehmens die *Verwertung der Insolvenzmasse* betrifft und deswegen unter § 217 S.1 InsO fällt (s. o.).[454] Nach Bestätigung des Insolvenzplans treten die beschlossenen Wirkungen für und gegen alle Beteiligten, also mit Zwang, ein (vgl. §§ 254 Abs. 1 S. 1 InsO).

Ist die vermögengebende Gesellschaft demgegenüber nicht insolvent, kann sie auch nicht Schuldnerin eines Insolvenzplanverfahrens sein – folglich entzieht sie sich einer zwangsweisen Planbarkeit und der Verteilung ihres Vermögens. Die Einbeziehung nicht insolventer Konzerngesellschaften in die abgestimmten Insolvenzpläne wird nachstehend, unter Ordnungspunkt „dd)“, erörtert. Ohne bereits an dieser Stelle vorzugreifen, ist die zwangsweise Einbindung Dritter in einen Insolvenzplan nach des § 217 Abs. 1 S. 2 InsO jedenfalls nur durch Planinhalte möglich, welche die Anteils- oder Mitgliedschaftsrechte der am Schuldner beteiligten Personen betreffen.[455]

(4) Planannahme und Bestätigung

Selbstverständlich stehen alle vorgenannten Planinhalte unter dem Vorbehalt der generellen insolvenzplanrechtlichen Hürden: Die von den abgestimmten Insolvenzplänen vorgesehenen Abweichungen vom Regelverfahren können daher nur umgesetzt werden, wenn der Plan von den betroffenen Gläubigern angenommen und vom zuständigen Insolvenzgericht bestätigt wird (vgl.§§ 235 Abs. 1, 243, 244 Abs. 1 und § 248 Abs. 1 InsO). Das Annahme- und Bestätigungsverfahren ergänzt die plandispositiven Grenzen um weitere Hindernisse: Die Versagung der Zustimmung einer oder mehrerer Gläubigergruppen (vgl. §§ 243, 344 InsO), der Widerspruch des Insolvenzschuldners (vgl. § 247 InsO), die fehlende Einhaltung der Verfahrensvorschiften (vgl. § 250 InsO) sowie der Minderheitenschutz nach § 251 InsO können dem Vollzug des Insolvenzplans entgegenstehen.

(a) Dissentierende Gläubigergruppen

Für die Verabschiedung des Insolvenzplans stimmen die Planbeteiligten in getrennten Gruppen über die Annahme ab. Die Abstimmung soll die heterogenen,

453 Vgl. MüKo-InsO/*Eidenmüller*, 4. Auflage, § 221 Rn. 110, der die Vermögensübertragung isoliert als gesellschaftsrechtliche Planregelung betrachtet.

454 So auch MüKo-InsO/*Eidenmüller*, 4. Auflage, § 221 Rn. 110.

455 Ob der Konzernverbund besondere gesellschaftsrechtliche Pflichten auslöst, die eine zwangsweise Einbeziehung ermöglichen, wird unter Besonderer Teil I, Kapitel 2, B. untersucht.

wirtschaftlichen Interessen der Gläubiger berücksichtigen, um die wirtschaftliche Effektivität des Vorhabens zu steigern.[456] Der Plan gilt im Sinne des § 244 Abs. 1 InsO als angenommen, wenn in jeder Gruppe die Mehrheit der abstimmenden Gläubiger zustimmt und die Summe der Ansprüche der zustimmenden Gläubiger mehr als die Hälfte der Summe der Ansprüche der abstimmenden Gläubiger beträgt. Bei dieser *Kopf- und Summenmehrheit* herrscht somit das einfache Mehrheitsprinzip innerhalb der Gruppen (jeweils mehr als 50 Prozent). Maßgeblich dafür sind ausschließlich die Stimmen der abstimmenden Gläubiger, sodass passives Abstimmungsverhalten keinen unmittelbaren Einfluss erlangt.[457] Im Fall einer Konzerninsolvenz und der Abstimmung über die Verabschiedung mehrerer einzelner aufeinander abgestimmter Insolvenzpläne erfolgt die Gruppenbildung aufgrund der stets geltenden Rechtsträgerbezogenheit nicht konsolidiert.[458] Vielmehr erfolgt die Gruppenbildung in den jeweiligen Einzelverfahren wie im gewöhnlichen Planverfahren nach § 222 InsO.

Der Plan gilt als abgelehnt, wenn die erforderlichen Mehrheiten in den einzelnen Gruppen nicht erreicht werden. Da § 243 Abs. 1 InsO die Zustimmung *jeder* Gruppe verlangt, genügt für die Ablehnung grundsätzlich die fehlende Mehrheit in einer der abstimmenden Gruppen. Damit der Insolvenzplan jedoch nicht am Partikularinteresse einzelner Beteiligter[459] scheitert, wird die Zustimmung einer ablehnenden Gruppe fingiert, wenn die Versagung eine Obstruktion darstellt.[460] Gemäß § 245 Abs. 1 InsO gilt die Zustimmung einer dissentierenden Gruppe als erteilt, wenn die Gruppenangehörigen

1. nicht schlechter gestellt werden, als sie ohne Plan stünden,
2. angemessen am wirtschaftlichen Wert des Plans beteiligt werden und
3. die Mehrheit der abstimmenden Gruppen dem Plan mit den erforderlichen Mehrheiten zugestimmt hat.

Für den Vollzug abgestimmter Insolvenzpläne in Konzernsachverhalten bedeutet dies, dass die planerischen Maßnahmen auch mit Zwang gegen ablehnende Gläubigergruppen durchgesetzt werden kann, solange die vorgenannten Voraussetzungen kumulativ erfüllt sind.

---

456 BT-Drs. 12/443, S. 199.
457 BT-Drs. 12/443, S. 208.
458 Anders MüKo-InsO/*Eidenmüller*, 4. Auflage, Vorbem. §§ 217 bis 269 Rn. 41, der für eine Verfahrenskonsolidierung im Planverfahren plädiert und eine Obergruppenbildung für jede Konzerngesellschaft vorsieht.
459 So *Smid*, FS Pawlowski, S. 391.
460 *Smid/Rattunde/Martini*, Der Insolvenzplan, 4. Auflage, Rn. 18.1.

Dabei ist insbesondere das *Verbot der Schlechterstellung* (Nr. 1) im Wege eines Vergleichs der hypothetischen Lage der (konkreten) Gläubigergruppe im Regelverfahren mit der Lage im Insolvenzplanverfahren aus dem Weg zu räumen.[461] Hierfür muss jeder Gläubigergruppe durch den Vollzug der abgestimmten Insolvenzpläne mit Konsolidierungseffekt mindestens eine solche Befriedigungsquote zugesprochen werden können, welche sie auch im Regelverfahren erhielte.[462] Im Rahmen der Vergleichsrechnung wird es sich jedoch nicht immer einfach darstellen lassen, wie die hypothetischen Befriedigungschancen ohne ein Planverfahren ausfallen.[463] Insbesondere in Konzernsachverhalten führen die komplexen wirtschaftlichen Verstrickungen und die Wechselwirkungen der einzelnen Insolvenzen dazu, dass die Befriedigungsaussichten nach der Vergleichsrechnung erheblichen Schwankungen unterworfen sind.[464] Es handelt sich somit um eine Prognoseentscheidung des Insolvenzgerichts, ob sich aus der Vergleichsrechnung eine Schlechterstellung begründen lässt oder nicht. Schwierigkeiten bei der Planannahme können insbesondere drohen, wenn jene Gläubiger ihre Zustimmung verweigern, die am härtesten von den Folgen der Konsolidierungsmechanismen und möglichen Vermögensübertragungen betroffen sind. Dem Scheitern an der Hürde der Schlechterstellung kann in diesen Fällen jedoch durch die Gewährung von Zuschlägen bei der Bildung der Masseverteilungseinheit entgegengewirkt werden.[465] Daneben ist bei der Zuschlagsverteilung das *Gebot der angemessenen Beteiligung* aus § 245 Abs. 1 Nr. 2, Abs. 2 InsO zu beachten und eine Ungleichbehandlung geleichgestellter Gläubigergruppen zu vermeiden.

(b) Widersprechender Insolvenzschuldner

Im Sinne des § 247 Abs. 1 InsO ist die Zustimmung des Schuldners grundsätzlich für den Vollzug des Plans erforderlich. Die Vorschrift dient dem Rechtsschutz des Schuldners, da der Plan hinsichtlich verbleibender Verbindlichkeiten oder eines Liquidationsüberschusses in die Rechte des Schuldners eingreifen kann.[466]

In den Fällen der Vermögensübertragung innerhalb eines Konzernverbunds könnte es vor allem dazu kommen, dass die insolvenzschuldnerische Gesellschaft,

---

461 Ein Vergleich mit einem fiktiven Insolvenzplan „stand alone" ist nach *Brünkmans* nicht durchzuführen (vgl. Brünkmans/Thole, HB Insolvenzplan, 2. Auflage, § 39 Rn. 20); so auch schon LG Hamburg mit Beschl. vom 10.12.2014 – 326 T 163/14.

462 Vgl. HambKomm/*Thies*/*Lieder*, InsO, 9. Auflage, § 245 Rn. 6.

463 *Smid*/*Rattunde*/*Martini*, Der Insolvenzplan, 4. Auflage, Rn. 18.55.

464 Vgl. *Smid*/*Rattunde*/*Martini*, Der Insolvenzplan, 4. Auflage, Rn. 18.55 zu ohnehin bestehenden naturgemäßen Schwankungen der Befriedigungsaussichten.

465 Vgl. dazu oben im selben Abschnitt (b).

466 BT-Drs. 12/2443, S. 210.

die nach den Maßgaben des Plans bestimmte Vermögenswerte auf ein verbundenes Unternehmen zu übertragen hat, dem Plan widerspricht, um sich dem Entzug der Vermögenswerte entgegenzustellen. Der schuldnerische Widerspruch ist jedoch gemäß § 247 Abs. 2 InsO unbeachtlich, sollte der Schuldner

1. durch den Plan voraussichtlich nicht schlechter gestellt werden, als er ohne einen Plan stünde und
2. kein Gläubiger einen wirtschaftlichen Wert erhalten, der den vollen Betrag seines Anspruchs übersteigt.

Sind die Voraussetzungen des § 247 Abs. 2 InsO kumulativ erfüllt, wird die Zustimmung des Schuldners fingiert.[467]

Eine wirtschaftliche Schlechterstellung des Schuldners ist in nur wenigen Fällen denkbar:[468] Zunächst wäre ein Widerspruch im Falle eines vom Schuldner vorgelegten Insolvenzplans rechtsmissbräuchlich (*venire contra factum proprium*).[469] Im Falle eines Insolvenzplan durch den Verwalter könnte allenfalls eine Verweigerung des Überlöses (vgl. § 199 InsO) den Schuldner benachteiligen. Eine zur Ausschüttung verbleibende Masse ist in der Praxis jedoch äußerst unrealistisch.[470] Eine Schlechterstellung ist allerdings unstreitig gegeben, wenn der Plan einen Eingriff in das insolvenzfreie Vermögen des Schuldners (vgl. §§ 36, 37 InsO) vorsieht. Denn insolvenzbeschlagfreies Vermögen ist ohne Zustimmung des Schuldners nicht in eine Planlösung einbeziehbar.[471]

(c) Verstoß gegen Verfahrensvorschriften

Eine weitere Hürde der Planbestätigung ist die gerichtliche Prüfung des Verfahrensablaufs im Sinne des § 250 InsO. Demnach ist die Bestätigung von Amts wegen zu versagen, wenn

1. die Vorschriften über den Inhalt und die verfahrensmäßige Behandlung des Insolvenzplans sowie über die Annahme durch die Beteiligten und die Zustimmung des Schuldners in einem wesentlichen Punkt nicht beachtet worden sind und der Mangel nicht behoben werden kann oder
2. die Annahme des Plans unlauter, insbesondere durch Begünstigung eines Beteiligten, herbeigeführt worden ist.

---

467 HambKomm/*Thies*/*Lieder*, InsO, 9. Auflage, § 247 Rn. 9.

468 MüKo-InsO/*Sinz*, 4. Auflage, § 247 Rn. 24.

469 Vgl. Uhlenbruck/*Lüer*/*Streit*, InsO, 15. Auflage, § 247 Rn. 2; MüKo-InsO/*Sinz*, 4. Auflage, § 247 Rn. 24; HambKomm/*Thies*/*Lieder*, InsO, 9. Auflage, § 247 Rn. 4.

470 MüKo-InsO/*Sinz*, 4. Auflage, § 247 Rn. 28; so schon *Smid*/*Rattunde*/*Martini*, Der Insolvenzplan, 4. Auflage, Rn. 19.9.

471 K/P/B/*Pleister*, InsO, 95. EL, § 247 Rn. 12; Nerlich/Römermann/*Rühle*, InsO, 46. EL, § 247 Rn. 7.

Die gerichtliche Prüfung ist zwingend und betrifft auch vom Gericht verursachte Verfahrensverstöße.[472] Besonderheiten für Konzerninsolvenzen sind dabei nicht hervorzuheben. Die Prüfung nach Nr. 1 bezieht sich insbesondere auf gesetzliche Vorschriften, die nicht der Disposition unterliegen, nämlich die Einhaltung der Vorschriften §§ 218, 231 bis 243 InsO sowie §§ 244 bis 247 InsO.[473] Der Verstoß muss eine gewisse Wesentlichkeitsschwelle übertreffen, die stets gegeben ist, sobald der Verstoß Auswirkungen auf die Annahme des Plans gehabt haben könnte, und darf nicht behebbar sein, um die Versagung des Plans herbeizuführen.[474] Die Prüfung nach Nr. 2 umfasst Verstöße gegen Treu und Glauben, wobei es unerheblich ist von welchem Beteiligten das unlautere Verhalten ausgeht.[475]

(d) Minderheitenschutz

Die letzte Vollzugshürde des Insolvenzplans bildet die Möglichkeit einzelner Beteiligter, einen Antrag auf Planversagung nach § 251 InsO zu stellen. Antragsberechtigt sind Gläubiger und, wenn der Schuldner keine natürliche Person ist, an ihm beteiligte Personen (vgl. Abs. 1). Erneut richtet sich der Schutzzweck der Norm nach dem *Schlechterstellungsverbot:* Der innerhalb einer Gruppe überstimmte Beteiligte soll davor geschützt werden, durch den Plan schlechter gestellt zu werden, als er ohne Plan stünde (vgl. Abs. 1 Nr. 2). Die Vorschrift ergänzt somit das Obstruktionsverbot aus § 245 InsO um den Schutz vor den Auswirkungen des Mehrheitsprinzips innerhalb der Gruppen.[476] Neben der Glaubhaftmachung der Schlechterstellung muss der Antragsteller dem Plan spätestens im Abstimmungstermin widersprochen haben (vgl. Abs. 1 Nr. 1 und Abs. 2). Zur Schlechterstellung gilt grundsätzlich das unter § 245 Abs. 1 Nr. 1 InsO genannte.[477]

Besonderheit ist hingegen Abs. 3 des § 251 InsO: Der gestaltende Teil des Plans kann demnach eine *salvatorische Klausel* enthalten, wonach der Antragsteller für eine nachgewiesene Schlechterstellung einen finanziellen Ausgleich erhält, sodass im Ergebnis keine Schlechterstellung vorläge.[478] Die Regelung stellt unter Beweis, dass die oben genannte Zuschlagsverteilung[479] zur Vermeidung potentieller

472 Uhlenbruck/*Lüer*/*Streit*, InsO, 15. Auflage, § 250 Rn 2, 7.
473 Vgl. HambKomm/*Thies*/*Lieder*, InsO, 9. Auflage, § 250 Rn. 4, 5; K/P/B/*Pleister*, InsO, 95. EL, § 250 Rn. 5, 8.
474 Siehe dazu ausführlich MüKo-InsO/*Sinz*, 4. Auflage, § 250 Rn. 11, 39 bis 43.
475 Vgl. BGH, Beschl. v. 030.3.2005 – IX ZB 153/04 = ZIP 2005, S. 719; HK-InsO/*Haas*, 10. Auflage, § 250 Rn. 6.
476 HambKomm/*Thies*/*Lieder*, InsO, 9. Auflage, § 251 Rn. 1.
477 Siehe dazu Besonderer Teil I, Kapitel 2, A. III. 2. a) cc) (4) (a).
478 BT-Drs. 17/5712, S. 35; K/P/B/*Pleister*, InsO, 95. EL, § 251 Rn. 17.
479 Besonderer Teil I, Kapitel 2, A. III. 2. a) cc) (4) (a).

Benachteiligungen von Gläubigern einer Konzerngesellschaft, deren Vermögen durch den Plan verschoben werden würde, dem Sinne des Gesetzgebers entspricht. Zwar dient Abs. 3 im Wesentlichen dem Schutz einzelner Beteiligter, denen eine Schlechterstellung droht. Zugleich gewährt er jedoch auch den Planerstellern eine Absicherung, um einer späten Planversagung durch Ausgleichszahlungen aus dem Weg zu gehen.

(5) Wirkung der bestätigten Pläne

Durch die rechtskräftige Bestätigung des Insolvenzplans entfaltet er gemäß § 254 Abs. 1 InsO seine Wirkungen gegenüber *allen Beteiligten.* Alle Beteiligten meint den Schuldner sowie die bei der Gruppenbildung berücksichtigten Absonderungsberechtigten, Insolvenzgläubiger und Anteilsinhaber.[480] Nach § 254b InsO gelten die Planwirkungen auch für Insolvenzgläubiger, die ihre Forderungen nicht angemeldet haben, und für Beteiligte, die dem Insolvenzplan widersprochen haben – somit für und gegen alle Beteiligten.

Bei dem Einsatz mehrerer aufeinander abgestimmter Insolvenzpläne, die für die Bewältigung einer Konzerninsolvenz einen Konsolidierungseffekt und Vermögensübertragungen innerhalb des Verbunds vorsehen, muss neben der inhaltlichen Abstimmung auch der gemeinsame Wirkungseintritt aller Pläne gewährleistet werden. Ansonsten liefen die Planersteller Gefahr, dass angenommene und bestätigte Pläne bereits in Vollzug gesetzt werden, während Pläne anderer Konzernunternehmen abgewiesen wurden. Dies führte zwangsläufig zum Scheitern des strategisch abgestimmten Gesamtkonzepts. Um solche ungleichmäßige Planvollzüge zu verhindern, kann eine aufschiebende Bedingung im Sinne von § 158 BGB in den jeweiligen gestaltenden Teil der Pläne aufgenommen werden, welche die Wirksamkeit der einzelnen Pläne unter die Voraussetzung der rechtskräftigen Bestätigung aller anderen Pläne stellt.[481] Dadurch treten die Planwirkungen nur gemeinsam in Kraft.

(6) Folgerung: Konsolidierungseffekt durch abgestimmte Insolvenzpläne ist möglich

Die Erzeugung eines Konsolidierungseffekts und die Übertragung von Vermögenswerten durch abgestimmte Insolvenzpläne in Konzerninsolvenzszenarien ließ zunächst den Bruch des Prinzips der rechtlichen Selbstständigkeit und des Haftungs-

---

480 Vgl. *Smid/Rattunde/Martini*, Der Insolvenzplan, 4. Auflage, Rn. 22.1.

481 *Rotstegge*, Konzerninsolvenz, S. 359; Flöther/Pleister, Konzerninsolvenzrecht, 2. Auflage, § 5 Rn. 58; MüKo-InsO/*Eidenmüller*, 4. Auflage, Vorbem. §§ 217 bis 269 Rn. 38; Brünkmans/Thole/*Brünkmans*, HB Insolvenzplan, 2. Auflage, § 39 Rn. 36.

trennungsgrundsatzes befürchten. Die in diesem Abschnitt aufgeführten Planinhalte der gestaltenden Teile in den abgestimmten Einzelplänen stellen jedoch das Gegenteilige unter Beweis: Konzern-Haftungsmassen und deren Verteilung sind planerisch gestaltbar. Eine mögliche Egalisierung der Befriedigungsquoten wird durch das Insolvenzplanverfahren legitimiert. Denn der Konsolidierungseffekt und die Gleichstellung der Haftungsmassen ist rechtskonform, da die Planinhalte durch eine autonome Entscheidung der Gläubiger im Rahmen der Planabstimmung in den Einzelverfahren verabschiedet werden.[482] Argumente, die (berechtigterweise) gegen einen einheitlichen und konsolidierenden Konzerninsolvenzplan vorgebracht werden können, greifen wiederum nicht bei der Erzeugung eines Konsolidierungseffekts durch mehrere einzelne Insolvenzpläne. Denn zum einen wird die Rechtsträgerbezogenheit durch die Vorlage der Einzelpläne aufrechterhalten; die rechtliche Selbstständigkeit der Konzerngesellschaften und die Bestimmungen aus §§ 11, 12 InsO werden somit nicht gebrochen. Zum anderen würde eine Egalisierung der Haftungsmassen – sofern der Plan eine Verwertungs- und Verteilungseinheit vorsieht – zwar den Grundsatz der Haftungstrennung einschränken, dies jedoch auf Grundlage einer Mehrheitsentscheidung der Gläubiger in den getrennten Verfahren. Dabei wird insbesondere eine Verzerrung des Abstimmungsverfahrens, wie es bei einem Konzerninsolvenzplan der Fall wäre, verhindert. Teilte man bei einem einheitlichen Konzerninsolvenzplan die Gläubiger aller Unternehmen rechtsträgerübergreifend im Sinne des § 222 InsO in Abstimmungsgruppen ein, käme es zu einer Verzerrung der Stimmgewichte, indem die Gläubiger einer dominierenden Muttergesellschaft aufgrund ihrer verhältnismäßigen Überlegenheit die Gläubiger einer kleineren Tochtergesellschaft überstimmen könnten.[483] Diese Verzerrung findet im Wege eines Gesamtkonzepts anhand abgestimmter Einzelpläne gerade nicht statt, da über den jeweiligen Insolvenzplan nur unter den Gläubigern des zugehörigen Rechtsträgers abgestimmt wird. Die Gruppenbildung und Stimmgewichtung eines jeden Rechtsträgers bleibt folglich erhalten, sodass die dominierende Konzerngesellschaft im Rahmen der Planannahme keine Vorteile erhält. Ferner wirken die Schutzmechanismen des Planverfahrens wie das oben dargestellte Obstruktionsverbot oder der Minderheitenschutz weiterhin streng rechtsträgerbezogen, wodurch insbesondere der Schutz einer negativ votierenden Gruppe oder einzelner Gläubiger nicht ausgehebelt werden kann.

Aus dem Dargestellten geht somit hervor, dass die Erzeugung eines Konsolidierungseffekts durch abgestimmte Insolvenzpläne in einem Konzerninsolvenz-

---

482 So schon *Brünkmans*, Die Koordinierung von Insolvenzverfahren konzernverbundener Unternehmen, S. 299 f.

483 Vgl. *Brünkmans*, Die Koordinierung von Insolvenzverfahren konzernverbundener Unternehmen, S. 105.

szenario möglich ist. Auch die Übertragung von Vermögenswerten unter den Konzernunternehmen kann planerisch umgesetzt werden – sogar gegen den Willen der vermögengebenden Gesellschaft. Zu einem Bruch mit dem geltenden Recht und den vorangestellten Subprinzipien des Grundsatzes „Ein Rechtsträger, ein Vermögen, ein Verfahren“ kommt es nicht.

In praxi werden obstruierende Gläubiger desjenigen Konzernunternehmens, welches in der Einzelabwicklung die höchsten Befriedigungsquoten erwarten ließe, die größte Hürde des Planvollzugs sein. Die gemäß § 245 Abs. 1 Nr. 1 InsO zugesicherte Mindestposition (*Schlechterstellungsverbot*) muss den dissentierenden Gläubigern gewährleistet werden können. Damit jene Gläubiger das Planziel nicht gefährden, bedarf es daher entweder einer guten Überzeugungsarbeit, um unter ihrer Benachteiligung eine für den gesamten Konzern vorteilhafte Strategie durchzusetzen oder einer Verteilung von Zuschlägen, um eine solche Befriedigungsquote zu erreichen, die ihnen ohne ein Planverfahren zustünde.

dd) Keine Einbeziehung Dritter gegen ihren Willen

Die zuvor genannte Definition des gesetzlichen Terminus *„Beteiligte“*[484] wirft die Fragen auf, ob in die abgestimmten Einzelpläne auch nicht insolvente Konzernglieder einbezogen werden können und ob ihre Einbeziehung ebenfalls mit Zwang durchgesetzt werden kann.

Hinsichtlich einer zwangsweisen Einbindung muss erneut auf den Grundsatz der rechtlichen Selbstständigkeit und die Rechtsträgerbezogenheit des Insolvenzplanverfahren abgestellt werden, welche eine klare Verfahrenstrennung vorgeben. Nicht insolvente Konzernunternehmen sind daher keine Parteien, die den abgestimmten Insolvenzplänen zwangsweise unterworfen werden können. Etwas anderes gilt gemäß § 217 Abs. 1 S. 2 InsO nur, wenn das gesunde Unternehmen an einer von der Konzerninsolvenz betroffenen Gesellschaft beteiligt ist. Gestaltbar sind dann wiederum ausschließlich die Anteils- oder Mitgliedschaftsrechte.

Die Möglichkeit, unbeteiligte Dritte in den Insolvenzplan freiwillig einzubeziehen, wird bereits von § 230 Abs. 3 und § 254a Abs. 3 InsO vorausgesetzt. In den gestaltenden Teil eines Plans können demnach Willenserklärungen oder sonstige Rechtshandlungen eines Nicht-Beteiligten aufgenommen werden.[485] Folglich ist grundsätzlich auch die Einbeziehung nicht insolventer Gesellschaften des Konzernverbunds in die Gesamtstrategie der abgestimmten Insolvenzpläne möglich.

---

484 Besonderer Teil I, Kapitel 2, A. III. 2. a) cc) (5).

485 *Smid/Rattunde/Martini*, Der Insolvenzplan, 4. Auflage, Rn. 6.75.

Dies allerdings nur auf freiwilliger Basis; eine erzwungene Einbindung und der Entzug von Vermögenswerten bleiben ausgeschlossen.[486]

ee) Insolvenz der M-GmbH als Voraussetzung für den Vermögensentzug im Wege des Planverfahrens

Nach dem bisherigen Ergebnis lässt sich der *einleitend* dargestellte Sachverhalt wie folgt einordnen: Die Technik des Vermögensentzugs in der Konzerninsolvenz, mittels abgestimmter Insolvenzpläne einen Konsolidierungseffekts zu erzeugen und dadurch Vermögenswerte auf die beteiligten Gesellschaften zu übertragen, lässt sich nicht auf die vorliegende Konstellation anzuwenden. Denn es mangelt es bereits an der Grundvoraussetzung, dass mehrere Gesellschaften des betreffenden Konzerns insolvent sind, um mehrere Einzelinsolvenzpläne zu erstellen. Da im Ausgangsfall aber ausschließlich die T1-GmbH insolvent ist, könnte I lediglich ein Insolvenzplanverfahren über das Vermögen der T1 anregen. I und die Gläubiger kämen daher erst gar nicht zu der Gelegenheit, anhand mehrerer Insolvenzpläne ein Gesamtsanierungskonzept zu verabschieden. Somit kann I das Grundstück der M-GmbH nicht ohne Weiteres, insbesondere nicht gegen den Willen der M-GmbH, auf insolvenzplanerischer Grundlage in die Veräußerung der T1-GmbH einbeziehen.

b) Alternative 2: Bewältigungskonzept mit Hilfe des Koordinationsverfahrens

Eine echte Konsolidierung zum Zwecke des Entzugs von Vermögenswerten ist ebenfalls unerheblich, wenn eine Konzerninsolvenz anhand des *Koordinationsverfahrens* mit einem übergeordneten Gesamtkonzept strategisch bewältigt werden kann. Fraglich ist, welche Vorteile das Koordinationsverfahren im Verhältnis zum Einsatz abgestimmter Insolvenzpläne mit sich bringt und ob die Möglichkeiten zur Übertragung bzw. Entziehung von Vermögenswerten innerhalb des Konzernverbunds erweitert wurden.

aa) Koordinationsverfahren mit Koordinationsplan

Mit dem im *Allgemeinen Teil* als *Dritter Ansatz* vorgestellten Koordinationsverfahren[487] bezweckte der Gesetzgeber vor allem eine möglichst enge Koordinierung der Einzelverfahren und die Bewältigung von Einigungshindernissen in streitigen Fragen.[488] Mittels des Koordinationsplans sollen Konzerne zudem einfacher re-

486 Zur freiwilligen Beteiligung siehe unten Besonderer Teil I, Kapitel 2, C.
487 Siehe oben Allgemeiner Teil, Kapitel 2, A. II. 3.
488 BT-Drs. 18/407, S. 22 f.

strukturiert und wieder wettbewerbsfähig gemacht werden können.[489] Dabei bleibt die Rechtsträgerbezogenheit und damit die Selbstständigkeit der Einzelverfahren weiterhin unberührt. Das Koordinationsverfahren gelangt im Sinne der Systematik der §§ 269d bis 269i InsO jedoch nur dann zur Anwendung, wenn verschiedene Insolvenzverwalter für die Abwicklung der gruppenangehörigen Unternehmen bestellt wurden. Eine gerichtlich eingeleitete Verfahrenskoordination erübrigte sich, wenn ohnehin nur ein personenidentischer Verwalter für sämtliche Verfahren der Unternehmensgruppe zuständig wäre (vgl. § 56b Abs. 1 InsO).[490] Dafür spricht auch der Wortlaut der Regelungen. § 269e Abs. 1 S. 2, § 269 f Abs. 2 S. 1 und § 269 h Abs. 1 S. 1 InsO verwenden stets die Formulierung *„die Insolvenzverwalter“* bzw. *„den Insolvenzverwaltern“*.

Die Vorlage des Koordinationsplans kann durch den Verfahrenskoordinator oder den Insolvenzverwaltern der verbundenen Unternehmen erfolgen (vgl. § 269 h Abs. 1 S. 1 InsO). Zu diesem Zweck soll der Plan gemäß § 269 h Abs. 2 InsO alle Maßnahmen beschreiben, die für die Abstimmung der Einzelverfahren sachdienlich sind. Er ist somit ein beschreibender Plan, kein gestaltender und beinhaltet lediglich Vorschläge (§ 269 h Abs. 2 S. 2), welche die Verfahrensabstimmung fördern sollen.[491] Die Vorgaben des Koordinationsplans werden auf Ebene der Einzelverfahren wiederum insbesondere durch Insolvenzpläne umgesetzt.[492] Der Koordinationsplan selbst bindet die Beteiligten hingegen nur mittelbar.[493]

Ob die Regelungen der §§ 269d ff. InsO zielführend sind und eine enge Abstimmung der Verfahren im Sinne eines übergeordneten Gesamtkonzepts gewährleisten, wird vom Schrifttum unterschiedlich bewertet: So wird das Koordinationsverfahren teilweise begrüßt und als richtiger Ansatz für die Bewältigung einer Konzerninsolvenz empfunden.[494] Überwiegend wird der mediate Charakter jedoch als zu zurückhaltend betrachtet; Kritiker vermissen insbesondere eine strengere Regulierung der Planumsetzung.[495]

---

489 BT-Drs. 18/407, S. 22 u. 38.

490 Siehe zum Gruppeninsolvenzverwalter Allgemeiner Teil, Kapitel 2, A. II. 1.

491 Rattunde/Smid/Zeuner/*Smid*, InsO, 4. Auflage, § 269 h Rn. 1.

492 Flöther/*Thole*, Konzerninsolvenzrecht, 2. Auflage, § 5 Rn. 110.

493 Siehe dazu Allgemeiner Teil, Kapitel 2, A. II. 3.

494 Uhlenbruck/*Lüer/Streit*, InsO, 15. Auflage, § 217 Rn. 93; *Thole*, KTS 2014, S. 367 f. (351).

495 Vgl. *Verhoeven*, ZInsO 2014, S. 221 f. (217); *Frind*, ZInsO 2014, 936 f. (927); *Pleister/Sturm*, ZIP 2017, S. 2338 (2329); *Madaus*, NZI-Beilage 2018, S. 5 (4); kritisch ggü. den Wirkungen der Regelungen des siebten Teils der InsO auch Rattunde/Smid/Zeuner/*Smid*, InsO, 4. Auflage, Einführung zum siebten Teil Rn. 23; siehe auch HambKomm/*Pannen*, InsO, 9. Auflage, § 269a Rn. 3, der weitere Interessenskonflikte für möglich hält.

(1) Verhältnis von Koordinationsplan und Insolvenzplan

Die Umsetzung des Koordinationsplans durch Insolvenzpläne in den Einzelverfahren lässt das Verhältnis zwischen den beiden insolvenzrechtlichen Instrumenten erahnen: Während der Koordinationsplan nur Vorschläge für die Abstimmung der Einzelverfahren und keinen gestaltenden Teil enthält, keine (unmittelbare) Bindungswirkung entfaltet und daher allein als unverbindliches Organisationsmittel[496] dient, kann der Insolvenzplan als Vollzugsmittel mit materiellen Gestaltungsmöglichkeiten[497] eingesetzt werden. Daher bezeichnet der Gesetzgeber den Koordinationsplan auch als *„kupierten Insolvenzplan“*.[498] Für die insolvenzplanerische Abwicklung der Einzelgesellschaften kann der Kooperationsplan somit ausschließlich als Dachorganisation im eigenen Verfahrensgewand dienen.

Insbesondere im Rahmen der Insolvenz kleinerer Konzerne kann die Vorlage eines Koordinationsplans im Verhältnis zur direkten Abstimmung durch mehrerer Insolvenzplänen jedoch unnötige Mehrkosten verursachen, was letztlich zur Schmälerung der Insolvenzmasse und somit zur Belastung der Gläubiger führt.[499] Das Koordinationsverfahren und die Organisation mit Hilfe des Kooperationsplans sollte daher nur in solchen Fällen zur Anwendung gelangen, in denen tatsächliche Abstimmungsschwierigkeiten und mangelnder Informationsaustausch die Insolvenzbewältigung erschweren.

(2) Erweiterte Möglichkeiten?

Dass das Koordinationsverfahren eine bessere Abstimmung der Einzelverfahren ermöglichen kann, indem es die Beteiligten unter der vom Verfahrenskoordinator vorgegebenen Gesamtstrategie zur Zusammenarbeit verpflichtet, ist nicht von der Hand zu weisen. Jedoch schaffen die Verfahrensvorschriften – in der Konsequenz des bloß formellen Rechts – keinen materiell-gestalterischen Mehrwert. Zwar kann der Plan alle Maßnahmen beschreiben, die für eine abgestimmte Insolvenzbewältigung sachdienlich sind, wodurch dem planerischen Gestaltungsspielraum konträr zu § 217 InsO[500] keine Grenzen gesetzt sind, solange die Maßnahmen den Verfahrenszweck fördern. Allerdings fehlt es an ebenso unbegrenzten Vollzugsmöglichkeiten. Der Plan bleibt ein Referenzplan ohne Bindung für die jeweiligen Insolvenzverwalter der betreffenden Konzernunternehmen.[501] Sieht ein Verwalter

---

496 HambKomm/*Thies*/*Lieder*, InsO, 9. Auflage, § 269 h Rn. 2.
497 Vgl. dazu oben Besonderer Teil I, Kapitel 2, A. III. 2. a) aa).
498 BT-Drs. 18/407, S. 39.
499 So schon Flöther/*Madaus*, Konzerninsolvenzrecht, 2. Auflage, § 5 Rn. 114.
500 Siehe dazu Besonderer Teil I, Kapitel 2, A. III. 2. a) aa).
501 HambKomm/*Thies*/*Lieder*, InsO, 9. Auflage, § 269i Rn. 1.

davon ab, dem Plan zu folgen, muss er die Abweichung gemäß § 269i Abs. 1 S. 2 InsO begründen. Hält die Gläubigerversammlung dennoch an der Umsetzung fest, kann sie den Insolvenzverwalter mit der Ausarbeitung eines am Koordinationsplan angepassten Insolvenzplans beauftragen (§ 269i Abs. 2). Bei der Planausarbeitung ist der Verwalter lediglich in Detailfragen, welche die Umsetzung der Vorgaben betreffen, in seiner Entscheidung frei.[502]

Die Umsetzung des Koordinationsplans anhand einzelner (abgestimmter) Insolvenzpläne führt jedoch im Ergebnis zum selben Gestaltungsspielraum, der von den §§ 217 ff. InsO vorgegeben wird. In Bezug auf die Ausgangsfrage führt die Einbindung der Konzerninsolvenz in ein Koordinationsverfahrens unter Vorlage eines Koordinationsplans daher nicht zu einer Erweiterung der mit Zwang durchsetzbaren Planmaßnahmen. Freilich unterliegen die Einzelpläne denselben Annahme- und Bestätigungsbedingungen wie solche Insolvenzpläne, die ohne einen organisatorischen Kooperationsplan entstehen. Zu einem Abbau der oben dargestellten Hürden[503] kommt es daher nicht. Alle abgestimmten Pläne der Einzelgesellschaften müssen das Annahme- und Bestätigungsverfahren der §§ 235 ff. InsO durchlaufen. Dissentierende Gläubigergruppen oder einzelne Gläubiger werden dabei stets durch das *Schlechterstellungsverbot* geschützt.

(3) Folgerung: Keine erweiterten Zugriffsmöglichkeiten durch das KIG

Das Koordinationsverfahren eignet sich grundsätzlich als Instrument der Verfahrensabstimmung und -organisation in Konzerninsolvenzszenarien. Die Verpflichtung zur Zusammenarbeit zwischen Insolvenzverwaltern und Verfahrenskoordinator kann im Härtefall zu einer Verbesserung der Abstimmungsbedingungen führen, was demgegenüber bei der Insolvenzbewältigung durch abgestimmte Insolvenzpläne nicht möglich wäre. Materielle Gestaltungsmöglichkeiten und zwingende Vollzugsmechanismen bleiben hingegen auf der Strecke. Die Zugriffsmöglichkeiten auf die Vermögensmassen innerhalb des Konzerns sind mit denen des Insolvenzplanverfahrens identisch: Der rechtsträgerbezogene Ansatz verbietet eine Konsolidierung der Verfahren. Eine konsolidierende Wirkung kann im Wege einer planerischen Masseverwertungs- und Verteilungseinheit erreicht werden, die bereits im Koordinationsplan vorgeschrieben werden kann. Hierbei werden jedoch ohne die freiwillige Beteiligung Dritter nur Haftungsmassen der insolventen Konzerngesellschaften erfasst. Es kann somit kein Gruppenkoordinationsplan erstellt werden, der auch die liquiden Unternehmen des Konzerns zwangsweise einbezieht und die Übertragung von Vermögensmassen vorsieht.

502 BT-Drs. 18/407, S. 41.

503 Vgl. Besonderer Teil I, Kapitel 2, A. III. 2. a) cc) (4).

bb) Insolvenz der M-GmbH als Voraussetzung für den Vermögensentzug im Wege des Koordinationsverfahrens

Unter Bezugnahme auf die Fallkonstellation der K-Gruppe bleibt festzuhalten, dass auch bei der Anwendung des Koordinationsverfahrens ein Konzerninsolvenz-Bewältigungskonzept durchgesetzt werden kann, das einen Konsolidierungseffekt und die Übertragung von Vermögenswerten durch abgestimmte Insolvenzpläne der Einzelgesellschaften vorsieht. Die Einbeziehung der gesunden Konzernglieder bleibt jedoch weiterhin unter Vorbehalt ihrer freiwilligen Beteiligung. Somit kann das Grundstück der M-GmbH auch nicht mittels der vom KIG zur Verfügung gestellten Maßnahmen gegen den Willen des G in die Veräußerung der T1-GmbH einbezogen werden.

IV. Zwischenergebnis

In der Konzernkrise wird der Entzug von Vermögenswerten einer Konzerngesellschaft und ihre Übertragung auf andere Gesellschaften der Unternehmensgruppe im eröffneten Insolvenzverfahren durch den *Grundsatz der rechtlichen Selbstständigkeit* und das *Trennungsprinzip* erschwert. Eine *totale Konsolidierung* aller Vermögensmassen ist nach der geltenden Insolvenzordnung nicht möglich. Die Zusammenfassung aller Vermögensmassen und damit auch die Einbeziehung liquider Konzernunternehmen bleibt daher ausgeschlossen. Auch die Anwendung der *materiellen Konsolidierung* und das Zusammenführen von Vermögensmassen der insolventen Konzernunternehmen wird durch die vorgenannten Grundsätze blockiert. Die Insolvenzordnung weicht davon ebenfalls nicht im Rahmen eines Insolvenzplanverfahrens ab, sodass es keinen rechtsträgerübergreifenden *Konzerninsolvenzplan* gibt.

Unter der Wahrung des Rechtsträgerprinzips kann hingegen für jedes insolvente Konzernunternehmen ein eigener Insolvenzplan vorgelegt werden. Durch die Abstimmung der Einzelpläne kann eine *konsolidierende Wirkung* erzeugt werden, indem alle Pläne die Bildung einer *Masseverwertungs- und Verteilungseinheit* vorsehen. Die Übertragung bestimmter Vermögensgegenstände unter den insolventen Rechtsträgern des Konzernverbunds kann in die abgestimmten Pläne aufgenommen werden. Überstehen die Einzelpläne das jeweilige Abstimmungs- und Bestätigungsverfahren, entfalten die Inhalte auch gegen planablehnende Beteiligte ihre Wirkung – zum Beispiel gegen Gesellschafter oder Gläubiger der vermögensgebenden Gesellschaft. Im Falle der Planablehnung durch obstruierende Gläubiger muss jedoch insbesondere das Schlechterstellungsverbot eingehalten werden. Hierbei können Zuschlagsverteilungen einzelne Schlechterstellungen ausgleichen.

Das Gesetz zur Erleichterung der Bewältigung von Konzerninsolvenzen lässt ebenso wenige Durchbrechungen der Grundsätze zu. Zwar wurde durch die Einführung des Koordinationsverfahrens die Abstimmung der Einzelverfahren gefördert, erweiterte materielle Gestaltungsmöglichkeiten und deren erleichterten Vollzug gewährleistet das Gesetz hingegen nicht. Dadurch muss auch der Koordinationsplan als bloßes Organisationsinstrument regelmäßig durch einzelne Insolvenzpläne umgesetzt werden. Dies führt im Verhältnis zum Regelverfahren zu denselben Abweichungsbedingungen, die das Insolvenzplanverfahren zulässt. Mit Hilfe des Koordinationsplans kann daher gleichermaßen die Bildung einer *Masseverwertungs- und Verteilungseinheit* als Gesamtstrategie vorgegeben werden. Übertragungen von Vermögensgegenständen gegen den Willen der vermögensgebenden Gesellschaft sind dabei unter denselben Bedingungen möglich.

B. Vermögensentzug durch Mitwirkungspflichten

Wie im Verlauf dieser Arbeit mehrfach hervorgehoben, erfordert die Abwicklung einer Konzerninsolvenz durch die vielfachen Abhängigkeiten und Verknüpfungen der einzelnen Konzernunternehmen ein erhöhtes Maß an Koordination und Kooperation.[504] Die Bildung einer wirtschaftlichen Einheit unter Schaffung rechtlicher und strategischer Abhängigkeiten könnte auf der Kehrseite dazu führen, dass Mitglieder eines solchen Verbunds zur gegenseitigen (wirtschaftlichen) Unterstützung verpflichtet sind; nicht zuletzt um den verbundspezifischen Mehrwert für alle Gesellschaften erhalten zu können.

So könnte die M-GmbH auf der Grundlage des in der *Einleitung* aufgeführten Sachverhaltes zur Verbesserung der Sanierungsbedingungen der T1-GmbH beitragen, wenn sie den Zugriff auf das in ihrem Eigentum stehende Betriebsgrundstück ermöglicht. Ihre Mitwirkung ist sogar unerlässlich, um die übertragende Sanierung zu realisieren. Wird die Mitwirkung – wie vom Geschäftsführer G – verweigert, kann die Veräußerung nicht durchgeführt werden und die T1-GmbH wäre zu liquidieren, obwohl die Gesellschaft im Alternativszenario weiterhin am Mark bestehen bliebe. Somit könnte man der M-GmbH den Stellenwert einer *Garantin*[505] für die rechtsträgererhaltende übertragende Sanierung ihrer Tochtergesellschaft zusprechen. Aus dieser Konstellation wird deutlich, dass ein Sanierungsvorhaben für die Bewältigung einer Konzerninsolvenz infolge der Mitwirkungsverweigerung einzelner Gesellschaften und Anteilseigner scheitern kann, obwohl grundsätzlich

504 Dazu oben Allgemeiner Teil, Kapitel 3, A.

505 So *Rotstegge*, Konzerninsolvenz, S. 119, über die Rolle der verbundenen Unternehmen in einer Konzernsanierung.

eine Sanierungsfähigkeit besteht und diese auch im Gesamtinteresse der Gläubiger liegt.[506]

Daher ist der Frage nachzugehen, ob das Widerstreben Einzelner im Konzernverbund durch die Statuierung von Mitwirkungspflichten unterbunden werden kann, um die angestrebte Verfahrensstrategie im Sinne eines übergeordneten Gesamtinteresses auch gegen ihren Willen durchzusetzen. Dafür müsste es zunächst einen Anknüpfungspunkt für die Statuierung einer *aktiven Förderungspflicht* der Gruppenunternehmen geben. Ausschlaggebend ist zum einen, ob der Zusammenschluss zu einem Konzernverbund überhaupt eine (erweiterte) Pflichtenlage auslöst und zum anderen, ob die Gesellschaften des Verbunds aufgrund dieser Abhängigkeits- und Pflichtenlage zur aktiven Teilhabe an einer bestmöglichen Abwicklung der insolventen Konzernglieder verpflichtet werden können.

I. Allgemeine Pflichtenlage im Konzernverbund

Der Zusammenschluss von juristischen oder natürlichen Personen bezieht sich stets auf eine zweckorientierte und zielgerichtete Gemeinschaft.[507] Die gemeinsame Zweckverfolgung bringt jedoch nur Vorteile ein, wenn die einzelnen Mitglieder des Verbunds loyal gegenüber den anderen Mitgliedern und loyal gegenüber dem Verbund als Ganzem handeln.[508] Stört ein Mitglied die gemeinschaftliche Zweckverfolgung, gefährdet es gleichermaßen die gemeinschaftliche Effektivität. So auch im Konzern: Unternehmen schließen sich – wie *einleitend* beschrieben – zu einer Gruppe zusammen, um einen wirtschaftlichen Mehrwert aus dem Verbund zu gewinnen. Gegenseitige Abhängigkeiten werden somit zum Risiko für den gesamten Verbund, wenn sich einzelne Konzernglieder nicht dem gemeinschaftlich verfolgten Zweck unterwerfen.

Innerhalb einer einzelnen (Kapital-)Gesellschaft sind *Treu(e)pflichten*[509] als ungeschriebenes allgemeines Prinzip des Gesellschaftsrechts längst anerkannt.[510] Aus den gesellschaftsrechtlichen Treuepflichten folgt unter anderem, dass die Gesellschafter in ihrem Handeln zur Rücksicht gegenüber dem Gesellschaftszweck, den Interessen der Gesellschaft sowie den Mitgesellschaftern verpflichtet sind.[511] Die Gesellschaft genießt daher einen *Bestandsschutz*, der mit ihrem jeweiligen

---

506 Vgl. *Rotstegge*, Konzerninsolvenz, S. 119.

507 So im Ergebnis *Lutter*, AcP April 1980, S. 90, 158 (84); vgl. auch *Raiser*, ZHR 151 (1987), S. 422 (422).

508 *Kern*, Die Bedeutung der gesellschaftsrechtlichen Treuepflicht im Insolvenzplanverfahren, S. 69.

509 Die Begriffe *Treupflicht* und *Treuepflicht* werden von Schrifttum und Rspr. synonym verwendet.

510 Vgl. exemplarisch zu Treuepflichten in der AG: BGH, Urteil v. 20.03.1995 – II ZR 205/94 = NJW 1995, S. 1739; zu Treuepflichten in der GmbH: BGH, Urteil v. 11.12.2006 – II ZR 166/05 = NJW 2007, S. 907; siehe grundlegend zur gesellschaftsrechtlichen Treuepflicht *Reif/Walter*, JuS 2021, S. 630 ff.

511 *Reif/Walter*, JuS 2021, S. 631 (630).

Gesellschaftszweck begründet wird.[512] Die Verbandsmitglieder haben deshalb nur solche Handlungen vorzunehmen, die den Gesellschaftszweck fördern und entgegenstehende Maßnahmen sind zu unterlassen.[513] Zunächst sind Treuepflichten also Inhalt eines einzelnen Gesellschaftsverhältnisses und entfalten somit grundsätzlich nur innerhalb dieser Gesellschaft ihre Wirkungen.

Konträr zur Einzelgesellschaft entsteht ein Konzern jedoch nicht auf der Grundlage eines „Konzernvertrags", der einen konkreten „Konzernzweck" definiert, anhand dessen wiederum der Maßstab einer Treuepflicht definiert werden könnte. Denn ein Konzern ist kein einheitliches Rechtssubjekt. Dennoch hat der BGH im *ITT-Urteil* aus dem Jahr 1975[514] für bestimmte Konzernsachverhalte eine über die einzelne Gesellschaft hinausgehende rechtsformübergreifende Treuepflicht anerkannt und dies 1985 mit der *Autokran-Entscheidung*[515] bestätigt. Demnach muss von einer über den einzelnen Rechtsträger hinausgehenden gesteigerten Treuepflicht im Konzern ausgegangen werden, wenn eine der Gesellschaften zur Leitung des Verbunds eingesetzt wird und in derartiger Weise mit den Konzerngliedern verbunden ist, dass sich der wesentliche Teil ihrer Geschäftstätigkeit in den angeschlossenen Gesellschaften verwirklicht.[516] Das bedeutet, dass eine organisatorische Abhängigkeit von der Muttergesellschaft, welche im Zuge ihrer einheitlichen Leitung die ausschließliche Geschäftsführungsbefugnis über die anderen Konzernglieder innehat, als Pendant Treuepflichten gegenüber den Tochtergesellschaften auslöst.

Deshalb ist der Grundthese zuzustimmen, dass auch der Zusammenschluss zum Konzernverbund eine mitgliedschaftliche Pflichtenlage erzeugen kann.[517]

1. Reichweite der Treuepflichten des herrschenden Konzernunternehmens

Der BGH erkannte erstmalig mit den vorgenannten Entscheidungen an, dass sich eine gesteigerte Treuepflicht der herrschenden Gesellschaft aus dem starken Ein-

---

512 Näher dazu *Wimmer-Leonhardt*, Konzernhaftungsrecht, S. 275 f.

513 Vgl. *Lutter*, AcP April 1980, S. 102 (84); MüKo-GmbHG/*Merkt*, 4. Auflage, §13 Rn. 93; N/S/H/*Fastrich*, GmbHG, 23. Auflage, § 13 Rn. 21.

514 BGH, Urteil v. 05.06.1975 – II ZR 23/74 = NJW 1976, S. 192 (191).

515 BGH, Urteil v. 16.09.1985 – II ZR 275/84 = DNotZ 1986, S. 362 (358); dazu *Raiser*, ZHR 151 (1987), S. 430 (422).

516 Vgl. BGH, Urteil v. 05.06.1975 – II ZR 23/74 („ITT") = NJW 1976, S. 192 (191).

517 Vgl. *Zöllner*, ZHR 162 (1998), S. 247 f. (235); *Kölling*, NZG 2000, S. 9 ff. (8); *Eidenmüller*, ZHR 169 (2005), S. 550 f. (528); BeckOGK-AktG/*Cahn*/*v. Spannenberg*, § 53a Rn. 61 ff; *Koch*, AktG, 17. Auflage, § 53a Rn. 24; In Bezug auf den GmbH-Konzern siehe MüKo-GmbHG/*Liebscher*, 4. Auflage, Anh. § 13 Rn. 427; a. A. MüKo-AktG/*Götze*, 5. Auflage, Vorbem. zu § 53 Rn. 29, der den Treuepflichtgedanken im AG-Konzern durch die §§ 308 ff. AktG als abschließend aufgenommen sieht.

fluss auf die abhängigen Gesellschaften und der daraus folgenden Verantwortung für Mitgesellschafter und Gesellschaftsgläubiger ergibt.[518] Fraglich ist, unter welchen Bedingungen die Treuepflicht des herrschenden Unternehmens zur Geltung gelangt und wie umfangreich ihre Verpflichtungen ausfallen. Aufgrund der fehlenden gesetzlichen Normierung, der unscharfen Rechtsprechung und den umfassenden Aspekten zur Tragweite der gesellschaftsrechtlichen Treuepflichten kann der nachstehende Argumentationsansatz in Bezug auf die Ausgansfrage nach einer aktiven Förderungspflicht in der Krise nur skizziert werden.

Starke Einflussmöglichkeiten der Obergesellschaft sind insbesondere im *zentral-vertikal* organisierten Konzernen gegeben.[519] Im Umkehrschluss kann von einer solch gesteigerten rechtsträgerübergreifenden Treuepflicht nicht ausgegangen werden, wenn sich der Konzernverbund *dezentral-horizontal* organisiert und die Einzelgesellschaften über einen individuellen Handlungsspielraum mit eigener Entscheidungsmacht verfügen, wodurch die Konzernleitungsmacht und ihre Möglichkeit der Einflussnahme dementsprechend schwach ausgeprägt sind. Ausganspunkt der Treuepflicht im Konzern ist daher stets eine starke Konzernleitung mit hohen Einflussmöglichkeiten auf die übrigen Konzernglieder. Bei mehrstufigen Unternehmensverbindungen kommt es für den Geltungsbereich der Treuepflicht ebenfalls auf die Einwirkungsmöglichkeiten der leitenden Gesellschaft an: So kann auch die mittelbar beteiligte Obergesellschaft unmittelbar aus der Treuepflicht gegenüber der Enkel-GmbH in Anspruch genommen werden, soweit sie selbst auf diese einwirkt oder eine Einwirkung durch das Tochterunternehmen veranlasst.[520] Ferner besteht die Treubindung der Obergesellschaft, wenn sie zugleich Mehrheitsgesellschafterin der Untergesellschaften ist, da das Prinzip der Treuepflicht ohnehin innerhalb der Einzelgesellschaft greift.[521]

Bezugspunkte der Treuepflicht liegen zwischen Gesellschaftern und Gesellschaft wie auch unter den Gesellschaftern, wobei die Treuepflicht gegenüber der Gesellschaft bevorzugt gilt und höhere Rücksichtnahmepflichten auslöst.[522] Inhaltlich umfasst die Treuepflicht zum einen die oben beschriebenen *allgemeinen Loyalitäts- und Rücksichtnahmepflichten.* Zum anderen gilt das sogenannte *Schä-*

518 Vgl. auch Emmerich/Habersack/*Habersack*, Aktien- und GmbH-Konzernrecht, 10. Auflage, Anh. § 318 Rn. 24 u. 27.

519 Siehe zu den Unterschieden der Konzernstrukturen Allgemeiner Teil, Kapitel 1, A. II.

520 Emmerich/Habersack/*Habersack*, Aktien- und GmbH-Konzernrecht, 10. Auflage, Anh. § 318 Rn. 28; MüKo-GmbHG/*Liebscher*, 4. Auflage, Anh. § 13 Rn. 435.

521 Vgl. bereits oben Besonderer Teil I, Kapitel 2, B. I.

522 Vgl. zur mitgliedschaftlichen Treuepflicht in der AG Hölters/Weber/*Mayer/Albrecht vom Kolke*, AktG, 4. Auflage, § 53a Rn. 17.

digungsverbot.[523] Hierunter fallen rechtliche und faktische Maßnahmen der Gesellschafter, die geeignet sind, der Gesellschaft in Form einer wirtschaftlichen Beeinträchtigung oder einer Verkürzung der Vermögens- und Verwaltungsrechte der Mitgesellschafter zu schädigen.[524] Die Treuepflicht kann somit Handlungs-, Duldungs- sowie Unterlassungspflichten[525] – mithin passive und aktive Pflichten – bestimmen und sowohl anspruchsbegründende als auch rechtshemmende Wirkungen haben.[526]

Problematisch erscheint hingegen, ob der herrschenden Gesellschaft auch eine *aktive Förderungspflicht* in der wirtschaftlichen Krise ihrer Tochtergesellschaften auferlegt werden kann.[527] Im ersten Schritt müssten dafür die Treuepflichten im eröffneten Insolvenzverfahren überhaupt beachtlich sein. Im zweiten Schritt müsste die gesteigerte Treuepflicht eine entsprechende Reichweite erzielen.

a) Geltungsbereich der Treuepflicht im Insolvenzverfahren

Anerkannt ist, dass die Treuepflicht im Sanierungsfall außerhalb eines Insolvenzverfahrens bei dringenden Maßnahmen eine aktive Mitwirkungspflicht der Gesellschafter auslösen kann.[528] Exemplarisch können einzelne Gesellschafter zur Zustimmung über angestrebte Sanierungsmaßnahmen verpflichtet werden, solange keine schützenswerten Gesellschafterbelange entgegenstehen.[529] Darunter fällt mitunter die Pflicht der Anteilseigner, einem Kapitalerhöhungsbeschluss in einer wirtschaftlichen Krise der Gesellschaft zuzustimmen.[530]

Demgegenüber ist streitig, inwieweit die gesellschaftsrechtlichen Treuepflichten im eröffneten Insolvenzverfahren fortbestehen.[531] Die Beantwortung der Frage hängt maßgeblich vom Verhältnis zwischen Gesellschafts- und Insolvenzrecht ab und entzieht sich daher einer generellen Annahme oder Ablehnung. Beide Rechts-

523 MüKo-GmbHG/*Liebscher*, 4. Auflage, Anh. § 13 Rn. 422.

524 MüKo-GmbHG/*Merkt*, 4. Auflage, § 13 Rn. 150; MüKo-GmbHG/*Liebscher*, 4. Auflage, Anh. § 13 Rn. 422.

525 *Reif/Walter*, JuS 2021, S. 633 (630).

526 *Wimmer-Leonhardt*, Konzernhaftungsrecht, S. 293.

527 So schon *Rotstegge*, Konzerninsolvenz, S. 120; zur Treuepflichtkonkretisierung für Sanierungsentscheidungen siehe *Häsemeyer*, ZHR 160 (1996), S. 113 ff. (109).

528 Vgl. zur Vereitelung einer außergerichtlichen Sanierung BGH, Urteil v. 20.03.1995 – II ZR 205/94 („Girmes") = NJW 1995, S. 1739 ff.

529 BGH, Urteil v. 19.10.2009 – II ZR 240/08 = ZIP 2009, S. 2291 (2289); dazu *Armbrüster*, EWiR 2009, S. 740 (739).

530 Vgl. *v. Schorlemer*, NZI 2003, S. 347 f. (345), der eine Zustimmungspflicht des Minderheitsgesellschafters annimmt; st. Rspr. seit BGH, Urteil v. 25.09.1986 – II ZR 262/85 = NJW 1987, S. 190 (189).

531 Grundlegend dazu *Thole*, ZIP 2013, S. 1937 ff; *Hölzle*, ZIP 2013, S. 1846 ff; *Spliedt*, ZInsO 2013, S. 2155 ff; *K. Schmidt*, ZIP 2018, S. 853 ff.

gebiete kollidieren im Zuge von Unternehmensinsolvenzen an mehreren Stellen.[532] Dabei gelangen die Treuepflichten jedenfalls dann nicht zur Anwendung, wenn und soweit die Insolvenzordnung ganz oder teilweise ersetzende Regelungen trifft, die das Gesellschaftsrecht verdrängen.[533]

Insbesondere das Insolvenzplanverfahren hält Anknüpfungspunkte für die Treuepflicht bereit:[534] Infolge der Einführung des ESUG[535] eröffnete der Insolvenzplan neue Zugriffsmöglichkeiten auf Anteils- und Mitgliedschaftsrechte des Schuldners (§§ 217 S. 2, 225a InsO). Nach § 225a Abs. 3 InsO kann im Plan jede Regelung getroffen werden, die gesellschaftsrechtlich zulässig ist, insbesondere die Fortsetzung der aufgelösten Gesellschaft oder die Übertragung von Anteils- oder Mitgliedschaftsrechten. Mithin könnten – wie im Sanierungsfall außerhalb des Insolvenzverfahrens – Gesellschafter zur Zustimmung über angestrebte Sanierungsmaßnahmen aus den Grundsätzen der Treubindung zur Gesellschaft verpflichtet werden. Die Treuepflicht kann das Abstimmungsverhalten in der Gruppe der Anteils- und Mitgliedschaftsrechte (§ 222 Abs. 1 Nr. 4 InsO) allerdings nur beeinflussen, wenn sie nicht durch vorrangige insolvenzrechtliche Wertungen verdrängt wird. Der Planinhalt und dessen Umgestaltung der Gesellschaftsverhältnisse werden umgesetzt, wenn im Abstimmungstermin (§ 235 InsO) die erforderlichen Mehrheiten (§ 244 InsO) in den Abstimmungsgruppen (§ 222 InsO) erreicht werden. Beeinflussten nun Treuepflichten in der Gruppe der Anteils- und Mitgliedschaftsrechte (§ 222 Abs. 1 Nr. 4 InsO) das Abstimmungsverhalten, unterliefe dies zum einen die bezweckten gesellschaftsrechtlichen Veränderungen und zum anderen die insolvenzrechtlichen Schutzmechanismen des Abstimmungs- und Annahmeverfahrens.[536] Der Umgang mit dissentierenden Gläubigern wird zudem durch die Kopf- und Summenmehrheit im Rahmen der Abstimmung (§ 244 Abs. 1 InsO), das Obstruktionsverbot (§ 245 InsO) und den Minderheitenschutz (§ 251 InsO) unter Berücksichtigung der Besonderheiten des Planverfahrens geregelt.[537] Im speziellen

532 Ausführlich *K. Schmidt*, ZIP 2018, S. 853 ff.

533 *Eidenmüller*, NJW 2014, S. 18 (17); *Kern*, Die Bedeutung der gesellschaftsrechtlichen Treuepflicht im Insolvenzplanverfahren, S. 126.

534 *Smid/Rattunde*, Der Insolvenzplan, 4. Auflage, Rn. 2.34.

535 Das „Gesetz zur weiteren Erleichterung der Sanierung von Unternehmen" trat am 01. 03. 2012 in Kraft.

536 Vgl. OLG Frankfurt/M., Beschl. v. 01.10.2013 – 5 U 145/13 = ZIP 2013, 2020 (2018); *Hölzle*, ZIP 2013, S. 1847 (1846); *Pape*, ZInsO 2013, S. 2136 (2129); *Thole*, ZIP 2013, S. 1942 f. (1937); *Eidenmüller*, NJW 2014, S. 18 (17); *Smid/Rattunde*, Der Insolvenzplan, 4. Auflage, Rn. 9.25; Brünkmans/Thole/*Hirschberger*, HB Insolvenzplan, 2. Auflage, § 31 Rn. 83; a. A. *Stöber*, ZInsO 2013. S. 2463 f. (2457), der einen ergänzenden Schutz durch die Treuepflicht aufgrund des „rudimentären" Minderheitenschutzes im Planverfahren für verfassungsrechtlich geboten hält.

537 Siehe oben Besonderer Teil I, Kapitel 2, A. III. 2. a) cc) (4).

Fall der Obstruktion gegen ein insolvenzplanerisches Sanierungsvorhaben wird das durch die treuerechtliche Bindung beeinflusste Verhalten der Gesellschafter somit durch das insolvenzrechtliche Obstruktionsverbot überlagert. Die Treuepflicht darf das Planverfahren im Abstimmungsverhalten der Betroffenen daher nicht belasten. Festzuhalten ist somit, dass die gesellschaftsrechtliche Treuepflicht im eröffneten Insolvenzverfahren nur dann beachtlich ist, wenn ihr keine vorrangigen insolvenzrechtlichen Wertungen entgegenstehen.

b) Aktive Mitwirkungspflicht im eröffneten Verfahren

Da das Verhältnis von Gesellschafts- und Insolvenzrecht grundsätzlich zu einer eingeschränkten Wirkung der Treuepflicht im eröffneten Verfahren führt, ist nun darauf einzugehen, ob das herrschende Konzernunternehmen zu einer aktiven Mitwirkung an einer rechtsträgererhaltenden Sanierung ihrer abhängigen Gesellschaften verpflichtet werden kann.

Grundsätzlich kann der Muttergesellschaft im Sinne des *Trennungsprinzips* nicht die Einstandspflicht auferlegt werden, ihre Tochtergesellschaften zur Teilhabe am Rechtsverkehr am Leben zu halten, sofern nicht ausdrücklich eine solche Verpflichtung vereinbart wurde.[538] Mit seiner *Girmes-Entscheidung* legte der BGH fest, dass es einem Anteilseigner im Zuge seiner Treuepflicht nicht erlaubt ist, ein sinnvolles und mehrheitliches (außergerichtliches) Sanierungsstreben zu verhindern.[539] Eine aktive Förderungspflicht unter Zuschuss von eigenem Vermögen lässt sich hieraus jedoch nicht ableiten – erst recht nicht im eröffneten Insolvenzverfahren. Die Konzernmutter ist zwar durch den *Bestandsschutz* ihrer Tochtergesellschaften gehalten, deren Interessen nicht zu ignorieren.[540] Gleichwohl kann dem *Gebot zur Rücksichtnahme* wie auch dem *Schädigungsverbot* keine generelle aktive Förderungspflicht in der wirtschaftlichen Krise entnommen werden. Anderes kann zutreffen, wenn die wirtschaftliche Schlechterstellung durch das herrschende Unternehmen ausgelöst wurde und einen Schadensersatzanspruch der abhängigen Gesellschaft begründet.[541]

538 Ist die Konzernmutter Gesellschafterin ihrer Tochter-GmbH kann z. B. eine Nachschusspflicht iSd. § 27 GmbHG in den Gesellschaftsvertrag aufgenommen werden. Bei der Rechtsform der AG besteht keine Nachschusspflicht (vgl. dazu BeckOK-GmbHG/*H. Jaeger*, 55. Edition, § 27 Rn. 1 ff.); zu den besonderen Pflichten im Vertragskonzern siehe unten Besonderer Teil I, Kapitel 2, B. II.

539 BGH, Urteil v. 20.03.1995 – II ZR 205/94 („Girmes“) = NJW 1995, S. 1739.

540 So *Wimmer-Leonhardt*, Konzernhaftungsrecht, S. 301, zur Interessenlage im faktischen Konzern.

541 Dazu ausführlich *Wimmer-Leonhardt*, Konzernhaftungsrecht, S. 330 ff.

Darüber hinaus kann die besondere mitgliedschaftliche Rechte- und Pflichtenlage im Konzernverbund im Wege einer finanziellen Abhängigkeit[542] zwischen Mutter- und Tochtergesellschaft zwar eine Finanzierungsverantwortung der Konzernmutter begründen. Eine über die Beitragspflicht hinausgehende Finanzierungsverpflichtung entsteht jedoch weder aus der Stellung des herrschenden Unternehmens als Gesellschafterin des abhängigen Unternehmens noch aus dem faktischen Beherrschungsverhältnis.[543] Eine aus der Treuepflicht abgeleitete aktive Förderungspflicht der herrschenden Gesellschaft widerspräche ferner den gesetzlichen Ausgleichspflichten im Konzern, die nur dann ausgelöst werden, wenn die herrschende Gesellschaft treuwidrig, etwa durch unverhältnismäßige Rechtsausübung oder fehlende Rücksichtnahme, auf die abhängige Gesellschaft Einfluss genommen hat und dieser dadurch Nachteile entstanden sind (vgl. §§ 30 Abs. 1, 31 Abs. 1 GmbHG für den GmbH-Konzern und §§ 311, 317AktG für den AG-Konzern). Verpflichtende Vermögensübertragungen für die Realisierung einer rechtsträgererhaltenden Sanierung der abhängigen Gesellschaft führten außerdem zu einer Verschärfung des Dominoeffekts, da eine zusätzliche Haftungsverstrickung geschaffen werden würde.

Mithin lässt sich im eröffneten Insolvenzverfahren über das Vermögen einer Konzerngesellschaft keine generelle aktive Förderpflicht des herrschenden Unternehmens aus den gesellschaftsrechtlichen Treubindungen ableiten.

c) Keine aktive Förderungspflicht durch das KIG

Zwar wurden mit Einführung des KIG insbesondere Pflichten zur Kooperation unter den Verfahrensbeteiligten geschaffen,[544] allerdings statuiert auch das KIG keine aktiven Förderungspflichten der herrschenden Gesellschaft, die über das Maß der gesteigerten Treuepflicht hinausgehen.

II. Besondere Pflichtenlage im Vertragskonzern

Eine Besonderheit stellt die Pflichtenlage im *Vertragskonzern*[545] dar. Mit den Vorschriften der §§ 300 bis 303 AktG schützt das Konzernrecht die abhängige Gesellschaft vor einer Aushöhlung durch die Muttergesellschaft.[546] Gemäß § 302 Abs. 1 AktG trifft die herrschende Konzerngesellschaft als Korrelat für das umfassende

542 Finanzielle Abhängigkeiten entstehen insbesondere bei *Cash-Pool-Vereinbarungen* sowie *downstream-loans* im zentral organisierten Konzern (vgl. dazu oben Allgemeiner Teil, Kapitel 3. A.).

543 *Baums*, Recht der Unternehmensfinanzierung, § 42 Rn. 1.

544 Vgl. Allgemeiner Teil, Kapitel 2, A. II. 2.

545 Siehe dazu oben Allgemeiner Teil, Kapitel 1, A. II. 3.

546 *Wede*, Die Pflicht zur Verlustübernahme im GmbH-Vertragskonzern, S. 49.

Eingriffsrecht und die Weisungsbefugnis (vgl. § 291 Abs. 1 und § 308 Abs. 1 AktG) die zentrale Pflicht des Verlustausgleichs.[547] § 302 AktG ist im GmbH-Vertragskonzern analog anzuwenden.[548] Es stellt sich die Frage, ob die Verlustausgleichspflicht im Vertragskonzern eine aktive Förderungspflicht des herrschenden Unternehmens in der Insolvenz der Untergesellschaft auslöst.

1. Voraussetzungen und Rechtsfolgen der Verlustübernahme

Neben eines bestehenden *Beherrschungs-* oder *Gewinnabführungsvertrags* zwischen den Gesellschaften setzt § 302 Abs. 1 AktG voraus, dass die Untergesellschaft während der Vertragsdauer einen Jahresfehlbetrag ausweist. *„Sonst entstehenden Jahresfehlbetrag"* meint den (fiktiven) Jahresfehlbetragt, der ohne die Verlustausgleichsleistung des herrschenden Unternehmens entstände.[549] Die Verlustübernahme setzt nach § 302 Abs. 1 Hs. 2 AktG nicht ein, wenn der Jahresfehlbetrag durch Entnahme von Beträgen aus anderen Gewinnrücklagen (§ 158 Abs. 1 S. 1 Nr. 3d) ausgeglichen wird. Hierbei muss es sich um Beträge handeln, die anderen Gewinnrücklagen entnommen werden können und die während der Vertragsdauer eingestellt worden sind.

Anspruchsinhalt ist ein auf Ausgleich des Fehlbetrags gerichteter Geldleistungsanspruch.[550] Dieser entsteht nach ganz herrschender Meinung am Stichtag der Jahresbilanz der beherrschten Gesellschaft und wird mit seiner Entstehung fällig.[551] Dabei wird die Höhe des Ausgleichsanspruchs durch den zum Bilanzstichtag zutreffend ausgewiesenen Fehlbetrag bestimmt.[552] Anspruchsinhaberin ist allein die Untergesellschaft.[553]

547 Vgl. *Kropff*, RegBegr., S. 391; *K. Schmidt*, ZGR 1983, S. 515 (513); MüKo-AktG/*Altmeppen*, 5. Auflage, § 302 Rn. 12 f.

548 BGH, Urteil v. 11.10.1999 – II ZR 120/98 = NZG 2000, S. 139; N/S/H/*Beurskens*, GmbHG, Anh. KonzernR Rn. 121. Dagegen scheidet eine analoge Anwendung auf den faktischen Konzern aus. Hierbei wendet der BGH anstelle der Analogie aus §§ 302 ff. AktG die Haftung wegen existenzvernichtenden Eingriffs nach § 826 BGB an (siehe dazu BGH, Urteil vom 16.7.2007 – II ZR 3/04 = NJW 2007, S. 2698).

549 Emmerich/Habersack/*Emmerich*, Aktien- und GmbH-Konzernrecht, 10. Auflage, § 302 Rn. 27.

550 *K. Schmidt*, ZGR 1983, S. 515 (513); MüKo-AktG/*Altmeppen*, 5. Auflage, § 302 Rn. 70.

551 BGH, Urteil v. 11.10.1999 – II ZR 120/98 = NJW 2000, S. 211 (210); *K. Schmidt*, ZGR 1983, S. 521 (513); Emmerich/Habersack/*Emmerich*, Aktien- und GmbH-Konzernrecht, 10. Auflage, § 302 Rn. 40; Grigoleit/*Servatius*, AktG, 2. Auflage, § 302 Rn. 13; MüKo-AktG/*Altmeppen*, 5. Auflage, § 302 Rn. 73; BeckOGK-AktG/*Veil*/*Walla*, § 302 Rn. 23.

552 BGH, Urteil v. 11.10.1999 – II ZR 120/98 = NJW 2000, S. 211 (210).

553 MüKo-AktG/*Altmeppen*, 5. Auflage, § 302 Rn. 78.

2. Existenzschutz der Untergesellschaft

Durch die Verlustübernahmepflicht des herrschenden Unternehmens trägt die abhängige Gesellschaft während der Vertragsdauer kein eigenes unternehmerisches Risiko: Ihre Existenz ist nicht gefährdet, solange die Obergesellschaft in der Lage ist, die Jahresfehlbeträge auszugleichen. Daher ist im Vertragskonzern der Insolvenzfall der Tochtergesellschaft ausgeschlossen, solange die Solvenz der Muttergesellschaft gewährleistet und der Ausgleichsanspruch werthaltig ist.[554] Diese These ist jedenfalls für den Insolvenzgrund der Überschuldung (§ 19 InsO)[555] unstreitig anzunehmen. Denn im Zuge der Verlustübernahme wird der Ausgleichsanspruch bilanziell berücksichtigt; die Bilanz der Untergesellschaft bleibt daher trotz bestehender Verluste ausgeglichen.[556]

Demgegenüber ist streitig, ob die Schutzmechanismen des Vertragskonzerns die abhängige Gesellschaft auch vor dem Insolvenzgrund der Zahlungsunfähigkeit bzw. drohenden Zahlungsunfähigkeit (§§ 17, 18 InsO)[557] schützen. Da der Bilanzstichtag immer auf das Ende eines Geschäftsjahres fällt und dementsprechend die Entstehung des Ausgleichsanspruchs, ist es grundsätzlich möglich, dass die Untergesellschaft vor diesem Stichtag bei nicht ausreichender Liquidität gegenüber ihren fälligen Verbindlichkeiten zahlungsunfähig ist.[558] Die wohl überwiegende Ansicht verneint den Schutz der abhängigen Gesellschaft vor dem Insolvenzgrund der Zahlungsunfähigkeit.[559] Dafür streite vor allem der Wortlaut von § 302 Abs. 1 AktG, welcher ausschließlich den Ausgleich des Jahresfehlbetrags erfasse und somit die unterjährige Versorgung mit ausreichender Liquidität deutlich ausklammere. Demgegenüber wird teilweise angenommen, die herrschende Gesellschaft träfe die Pflicht, für eine über den Verlustausgleich hinausgehende stetige Liquidität der

554 Vgl. für den Insolvenzgrund der Überschuldung *Paulus*, ZIP 1996, S. 2143 (2141); Uhlenbruck/*Hirte*, InsO, 15. Auflage, § 11 Rn. 399; sowohl für die Zahlungsunfähigkeit als auch für die Überschuldung *Berthold*, Unternehmensverträge in der Insolvenz, Rn. 95.

555 Zum Insolvenzgrund der Überschuldung siehe unten Besonderer Teil II, Kapitel 1, B. II.

556 *Wede*, Die Pflicht zur Verlustübernahme im GmbH-Vertragskonzern, S. 56.

557 Zum Insolvenzgrund der Zahlungsunfähigkeit sieh unten Besonderer Teil II, Kapitel 1, B. I.

558 Vgl. *Wede*, Die Pflicht zur Verlustübernahme im GmbH-Vertragskonzern, S. 56; *Jakobs*, Das Konzerninsolvenzverfahren, S. 58; MüKo-AktG/*Altmeppen*, 5. Auflage, § 302 Rn. 38; mit weiteren Beispielen zur Zahlungsunfähigkeit der Untergesellschaft *Berthold*, Unternehmensverträge in der Insolvenz, Rn. 130 ff.

559 OLG Hamburg, Urteil v. 24.07.1987 – 11 U 182/86 = NJW-RR 1988, S. 46; *Mertens*, ZGR 1984, S. 551 f. (542); KölnerKomm-AktG/*Koppensteiner*, 2. Auflage, § 302 Rn. 17 f; *Priester*, BB 2005, S. 2485 (2483); *Liebscher*, ZIP 2006, S. 1222 (1221); Großkomm-AktG/*Hirte*, 4. Auflage, § 302 Rn. 62; Grigoleit/*Servatius*, AktG, 2. Auflage, § 302 Rn. 14; Hölters/Weber/*Deilmann*, AktG, 4. Auflage, § 302 Rn. 23.

Untergesellschaft zu sorgen.[560] Hierfür spreche insbesondere der in § 302 Abs. 1 AktG festgelegte Zweck, als herrschende Gesellschaft die wirtschaftliche Existenz der abhängigen Gesellschaft zu garantieren. Aufgrund der ausführlichen Darstellung des Meinungsstands in der Literatur[561] folgt eine komprimierte Stellungnahme:

Neben dem Wortlautargument bringen Vertreter der herrschenden Ansicht gegen den vollständigen Existenzschutz der Untergesellschaft vor, dass sich die abhängige Gesellschaft im Falle der Illiquidität durch Fremdkapital Abhilfe verschaffen könne.[562] Darlehensgeber könnten die Muttergesellschaft selbst oder konzernexterne Kapitalgeber sein, zudem sei die Tochtergesellschaft aufgrund der Verlustausgleichspflicht der Mutter eine sichere Schuldnerin.[563] Dem ist entgegenzubringen, dass die abhängige Gesellschaft bei einer Kreditgewährung zur Beseitigung eines Liquiditätsengpasses es gar nicht selbst in der Hand hätte, ihre Zahlungsfähigkeit zu sichern. Denn grundsätzlich liegt es bei bestehendem Beherrschungs- oder Gewinnabführungsvertrag im Entscheidung- und Weisungsspielraum der Obergesellschaft, die Liquiditätszu- und -abfuhr zu steuern.[564] Ginge man von der Zulässigkeit existenzgefährdender Weisungen aus[565], könnte die herrschende Gesellschaft fremdes Kapital, das für die Liquiditätssicherung der abhängigen Gesellschaft zur Verfügung gestellt wurde, schlicht abführen. Mithin führt das Argument der Inanspruchnahme von Fremdkapital durch konzernexterne Geldgeber zu einem Zirkelschluss, sofern dies nicht im Interesse der Muttergesellschaft liegt. Folgte man bei der Zulässigkeit existenzbedrohender Weisungen der herrschenden Ansicht, nach der die Weisungserteilung so zu erfolgen habe, dass die abhängige Gesellschaft überlebensfähig sei,[566] erübrigte es sich, die Überbrückung der Illiquidität vom Interesse der Mutter abhängig zu machen, da es

560 *Hommelhoff*, WM 1984, S. 1112 f. (1105); *Altmeppen*, DB 1999, S. 2455 f. (2453); mit Verweis auf die fehlende Selbstbestimmtheit der Untergesellschaft *Berthold*, Unternehmensverträge in der Insolvenz, Rn. 135, 138; *Nodoushani*, NZG 2017, S. 729 (728); Emmerich/Habersack/*Emmerich*, Aktien- und GmbH-Konzernrecht, 10. Auflage, § 302 Rn. 41; BeckOGK-AktG/*Veil*/*Walla*, § 302 Rn. 28.

561 Siehe insbesondere *Berthold*, Unternehmensverträge in der Insolvenz, Rn. 134 ff.

562 *Jakobs*, Das Konzerninsolvenzverfahren, S. 60.

563 So Kübler/Prütting/*Noack*, Sonderband Gesellschaftsrecht, Rn. 712; *Brünkmans*, Die Koordinierung von Insolvenzverfahren konzernverbundener Unternehmen, S. 72.

564 Vgl. unter Hervorhebung von Cash-Management-Systemen *Berthold*, Unternehmensverträge in der Insolvenz, Rn. 132, 134.

565 Dazu KölnerKomm-AktG/*Koppensteiner*, 2. Auflage, § 308 Rn. 32.

566 OLG Düsseldorf, Beschl. v. 07.06.1990 – 19 W 13/86 = ZIP 1990, S. 1337 f. (1333); *Habersack*, FS Schaumburg, 2009, S. 1298 f. (1291); Emmerich/Habersack/*Emmerich*, Aktien- und GmbH-Konzernrecht, 10. Auflage, § 308 Rn. 61; MüKo-AktG/*Altmeppen*, 5. Auflage, § 302 Rn. 33; ausführlich zum Meinungsstand siehe MüKo-AktG/*Altmeppen*, 5. Auflage, § 308 Rn. 119 bis 133.

ihr nicht gestattet wäre, Fremdkapital an sich abzuführen. Sowohl unter der Voraussetzung der Zu- als auch der Unzulässigkeit existenzgefährdender Weisungen durch die Obergesellschaft ist es daher nicht vertretbar, den Schutz der Untergesellschaft vor Zahlungsunfähigkeit in die Abhängigkeit von Fremdkapital zu stellen.

Ferner spricht für den vollumfänglichen Existenzschutz der Sinn und Zweck des § 302 Abs. 1 AktG: Das herrschende Unternehmen hat als Korrelat seiner kapitalschutzrelevanten Organisationsherrschaft die Verluste der abhängigen Gesellschaft zu tragen, um diese und ihre Gläubiger zu schützen.[567] Das konzernrechtliche Schutzsystem erreicht seinen Zweck hingegen nicht, wenn Liquiditätsengpässe der Tochtergesellschaft nicht durch die Zuführung liquider Mittel ausgeglichen werden müssten.[568] Den Existenzschutz der Tochtergesellschaft allein vom bilanziellen Verlust abhängig zu machen führte somit zu einer inkonsequenten Wertung der Schutzregeln der §§ 300 ff. AktG. Geeignetes Mittel zur Gewährleistung der Bewältigung eines Liquiditätsengpasses ist, dass die herrschende Gesellschaft schon im laufenden Geschäftsjahr zu Abschlagszahlungen auf den mit Ende des Geschäftsjahres fällig werdenden Verlustausgleich verpflichtet werden kann, soweit die abhängige Gesellschaft droht zahlungsunfähig zu werden.[569]

Nach hiesiger Auffassung lässt sich schlussfolgern, dass der sich in einem Beherrschungs- oder Gewinnabführungsvertrag befindliche Untergesellschaft ein vollständiger Existenzschutz sowohl vor dem Insolvenzgrund der Überschuldung als auch der (drohenden) Zahlungsunfähigkeit zusteht.

3. Die Verlustausgleichspflicht in der Doppelinsolvenz

Da die Existenzgarantie der Tochtergesellschaft an die Solvenz der Muttergesellschaft gebunden ist, stellt sich ferner die Frage, wie mit dem Verlustausgleichsanspruch im Fall der sog. *Doppelinsolvenz* (hier: Insolvenz von Mutter- und Tochtergesellschaft) umzugehen ist.

Wie oben ausgeführt, ist – entgegen der Ansicht von Rechtsprechung und verbreiteter Literaturstimmen – nicht von der automatischen Beendigung der Unternehmensverträge mit Eröffnung des Insolvenzverfahrens über das Vermögen einer Vertragspartei auszugehen.[570] Im Insolvenzverfahren über das Vermögen der

---

567 Vgl. Emmerich/Habersack/*Emmerich*, Aktien- und GmbH-Konzernrecht, 10. Auflage, § 302 Rn. 4; MüKo-AktG/*Altmeppen*, 5. Auflage, § 302 Rn. 2; Grigoleit/*Servatius*, AktG, 2. Auflage, § 302 Rn. 1; BeckOGK-AktG/*Veil*/*Walla*, § 302 Rn. 6; *Koch*, AktG, 17. Auflage, § 302 Rn. 3.

568 So schon *Berthold*, Unternehmensverträge in der Insolvenz, Rn. 139.

569 *Altmeppen*, DB 1999, S. 2455 f. (2453); Emmerich/Habersack/*Emmerich*, Aktien- und GmbH-Konzernrecht, 10. Auflage, § 302 Rn. 41; BeckOGK-AktG/*Veil*/*Walla*, § 302 Rn. 28; ausführlich zur Anspruchsgrundlage der Abschlagszahlungen *Nodoushani*, NZG 2017, S. 729 f. (728).

570 Siehe oben Allgemeiner Teil, Kapitel 3, B. I. 1. a).

Muttergesellschaft bildet der Verlustausgleichsanspruch daher eine Insolvenzforderung der Tochtergesellschaft.[571] Der Anspruch beinhaltet zunächst alle Jahresfehlbeträge der Untergesellschaft, die bis zur Vertragsbeendigung entstanden sind. Da die Entstehung und Fälligkeit nach ganz herrschender Meinung dem Bilanzstichtag entsprechen[572], erscheint es problematisch, wenn das Vertragsende – z. B. durch Kündigung im Zuge der Doppelinsolvenz – in das laufende Geschäftsjahr fällt.

Bei enger Wortlautauslegung des § 302 Abs. 1 AktG käme man zu dem Ergebnis, dass die Vertragsbeendigung während des laufenden Geschäftsjahres keinen Ausgleich des *„Jahresfehlbetrags"* begründet, da dieser erst mit Ablauf des Geschäftsjahres (am Bilanzstichtag) entsteht.[573] Der BGH hat sich dieser Frage in der *Familienheim-Entscheidung* angenommen und den Verlustausgleich wegen des Schutzzwecks des § 302 Abs. 1 AktG auch im Falle der Vertragsbeendigung im laufenden Geschäftsjahr anerkannt.[574] Es würde der zu verhindernden Aushöhlung der Bilanzsubstanz des abhängigen Unternehmens nicht gerecht, wenn die Haftung der Mutter auf die Verluste abgeschlossener Geschäftsjahre beschränkt wäre. Der bilanzrechtliche Wortlaut von § 302 Abs. 1 AktG sei darüber hinaus mit der Vertragsbeendigung als Stichtag und der Bildung eines Rumpfgeschäftsjahres vereinbar.[575] Folglich kann der Jahresfehlbetrag auch im laufenden Geschäftsjahr abgebildet werden. Gegen den starren Eintritt der Verlustausgleichspflicht spricht ferner, dass die herrschende Gesellschaft den Anspruch in einem schwachen Geschäftsjahr umgehen könnte, indem sie den Vertrag vorzeitig kündigt.[576] Die unterjährig angefallenen Verluste sind daher auch bei einer Vertragsbeendigung im laufenden Geschäftsjahr auszugleichen. Im Fall der insolvenzbedingten Kündigung gehören konsequenterweise auch die unterjährig angefallenen Verluste zur Insolvenzforderung der Tochtergesellschaft. Besteht eine Sanierungschance für die Konzernunternehmen kann sowohl auf die Kündigung des Beherrschungs- oder Gewinnabführungsvertrages als auch auf die Geltendmachung des Verlustausgleichs verzichtet werden. Zur Abstimmung der Einzelverfahren eignet sich die Harmonisierung der Sanierungsvorgänge im Wege von Insolvenzplänen.[577]

Eine über den Ausgleich des Jahresfehlbetrags hinausgehende *aktive Förderungspflicht* der Muttergesellschaft ist nicht ersichtlich, da die Verlustausgleichs-

---

571 Gottwald/Haas/ *Specovius/von Wilcken*, Insolvenzrechts-Handbuch, 6. Auflage, § 95 Rn. 99.

572 Siehe oben Besonderer Teil I, Kapitel 2, B. II. 1.

573 So *Meister*, WM 1976, S. 1184 (1182).

574 BGH, Urteil v. 14.12.1987 – II ZR 170/87 = NJW 1988, S. 1328 (1326).

575 BGH, Urteil v. 14.12.1987 – II ZR 170/87 = NJW 1988, S. 1327 f. (1326).

576 So noch Emmerich/Habersack/*Emmerich*, Aktien- und GmbH-Konzernrecht, 7. Auflage, § 302 Rn. 38; MüKo-AktG/*Altmeppen*, 5. Auflage, § 302 Rn. 35.

577 Siehe bereits Besonderer Teil I, Kapitel 2, A. III. 2. a) cc).

pflicht – wie in den Rechtsfolgen beschrieben – ausschließlich zu einem Geldleistungsanspruch führt. Zwar sind auch werthaltige Leistungen an Erfüllung statt zulässig, weil der Normzweck des § 302 Abs. 1 AktG auf den bilanziellen Ausgleich des Fehlbetrags abzielt.[578] Die Übertragung bestimmter Vermögensgegenstände hingegen kann nicht vom Insolvenzverwalter der abhängigen Gesellschaft verlangt werden, da dies nicht vom Anspruchsziel gedeckt ist.

III. Treuepflichten und Reichweite innerhalb der K-Gruppe

1. Pflichten der M-GmbH

Aus dem in der *Einleitung* dargestellten Sachverhalt ergibt sich, dass die M-GmbH aufgrund ihrer Stellung als Muttergesellschaft sowie der personenidentischen Geschäftsführung durch den jeweiligen Alleingesellschafter G erhebliche Einwirkungsmöglichkeiten auf die T1-GmbH hat. Daher ist nach den Ausführungen zur Rechte- und Pflichtenlage im Konzern davon auszugehen, dass der M-GmbH eine gesteigerte Treuepflicht gegenüber ihren Tochtergesellschaften obliegt.

Gleichwohl kann ihr keine Pflicht zur aktiven Förderung der Krisenbewältigung der T1-GmbH zugeschrieben werden. Denn dies überträfe die Reichweite der gesellschaftsrechtlichen Treuebindung und führte zu einem eigenen Insolvenzrisiko der Muttergesellschaft. Die Gesellschaften sind auch nicht als Vertragskonzern organisiert, sodass keine Verlustausgleichspflicht analog § 302 Abs. 1 AktG besteht. Andere individuelle Vereinbarungen, welche eine Verpflichtung der M-GmbH, die Tochtergesellschaften durch die Übertragung von Vermögenswerten am Markt zu halten, beinhalten, sind nicht ersichtlich. Folglich kann sich I nicht auf eine aktive Mitwirkungspflicht der M-GmbH stützen. Die Übertragung des Betriebsgrundstück zum Zwecke der Realisierung der Sanierung der T1-GmbH unter Berufung auf die gesellschaftsrechtliche Treuepflicht ist somit ausgeschlossen.

2. Pflichten des G

G ist Alleingesellschafter und Geschäftsführer der T1-GmbH und somit gemäß § 35 Abs. 1 S. 1 GmbHG Vertretungsorgan im Sinne des § 101 Abs. 1 S. 1 InsO. Daher unterliegt er den insolvenzrechtlichen Mitwirkungspflichten des § 97 InsO. Zugleich ist G Alleingesellschafter und Geschäftsführer der M-GmbH. Fraglich ist, ob G mittelbar über seine schuldnerischen Mitwirkungspflichten aus § 97 InsO zu einer aktiven Förderungspflicht unter Zugriff auf die Vermögenswerte der M-GmbH verpflichtet werden kann. Dies ist abzulehnen: Der Wortlaut der Vorschrift enthält

578 BGH, Urteil v. 10.07.2006 – II ZR 238/04 = NJW 2006, S. 3280 (3279); *Koch*, AktG, 17. Auflage, § 302 Rn. 13.

die Pflicht zur Auskunft (Abs. 1 S. 1) sowie die Pflicht, den Verwalter bei der Erfüllung seiner Aufgaben zu unterstützen (Abs. 2). Dabei meint die Pflicht zur Unterstützung eine Zusammenarbeit mit dem Verwalter, die sich unter anderem auf die Verwaltung und Verwertung der Masse bezieht.[579] Insbesondere die Herausgabe von Vermögensgegenständen, die in den Insolvenzbeschlag fallen, gehört zu den Mitwirkungspflichten des Schuldners.[580] Vermögenswerte verbundener Gesellschaften fallen aufgrund ihrer jeweiligen rechtlichen Selbstständigkeit und dem Grundsatz der Haftungstrennung gerade nicht in den Insolvenzbeschlag.[581] Eine (mittelbare) Verpflichtung des G würde beiden Grundsätzen widersprechen. Aus denselben Gründen kann G hinsichtlich des Betriebsgrundstücks ebenfalls nicht zur Erteilung einer Verkaufsvollmacht verpflichtet werden.

IV. Zwischenergebnis

Der Zusammenschluss zum Konzern schafft eine mitgliedschaftliche Rechte- und Pflichtenlage unter den Gesellschaften. Dabei können die herrschende Gesellschaft je nach Intensität ihrer Leitungsmacht und Eingriffsmöglichkeiten verstärkte Treuepflichten treffen, die auch im eröffneten Verfahren fortbesteht, solange ihr keine vorrangigen insolvenzrechtlichen Wertungen entgegenstehen. Die gesellschaftsrechtlichen Treubindungen begründen hinsichtlich des Bestands ihrer Untergesellschaften jedoch keine generellen Förderungspflichten des herrschenden Konzernunternehmens, da die Statuierung von generellen Leistungspflichten den Wertungen der gesetzlichen Ausgleichspflichten widerspräche und das Risiko des Dominoeffekts erhöhte. Das KIG erweitert die allgemeine Pflichtenlage des herrschenden Unternehmens ebenfalls nicht. Eine Besonderheit stellt die Verlustausgleichspflicht nach § 302 Abs. 1 AktG (analog) dar. Während die solvente Muttergesellschaft den Existenzschutz der abhängigen Gesellschaft zu gewährleisten hat, begründet der Verlustgleichanspruch im Fall der Doppelinsolvenz eine Insolvenzforderung der Tochtergesellschaft. Weitere Pflichten – etwa die Übertragung bestimmter Vermögensgegenstände – zur Rettung eines Sanierungsvorhabens können der herrschenden Gesellschaft nicht auferlegt werden. Eine infolge von Mitwirkungspflichten ausgelöste Übertragung von Vermögenswerten innerhalb einer Unternehmensgruppe zur Förderung der Insolvenzbewältigung eines Gruppenunternehmens ist somit abwegig.

---

579 MüKo-InsO/*Stephan*, 4. Auflage, § 97 Rn. 42 f.

580 Vgl. Braun/*Lojowski*, InsO, 9. Auflage, § 97 Rn. 12.

581 Siehe oben Allgemeiner Teil, Kapitel 3, B. II. 2.

C. Übertragung von Vermögenswerten durch freiwillige Mitwirkung des Konzernverbunds

Sind mehrere Konzernunternehmen von der Insolvenz betroffen, können Vermögenswerte dieser Unternehmen im Wege von abgestimmten Insolvenzplänen gegenseitig übertragen werden, um eine bestmögliche Insolvenzbewältigung zu gewährleisten.[582] Dabei werden die Planmaßnahmen auch mit Zwang gegen dissentierende Beteiligte durchgesetzt, solange die Schutzmechanismen des Insolvenzplanverfahrens eingehalten werden.[583] Ist hingegen – wie im zugrundeliegenden Sachverhalt – nur ein Konzernunternehmens des Verbunds insolvent, ist eine zwangsweise Einbeziehung der leitenden Gesellschaft sowie der übrigen verbundenen Unternehmen nach den bisherigen Ergebnissen dieser Arbeit nicht möglich.

Im Folgenden wird untersucht, unter welchen rechtlichen Voraussetzungen eine freiwillige Einbeziehung der solventen Gesellschaften in die Bewältigung einer Konzerninsolvenz möglich ist und dabei die Übertragung von Vermögenswerten realisiert werden kann.

I. Individualabreden

Für die rechtliche Durchführung der Übertragung von Vermögenswerten zwischen zwei Konzernunternehmen kommen zunächst alle individualvertraglichen Vereinbarungen in Betracht.

Im Zuge des Übergangs des Verwaltungs- und Verfügungsrechts (§ 80 InsO) erlangt der Insolvenzverwalter die Befugnis mit Wirkung für und gegen die Masse Rechtsgeschäfte einzugehen.[584] Dabei ist er nicht nur zu Maßnahmen nach der Insolvenzordnung berechtigt, sondern auch zu solchen nach sonstigen Gesetzen.[585] Grundsätzlich kann der Verwalter somit alle Arten von Rechtsgeschäften auf individualvertraglicher Grundlage eingehen, um die Abwicklungsbedingungen für das schuldnerische Konzernunternehmen zu verbessern. Grenzen können lediglich in Rechts- und insolvenzzweckwidrigen Handlungen des Insolvenzverwalters liegen, wenn sie den Grundsätzen des Missbrauchs der Vertretungsmacht unterfallen.[586]

---

582 Siehe oben Besonderer Teil I, Kapitel 2, A. III. 2. a) cc) (3) (c).

583 Siehe oben Besonderer Teil I, Kapitel 2, A. III. 2. a) cc) (4).

584 Vgl. bereits Allgemeiner Teil, Kapitel 3, B. I. 2.

585 Uhlenbruck/*Mock*, InsO, 15. Auflage, § 80 Rn. 58.

586 Vgl. BGH, Urteil v. 25.4.2002 – IX ZR 313/99 = NJW 2002, S. 2783; Braun/*Kroth*, InsO, 9. Auflage, § 80 Rn. 27.

Um ein mit der insolventen Gesellschaft verbundenes Konzernunternehmen in das Insolvenzverfahren einzubeziehen, kann der Insolvenzverwalter folglich auf individualvertraglicher Grundlage eine Mitwirkungshandlung mit der betreffenden Gesellschaft vereinbaren.

1. Verpflichtungs- und Verfügungsgeschäft

Sollen bestimmte Vermögenswerte auf die insolvente Gesellschaft übertragen werden, geht mit der individualvertraglichen Vereinbarung zwischen dem Insolvenzverwalter und der verbundenen Gesellschaft im Sinne des *Trennungsprinzips* stets ein schuldrechtliches Verpflichtungsgeschäft sowie ein dingliches Verfügungsgeschäft einher.[587] Die Vermögensverschiebung betrifft nach dem *Abstraktionsprinzip* ein vom schuldrechtlichen Vertrag zu trennendes dingliches Rechtsgeschäft und ist auch in ihrer Wirksamkeit vom Verpflichtungsgeschäft zu abstrahieren.[588]

Auf der Ebene des Verpflichtungsgeschäfts können die jeweiligen Leistungspflichten durch einen Kauf- (§ 433 BGB), Schenkungs- (§§ 516, 518 BGB) oder Darlehensvertrag (§ 488 BGB) vereinbart werden. Der Kaufvertrag bestimmt die Hauptleistungspflichten für den Fall des Sachkaufs, also allen verkehrsfähigen körperlichen oder unkörperlichen Gegenständen und Sachgesamtheiten.[589] Dem Käufer obliegt stets die Zahlungspflicht des Kaufpreises in Geld (vgl. § 433 Abs. 2 Alt. 1 BGB). Soll ein Vermögensgegenstand von der liquiden Konzerngesellschaft an die insolvente Gesellschaft verkauft werden, hat der Insolvenzverwalter daher den Kaufpreis aus der Insolvenzmasse zu leisten. Erfolgt die Zuwendung unentgeltlich, liegt gemäß § 516 Abs. 1 BGB eine Schenkung vor. Demgegenüber regelt der Darlehensvertrag die zeitlich begrenzte Überlassung von Geld.[590] Zwar geht das Gesetz in § 488 Abs. 1 S. 2 BGB mit der Verzinslichkeit des Darlehens vom Normalfall aus, ein unverzinsliches Darlehen kann jedoch ebenso vereinbart werden.[591] Für die Abgrenzung zur Schenkung kommt es vielmehr auf die Befristung der Zuwendung an: Soll der Geldbetrag dauerhaft in das Vermögen des Empfängers übergehen, handelt es sich um eine Schenkung.[592]

Auf Ebene des Verfügungsgeschäfts wird durch den dinglichen Vertrag die Zuordnung eines subjektiven Rechts verändert.[593] Bei der Übertragung von Ver-

---

587 *Pawlowski*, BGB-AT, 6. Auflage, Rn. 585 f; ausführlich zum Trennungs- und Abstraktionsprinzip *Bayerle*, JuS 2009, S. 1079 ff.

588 Vgl. *Pawlowski*, BGB-AT, 6. Auflage, Rn. 591.

589 MüKo-BGB/*Westermann*, 8. Auflage, § 433 Rn. 8.

590 Jauernig/*Berger*, BGB, 18. Auflage, § 488 Rn. 2.

591 Vgl. BT-Drs. 14/6040, S. 253; BeckOGK-BGB/*C. Weber*, § 488 Rn. 249.

592 BeckOGK-BGB/*Binder*, § 488 Rn. 57.

593 *Pawlowski*, BGB-AT, 6. Auflage, Rn. 587.

mögensgegenständen handelt es sich regelmäßig um die veränderte Zuordnung des Eigentumsrechts (§ 903 BGB) an der betreffenden Sache. Die Eigentumsübertragung an beweglichen Sachen richtet sich nach §§ 929 ff. BGB, die Eigentumsübertragung an unbeweglichen Sachen nach §§ 873 ff., 925 ff. BGB. Im Fall des Darlehens wird entweder das Eigentumsrecht am Bargeld übertragen oder es findet eine entmaterialisierte Übertragung der Forderungsinhaberschaft an Buchgeld statt.[594]

Anhand der aufgezeigten Vertragstypen ist es dem Insolvenzverwalter grundsätzlich möglich, mit einer verbundenen Gesellschaft die Übertragung von Vermögenswerten auf die insolvente Konzerngesellschaft individuell zu vereinbaren. Als Fördermittel zur Bewältigung der Insolvenz eignet sich insbesondere die Schenkung und das unverzinsliche Darlehen, da es nach dem Abschluss des Kaufvertrags aufgrund der Leistungspflichten des Käufers zu Masseverbindlichkeiten (§ 55 Abs. 1 Nr. 1 Alt. 1 InsO) kommt.[595]

2. Verkaufsvollmacht

Taugliches Mittel für den Entzug bzw. die Übertragung von Vermögenswerten zur Förderung der Insolvenzbewältigung im Konzern könnte zudem die rechtsgeschäftliche Erteilung einer Vollmacht sein. Der Verkauf und die Übertragung von Maschinen, Anlagen oder Grundstücken kann dem insolventen Konzernunternehmen neue Liquidität verschaffen oder eine übertragende Sanierung ermöglichen, sollte der zukünftige Unternehmensträger den Kauf des Betriebs von der Übertragung bestimmter *assets* des Konzerns abhängig machen. Im Wege eines Stellvertretergeschäfts (§ 164 Abs. 1 S. 1 BGB) könnte der Insolvenzverwalter hierzu anhand einer *Verkaufsvollmacht* von der beteiligten Konzerngesellschaft ermächtigt werden.

Die Verkaufsvollmacht ist ein Spezialfall der gewillkürten Vertretungsmacht.[596] Sie unterliegt gleichermaßen den Regelungen des ersten Buches des BGB zu *Vertretung und Vollmacht* (Abschnitt 3, Titel 5, §§ 164 bis 181). Die Erteilung einer Verkaufsvollmacht erfolgt daher durch die Abgabe einer einseitigen empfangsbedürftigen Willenserklärung im Sinne des § 167 Abs. 1 BGB und bedarf keiner Annahme des Bevollmächtigten.[597] Im Rahmen seiner Vertretungsmacht kann der Bevollmächtigte zur Vornahme eines bestimmten Rechtsgeschäfts beschränkt

---

594 BeckOGK-BGB/*Binder*, § 488 Rn. 2.

595 Zu Masseverbindlichkeiten begründende Rechtsgeschäfte des Insolvenzverwalter siehe K/P/B/*Pape/Schaltke*, InsO, 95. EL, § 55 Rn. 89 ff.

596 Vgl. Schulze/Grziwotz/Lauda/*Kristic*, BGB Vertrags- und Prozessformularbuch, § 164 Rn. 1 f.

597 MüKo-BGB/*Schubert*, 9. Auflage, § 167 Rn. 6.

werden.[598] Der Vollmachtszweck erschöpft sich sodann abschließend im betreffenden Rechtsgeschäft, wodurch die Gefahr eines Missbrauchs der Vertretungsmacht reduziert wird.[599] Grundsätzlich unterliegt die Vollmachtserteilung gemäß § 167 Abs. 2 BGB keiner bestimmten Formvorgabe. Die Trennung zwischen Vertretergeschäft und Vollmacht bedarf nach Rechtsprechung[600] und herrschender Literatur[601] jedoch dann einer Einschränkung, wenn die formlose Vollmachtserteilung den Zweck der Formvorschrift des Vertretergeschäfts unterläuft. § 167 Abs. 2 BGB sei demnach teleologisch zu reduzieren, sobald Formvorschriften die Warnung des Vertretenen vor besonderen Vermögensbelastungen bezwecken (*Warnfunktion*).[602] Die teleologische Reduktion des § 167 Abs. 2 BGB müsste daher grundsätzlich auch für die notarielle Beglaubigung einer Vollmachtserteilung zum Grundstücksverkauf gelten. Anderenfalls liefe die Warnfunktion des § 311b Abs. 1 S. 1 BGB[603] ins Leere. Die Rechtsprechung nimmt die Formbedürftigkeit der Vollmacht hingegen nur für bestimmte Fallgruppen an.[604] Unter anderem, wenn es sich um eine unwiderrufliche Vollmacht handelt.[605] *In praxi* empfiehlt es sich die Verkaufsvollmacht über ein Grundstück beurkunden zu lassen, da die Beurkundungsbedürftigkeit einzelfallabhängig und somit keine Trennschärfe zur Formlosigkeit gegeben ist.[606] Leidet die Vollmachtserteilung an einem Formmangel, führt insbesondere der Vollzug des Vertretergeschäfts nicht wie von § 311b Abs. 1 S. 2 BGB vorgesehen zur Heilung des Formverstoßes.[607] Die Warnfunktion, welche in der Regel durch den Vollzug des Geschäfts zur Geltung kommt, erreicht bei dem Vollzug durch einen Vertreter weiterhin nicht ihren eigentlichen Adressaten – den Vertretenen.

Es bleibt festzuhalten, dass die Verkaufsvollmacht ein probates Mittel darstellt, um den Insolvenzverwalter einer Konzerngesellschaft zu ermächtigen, Vermögensgegenstände eines verbundenen Unternehmens an Dritte zu veräußern, um die Abwicklungs- oder Sanierungsbedingungen zu verbessern.

---

598 MüKo-BGB/*Schubert*, 9. Auflage, § 164 Rn. 197.

599 Schulze/Grziwotz/Lauda/*Kristic*, BGB Vertrags- und Prozessformularbuch, § 164 Rn. 8.

600 Zur Formbedürftigkeit einer Abschluss- und Auflassungsvollmacht siehe OLG Koblenz, Beschl. v. 15.1.1985 – 1 W 475/84 = OLGZ 1985, S. 185 f. (184); zur Formbedürftigkeit der Erteilung einer Blankovollmacht siehe BGH, Urteil v. 29.02.1996 – IX ZR 153/95 = NJW 1996, S. 1468 f. (1467).

601 *Herresthal*, JuS 2002, S. 849 (844); Medicus/Petersen, BGB-AT, 11. Auflage, Rn. 929; Staudinger/*Schilken*, BGB, § 167 Rn. 72; MüKo-BGB/*Schubert*, 9. Auflage, § 167 Rn. 19.

602 So MüKo-BGB/*Schubert*, 9. Auflage, § 167 Rn. 19, 20.

603 Dazu MüKo-BGB/*Ruhwinkel*, 9. Auflage, § 311b Rn. 2.

604 Ausführlich zu den Fallgruppen Staudinger/*Schilken*, BGB, § 167 Rn. 20, 20a.

605 BGH, Urteil v. 01.04.1998 – XII ZR 278–96 = NJW 1998, S. 1858 (1857).

606 So auch Schulze/Grziwotz/Lauda/*Kristic*, BGB Vertrags- und Prozessformularbuch, § 164 Rn. 38.

607 Staudinger/*Schilken*, BGB, § 167 Rn. 24.

3. Erteilung einer Verkaufsvollmacht durch G an I

Unter Bezugnahme auf die Fallvorlage der *Einleitung* eignen sich die nachstehenden Individualabreden zwischen G, I und K, um die Übertragung des Grundstücks von der M- auf die T1-GmbH bzw. den Kaufinteressenten K rechtssicher zu gestalten:

G, Vertretungsorgan der M-GmbH (§ 35 Abs. 1 S. 1 GmbHG), und I, Verwaltungs- und Verfügungsbefugter des Vermögens der T1-GmbH (§ 80 Abs. 1 InsO), könnten zunächst einen Schenkungsvertrag im Sinne der §§ 516 Abs. 1, 518 Abs. 1 S. 1 BGB abschließen und die Übertragung des Grundstücks auf die T1-GmbH im Sinne der §§ 873 Abs. 1, 925 Abs. 1 S. 1 BGB durchführen. Das schenkweise Übereignungsversprechen hat den Vorteil der Unentgeltlichkeit für die T1-GmbH. Sodann könnte I im Rahmen der übertragenden Sanierung der T1-GmbH an K das Betriebsgrundstück mitveräußern. Nachteil der Schenkung wäre jedoch nicht nur ein erhöhter Arbeits- und Kostenaufwand durch die Zwischenübereignung an T1, sondern auch der erhöhte Zeitaufwand durch das Eintragungserfordernis der Rechtsänderung im Grundbuch (§ 873 Abs. 1 BGB). Bei den aufkommenden Kosten der Schenkung fällt neben der notariellen Beurkundung, die durch den tatsächlichen Vollzug der Schenkung umgangen werden kann (vgl. § 311b Abs. 1 S. 2 sowie § 518 Abs. 2 BGB), insbesondere die Schenkungsteuer ins Gewicht: Gemäß § 1 Abs. 1 Nr. 2 ErbStG unterliegt die Schenkung unter Lebenden der Erbschaftsteuer (Schenkungsteuer). Die Steuerpflicht tritt gemäß § 2 Nr. 1d) ErbStG für inländische Körperschaften, mithin auch für eine GmbH ein. Zuwendungen unter Konzerngesellschaften sind daher auch im Insolvenzverfahren steuerrechtlich relevant sein.[608]

Alternativ könnten die M-GmbH und K im Sinne des § 433 BGB einen Kaufvertrag über das Grundstück schließen. Für die Realisierung der übertragenden Sanierung der T1-GmbH an K könnte I im Wege der Stellvertretung im Namen der M-GmbH eine eigene Willenserklärung abgeben, die für und gegen die M-GmbH wirkt, wenn er mit Vertretungsmacht handelt (§ 164 Abs. 1 S. 1 BGB). Dafür müsste er von G dazu bevollmächtigt werden, das Betriebsgrundstück an K zu veräußern. Als Geschäftsführer der M-GmbH ist G berechtigt, rechtsgeschäftlich Vertretungsmacht zu erteilen.[609] Die gegenüber I erklärte Verkaufsvollmacht (§ 167 Abs. 1 S. 1 Alt. 1 BGB) sollte aus den vorgenannten Erwägungen[610] notariell beurkundet werden. Unter Einhaltung seiner Vertretungsmacht könnte I dem K im Zuge des Unternehmensverkaufs in Form des *asset deal* ein Angebot (§§ 145 ff. BGB) über den Kauf des Betriebsgrundstücks unterbreiten. Nähme K das Angebot an (§§ 147 ff. BGB),

---

608 Ausführlich zur Schenkungsteuer in der Insolvenz *Roth*, Insolvenzsteuerrecht, 3. Auflage, Rn. 4.598 ff.

609 Siehe zur Bestellung rechtsgeschäftlicher Vertreter der GmbH *Altmeppen*, GmbHG, 11. Auflage, § 35 Rn. 14 f.

610 Besonderer Teil I, Kapitel 2, C. I. 2.

könnte die B-Bank als Grundpfandgläubigerin durch die freihändige Veräußerung des Grundstücks anteilig ihrer grundpfandrechtlichen Absicherung aus dem Kaufpreis befriedigt werden. Im Gegenzug müsste B eine Löschungsbewilligung (§ 875 Abs. 1 BGB) erteilen, um die lastenfreie Übertragung des Betriebsgrundstücks an K zu gewährleisten.

Die Erteilung der Verkaufsvollmacht erweist sich somit als kostengünstigere und zeitsparendere Methode der Grundstücksveräußerung. Im Wege einer entsprechenden Einigung und Bevollmächtigung zwischen G und I sowie einer Einigung zwischen I und K ist es möglich, die Sanierungstransaktion der T1-GmbH und damit den Erhalt des Betriebs zu realisieren sowie die Grundpfandgläubigerin B zu befriedigen.

II. Einbeziehung Dritter in das Insolvenzplanverfahren

Eine zwangsweise Einbindung der solventen Konzernglieder in das Insolvenzplanverfahren ist ausgeschlossen.[611] Fraglich ist, ob jene als *Dritte* – nicht zwangsweise Planbetroffene – dem Insolvenzplan freiwillig beitreten und ergänzende Mitwirkungen leisten können. Ergänzende personenbezogene Planregelungen hätten den Vorteil, den Plan mit weiteren „Verhandlungsgegenständen“ ausstatten zu können.[612] So könnten ergänzende Planregelungen im Insolvenzplanverfahren über das Vermögen einer Konzerngesellschaft die Übertragung von Vermögenswerten der anderen Gruppenunternehmen vorsehen. Dafür müssten die Vorschriften des Insolvenzplanverfahrens Anknüpfungspunkte für Rechtsgestaltungen mit Dritten beinhalten.

1. Verpflichtungserklärungen gemäß § 230 Abs. 3 InsO

a) Gegenstand

Die Einbeziehung und Mitwirkung *Dritter* im Insolvenzplanverfahren wird bereits in § 230 Abs. 3 InsO vorausgesetzt. Dort heißt es: *„Hat ein Dritter für den Fall der Bestätigung des Plans Verpflichtungen gegenüber den Gläubigern übernommen, so ist dem Plan die Erklärung des Dritten beizufügen.“* Bei dieser Verpflichtungserklärung handelt es sich grundsätzlich um eine einseitige materiell-rechtliche Erklärung.[613]

Der Wortlaut beinhaltet zwar nur *Verpflichtungen gegenüber Gläubigern.* Sinn und Zweck der Vorschrift gebiete nach überwiegender Auffassung hingegen eine analoge Anwendung auf alle Verpflichtungserklärungen, die maßgeblich für die

---

611 Siehe oben Besonderer Teil I, Kapitel 2, A. III. 2. a) dd).

612 Vgl. MüKo-InsO/*Eidenmüller*, 4. Auflage, § 217 Rn. 154.

613 MüKo-InsO/*Eidenmüller*, 4. Auflage, § 230 Rn. 86.

Planerfüllung seien.[614] Voraussetzung für eine Analogie ist eine planwidrige Regelunglücke im Gesetz sowie eine vergleichbare Interessenlage zwischen dem nicht geregelten und dem geregelten Sachverhalt:[615] In seiner Gesetzesbegründung berücksichtigte der Gesetzgeber zwar ausschließlich unmittelbare Leistungen Dritter an die Gläubiger, seine Motivation hinsichtlich der Aufnahme von Verpflichtungserklärungen in die Anlage lag allerdings in der Plantransparenz.[616] Die Gläubiger sollten über die Tragweite der Verpflichtungserklärungen im Bilde sein. Gleiches muss daher für solche Erklärungen gelten, die für die Planwirkungen erheblich und somit auch für die Gläubiger von Bedeutung sind. Das Fehlen gewichtiger Verpflichtungserklärungen führte anderenfalls zur Desinformation. Die für eine Analogie erforderliche *planwidrige Regelungslücke* ist durch den engen Wortlaut des § 230 Abs. 2 InsO, der nur unmittelbare Leistungen an die Gläubiger erfasst, gegeben. Im Sinne eines transparenten Planangebots, dessen Tragweite die abstimmenden Gläubiger beurteilen können müssen, liegt auch eine *vergleichbare Interessenlage* hinsichtlich aller Verpflichtungserklärungen Dritter vor, die für die Gläubiger von Bedeutung sind. Der analogen Anwendung ist folglich zuzustimmen.

Verpflichtungserklärungen im Sinne des § 230 Abs. 3 InsO analog können somit dazu dienen, in einem Insolvenzplanverfahren über das Vermögen eines Konzernunternehmens Mitwirkungserklärungen der verbundenen Gesellschaften in den Plan aufzunehmen. Inhaltlich kann die Erklärung sämtliche Rechtsbeziehungen zum schuldnerischen Unternehmen betreffen, beispielsweise gesellschaftsrechtliche Regelungen[617] oder auch Verfügungen über Vermögensgegenstände.[618] Mithin können die vorgenannten Individualabreden zwischen der solventen und der insolventen Konzerngesellschaft anhand von Verpflichtungserklärungen nach § 230 Abs. 3 InsO auch in den Insolvenzplan einbezogen werden.

614 Hierfür plädieren u. a. K. Schmidt/*Spliedt*, InsO, 20. Auflage, § 230 Rn. 8; Uhlenbruck/*Sinz*, InsO, 15. Auflage, § 230 Rn. 6; MüKo-InsO/*Eidenmüller*, 4. Auflage, § 230 Rn. 76, 80; Nerlich/Römermann/*Ober*, InsO, 46. EL, § 230 Rn. 11; HambKomm/*Thies*/*Lieder*, InsO, 9. Auflage, § 230 Rn. 9. a. A. Brünkmans/Thole/*Brünkmans*, HB Insolvenzplan, 2. Auflage, § 13 Rn. 98 f., nach dem sich die Pflichtanlage ausschließlich auf Leistungen Dritter unmittelbar an die Gläubiger beschränke.

615 Vgl. exemplarisch BGH, Urteil v. 16.07.2003 – VIII ZR 274/02 = NJW 2003, S. 2603 (2601).

616 Vgl. BT-Drs. 12/2443, S. 204.

617 Vgl. *Rotstegge*, Konzerninsolvenz, S. 358; Uhlenbruck/*Sinz*, InsO, 15. Auflage, § 230 Rn. 5; MüKo-InsO/*Eidenmüller*, 4. Auflage, § 217 Rn. 165.

618 K. Schmidt/*Spliedt*, InsO, 20. Auflage, § 230 Rn. 8.

b) Wirksamkeit und Durchsetzung

Die Drittverpflichtungen sind dem Plan als Pflichtanlage beizufügen, müssen aber nicht in den darstellenden Teil (§ 220 InsO) aufgenommen werden.[619] Streitig ist, ob die Verpflichtungserklärungen auch in den gestaltenden Teil aufgenommen werden können, um im Sinne der §§ 254 Abs. 1, § 221 InsO eine verbindliche Wirkung mit rechtskräftiger Planbestätigung zu erzeugen.

Eine Aufnahme in den gestaltenden Teil ist nur möglich, wenn die verpflichtungserklärenden Dritten unter den Begriff der *„Beteiligten"* des § 221 S. 1 InsO subsumiert werden können. Betrachtet man allein den Wortlaut der Vorschrift kann *Beteiligte* sowohl weit, im Sinne aller Personen, die im Zuge des Planverfahrens in einer Rechtsbeziehung zu dem Schuldner stehen, als auch eng, also nur die zwangsweise Planunterworfenen betreffend, ausgelegt werden. Die Systematik der Vorschriften zum Planverfahren spricht gegen eine weite Auslegung des Beteiligten-Begriffs. Zum einen verwenden die dem § 221 InsO nachstehenden Vorschriften *„Beteiligte"* nur in Verbindung mit den zwangsweise Planunterworfenen (vgl. §§ 222 Abs. 1, 226, 235, 248 Abs. 1 InsO).[620] Zum anderen beschreibt der gestaltende Teil, wie die Rechtsstellung der Beteiligten geändert werden soll und ist dabei an den von § 217 InsO zur Verfügung gestellten Rechtsrahmen gebunden.[621] Ebendieser beinhaltet keine Änderung der Rechtsbeziehung zwischen Schuldner und Dritten. Die Gesetzessystematik lässt daher auf eine enge Auslegung des Beteiligten-Begriffs schließen. Gegen die Einbeziehung der verpflichtungserklärenden Dritten spricht ferner das Telos des Insolvenzplanverfahrens. Denn die zwangsweise Planunterworfenen werden mit dem Ziel einer bestmöglichen Befriedigung fremdbestimmt und dem verfahrensrechtlichen Mehrheitsprinzip unterworfen.[622] Demgegenüber werden die freiwilligen Drittverpflichtungen unter der Abgabe von Willenserklärung (§§ 116 ff. BGB) nach dem materiellen Rech getroffen.[623] Die Rechtsbindung erfolgt somit auf der Grundlage einer eigenständigen Willensbildung und steht daher der charakteristischen Fremdbestimmung des Planverfahrens entgegen. Eine weite Auslegung des Beteiligten-Begriffs ist aus den vorgenannten Gründen abzulehnen. Verpflichtungserklärungen Dritter sind folglich nicht in den gestaltenden Teil aufzunehmen. Sie unterliegen konsequenterweise auch nicht den Wirkungen des § 254 Abs. 1 InsO.

Es lässt sich somit festhalten, dass die rechtskräftige Planbestätigung grundsätzlich keinen Einfluss auf die Wirkung der Verpflichtungserklärungen Dritter nach

---

619 MüKo-InsO/*Eidenmüller*, 4. Auflage, § 230 Rn. 74.

620 *Brünkmans*, ZIP 2015, S. 1055 f. (1052).

621 Vgl. dazu Besonderer Teil I, Kapitel 2, A. III. 2. a) cc) (3).

622 *Brünkmans*, ZIP 2015, S. 1056 (1052).

623 Vgl. *Brünkmans*, ZIP 2015, S. 1056 (1052); MüKo-InsO/*Eidenmüller*, 4. Auflage, § 230 Rn. 87.

§ 230 Abs. 3 InsO hat. Ein rechtsgeschäftlicher Verpflichtungstatbestand liegt vielmehr in dem zugrundeliegenden materiell-rechtlichen Vertragsverhältnis selbst.[624] Um die Verpflichtungen dennoch an die Wirksamkeit des Insolvenzplans zu binden, kann sie unter aufschiebender Bedingung (§ 158 Abs. 1 BGB) der rechtskräftigen Planbestätigung abgegeben werden.[625]

Hinsichtlich der Durchsetzbarkeit können die Insolvenzgläubiger allerdings gemäß § 257 Abs. 2, Abs. 1 S. 1 InsO Zwangsvollstreckung gegen einen Dritten betreiben, der durch eine dem Insolvenzgericht eingereichte schriftliche Erklärung für die Erfüllung des Plans neben dem Schuldner ohne Vorbehalt der Einrede der Vorausklage Verpflichtungen übernommen hat (sog. Plangaranten[626]). Hierunter fallen auch Verpflichtungserklärungen im Sinne des § 230 Abs. 3 InsO (analog), die unter den Voraussetzungen des § 257 Abs. 2, Abs. 1 S. 1 InsO abgegeben wurden.[627] Liegen die Voraussetzungen nicht vor, kommt eine Vollstreckung nur nach den allgemeinen Regeln in Betracht.[628] Insbesondere für die Übernahme von sonstigen Verpflichten, die unter § 230 Abs. 3 InsO analog fallen und somit keine *Verpflichtungen gegenüber den Gläubigern* darstellen, kommt eine Anwendung des § 257 Abs. 2, Abs. 1 S. 1 InsO nicht in Betracht.[629]

2. Bedingter Plan gemäß § 249 InsO

Während eine Verpflichtungserklärung im Sinne des § 230 Abs. 3 InsO gemäß § 158 Abs. 1 BGB an die Planbestätigung geknüpft werden kann, regelt § 249 S. 1 InsO den umgekehrten Fall: hiernach kann die Bestätigung des Insolvenzplans (§ 248 InsO) von der Erbringung bestimmter Leistungen (Alt. 1) oder anderer Maßnahmen (Alt. 2) abhängig gemacht werden. Die Leistung hängt somit nicht von der Planbestätigung ab, sondern die Planbestätigung von der Leistungserbringung. Im Unterschied zu § 230 Abs. 3 InsO muss die Leistung also vor der rechtskräftigen Planbestätigung erbracht werden.

Die Vorschrift ermöglicht – ebenso wie § 230 Abs. 3 InsO – die Einbeziehung Dritter in den Plan, in deren Rechte grundsätzlich nicht eingegriffen werden darf.[630]

---

624 So schon MüKo-InsO/*Eidenmüller*, 4. Auflage, § 230 Rn. 72; HambKomm/*Thies*/*Lieder*, InsO, 9. Auflage, § 230 Rn. 13.

625 Vgl. MüKo-InsO/*Eidenmüller*, 4. Auflage, § 230 Rn. 79; Brünkmans/Thole/*Brünkmans*, HB Insolvenzplan, 2. Auflage, § 7 Rn. 77; HambKomm/*Thies*/*Lieder*, InsO, 9. Auflage, § 230 Rn. 12.

626 K/P/B/*Spahlinger*, InsO, 95. EL, § 257 Rn. 13.

627 So auch Nerlich/Römermann/*Rühle*, InsO, 46. EL, § 257 Rn. 10 f; MüKo-InsO/*Huber*/*Madaus*, 4. Auflage, § 257 Rn 49.

628 Vgl. MüKo-InsO/*Huber*/*Madaus*, 4. Auflage, § 257 Rn. 44.

629 Vgl. K/P/B/*Spahlinger*, InsO, 95. EL, § 257 Rn. 14.

630 MüKo-InsO/*Sinz*, 4. Auflage, § 249 Rn. 2.

Als Bedingung kann jede denkbare zivilrechtliche Leistung oder Maßnahme vereinbart werden, solange sie hinreichend bestimmt ist.[631] Daher eignet sich § 249 S. 1 InsO auch zur Statuierung von Planbedingungen, die im Insolvenzverfahren über das Vermögen eines Konzernunternehmens die Übertragung von Vermögenswerten durch verbundene Konzernglieder vorsehen. Die vorgenannten Individualabreden zwischen den solventen und dem insolventen Konzernunternehmen können somit auch nach § 249 S. 1 InsO zur Planbedingung gemacht werden. *In praxi* dürfte jedoch den Verpflichtungserklärungen im Sinne des § 230 Abs. 3 InsO der Vorzug zu geben sein, da die freiwillig mitwirkenden Konzerngesellschaften in der Regel vor der rechtskräftigen Planbestätigung nicht zur Leistung bereit sind, um den Vermögensentzug nicht in Unsicherheit über die Plandurchführung zu gewähren.

3. Einbeziehung der Verkaufsvollmacht in den Insolvenzplan der T1-GmbH

Die dargestellten Möglichkeiten der Einbeziehung Dritter in das Insolvenzplanverfahren durch ergänzende Planregelungen lassen sich wie folgt auf den zugrundeliegenden Sachverhalt übertragen:

Die vorangestellten Individualabreden zwischen I und der M-GmbH, beziehungsweise zwischen I und G, ließen sich gleichermaßen als Verpflichtungserklärungen über § 230 Abs. 3 InsO oder als Planbedingungen über § 249 S. 1 InsO im Rahmen eines Insolvenzplanverfahrens über das Vermögen der T1-GmbH in den Plan implementieren. Ausgehend von der praktikabelsten und kostengünstigsten Durchführung der übertragenden Sanierung müsste die Vollmachtserteilung hinsichtlich der Grundstücksveräußerung als Verpflichtungserklärung der M oder als Planbedingung in den Insolvenzplan aufgenommen werden. Dabei stellt sich die Erklärung zur verpflichtenden Vollmachtserteilung nach § 230 Abs. 3 InsO unter aufschiebender Bedingung (§ 158 Abs. 1 BGB) der rechtskräftigen Planbestätigung als für M risikoärmste Methode der Mitwirkung und Gewährleistung des Entzugs ihres Grundstücks dar. Denn die kostenauslösende Vollmachtserteilung wäre erst dann durchzuführen, wenn der Plan in den Abstimmungsgruppen mehrheitlich angenommen und vom zuständigen Insolvenzgericht bestätigt wurde. Neben der Aufnahme in die Plananlage sollte die Verpflichtungserklärung der M-GmbH auch in den darstellenden Teil des Insolvenzplans (§ 220 InsO) eingefügt werden, um die Beteiligten umfassend zu informieren. Nicht zuletzt, weil die (Mit-)Übertragung des Betriebsgrundstücks für die übertragende Sanierung von K vorausgesetzt wird, sollte der informative Teil des Plans das Vertrauen der Abstimmenden wecken. In Anbetracht des Sicherungsinteresses der Planbeteiligten ist nach hiesiger Auffas-

---

631 Nerlich/Römermann/*Rühle*, InsO, 46. EL, § 249 Rn. 2.; HambKomm/*Thies*/*Lieder*, InsO, 9. Auflage, § 249 Rn. 3; K/P/B/*Pleister*, InsO, 95. EL, § 249 Rn. 6.

sung auch nicht eine entsprechende Bedingung nach § 249 S. 1 InsO von Vorteil,[632] da die Bedingungserfüllung – vorliegend die Vollmachtserteilung – vor der Planbestätigung, aber nicht vor dem Abstimmungs- und Erörterungstermin eingetreten sein muss und daher keinen Mehrwert für das Sicherungsinteresse im Zeitpunkt der Abstimmung garantiert.

III. Einbeziehung Dritter in das Koordinationsverfahren

§§ 269d bis 269i InsO enthalten keine gesonderten Regelungen, welche die Einbeziehung Dritter in das Koordinationsverfahren und den Koordinationsplan ermöglichen. Sollte der Verfahrenskoordinator oder sollten die Insolvenzverwalter die Maßnahmen des Koordinationsplans – wie vom Gesetzgeber intendiert[633] – anhand einzelner abgestimmter Insolvenzpläne umsetzen, können Dritte und vor allem die solventen Konzernunternehmen durch die vorgenannten Möglichkeiten nach § 230 Abs. 3 InsO oder § 249 S. 1 InsO in den jeweiligen Insolvenzplan einbezogen werden.

IV. Zwischenergebnis

In einem Insolvenzverfahren über das Vermögen eines konzernierten Rechtsträgers ist die Einbindung der solventen Konzernmitglieder auf freiwilliger und individualvertraglicher Grundlage möglich. Mitwirkungshandlungen der verbundenen Gesellschaften stellen ein adäquates Mittel dar, um das insolvente Gruppenunternehmen mit Vermögenswerten auszustatten und so die Bewältigung des Insolvenzverfahrens zu fördern. Die Relevanz der Einbindung verbundener Unternehmen wird insbesondere in Fällen deutlich, in denen die erfolgreiche Durchführung eines Sanierungskonzepts von der unterstützenden Mitwirkung einer Konzerngesellschaft abhängig ist. Hängt der Erfolg einer (übertragenden) Sanierung von der Bereitstellung bestimmter Vermögensgegenstände des Konzernverbunds ab, die nicht zur Masse der insolventen Gesellschaft gehören, sondern im Eigentum eines verbundenen Unternehmens stehen, kann der Insolvenzverwalter im Rahmen eines Stellvertretergeschäfts (§ 164 Abs. 1 S. 1 BGB) anhand einer *Verkaufsvollmacht* zum Verkauf des betreffenden Vermögensgegenstands ermächtigt werden. Auch eine schenkweise Zwischenübertragung oder eine direkte Veräußerung sind möglich. Die Erteilung einer Verkaufsvollmacht bringt in der vertraglichen Abstimmung neben dem Handlungsspielraum des Verwalters auch einen Zeit- und Kostenvorteil mit sich. Auch kann die Vollmacht nach den Vorgaben der veräußernden Gesell-

---

632 So aber Andres/Leithaus/*Andres*, InsO, 4. Auflage, § 249 Rn. 1.
633 Vgl. BT-Drs. 18/407, S. 39.

schaft begrenzt werden, sodass dem Verwalter eine Marschroute für den Verkauf vorgegeben wird.

Individualvertragliche Abreden zwischen dem Insolvenzverwalter und Dritten lassen sich ebenfalls in das Insolvenzplanverfahren einbeziehen. Im Sinne des § 230 Abs. 3 InsO (analog) können Verpflichtungserklärungen Dritter, und damit auch die der solventen Konzernunternehmen, in die Plananlage aufgenommen werden. Zusätzliche Ausführungen im darstellenden Teil tragen zur Aufklärung der Gläubiger über die Einbeziehung bei. Die Aufnahme der Verpflichtungserklärung in die Plananlage erzeugt jedoch keine Bindungswirkung und keinen Wirkungseintritt mit der rechtskräftigen Bestätigung des Insolvenzplans nach § 254 Abs. 1 InsO, da die einbezogenen Dritten nicht *Beteiligte* im Sinne der Vorschriften über das Planverfahren sind. Vielmehr richtet sich die Rechtsbindung nach dem materiell-rechtlichem Verhältnis der Verpflichtungserklärung selbst. Mitwirkungsakte Dritter können alternativ als Bedingung nach § 249 S. 1 InsO in den Insolvenzplan aufgenommen werden. Hierbei wird die Planbestätigung an die Erbringung der versprochenen Leistung oder Durchführung der versprochenen Maßnahme des Dritten geknüpft. Dritte haben ihre Verpflichtung folglich vor der Planbestätigung zu erbringen.

D. Ergebnis

Die Ansätze der totalen und der materiellen Konsolidierung können *de lege lata* nicht umgesetzt werden, um im Rahmen einer Konzerninsolvenz Vermögenswerte zwischen den Konzernunternehmen zu übertragen. Demgegenüber gibt es mit der insolvenzplanerischen Alternative die Möglichkeit, anhand von einzelnen abgestimmten Insolvenzplänen eine Masseverwertungs- und Verteilungseinheit zu bilden: Nach Beseitigung konzerninterner Ausgleichs- und Anfechtungsforderungen Forderungen wird dabei der Massebestand derart gestaltet, dass die Vermögenswerte der einzelnen Konzerngesellschaften zu Verwertungszwecken als Einheit betrachtet werden. Die Verteilung der als Einheit betrachteten Masse kann sodann ebenfalls planmäßig und somit abweichend vom Regelverfahren erfolgen. Dadurch kann jedenfalls ein insolvenzplanerischer Konsolidierungseffekt hervorgerufen werden. Im Zuge der Bildung einer Masseverwertungs- und Verteilungseinheit ist es ebenfalls möglich, einzelne Vermögenswerte unter den beteiligten Konzerngesellschaften zu verschieben. Der Vermögensentzug durch Insolvenzplan setzt allerdings voraus, dass die beteiligten Gesellschaften insolvent sind, damit überhaupt ein Planverfahren eingeleitet werden kann, das in den gestaltenden Teilen der abgestimmten Einzelpläne die zwangsweise Vermögensübertragung bestimmt.

Mit Einführung des KIG wurden keine erweiterten Möglichkeiten der Vermögensübertragung geschaffen. So kann mittels Koordinationsplan gleichermaßen die Bildung einer Masseverwertungs- und Verteilungseinheit als Gesamtstrategie vorgegeben werden, die wiederum in einzelnen Insolvenzplänen umgesetzt wird.

Der insolvenzplanerische zwangsweise Vermögensentzug wird sich *in praxi* auf seltene – aber mögliche – abgestimmte Konzernsanierungsszenarien beschränken. Voraussetzung ist, dass dadurch ein Sanierungsvorteil für den gesamten Konzernverbund und dessen Gläubiger geschaffen wird.

Solvente Konzernglieder können allenfalls als Dritte über § 230 Abs. 3 oder § 249 InsO in die Einzelpläne aufgenommen werden; dies allerdings nur auf freiwilliger Basis. Außerhalb eines Planverfahrens können zwischen den Konzerngesellschaften ebenfalls Individualabreden zur Vermögensübertragung getroffen werden. Im Wege der übertragenden Sanierung einer Konzerngesellschaft, bei der zusätzlich ein Vermögensgegenstand einer solventen verbundenen Gesellschaft mitübertragen werden soll, eignet sich insbesondere die Erteilung einer Verkaufsvollmacht an den Insolvenzverwalter.

Ein Vermögensentzug lässt sich darüber hinaus nicht durch die Statuierung einer aktiven Förderungspflicht der verbundenen Unternehmen erzwingen. Auch wenn der Verbund zum Konzern eine besondere mitgliedschaftliche Rechte- und Pflichtenlage auslöst, die vor allem eine gesteigerte Treuepflicht des herrschenden Konzernunternehmens begründet, kann hiervon keine aktive Förderungspflicht abgeleitet werden. Jene überträfe die der gesellschaftsrechtlichen Treubindung inhärenten Verpflichtungen und führte zum eigenen Insolvenzrisiko der Konzernmutter. Lediglich die Verlustausgleichspflicht im Vertragskonzern nach § 302 Abs. 1 AktG (analog) begründet einen Existenzschutz der abhängigen Gesellschaft. Ein Insolvenzszenario entsteht daher nur im Fall der Doppelinsolvenz von Mutter- und Tochtergesellschaft. Hierbei wird der Verlustausgleichsanspruch zur Insolvenzforderung der Tochtergesellschaft. Weitere Pflichten, etwa die Übertragung bestimmter Vermögensgegenstände zur Rettung eines Sanierungsvorhabens, können der herrschenden Gesellschaft nicht auferlegt werden.

Besonderer Teil II: Entzug von Vermögenswerten im Konzernverbund – Insolvenz- und haftungsrechtliche Probleme

Im Anschluss an die Darstellung der Mechanismen, die im eröffneten Insolvenzverfahren über das Vermögen einer Konzerngesellschaft den Entzug oder die Weggabe von Vermögenswerten zulasten einer verbundenen (solventen) Gesellschaft ermöglichen, sollen in diesem Teil der Arbeit unter Bezugnahme auf die Sachverhaltserweiterung (*Einleitung, A. II.*) die Kehrseiten eines Vermögensentzugs untersucht werden. Es stellt sich die Frage, welche insolvenz- und haftungsrechtlichen Folgen das Aushöhlen der Vermögenswerte eines verbundenen Unternehmens für den Konzernverbund und die Verfahrensbeteiligten mit sich bringt. Regelmäßig führt die rechtliche und wirtschaftliche Verflechtung zwischen den Konzernbausteinen zum Übergreifen der Insolvenz auf gesunde Konzernglieder.[634] Im Folgeinsolvenzverfahren bzw. Gruppen-Folgeverfahren gehört sodann die Anfechtung zu der insolvenzrechtlichen Kehrseite des Vermögensentzugs. Haftungsrechtliche Folgen treffen insbesondere solche Organvertreter, die am Vermögensentzug mitgewirkt haben.

Vorliegend führte die Veräußerung des Betriebsgrundstücks zur Insolvenz der M-GmbH. Konkret handelt es sich bei der Betrachtung der Folgeprobleme um die Fragen,

- ob über das Vermögen der M-GmbH ein Gruppen-Folgeverfahren hätte eröffnet werden sollen,
- ob die Weggabe des Betriebsgrundstücks anfechtungsrechtlich reversibel ist und
- ob G als Geschäftsführer der K-Gruppe einer organrechtlichen Innenhaftung unterliegt.

Wie schon im *Besonderen Teil I* dieser Arbeit soll die Fallgrundlage und ihre konkreten Rechtsfragen auch als Leitfaden für die Darstellung abstrakter Problemfelder des Konzerninsolvenzrechts dienen.

---

634 Siehe oben Allgemeiner Teil, Kapitel 3, A.

https://doi.org/10.1515/9783111437347-005

Kapitel 1: Gruppen-Folgeverfahren

Wie im *Allgemeinen Teil* dargestellt, lösen in Konzerninsolvenzszenarien die vielfachen leistungswirtschaftlichen und rechtlichen Verstrickungen zwischen den verbundenen Unternehmen die spezifische Gefahr des *Dominoeffekts* aus.[635] Vormals gesunde Konzernglieder können daher durch die Insolvenz einer einzelnen Gesellschaft gefährdet sein. Dies gilt vor allem in Fällen besonders eng verstrickter Konzernstrukturen. Die Sachverhaltserweiterung veranschaulicht darüber hinaus, dass der kompensationslose Entzug von Vermögenswerten zur eigenen Insolvenz der vermögensgebenden Gesellschaft führen kann: Das Betriebsgrundstück war von bedeutendem Wert für das Vermögen der M-GmbH. Denn infolge der Veräußerung verlor M das Grundstück als Haftungsgegenstand, wodurch ihre bestehenden Verbindlichkeiten vom vorhandenen Vermögen nicht mehr gedeckt werden konnten. Zweifellos hat dieser Zustand eine erhebliche Auswirkung auf die wirtschaftliche Lage der gesamten K-Gruppe.

Das KIG wollte die Abwicklung solcher Gruppen-Folgeverfahren erleichtern, indem es die Möglichkeit einer Verfahrenskonzentration geschafften hat.[636] Entscheidender Faktor für die Abwicklung von Verfahren mehrerer Schuldner derselben Unternehmensgruppe ist, ob es im Interesse aller Gläubiger liegt, die gesetzlichen Möglichkeiten der Verfahrenskonzentration zu nutzen. Fraglich erscheint, ob es im Fall der K-Gruppe sinnvoll wäre, alle Mittel der Verfahrenskonzentration auszuschöpfen. Nachstehend werden daher die Voraussetzungen für die Eröffnung eines Gruppen-Folgeverfahrens und die Bestellung eines personenidentischen Insolvenzverwalters am Beispiel der K-Gruppe dargestellt.

A. Verfahrenseinleitung

I. Eröffnungsantrag

Gemäß § 13 Abs. 1 S. 1 InsO wird das Insolvenzverfahren nur auf schriftlichen Antrag eröffnet. Antragsberechtigt sind nach S. 2 die Gläubiger (Fremdantrag) und der Schuldner (Eigenantrag). Die Verfahrenseinleitung erfolgt folglich nicht von Amts wegen.[637] Der Antrag bedarf der Schriftform.[638] Dabei muss der Eigenantrag des Schuldners den von § 13 Abs. 1 InsO bestimmten Inhalt aufweisen. Hierzu zählt

---

635 Allgemeiner Teil, Kapitel 3, A.

636 Dazu im Überblick Allgemeiner Teil, Kapitel 2, A. II.

637 Graf-Schlicker/*Kexel*, InsO, 6. Auflage, § 13 Rn. 1.

638 K/P/B/*Pape*, InsO, 95. EL, § 13 Rn. 100.

insbesondere die Aufstellung eines Gläubiger- und Forderungsverzeichnisses (S. 3). Demgegenüber muss der antragstellende Gläubiger seine Forderung und den Eröffnungsgrund glaubhaft darlegen (§ 14 Abs. 1 S. 1 InsO).

§ 15a Abs. 1 S. 1 InsO verpflichtet die Vertretungsorgane einer juristischen Person zur unverzüglichen Antragstellung („*ohne schuldhaftes Zögern*“[639]). Gemäß S. 2 ist der Antrag jedoch spätestens drei Wochen nach Eintritt der Zahlungsunfähigkeit bzw. sechs Wochen nach Eintritt der Überschuldung einzureichen. Hinsichtlich der konzernrelevanten Gesellschaftsformen AG, GmbH und KGaA betrifft die Antragspflicht den Vorstand der AG (§ 78 Abs. 1 S. 1 AktG), die Geschäftsführer der GmbH (§ 35 Abs. 1 S. 1 GmbHG) und die persönlich haftenden Gesellschafter der KGaA (§ 278 Abs. 2 AktG, §§ 161 Abs. 2 125 Abs. 1 HGB).[640] Wird die Antragstellung verschleppt, obwohl Insolvenzgründe vorliegen, können die Vertretungsorgane sowohl Adressaten des zivilrechtlichen Haftungsanspruchs nach § 823 Abs. 1 BGB i.V.m. 15a InsO[641] als auch der strafrechtlichen Sanktionierung des § 15a Abs. 4 bis 6 InsO[642] werden. Gegenüber der insolventen Gesellschaft können sie zudem als tauglicher Gegner des insolvenzrechtlichen Erstattungsanspruchs nach § 15b Abs. 4 S. 1, Abs. 1 InsO herangezogen werden. Die rechtzeitige Einleitung des Eröffnungsverfahrens kommt daher nicht nur den Verfahrensbedingungen, sondern auch den haftungsrechtlich Verantwortlichen zugute.

II. Begründung des Gruppen-Gerichtsstands

1. Grundlagen

Nach § 2 Abs. 1 InsO ist für das Insolvenzverfahren das Amtsgericht, in dessen Bezirk ein Landgericht seinen Sitz hat, als Insolvenzgericht für den Bezirk dieses Landgerichts ausschließlich zuständig. Die örtliche Zuständigkeit des Insolvenzgerichts richtet sich grundsätzlich nach dem allgemeinen Gerichtsstand des Schuldners, es sei denn, der Mittelpunkt seiner selbständigen wirtschaftlichen Tätigkeit liegt an einem anderen Ort (§ 3 Abs. 1 InsO). Unter der Einführung des KIG normierte der Gesetzgeber mit § 3a bis 3d InsO Regelungen, die eine Zuständigkeitskonzentration bei Konzerninsolvenzverfahren ermöglichen.[643]

Der vorgenannte allgemeine Eröffnungsantrag ist von dem Antrag auf Begründung des Gruppen-Gerichtsstands zu unterscheiden: Gemäß § 3a Abs. 1 S. 1 InsO kann die Zuständigkeit eines Gruppen-Gerichtsstands nur vom schuldnerischen

639 Legaldefinition nach § 121 Abs. 1 S. 1 BGB.
640 Vgl. auch § 15 Abs. 1 InsO.
641 Siehe dazu K/P/B/*Steffek*, InsO, 95. EL, § 15a Rn. 93 ff.
642 Ausführlich *Heinrich*, NZWiSt 2020, S. 351 ff. (346).
643 Die Novelle des KIG im Überblick unter Allgemeiner Teil, Kapitel 2, A. II.

Gruppenunternehmen[644] selbst beantragt werden; es handelt sich also stets um einen Eigenantrag. *In praxi* bietet es sich an, den Antrag auf Begründung des Gruppen-Gerichtsstands mit dem allgemeinen Eröffnungsantrag zu verbinden.[645] Im Fall des Fremdantrags kann der Schuldner bei dem angerufenen Gericht einen Antrag auf Begründung des Gruppen-Gerichtsstandes stellen.[646]

Die Begründung des gemeinsame Konzerngerichtsstand richtet sich nach dem Prioritätsprinzip: Entscheidend ist der zuerst gestellte Eigenantrag eines Gruppenunternehmens.[647] Das betreffende Insolvenzgericht erklärt sich sodann für die Insolvenzverfahren über die anderen gruppenangehörigen Schuldner (Gruppen-Folgeverfahren) für zuständig, wenn in Bezug auf den Schuldner ein zulässiger Eröffnungsantrag vorliegt und der Schuldner nicht offensichtlich von untergeordneter Bedeutung für die gesamte Unternehmensgruppe ist (§ 3a Abs. 1 S. 1 InsO). Für die Frage der Bedeutung des antragstellenden Gruppenunternehmens bietet § 3a Abs. 1 S. 2 InsO einen quantitativen Orientierungspunkt und gibt für die Entscheidung des Einzelfalls Richtwerte an die Hand, welche auf die Anzahl beschäftigter Arbeitnehmer, die Bilanzsumme und die Umsatzerlöse im Verhältnis zur gesamten Unternehmensgruppe abstellen.[648] Daneben kann auf qualitative Kriterien, insbesondere in Bezug auf die von dem Unternehmen übernommenen Aufgaben und Funktionen im Gruppenkontext abgestellt werden.[649]

Zweifelt das angerufene Gericht daran, dass eine Verfahrenskonzentration im gemeinsamen Interesse der Gläubiger liegt, kann es den Antrag gemäß § 3a Abs. 2 InsO ablehnen. Bei der Entscheidung hat das Gericht die Interessen der Gläubiger sämtlicher gruppenangehöriger Schuldner zu berücksichtigen. Ein Interesse dieser Gläubiger wird nach den Ausführungen des Gesetzgebers immer dann zu bejahen sein, wenn sich durch eine koordinierte Abwicklung der Einzelverfahren Koordinationsgewinne erzielen lassen, die einigen Insolvenzmassen zugutekommen, ohne dabei die übrigen Massen zu benachteiligen.[650]

Da die Begründung eines Gruppen-Gerichtsstands nur das Vorliegen eines zulässigen Eröffnungsantrags voraussetzt, ist es möglich, dass der Gruppen-Gerichtsstand begründet wird, obwohl der Eröffnungsantrag nach späterer Erkennt-

---

644 Zum Begriff des Gruppenunternehmens nach der Insolvenzordnung siehe Allgemeiner Teil, Kapitel 1, A. III.

645 Vgl. Uhlenbruck/*Pape*, InsO, 10. Auflage, § 3a Rn. 10.

646 BT-Drs. 18/407, S. 26

647 Flöther/*v. Wilcken*, Konzerninsolvenzrecht, 2. Auflage, § 4 Rn. 51.

648 BT-Drs. 18/407, S. 26.

649 *Smid*, Handbuch Insolvenzrecht, 7. Auflage, § 45 Rn. 6.

650 BT-Drs. 18/407, S. 27.

nislage unbegründet war.[651] Für den Fortbestand des Gruppen-Gerichtsstands geht § 3b InsO daher über den allgemeinen Grundsatz der *perpetuatio fori* hinaus, indem er den Gruppen-Gerichtsstand auch für weitere, noch nicht anhängig gemachte Gruppen-Folgeverfahren bestehen lässt, solange dort zumindest noch ein Verfahren über einen gruppenangehörigen Schuldner anhängig ist.[652] Insofern wird vermieden, dass der Gruppen-Gerichtsstand erneut begründet werden muss, um im Interesse der Gläubiger eine einheitliche Verfahrensführung zu ermöglichen.[653]

Neben der örtlichen Konzentration gewährleistet § 3d Abs. 1 InsO eine personelle Konzentration, indem am Gericht des Gruppen-Gerichtsstands für Gruppen-Folgeverfahren die Abteilung zuständig ist, die auch für das Verfahren zuständig ist, in dem der Gruppen-Gerichtsstand begründet wurde. Eine Zuständigkeit unterschiedlicher Personen würde laut der Gesetzesbegründung dem Zweck des Gruppen-Gerichtsstands widersprechen, der gerade darauf abzielt, den zwischengerichtlichen (oder zwischenrichterlichen) Abstimmungsbedarf zu minimieren.[654]

Schließlich ermöglicht § 3d Abs. 1 InsO eine Verweisung an den Gruppen-Gerichtsstand für Fälle, in denen gruppenangehörige Schuldner oder deren Gläubiger – etwa in Unkenntnis der Begründung eines Gruppen-Gerichtsstands nach § 3a InsO – Anträge auf Eröffnung von Gruppen-Folgeverfahren bei anderen Gerichten als bei dem bisher zuständigen Gericht stellen.[655] Die richterliche Ermessensentscheidung fällt negativ aus, wenn die Verweisung nicht im Interesse der Gläubiger des Schuldners liegt. Dies trifft zu, sofern das Verfahren bereits eröffnet wurde und der eingesetzte Verwalter bereits eine Vielzahl von Dispositionen getroffen hat.[656] Kommt es zu einer Verweisung, ist sie für das Gericht, an welches das Verfahren verwiesen wird, bindend (allgemeiner Rechtsgrundsatz der Bindung von Verweisungsentscheidungen, vgl. § 17a Abs. 2 S. 3 GVG).

2. Prioritätsprinzip oder Sitz der Muttergesellschaft?

Die Möglichkeit der Zuständigkeitskonzentration bei Konzerninsolvenzen nach den §§ 3a bis 3d InsO ist im Schrifttum überwiegend auf Zustimmung gestoßen.[657] Kri-

---

651 BT-Drs. 18/407, S. 27.

652 BT-Drs. 18/407, S. 27.

653 BT-Drs. 18/407, S. 27.

654 BT-Drs. 18/407, S. 28.

655 BT-Drs. 18/407, S. 28.

656 BT-Drs. 18/407, S. 28

657 Vgl. *Thole*, KTS 2014, S. 359 f. (351), der die Normierung des Gruppen-Gerichtsstands grundsätzlich befürwortet, aber noch Schwachstellen hins. der Verweisungsmodalitäten sowie der Vielzahl von Antragsmöglichkeiten sieht; *Birnbreier*, NZI-Beilage 2018, S. 13 (11); Andres/Leithaus/*Andres*, tik erfährt hingegen insbesondere die Bildung des Gruppen-Gerichtsstands unter Loslösung vom Sitz des Mutterunternehmens.[658] Gegen das Prioritätsprinzip spreche, dass die für die insolvenz-strategischen Entscheidungen relevanten Informationen in der Regel bei der Muttergesellschaft zusammenlaufen, weshalb nur von dort aus Verfahrensentscheidungen sinnvoll getroffen werden könnten.[659] Ferner seien die Richtwerte für die Bewertung der Bedeutung des antragstellenden Gruppenunternehmens ein Einfallstor für sog. *forum shopping*. Konzerne, die über mehrere bedeutenden Tochtergesellschaften verfügen, könnten so ein Insolvenzgericht mit besonders schwacher Infrastruktur auswählen.[660] Insgesamt sei daher anstelle des Prioritätsprinzips eine grundsätzliche Festlegung auf den Gerichtsstand des jeweiligen Mutterunternehmens gesetzlich zu verankern.[661]

3. Stellungnahme

Eine grundsätzliche Festlegung auf den Gerichtsstand der jeweiligen Muttergesellschaft kann bereits unter Berücksichtigung der vom Gesetzgeber verfolgten Flexibilität in der Verfahrensabstimmung nicht überzeugen. Zutreffend mag sein, dass das Mutterunternehmen in der Regel die organisatorische Leitung und somit den größten Informationspool innehat. Sollte die Konzernmutter jedoch nicht von der Insolvenz betroffen sein, hätte der Informationsbeschaffungsvorteil die potenzielle Distanz zu den insolvenzbetroffenen Tochtergesellschaften zum Nachteil. Ferner führen die Schwellenwerte hinsichtlich der Bedeutung des antragstellenden Unternehmens für die gesamte Gruppe (§ 3a Abs. 1 S. 2 InsO) dazu, dass der Gruppen-Gerichtsstand nicht dort begründet wird, wo eine völlig unzureichende Informationslage gegeben ist, da mit wachsender Bedeutung auch eine verdichtete Informationslage einhergeht. Den quantitativen Orientierungspunkten kann darüber hinaus keine gesteigerte Missbrauchsanfälligkeit zum *forum shopping* vorgeworfen werden: Zum einen hat die nationale Zuständigkeit eines Gerichts – anders als im grenzüberschreitenden Kontext – keine Auswirkungen auf das anzuwendende Recht.[662] Bei richtiger Anwendung des geltenden Rechts durch die Gerichte führt die Wahlmöglichkeit des Gruppen-Gerichtsstands daher nicht zur Missbrauchsanfälligkeit. Zum anderen kann das angerufene Gericht den Antrag auf Einrichtung des Gruppen-Gerichtsstands gemäß § 3a Abs. 2 InsO ablehnen, wenn die Verfahrens-

---

InsO, 4. Auflage, § 3a Rn. 2 f; HambKomm/*Pannen*, 9. Auflage, § 3a Rn. 6; kritisch *Laroche*, ZInsO 2017, S. 2589 ff. (2585).

658 Vgl. *Verhoeven*, ZInsO 2014, S. 218 f. (217); *Pleister/Sturm*, ZIP 2017, S. 2333 (2329).

659 *Verhoeven*, ZInsO 2014, S. 219 (217).

660 *Frind/Pannen*, ZIP 2016, S. 406 (398); *Birnbreier*, NZI-Beilage 2018, S. 13 (11).

661 *Verhoeven*, ZInsO 2014, S. 218 (217).

662 BT-Drs. 18/407, S. 19.

konzentration nicht im gemeinsamen Interesse der Gläubiger liegt. Dies ist in Erweiterung der Gesetzesbegründung nicht nur dann anzunehmen, wenn die koordinierte Abwicklung keine Vorteile verzeichnete, sondern ohne Zweifel auch dann, wenn das angerufene Gericht aufgrund schwächerer Infrastruktur nicht in der Lage wäre, die Verfahrenskonzentration mit den nötigen Ressourcen zu bewältigen. Davon abgesehen ist es unverständlich, welchen Vorteil es dem jeweiligen Schuldner brächte, den Gruppen-Gerichtsstand in die Hände eines ungeeigneten Insolvenzgerichts zu legen.[663] In der Folge könnten Nachteile für alle Verfahrensbeteiligten entstehen.

Im Ergebnis kann die Kritik somit entkräftet werden. Die Bildung des Gruppen-Gerichtsstand nach dem Prioritätsprinzip ist der grundsätzlichen Festlegung auf den Gerichtsstand der Konzernmutter vorzuziehen.

4. Keine Antragstellung durch die Schuldner der K-Gruppe

Geschäftsführer G stellte im Zuge der Verfahrenseinleitungen weder in der Insolvenz der T1-GmbH noch in der Insolvenz der M-GmbH einen Antrag auf Begründung des Gruppen-Gerichtsstands, obwohl ihm dies möglich gewesen wäre: Das Insolvenzverfahren über das Vermögen der T1-GmbH wurde im Sinne des § 3 Abs. 1 S. 1 InsO am allgemeinen Gerichtsstand der T1-GmbH geführt. Da die T1-GmbH der K-Gruppe zugehörig ist, hätte sich das angerufene Insolvenzgericht auf Antrag nach § 3a Abs. 1 S. 1 InsO in den Insolvenzeröffnungsverfahren aller weiteren gruppenangehörigen Schuldner für zuständig erklärt, wenn die T1-GmbH nicht offensichtlich von untergeordneter Bedeutung für die gesamte Unternehmensgruppe ist. Von einer untergeordneten Bedeutung der T1 ist aufgrund ihrer Eigenschaft als Produktionsgesellschaft der K-Gruppe nicht auszugehen. Auch nach der Eröffnung über das Vermögen der T1 hätte der Antrag auf Begründung des Gruppen-Gerichtsstands noch gestellt werden können, da die Antragsbefugnis mit der Verfahrenseröffnung gemäß § 3a Abs. 3 InsO auf den Insolvenzverwalter übergeht. I stellte hingegen ebenfalls keinen entsprechenden Antrag.

Dass eine Verfahrenskonzentration im vorliegenden Fall nicht im gemeinsamen Interesse der Gläubiger liegt (§ 3a Abs. 3 InsO), erscheint abwegig. Vielmehr wäre die Begründung eines Gruppen-Gerichtsstands sinnvoll gewesen, da die Beteiligten von vornherein eine übertragende Sanierung der T1 anstrebten, bei der auf das Vermögen der M zugegriffen worden wäre; spätestens als die Insolvenz der M-GmbH absehbar war, wäre der Antrags hilfreich gewesen, um eine konzentrierte gerichtliche Betreuung der Verfahren sicherzustellen.

---

663 So schon Rattunde/Smid/Zeuner/*Smid*, InsO, 4. Auflage, § 3a Rn. 6.

B. Eröffnungsvoraussetzungen

§ 16 InsO setzt für die Eröffnung des Insolvenzverfahrens das Vorliegen eines Eröffnungsgrundes voraus. Insolvenzgründe sowie alle anderen Umstände, die für das Insolvenzverfahren von Bedeutung sind, hat das Insolvenzgericht gemäß § 5 Abs. 1 S. 1 von Amts wegen zu ermitteln. Der *Grundsatz der rechtlichen Selbstständigkeit* sowie das *Rechtsträgerprinzip* führen zur Einzelbetrachtung des § 11 InsO und münden in der fehlenden Insolvenzfähigkeit der gesamten Unternehmensgruppe.[664] Die Eröffnungsgründe sind mithin für jede Gesellschaft isoliert zu prüfen, auch wenn der gesamte Verbund oder mehrere Konzernglieder insolvent sein könnten.[665] Indes ist die wirtschaftliche Verfassung des gesamten Konzerns nicht unbedeutend, da sich diese durch die internen Verflechtungen maßgeblich auf die Insolvenzgründe der Einzelunternehmen auswirkt.[666] Die Insolvenzordnung legt drei Gründe fest, die zur Eröffnung des Insolvenzverfahren führen: Zahlungsunfähigkeit (§ 17), drohende Zahlungsunfähigkeit (§ 18) und Überschuldung (§ 19).

Die Prüfung der Eröffnungstatbestände ist von elementarer Bedeutung für Fortgang des Insolvenzverfahrens: Zum einen wird der vom Insolvenzgericht beauftragte Sachverständige (§ 5 Abs. 1 S. 2 Alt. 2 InsO) regelmäßig auch zum Insolvenzverwalter im eröffneten Verfahren bestellt.[667] Zum anderen bildet die analytische Prüfung der Insolvenzgründe im Eröffnungsverfahren die Grundlage für die Abwicklungsstrategie im eröffneten Verfahren. So wird frühzeitig erkannt, ob der Rechtsträger sanierungsfähig oder eine Stilllegung der Gesellschaft und Liquidation des Gesellschaftsvermögens vorzugswürdig ist.[668]

Zum Vorliegen der Insolvenzgründe bei einer Konzerngesellschaft gelten die allgemeinen Grundsätze.[669] Der Eigenantrag aufgrund drohender Zahlungsunfähigkeit findet hingegen wegen der zugleich bestehenden Sanierungspflicht[670] der geschäftsführenden Organvertreter kaum Anwendung.

---

664 Siehe oben Besonderer Teil I, Kapitel 1, C. I.

665 Demgegenüber sieht § 290 Abs. 1 HGB eine Einheitsbetrachtung bei der Konzernrechnungslegung vor.

666 Flöther/*Balthasar*, Konzerninsolvenzrecht, 2. Auflage, § 3 Rn. 48.

667 Beck/Depré/*Beck*/*Wimmer*, Praxis der Insolvenz, 4. Auflage, § 6 Rn. 2.

668 *Jakobs*, Das Konzerninsolvenzverfahren, S. 56.

669 Dazu grundlegend *Häsemeyer*, Insolvenzrecht, 4. Auflage, Rn. 7.15 ff; *Smid*, Handbuch Insolvenzrecht, 7. Auflage, § 3 Rn. 1 ff.

670 Siehe dazu unten Besonderer Teil II, Kapitel 3, B. I. 1. a).

I. Zahlungsunfähigkeit, § 17 InsO

1. Grundlagen

Die Zahlungsunfähigkeit ist ein allgemeiner Eröffnungsgrund und somit für die Insolvenzbeurteilung natürlicher und juristischer Personen sowie Gesellschaften ohne Rechtspersönlichkeit einschlägig.[671] Gemäß § 17 Abs. 2 S. 1 InsO ist der Schuldner zahlungsunfähig, wenn er nicht in der Lage ist, die fälligen Zahlungspflichten zu erfüllen. Nach Abs. 2 S. 2 ist Zahlungsunfähigkeit in der Regel anzunehmen, wenn der Schuldner seine Zahlungen eingestellt hat. Die Zahlungseinstellung ist allerdings keine zwingende Voraussetzung; ebenso wenig ist es erforderlich, dass der Schuldner nicht in der Lage ist, seine gesamten Zahlungspflichten zu erfüllen.[672] Vielmehr ist der Tatbestand der Zahlungsunfähigkeit bereits dann erfüllt, wenn der Schuldner den wesentlichen Teil seiner Verbindlichkeiten nicht bedienen kann.[673] Nach höchstrichterlicher Rechtsprechung liegt Zahlungsunfähigkeit in Abgrenzung zur bloß temporären Zahlungsstockung regelmäßig vor, wenn der Schuldner mindestens zehn Prozent seiner fälligen Gesamtverbindlichkeiten über einen Zeitraum von mehr als drei Wochen nicht erfüllen kann.[674] Methodisch wird die Zahlungsunfähigkeit häufig anhand einer Liquiditätsbilanz ermittelt. Hierbei werden im ersten Schritt die fälligen Geldschulden (Passiva I) den verfügbaren Zahlungsmitteln (Aktiva I) an einem bestimmten Stichtag gegenübergestellt.[675] Werden die fälligen Verbindlichkeiten im Ergebnis zu weniger als 90 Prozent abgedeckt, sind im zweiten Schritt auf der Aktivseite die in den nächsten drei Wochen liquidierbaren Mittel (Aktiva II) und auf der Passivseite die in den nächsten drei Wochen entstehenden, fällig werdenden und ernsthaft eingeforderten Geldschulden (Passiva II) einzubeziehen.[676] Die Liquiditätsbilanz ermöglicht so die Beurteilung der Liquiditätssituation am Stichtag und im folgenden Drei-Wochen-Zeitraum.[677]

2. Konzern

a) Cash-Pool-Forderungen in der Liquiditätsbilanz

Die Prüfung der Zahlungsunfähigkeit eines Konzernunternehmens führt insbesondere dann zu praktischen Problemen, wenn die insolvente Tochtergesellschaft gar nicht mit der eigenen Steuerung ihrer Liquidität befasst ist, sondern von einer

---

671 *Häsemeyer*, Insolvenzrecht, 4. Auflage, Rn. 7.15.

672 *Smid*, Handbuch Insolvenzrecht, 7. Auflage, § 3 Rn. 8.

673 *Smid*, Handbuch Insolvenzrecht, 7. Auflage, § 3 Rn. 8.

674 Grundsatzentscheidung des BGH: Urteil v. 24.05.2005 – IX ZR 123/04 = ZIP 2005, S. 1426.

675 Ausführlich zur Liquiditätsbilanz siehe MüKo-InsO/*Eilenberger*, 4. Auflage, § 17 Rn. 18 ff.

676 BGH, Urteil v. 19.12.2017 – II ZR 88/16 = NJW 2018, S. 1091 (1089); so auch K/P/B/*Steffek*, 95. EL, § 17 Rn. 55 f.

677 MüKo-InsO/*Eilenberger*, 4. Auflage, § 17 Rn. 20.

konzernweiten Finanzplanung und -steuerung, häufig durch die Konzernmutter, verdrängt wird.[678] Die Finanzsteuerung wird regelmäßig mittels eines Cash-Pool-Systems verwirklicht.[679] Hinsichtlich der unabhängigen Finanzplanung im Konzern gilt: je enger die finanz- und leistungswirtschaftlichen Verflechtungen zwischen den Gesellschaften sind, desto schlechter ist eine autonome Liquiditätssteuerung des Einzelunternehmens möglich.[680]

Im Falle der konzernweiten Liquiditätsbündelung durch Cash-Pool-Systeme ist fraglich, ob entstandene Cash-Pool-Forderungen der Einzelgesellschaften gegen die Poolführerin bei der Prüfung der Zahlungsunfähigkeit als liquide Mittel einzuordnen sind.[681] Die aus Cash-Pool-Systemen resultierenden konzerninternen Forderungen werden unter anderem durch Darlehensrückzahlungsansprüche oder Ansprüche auf ausreichende Liquiditätsversorgung begründet.[682] Für eine Einordnung als liquide Mittel müssten sie Zahlungsmitteln gleichgestellt werden können. Dafür könnte sprechen, dass die liquiditätsbündelnde Poolführerin als eine Art Hausbank des Konzerns agiert und die Cash-Pool-Forderungen somit als offene Kreditlinie angesehen werden könnten.[683] Allerdings hat die Führerin eines konzernweiten Cash-Pool-Systems keine Zulassung als Kreditinstitut und übernimmt nur Teilaufgaben eines solchen.[684] Sie wird nicht vom Kreditinstitut-Begriff des § 1 KGW erfasst und unterliegt daher nicht der Kontrolle der Bundesanstalt für Finanzdienstleistungsaufsicht (vgl. §§ 6 ff. KGW). Ferner gewährleistet sie im Vergleich zu einem echten Kreditinstitut keine Sicherheiten für kurzfristig bereitzustellende Kredite.[685] Dadurch sind die Anspruchsqualitäten gegenüber der Poolführerin und gegenüber Kreditinstituten nicht miteinander vergleichbar. Dies zeigt, dass die Parallelen zu einem echten Kreditinstitut sogar in der Kreditliniengewährung begrenzt sind. Die Gleichstellung von Cash-Pool-Forderungen mit Zahlungsmitteln ist somit abzulehnen. Eine Berücksichtigung in der Liquiditätsbilanz auf der Aktivseite scheidet daher aus.

---

678 Flöther/*Balthasar*, Konzerninsolvenzrecht, 2. Auflage, § 3 Rn. 69.

679 Siehe dazu Allgemeiner Teil, Kapitel 3, A. I.

680 Flöther/*Balthasar*, Konzerninsolvenzrecht, 2. Auflage, § 3 Rn. 69.

681 Vgl. *Rittscher*, Cash-Management-Systeme in der Insolvenz, S. 62 ff; *Erne*, GWR 2009, S. 388 f. (387); *Göcke/Rittscher*, DZWIR 2012, S. 358 f. (355).

682 *Göcke/Rittscher*, DZWIR 2012, S. 358 (355). Hiervon abzugrenzen ist die Verlustübernahmepflicht im Vertragskonzern nach § 302 Abs. 1 AktG und der Schutz vor der Zahlungsunfähigkeit der abhängigen Gesellschaft (siehe dazu oben Besonderer Teil I, Kapitel 2, B. II.).

683 *Rittscher*, Cash-Management-Systeme in der Insolvenz, S. 63.

684 *Erne*, GWR 2009, S. 389 (387), der hingegen keine Beeinträchtigung der Bankfunktion annimmt.

685 *Rittscher*, Cash-Management-Systeme in der Insolvenz, S. 63; *Göcke/Rittscher*, DZWIR 2012, S. 358 (355). So kann die Poolführerin beispielsweise kein „Giralgeld“ verschaffen (vgl. Flöther/*Balthasar*, Konzerninsolvenzrecht, 2. Auflage, § 3 Rn. 71).

Im zweiten Schritt der Zahlungsunfähigkeitsprüfung kann es jedoch für den Drei-Wochen-Zeitraum drauf ankommen, ob die Poolführerin in der Lage ist, ausreichende Liquidität bereitzustellen.[686] Dies ist wiederum davon abhängig, ob die Liquiditätsversorgung für alle weiteren Konzernunternehmen gesichert ist.[687] Daher ist im Zuge der Zahlungsunfähigkeitsprüfung der Einzelgesellschaft regelmäßig auch eine Konzernliquiditätsbilanz zu erstellen.[688]

b) Patronatserklärungen in der Liquiditätsbilanz

Konzernrelevante Patronatserklärungen sind je nach Ausgestaltung lediglich wirtschaftlich oder sogar rechtlich verbindliche Erklärungen der Muttergesellschaft, für die Verbindlichkeiten ihrer Tochtergesellschaft einzustehen (sog. *weiche* bzw. *harte Patronatserklärungen*).[689] Eine von der Muttergesellschaft abgegebene harte Patronatserklärung begründet in der Insolvenz der Tochtergesellschaft einen zu ihren Gunsten bestehenden Ausstattungsanspruch gegen die Muttergesellschaft, der vom Insolvenzverwalter zu verfolgen ist.[690]

Hinsichtlich der Berücksichtigung von Patronatserklärungen in der Liquiditätsbilanz muss differenziert werden: Handelt es sich um eine *externe* Patronatserklärung gegenüber einem Gläubiger der Tochtergesellschaft, wird der Eröffnungsgrund nicht beseitigt, da eine Patronatserklärung zu einer pflichtmäßigen Direktzahlung an den betreffenden Gläubiger führt und mithin kein Anspruch der Tochtergesellschaft gegen die Patronin besteht.[691] Die Zahlungsunfähigkeit kann jedoch im Einzelfall vermieden werden, wenn es sich um eine *konzerninterne*, harte Patronatserklärung handelt, der Tochtergesellschaft dadurch ein ungehinderter Zugriff auf die liquiden Mittel der Muttergesellschaft eingeräumt wurde (Liquiditätszusage) und die Mittel ausreichen, um 90 Prozent der offenen Verbindlichkeiten zu befriedigen.[692] Ist die Werthaltigkeit der Zusage sowie die Zahlungsbereitschaft der Muttergesellschaft gegeben, kann die Zahlungsunfähigkeit der

---

686 Flöther/*Balthasar*, Konzerninsolvenzrecht, 2. Auflage, § 3 Rn. 72.

687 *Erne*, GWR 2009, S. 389 f. (387).

688 Dazu ausführlich *Rittscher*, Cash-Management-Systeme in der Insolvenz, S. 67 f; Flöther/*Balthasar*, Konzerninsolvenzrecht, 2. Auflage, § 3 Rn. 72 ff.

689 Hopt/*Leyens*, HGB, 42. Auflage, § 349 Rn. 22; vgl. dazu ausführlich *Koch*, Die Patronatserklärung, S. 76 ff. u. S. 343 ff.

690 OLG München, Urteil v. 22.07.2004 – 19 U 1867/04 = ZInsO 2004, S. 1040; BGH, Urteil v. 19.05.2011 – IX ZR 9/10 = NZG 2011, S. 915 (913).

691 BGH, Urteil v. 19.05.2011 – IX ZR 9/10 = NZG 2011, S. 915 (913); dazu *Krüger*/*M. Pape*, NZI 2011, S. 618 (617); siehe auch *Smid*, Handbuch Insolvenzrecht, 7. Auflage, § 3 Rn. 23a.

692 BGH, Urteil v. 19.05.2011 – IX ZR 9/10 = NZG 2011, S. 915 (913).

Tochtergesellschaft daher im Einzelfall beseitigt werden. Harte, konzerninterne Patronatserklärungen sind daher in der Liquiditätsbilanz zu berücksichtigen.

3. Zahlungsunfähigkeit der M-GmbH

Als die B-Bank ihre Darlehensrückzahlungsforderung aufgrund der Insolvenz der T1-GmbH auch gegenüber der M-GmbH fällig stellte, verfügte die M-GmbH nicht über ausreichende Liquidität, um ihre gesamten ausstehenden Verbindlichkeiten zu begleichen. Mithin war sie von diesem Zeitpunkt an zahlungsunfähig im Sinne des § 17 Abs. 2 S. 1 InsO.

II. Überschuldung, § 19 InsO

1. Grundlagen

Die Überschuldung kommt bei allen juristischen Personen als Eröffnungsgrund in Betracht (§ 19 Abs. 1 InsO). Abs. 3 erstreckt den Insolvenzgrund zudem insbesondere auf die KGaA und die GmbH & Co. KG sowie allen anderen Gesellschaften ohne Rechtspersönlichkeit, bei denen kein persönlich haftender Gesellschafter eine natürliche Person ist. Denn mit der Haftungssonderung und -beschränkung bei den vorgenannten Rechtsformen geht ebenfalls eine Forderungsgefährdung einher, der mit einem rein vermögensbezogenen Insolvenzeröffnungsgrund präventiv begegnet werden muss.[693] Die historische Entwicklung des Insolvenzgrunds verlief wechselhaft.[694] Zuletzt weichte der Gesetzgeber den Tatbestand der Überschuldung ob der gravierenden wirtschaftlichen Auswirkungen der Finanzkrise 2007/2008 und der Gefahr eines massiven Anstiegs von Insolvenzverfahren auf.[695] Deshalb wurde Abs. 2 in der aktuell geltenden Fassung erneuert, wodurch die rechnerische Überschuldung und die Fortbestehensprognose systematisch voneinander getrennt wurden.[696] Überschuldung liegt nunmehr nach § 19 Abs. 2 S. 1 InsO vor, wenn das Vermögen des Schuldners die bestehenden Verbindlichkeiten nicht mehr deckt, es sei denn, die Fortführung des Unternehmens ist überwiegend wahrscheinlich. Der Tatbestand besteht somit aus zwei Elementen: der bilanziellen Überschuldung (*exekutorisches Element*) und der Fortbestehensprognose (*prognostisches Ele-*

693 *Häsemeyer*, Insolvenzrecht, 4. Auflage, Rn. 7.23.

694 Ausführlich Uhlenbruck/*Mock*, InsO, 15. Auflage, § 19 Rn. 3 ff; MüKo-InsO/*Drukarczyk*/*Schüler*, 4. Auflage, § 19 Rn. 4 ff; zur Diskussion über den Überschuldungstatbestand siehe auch *Bork*, ZIP 2019, S. 1 ff.

695 Uhlenbruck/*Mock*, InsO, 15. Auflage, § 19 Rn. 5.

696 Uhlenbruck/*Mock*, InsO, 15. Auflage, § 19 Rn. 5; siehe auch Art. 6 Abs. 3 FMStG (Gesetz zur Umsetzung eines Maßnahmenpakets zur Stabilisierung des Finanzmarktes vom 17. Oktober 2008, BGBl I, S. 1982).

ment).[697] Die Formulierung *„es sei denn"* führt allerdings nicht zur Gleichwertigkeit dieser Elemente, da eine positive Fortführungsprognose die rechnerische Überschuldung beseitigen kann. Erst wenn die Fortführung des betreffenden Unternehmens negativ ausfällt, muss eine Bewertung des schuldnerischen Vermögens erfolgen.[698]

Das prognostische Element ist daher zentraler Bestandteil der Überschuldungsprüfung und besteht im Kern aus einer Liquiditätsprognose, die auf einem Finanzplan basiert.[699] Die Fortführungsprognosegilt gilt deshalb auch als Zahlungsfähigkeitsprognose.[700] Im Wesentlichen darf die Fortführung angenommen werden, wenn die bestehenden Gläubigeransprüche – sei es im Rahmen von vereinbarten Zins- und Tilgungszahlungen – mit überwiegender Wahrscheinlichkeit erfüllt werden können.[701] Der Prognose- und Finanzplan-Zeitraum ist dabei aus Gründen der Stichhaltigkeit auf einem grundsätzlich mittelfristigen Zeitraum von mindestens zwölf und maximal 24 Monaten zu beschränken.[702]

2. Konzern

a) Rechtsunsicherheit

Die hohe Bedeutung der Fortführungsprognose bringt eine erhebliche Rechtsunsicherheit mit sich. Denn die Überschuldungsprüfung für ein einzelnes Konzernunternehmen ist regelmäßig unzureichend, weil die finanz- und leistungswirtschaftlichen Verflechtungen innerhalb der Gruppe Abhängigkeiten unter den Gesellschaften auslösen. Wie beim Eröffnungsgrund der Zahlungsunfähigkeit führt die isolierte Prüfung der Fortführungsprognose regelmäßig zur Lebensunfähigkeit der betreffenden Einzelgesellschaft, wenn diese auf die Finanzsteuerung durch den Cash-Pool angewiesen ist.[703] Um die Prognose korrekt durchzuführen, ist vielmehr eine konzernweite Liquiditätsplanung zu erstellen.[704] Dadurch vervielfachen sich wiederum zwangsläufig die einer Prognose inhärenten Fehleinschätzungen, aus denen eine größere Rechtsunsicherheit resultiert.

---

697 BT-Drs. 16/10600, S. 13.

698 MüKo-InsO/*Drukarczyk*/*Schüler*, 4. Auflage, § 19 Rn. 91; a. A. Uhlenbruck/*Mock*, InsO, 15. Auflage, § 19 Rn. 41, der keine festgeschriebene Prüfungsreihenfolge vorsieht.

699 Vgl. Flöther/*Balthasar*, Konzerninsolvenzrecht, 2. Auflage, § 3 Rn. 96

700 Rattunde/Smid/Zeuner/*Burgenger*, InsO, 4. Auflage, § 19 Rn. 11; MüKo-InsO/*Drukarczyk*/*Schüler*, 4. Auflage, § 19 Rn. 56.

701 MüKo-InsO/*Drukarczyk*/*Schüler*, 4. Auflage, § 19 Rn. 56.

702 Vgl. m.w.N. Uhlenbruck/*Mock*, InsO, 15. Auflage, § 19 Rn. 225.

703 So auch Flöther/*Balthasar*, Konzerninsolvenzrecht, 2. Auflage, § 3 Rn. 97.

704 Flöther/*Balthasar*, Konzerninsolvenzrecht, 2. Auflage, § 3 Rn. 98.

b) Missbrauchs- und Manipulationsanfälligkeit

Des Weiteren wird der Fortführungsprognose in Teilen der Literatur[705] zu Recht eine Manipulations- und Missbrauchsanfälligkeit vorgeworfen: Durch die zweistufige Überschuldungsprüfung kann trotz einer tatsächlich vorliegenden rechnerischen Überschuldung die Insolvenzantragspflicht durch eine positive Fortbestehensprognose abgewendet werden. Und die Prognose ist allein aufgrund des weit gefassten Wortlauts von § 19 Abs. 2 S. 1 InsO im Höchstmaß gestaltbar und zugleich kaum kontrollierbar.[706] Mit Hilfe entsprechender Beratung lässt sich die rechnerische Überschuldung daher „beiseite wischen".[707] Die Missbrauchs- und Manipulationsanfälligkeit verschärft sich zudem in Konzerninsolvenzszenarien. Denn eine konzernweite Liquiditäts- und Finanzsteuerung geht aufgrund der typischerweise komplexen Verflechtungen mit einem höheren Gestaltungsspielraum und einer geringeren Kontrollierbarkeit der Liquiditätsplanung einher.

c) Anforderungen an die Fortbestehensprognose

Streitig sind darüber hinaus die Anforderungen an die Fortbestehensprognose. Hintergrund der Diskussion ist die Frage, ob eine positive Fortbestehensprognose neben dem subjektiven Fortführungswillen und der positiven Liquiditätsprognose auch eine zukünftige Ertragsfähigkeit ausweisen muss.[708]

Teilweise wird das Erfordernis der positiven Ertragsfähigkeit bejaht, da die im Vordergrund der Prüfung stehende Liquiditätssicherung nur angenommen werden könne, wenn durch das operative Geschäft auf Dauer ausreichende Erträge erzielt werden könnten.[709] Ferner gehe auch die Gesetzesbegründung zum FMStG bei der Annahme einer positiven Fortbestehungsprognose mit Formulierungen wie *„weiter erfolgreich am Markt operieren"* und *„günstige Zukunftsprognose"* von der künftigen Ertragsfähigkeit des betreffenden Unternehmens aus.[710] Lediglich neue Liquiditätsquellen reichten daher nicht für die Überlebensfähigkeit eines Unternehmens aus, vielmehr bedürfe es zusätzlich einer Ertrags- und Wettbewerbsfähigkeit.[711]

---

705 Vgl. *Körnert/Wagner*, ZInsO 2009, S. 2132 f. (2131); *Möhlmann-Mahlau/Schmitt*, NZI 2009, S. 24 (19); *Bork*, ZIP 2019, S. 8 (1); K/P/B/*Pape*, InsO, 95. EL, § 19 Rn. 14a.

706 *Möhlmann-Mahlau/Schmitt*, NZI 2009, S. 24 (19).

707 *Möhlmann-Mahlau/Schmitt*, NZI 2009, S. 24 (19); K/P/B/*Pape*, InsO, 95. EL, § 19 Rn. 14a.

708 Vgl. *Bitter/Kresser*, ZIP 2012, S. 1733 ff; Flöther/*Balthasar*, Konzerninsolvenzrecht, 2. Auflage, § 3 Rn. 99–106; MüKo-InsO/*Drukarczyk/Schüler*, 4. Auflage, § 19 Rn. 69–73; HambKomm/*Schröder*, InsO, 9. Auflage, § 19 Rn. 20–22.

709 AG Hamburg, Beschl. v. 02.12.2011 – 67c IN 421/11 = ZInsO 2012, S. 184 (183); *Ehlers*, NZI 2011, S. 162 (161); *Harz/Bornmann/Conrad/Ecker*, NZI 2015, S. 742 (737).

710 AG Hamburg, Beschl. v. 02.12.2011 – 67c IN 421/11 = ZInsO 2012, S. 184 (183).

711 *Ehlers*, NZI 2011, S. 162 (161).

Die herrschende Gegenansicht betrachtet die Fortbestehensprognose als reine Zahlungsunfähigkeitsprognose und verzichtet daher auf die Prüfung der Ertragsfähigkeit.[712] Denn entscheidend sei, ob das Unternehmen voraussichtlich in der Lage sein werde, seine fälligen Verbindlichkeiten – jedenfalls mittelfristig – begleichen zu können; es gehe mithin um das unmittelbare Gläubigerinteresse.[713] Ferner lasse sich der gesetzgeberische Wille gerade nicht als Argument für die Ertragsfähigkeit heranziehen: Dem von der Kommission für Insolvenzrecht entworfenen Modell[714], das ausdrücklich an der Wiederherstellung der Ertragsfähigkeit anknüpft, habe der Gesetzgeber im späteren Gesetzgebungsverfahren zum FMStG keine Beachtung geschenkt, wodurch der Ertragsfähigkeitsprognose tendenziell eine Absage erteilt worden sei.[715]

Insbesondere unter Berücksichtigung des Gläubigerschutzes ist der herrschenden Ansicht zu folgen und Einbeziehung der Ertragsfähigkeit abzulehnen. Denn solange die mittelfristige Zahlungsfähigkeit eines Unternehmens gesichert ist, bleiben Gläubigeransprüche ungefährdet. Dabei ist es unerheblich, ob für die Bedienung der Verbindlichkeiten Fremdkapital oder liquide Mittel aus selbstständig erwirtschafteten Erträgen eingesetzt werden. Besondere Relevanz findet die Diskussion über die Fortbestehensprognose auch in Konzernsachverhalten, da es regelmäßig nicht der Fall ist, dass alle Unternehmen eines Konzernverbunds ein eigenes operatives Geschäft betreiben und ihnen folglich keine eigenständige Ertragsfähigkeit unterstellt werden kann. Wie bei öffentlich subventionierten Unternehmen[716] (z. B. aus dem Kultursektor) oder Unternehmen in der Gründungsphase[717] (Start-Ups) kann daher im Rahmen der Fortbestehensprognose nicht auf eine Überschuldung aufgrund zukünftig fehlender Ertragsfähigkeit abgestellt werden. Schließlich bestehen am Markt Unternehmen, deren Konzeption überhaupt nicht auf einer Gewinnerzielungsabsicht basiert – defizitäres Wirtschaften gehört zum Geschäftsmodell.[718] Weil der Eröffnungsgrund der Überschuldung ansonsten für solche Unternehmen festgestellt werden müsste, ist bei der Prüfung der Fort-

712 BGH, Urteil v. 23.01.2018 – II ZR 246/15 = ZInsO 2018, S. 816 (815); *Bitter/Kresser*, ZIP 2012, S. 1743 (1733); Rattunde/Smid/Zeuner/*Burgenger*, InsO, 4. Auflage, § 19 Rn. 19; Uhlenbruck/*Mock*, InsO, 15. Auflage, § 19 Rn. 220; MüKo-InsO/*Drukarczyk/Schüler*, 4. Auflage, § 19 Rn. 73; K/P/B/*Pape*, InsO, 95. EL, § 19 Rn. 6 f.

713 Uhlenbruck/*Mock*, InsO, 15. Auflage, § 19 Rn. 219 f.

714 Siehe dazu Erster Bericht der Kommission für InsolvenzR, 1985, S. 111 ff.

715 *Bitter/Kresser*, ZIP 2012, S. 1737 (1733).

716 So schon *Bitter/Kresser*, ZIP 2012, S. 1740 (1733).

717 So auch Flöther/*Balthasar*, Konzerninsolvenzrecht, 2. Auflage, § 3 Rn. 102, der sich hingegen für eine *differenzierte Lösung* ausspricht, welche letztlich die Rückkehr zur Profitabilität fordert.

718 Vgl. Rattunde/Smid/Zeuner/*Burgenger*, InsO, 4. Auflage, § 19 Rn. 19.

bestehensprognose allein die Liquiditätsprognose und der subjektive Fortführungswille einzubeziehen.

3. Überschuldung der M-GmbH

Mit Eintritt der Zahlungsunfähigkeit (s. o.) lag noch nicht zusätzlich der Insolvenzgrund der Überschuldung von M vor. Denn das Betriebsgrundstück befand sich zu diesem Zeitpunkt noch in dem Vermögen der M-GmbH. Erst mit Abschluss der Veräußerung an E verlor M das Grundstück als Haftungssubstrat. Ihre gleichzeitige Entschuldung trat nicht ein. Somit liegt seit Verkauf der Immobilie auch der Eröffnungsgrund der Überschuldung vor.

C. Verfahrenseröffnung und Verwalterbestellung

Stellt das Insolvenzgericht aufgrund seiner Amtsermittlungen im Eröffnungsverfahren fest, dass ein Insolvenzgrund und die übrigen Antragsvoraussetzungen vorliegen, erlässt es den Eröffnungsbeschluss,[719] und ernennt darüber hinaus den Insolvenzverwalter (§ 27 Abs. 1 S. 1 InsO).

Mit Wirksamwerden des Eröffnungsbeschlusses treten auch die gesetzlich normierten Wirkungen der Eröffnung des Insolvenzverfahrens ein (vgl. §§ 80 ff. InsO).[720] Die öffentliche Bekanntmachung und Zustellung des Beschlusses (§ 30 Abs. 1, Abs. 2 InsO) sind keine Voraussetzung für dessen Wirksamwerden.[721]

I. Bestellung des (Konzern-)Insolvenzverwalters

Die Auswahl und Bestellung des Insolvenzverwalters ist für das gesamte Verfahren von zentraler Bedeutung. Durch die Vorgabe der Verfahrensstrategie sowie seiner Art und Weise der Verwaltung und Verfügung über das schuldnerische Vermögen bestimmt er maßgeblich den Erfolg des Insolvenzverfahrens.[722] § 56 Abs. 1 InsO regelt die Bestellung des Verwalters und legt generell geltende Eignungskriterien fest.[723] Die Norm gilt gleichermaßen für den vorläufigen Sachwalter (§§ 270b Abs. 1, 274 Abs. 1) und den vorläufigen Insolvenzverwalter (§ 21 Abs. 2 Satz 1 Nr. 1), der im Falle der Eröffnung auch regelmäßig zum Insolvenzverwalter bestellt wird.[724]

---

719 Gottwald/Haas/*Gundlach*, Insolvenzrechts-Handbuch, 6. Auflage, § 16 Rn. 22.

720 Siehe dazu im Überblick Allgemeiner Teil, Kapitel 3, A. I.

721 K/P/B/*Holzer*, InsO, 95. EL, § 27 Rn. 48.

722 MüKo-InsO/*Graeber*, 4. Auflage, § 56 Rn. 1.

723 MüKo-InsO/*Graeber*, 4. Auflage, § 56 Rn. 2.

724 BeckOK-InsO/*Göcke*, 30. Edition, § 56 Rn. 41.

Seit der Umsetzung des KIG kann in den Einzelverfahren über das Vermögen von Unternehmen derselben Unternehmensgruppe im Sinne des § 56b InsO dieselbe Person zum Verwalter bestellt werden, was das Schrifttum insgesamt begrüßte.[725] Entgegen des unklaren Wortlauts der Vorschrift („*haben sich die angegangenen Insolvenzgerichte darüber abzustimmen*"), kommt die Bestellung des Einheitsverwalters auch in Betracht, wenn für die Einzelverfahren ein Gruppen-Gerichtsstand und somit nur ein Gericht zuständig ist.[726] Zwar geht der Gesetzeswortlaut von der Zuständigkeit mehrerer Insolvenzgerichte aus, gleichwohl muss die Bestellung des personenidentischen Verwalters erst recht[727] im Falle der Verfahrenskonzentration gelten. Anderenfalls würde der vom Gesetzgeber verfolgte Zweck verkürzt: Demnach muss die Verfahrenskonzentration und ihre abgestimmte Vorgehensweise stets im Interesse der Gläubiger liegen.[728] Es ist jedoch nicht ersichtlich, warum die Zuständigkeit eines Gruppen-Gerichtsstands, die ebenfalls an das gemeinsame Gläubigerinteresse anknüpft (vgl. §3a Abs. 2 InsO), zwangsläufig im Widerspruch zum Gläubigerinteresse hinsichtlich der Verwalterbestellung stehen sollte. Der pauschale Ausschluss des Einheitsverwalters unter derselben gerichtlichen Zuständigkeit würde darüber hinaus dem flexiblen rechtlichen Rahmen des KIG, welcher der Vielgestaltigkeit des Konzernphänomens begegnen sollte,[729] nicht gerecht werden. Daher ist sowohl die Begründung des Gruppen-Gerichtsstands als auch die Bestellung eines personenidentischen Verwalters stets unter den Besonderheiten des Einzelfalls und im Wohle des Gläubigerinteresses zu treffen. § 56b InsO ist somit unter teleologischer Erweiterung[730] auch im Falle einer bereits bestehenden gerichtlicher Verfahrenskonzentration anwendbar.

II. Auswahlverfahren

Die Auswahl des Insolvenzverwalters obliegt dem Insolvenzgericht; genauer dem zuständigen Insolvenzrichter (§ 18 Abs. 1 Nr. 1 RPflG). Dieser hat grundsätzlich ein weites Auswahlermessen, das jedoch durch die in § 56 Abs. 1 S. 1 InsO normierten

725 Vgl. *Fölsing*, ZInsO 2013, S. 417 (413); *Leutheusser-Schnarrenberger*, ZIP 2013, S. 101 (97); Rattunde/Smid/Zeuner/*Rechel*, InsO, 4. Auflage, § 56b Rn. 5 m.w.N; teilweise kritisch *Brünkmans*, ZIP 2013, S. 197 f. (193), der weitergehend für die grundsätzliche Bestellung eines Einheitsverwalters plädiert.

726 So auch Rattunde/Smid/Zeuner/*Rechel*, InsO, 4. Auflage, § 56b Rn. 5; a. A. *Brünkmans*, ZIP 2013, S. 197 (193).

727 Rattunde/Smid/Zeuner/*Rechel*, InsO, 4. Auflage, § 56b Rn. 5.

728 BT-Drs. 18/407, S. 21.

729 Vgl. BT-Drs. 18/407, S. 16.

730 Rattunde/Smid/Zeuner/*Rechel*, InsO, 4. Auflage, § 56b Rn. 5.

Voraussetzungen eingeschränkt werde soll.[731] Das Auswahlverfahren gliedert sich in drei Stufen:[732] Auf der ersten Stufe – der des Vorauswahlverfahrens – wird die grundsätzliche Eignung des Verwalters geprüft. Auf der zweiten Stufe folgt die Prüfung der Bestellung zum Insolvenzverwalter unter Berücksichtigung der Typizität des konkreten Verfahrens. Die dritte Stufe beinhaltet die Möglichkeit zur Wahl eines anderen Insolvenzverwalters in der ersten Gläubigerversammlung (§ 57 InsO). Im Folgenden wird aufgrund der gesteigerten Relevanz[733] ausschließlich auf die erste und zweite Stufe eingegangen.

1. Vorauswahlverfahren

Im Wege eines Vorauswahlverfahrens soll sich der zuständige Insolvenzrichter eine hinreichende Kenntnis über die grundsätzliche Eignung der Prätendenten verschaffen können.[734] Gleichzeitig muss der regelmäßig gegebenen Eilbedürftigkeit im konkreten Bestellungsfall mit einem zügigen Auswahlverfahren begegnet werden können.[735] Um dies sicherzustellen, verpflichtete das BVerfG die deutschen Insolvenzgerichte zur Führung sogenannter *Vorauswahllisten*.[736] Sachgerechte Kriterien, die für die Aufnahme in die Vorauswahlliste erfüllt werden müssen, sind vom jeweiligen Insolvenzrichter aufzustellen.[737] Die in § 56 Abs. 1 S. 1 InsO normierten Eignungskriterien sind grundsätzlich erst für Auswahlentscheidung in Bezug auf das konkrete Insolvenzverfahren relevant.[738] Im hiervon losgelösten Vorauswahlverfahren wird sich von Seiten der Gerichte vielfach mittels Fragebögen beholfen, die ein persönliches Anforderungsprofil definieren.[739] Dieser erhebliche Ermessensspielraum der Insolvenzrichter wird lediglich verfassungsrechtlich begrenzt: Die Vorauswahlkriterien sollen Bewerbern eine faire Chance auf Aufnahme in die Vorauswahlliste ermöglichen (Art. 12 Abs. 1, Art. 3 Abs. 1 GG),

---

731 MüKo-InsO/*Graeber*, 4. Auflage, § 56 Rn. 1.

732 K/P/B/*Lüke*, InsO, 95. EL, § 56 Rn. 18.

733 Nur selten wird die Möglichkeit der Wahl eines anderen Insolvenzverwalters durch die Gläubiger in der ersten Versammlung wahrgenommen. Ursache hierfür sind der späte Zeitpunkt einer möglichen Neuorientierung sowie die zusätzlichen Kosten und die Verfahrensverzögerung (vgl. Uhlenbruck/*Vallender*/*Zipperer*, InsO, 15. Auflage, § 57 Rn. 2 m.w.N.; K/P/B/*Lüke*, InsO, 95. EL, § 57 Rn. 3).

734 Rattunde/Smid/Zeuner/*Rechel*, InsO, 4. Auflage, § 56 9.

735 BVerfG, Beschl. v. 03.08.2004 – 1 BvR 135/00 = ZInsO 2004, S. 916 (913).

736 BVerfG, Beschl. v. 03.08.2004 – 1 BvR 135/00 = ZInsO 2004, S. 916 (913).

737 Jeder Insolvenzrichter führt seine eigene Vorauswahlliste (vgl. BGH, Beschl. v. 17.03.2016 – IX AR (VZ) 5/15 = ZIP 2016, S. 938 (935).

738 Vgl. Rattunde/Smid/Zeuner/*Rechel*, InsO, 4. Auflage, § 56 Rn. 14.

739 HK-InsO/*Riedel*, 10. Auflage, § 56 Rn. 11, mit Verweis auf das Heidelberger- sowie das Hannoveraner-Modell; ausführlich HambKomm/*Frind*, InsO, 9. Auflage, § 56 Rn. 71 f.

dafür ist ein willkürfreies und justiziables Vorauswahlverfahren verfassungsrechtlich geboten.[740] In Betracht kommen daher jegliche Kriterien, solange sie dem vorgenannten Grundsatz entsprechen.[741]

Die Vorauswahllisten sind generell offen zu führen. Das bedeutet, alle Bewerber, die die Eignungskriterien erfüllen, sind aufzunehmen.[742] Geschlossene Listen, die neue Bewerber erst zulassen, wenn ein Platz frei wird (sog. *closed shops*), erklärte das BVerfG für unzulässig.[743] Für die Aufnahme in die Vorauswahlliste hat der Prätendent seine Bewerbung bei dem Insolvenzrichter einzureichen.[744] Wird das Anforderungsprofil erfüllt, sollte auch ein persönliches Gespräch zwischen dem Prätendenten und dem Insolvenzrichter geführt werden.[745] Das Auswahlverfahren endet mit der Aufnahme in die Vorauswahlliste, alternativ erhält der Bewerber eine ablehnende, aber begründete Entscheidung des Insolvenzrichters.[746]

2. Auswahl für das konkrete Verfahren

§ 56 Abs. 1 S. 1 InsO normiert Eignungskriterien, die sich auf die jeweilige Typizität des konkreten Insolvenzverfahrens beziehen. Zu bestellen ist demnach *„eine für den Einzelfall geeignete, insbesondere geschäftskundige und von den Gläubigern und dem Schuldner unabhängige natürliche Person."*

Somit sind juristische Personen, namentlich eine Rechtsanwalts-GmbH oder -AG bzw. eine gleichermaßen organisierte Gesellschaft von Wirtschaftsprüfern, nach geltendem Recht generell von der Bestellung zum Insolvenzverwalter ausgeschlossen.[747] Denn nur eine *natürliche Person* kann Träger des besonderen Vertrauens sein und der Höchstpersönlichkeit des Verwalteramtes gerecht werden.[748] Die Voraussetzung der *Geeignetheit* wird durch die Norm selbst nicht genauer erläutert, sondern mit den Attributen *geschäftskundig* und *unabhängig* bespielhaft konnotiert.[749]

Der zu bestellende Verwalter gilt als geschäftskundig, wenn er neben einer theoretischen Vorbildung in den konkreten rechtlichen und wirtschaftlichen Pro-

---

740 BVerfG, Beschl. v. 23.05.2006 – 1 BvR 2530/04 = ZInsO 2006, S. 768 (765).
741 Vgl. K/P/B/*Lüke*, InsO, 95. EL, § 56 Rn. 28; siehe zu den gängigen Kriterien Rattunde/Smid/Zeuner/*Rechel*, InsO, 4. Auflage, § 56 Rn. 10a-20.
742 BVerfG, Beschl. v. 23.05.2006 – 1 BvR 2530/04 = ZIP 2007, S. 1360 (1355).
743 BVerfG, Beschl. v. 23.05.2006 – 1 BvR 2530/04 = ZIP 2007, S. 1360 (1355).
744 HK-InsO/*Riedel*, 10. Auflage, § 56 Rn. 14.
745 *Lüke*, ZIP 2007, S. 703 (701).
746 HK-InsO/*Riedel*, 10. Auflage, § 56 Rn. 16.
747 BVerfG, Beschl. V. 12.01.2016 – 1 BvR 3102/13 = NZI 2016, S. 163.
748 MüKo-InsO/*Graeber*, 4. Auflage, § 56 Rn. 16.
749 HK-InsO/*Riedel*, 10. Auflage, § 56 Rn. 4.

blemstellungen des jeweiligen Verfahrens auch praktische Erfahrungen vorweisen kann.[750] So eignen sich nicht nur Juristen, sondern auch Wirtschaftsprüfer, Steuerberater oder vereidigte Buchprüfer für das Verwalteramt.[751]

Die zudem erforderliche Unabhängigkeit des Bewerbers ist von höchster Bedeutung und Voraussetzung dafür, dass der Staat fremdes Vermögen in die Hände des Verwalters legt.[752] Die Neutralität des Verwalters gegenüber den Interessen der Gläubiger und des Schuldners ist eine Grundvoraussetzung für die Zielerreichung der bestmöglichen und gemeinschaftlichen Gläubigerbefriedigung (§ 1 S. 1 InsO). Anderenfalls wäre die vollumfängliche Beschlagnahme und Verwertung des schuldnerischen Vermögens sowie dessen gleichmäßige Verteilung nicht gesichert. Um eine mögliche Interessenkollision rechtzeitig zu erkennen, ist das Insolvenzgericht auf die verpflichtende Offenbarung durch den Verwalter angewiesen.[753] Die Unabhängigkeit ist nicht mehr gegeben, wenn der Insolvenzverwalter durch seine Tätigkeit nach Möglichkeit Sondervorteile oder sogar tatsächlich Sondervorteile erhält.[754] Dabei ist es zum einen unerheblich, ob es sich um mittelbare oder unmittelbare Vorteile handelt und zum anderen, ob die Vorteile dem Verwalter selbst oder anderen Verfahrensbeteiligten zukommen.[755] Wie auch im Falle anderer Amtsträger ist bereits die Besorgnis der Abhängigkeit für die Begründung der fehlenden Unabhängigkeit ausreichend.[756]

Das Insolvenzgericht hat bei der Beurteilung der Voraussetzungen des § 56 Abs. 1 InsO zu versuchen, den im Einzelfall bestmöglichen Insolvenzverwalter zu bestellen.[757] Dem zuständigen Insolvenzrichter wird dabei ein Auswahlermessen eingeräumt, welches der gerichtlichen Kontrolle unterliegt.[758] In der Regel bedient sich der Richter für die Auswahl an den Kandidaten seiner persönlichen Vorauswahlliste.[759] Der konkrete Bestellungsakt und die dahinterstehende Entscheidung sind nicht zu begründen.[760]

---

750 BVerfG, Beschl. v. 27.11.2008 – 1 BvR 2032/08 = NZI 2009, S. 371; MüKo-InsO/*Graeber*, 4. Auflage, § 56 Rn. 18 f.

751 Uhlenbruck/*Zipperer*, InsO, 15. Auflage, § 56 Rn. 17.

752 *Bork*, ZIP 2006, S. 59 (58).

753 Vgl. BT-Drs. 17/5712, S. 68; *Stapper*, NJW 1999, S. S. 3443 (3441).

754 *Schumann*, FS Geimer, S. 1071 (1043).

755 *Schumann*, FS Geimer, S. 1071 (1043).

756 *Schumann*, FS Geimer, S. 1066 (1043).

757 *Graeber*, DZWIR 2005, S. 184 (177).

758 Rattunde/Smid/Zeuner/*Rechel*, InsO, 4. Auflage, § 56 Rn. 40.

759 HK-InsO/*Riedel*, 10. Auflage, § 56 Rn. 21.

760 Vgl. HambKomm/*Frind*, InsO, 9. Auflage, § 56 Rn. 109.

III. Kritik

Das Auswahlverfahren um die Bestellung des Insolvenzverwalters zeichnet sich vor allem durch eine dünne Gesetzeslage verbunden mit einem erheblichen Ermessensspielraum des alleinentscheidenden Insolvenzrichters aus. Die Wahl des Insolvenzverwalters gilt zurecht als „Schicksalsfrage“[761] des Insolvenzverfahrens. Dass die Entscheidung dieser Frage dennoch hinter verschlossener Tür getroffen wird, wirft Zweifel auf. Die folgenden Kritikpunkte sollen auf die Schwachstellen des Bestellungsverfahrens aufmerksam machen und mit einem Blick auf mögliche Reformmaßnahmen abschließen.

1. Qualitätssicherung und Chancengleichheit

Zunächst muss infrage gestellt werden, ob die Methode des „Listing“ in ihrer derzeitigen Anwendungsweise im Vorauswahlverfahren für die bezweckte Bestenauslese sowie Qualitätssicherung im Verwalteramt bei bestehender Chancengleichheit geeignet ist.

Die Ausgangslage ist paradox: Wie bereits ausgeführt, bestätigte das BVerfG das Recht des Prätendenten auf eine willkürfreie Entscheidung hinsichtlich der Auswahl des Insolvenzverwalters nach § 56 Abs. 1 InsO und erklärte die Führung von Vorauswahllisten als ein hierfür angemessenes Instrument. Vorauswahlkriterien definierte es nicht. Vielmehr bleibt es die Aufgabe eines jeden Insolvenzrichters, persönliche Kriterien zur Vorauswahl aufzustellen und seine eigene Kandidatenliste zu führen. Aufgrund der Subjektivität dieser Vorgehensweise werden die Prätendenten regelmäßig mit Vorauswahlkriterien konfrontiert, die sich einer sachlichen Rechtfertigung entziehen.[762] Die Aufstellung persönlicher Vorauswahlkriterien bildet dadurch das Einfallstor für Willkür im Auswahlverfahrens des Insolvenzverwalters. So können Examensnoten oder insolvenzrechtliche Doktorarbeiten isoliert betrachtet keine Tauglichkeit zur praktischen Abwicklung von Insolvenzverfahren unter Beweis stellen.[763] Die Möglichkeit, dass das Nichterreichen der genannten Kriterien den Ausschluss von der persönlichen Vorauswahlliste eines Insolvenzrichters begründen könnte, zeigt die geringe Geeignetheit dieser Methode. *Graeber* sammelte diverse Entscheidungen deutscher Gerichte, die sich mit der Überprüfung von Vorauswahlkriterien befassten, und kam zu dem Schluss: *„Das sich daraus ergebende Bild ist derartig inhomogen, dass für die Praxis der Insolvenzgerichte kein gesicherter Katalog gebildet werden kann.“*[764]

---

761 So schon zum Konkurs Jaeger/*Weber*, KO, 8. Auflage, § 78 Anm. 7.

762 So auch Rattunde/Smid/Zeuner/*Rechel*, InsO, 4. Auflage, § 56 Rn. 10.

763 *Smid*, ZInsO 2018, S. 1829 (1825).

764 Ausführlich: MüKo-InsO/*Graeber*, 4. Auflage, §56 Rn. 99.

Zwangsläufig führt das Instrument der Vorauswahlliste in der aktuellen Praxis zur Anwendung unterschiedlicher Systeme mit unterschiedlichen Vorauswahlkriterien an den verschiedenen Gerichten. Dass dieses Verfahren der dauerhaften Qualitätssicherung tatsächlich zugutekommt, wird bestritten. Denn die Vielgestaltigkeit der Vorauswahl begründet auf der Kehrseite unterschiedliche Qualitätsanforderungen, wodurch kein bundeseinheitlicher hoher Qualitätsstandart gesichert werden kann.[765] Zudem müssen Insolvenzverwalter, die überregional präsent sein wollen – was ökonomisch notwendig ist – zu Multitalenten werden, um möglichst viele der diversen Vorauswahlkriterien zu erfüllen.[766] In Anbetracht der Höchstpersönlichkeit des Verwalteramtes ist jedoch nicht immer der Verwalter am besten geeignet, der die meisten Vorauswahlkriterien verkörpert, sondern gegebenenfalls derjenige, der seinen Sitz im Umland des Schuldners hat und dessen persönliches Erscheinen[767] reaktionsschnell erfolgen kann. Ein zu hohes Anforderungsprofil verwehrt ebenfalls solchen Verwaltern den Zugang zum Amt, die für wirtschaftlich und rechtlich weniger anspruchsvolle Verbraucher- oder kleineren Unternehmensinsolvenzen geeignet sind.[768] Dadurch wird nicht zuletzt das Gebot der Chancengleichheit (Art. 12, 3 GG) unterlaufen.[769]

Das „Listing“ kann daher in seiner derzeitigen Anwendungsweise nicht der einheitlichen Qualitätssicherung bei bestehender Chancengleichheit im Verwalteramt gerecht werden.

2. Intransparenz

Ein in rechtswissenschaftlicher Literatur vielfach besprochener Kritikpunkt ist die Intransparenz des Verfahrens um die Auswahl des Insolvenzverwalters.[770] Die Diskussion ist nach wie vor aktuell, obwohl die europäischen Gesetzgeber den Mitgliedstaaten durch Art. 26 Abs. 1b RestrRL[771] aufgetragen haben, sicherzustellen, dass *„die Zulassungsvoraussetzungen sowie das Verfahren für die Bestellung, die*

765 Ebke/Seagon/Blatz/*Vallender*, Die Praxis der Unternehmensrestrukturierung und der Berufsstand des Insolvenzverwalters, S. 119.

766 Vgl. *Smid*, ZInsO 2018, S. 1826 (1825), der einen Ausschnitt des umfangreichen Anforderungsprofils darstellt.

767 Dass das persönliche Erscheinen des Verwalters unerlässlich ist, schildert *Smid* in ZInsO 2018, S. 1826 f. (1825).

768 So auch *Henssler*, NZI 2020, S. 198 (193).

769 *Rendels*, INDat Report 09/2018, S. 47 f. (44).

770 Vgl. HK-InsO/*Riedel*, 10. Auflage, § 56 Rn. 11; HambKomm/*Frind*, InsO, 9. Auflage, § 56 Rn. 7; MüKo-InsO/*Graeber*, 4. Auflage, § 56 Rn. 98, 100 ff; Graf-Schlicker/*Graf-Schlicker*, InsO, 6. Auflage, § 56 Rn. 10; K/P/B/*Lüke*, InsO, 95. EL, § 56 Rn. 19a; *Smid*, DZWIR 2022, S. 335.

771 Richtlinie (EU) 2019/1023 v. 20.06.2019.

Abberufung und den Rücktritt von Verwaltern klar, transparent und fair sind." Denn eine Umsetzung auf nationaler Ebene blieb in Deutschland aus; der Gesetzgeber muss davon ausgehen, dass §§ 56 ff. InsO die europäischen Anforderungen erfüllen. Warum das nicht der Fall ist, lässt sich mit zwei Argumenten belegen.

Zum einen sorgt das aktuelle Instrument der Vorauswahlliste nicht nur für einen fehlenden Mindestqualitätsstandart und mangelnde Chancengleichheit bei der Verwalterbestellung, sondern darüber hinaus auch für eine erhebliche Unklarheit im Bewerbungsverfahren: Durch die Anwendung der vielgestaltigen Auswahlsysteme mit unterschiedlichen Kriterien wird den Prätendenten der Weg zum Verwalteramt unnötig erschwert. Der vielfach beklagte Wildwuchs an unterschiedlichsten lokalen Vorauswahllisten ist der Grundstein für die fehlende Einheitlichkeit und Transparenz des Auswahlwesens.[772] Ohne die Vorgabe bundeseinheitlicher allgemeiner Vorauswahlkriterien kann keine Homogenität unter den geschätzten 600 Listen[773] erzeugt werden.

Zum anderen werden die für die Aufnahme geltenden Kriterien ebenso wie die Vorauswahlliste selbst von den einzelnen Insolvenzrichtern im Regelfall nicht veröffentlicht.[774] Die Maßstäbe, die der jeweilige Insolvenzrichter seiner Auswahl zugrunde legt, gelten daher zutreffend als „*Internum des Insolvenzgerichts*"[775]. Dies hat zur Folge, dass auch die Ermessensentscheidung des Richters über die Bestellung im konkreten Verfahren in der Regel intransparent erfolgt. Die Vorauswahlliste – deren Aufnahmekriterien von Richter zu Richter unterschiedlich ausfallen und regelmäßig nicht veröffentlich werden (!) – dient nämlich im vorigen Schritt der grundsätzlichen Tauglichkeitsprüfung als Erkenntnisinstrument. Ohne Klarheit über die Kriterien zur Aufnahme in die Liste kann die finale Auswahlentscheidung daher nicht transparent erfolgen. Denn die Transparenz einer Entscheidung setzt ihre Begründbarkeit voraus;[776] hieran fehlt es, wenn die Vorauswahlkriterien nicht öffentlich einsehbar und somit nicht verifizierbar sind. Die Aufstellung der persönlichen Kriterien sowie die Ausübung des richterlichen Ermessens erscheinen daher (regelmäßig) unkontrollierbar.

Allein aus diesen Gründen können die §§ 56 ff. InsO und das Zulassungsverfahren für die Bestellung von Verwaltern nicht dem Transparenzgebot des Art. 26 Abs. 1b RestrRL entsprechen.

---

772 Vgl. Ebke/Seagon/Blatz/*Vallender*, Die Praxis der Unternehmensrestrukturierung und der Berufsstand des Insolvenzverwalters, S. 119.

773 So *Frind*, dargestellt von *Reuter*, INDat Report 08/2018, S. 74 (72).

774 HK-InsO/*Riedel*, 10. Auflage, § 56 Rn. 11; *Frind*, dargestellt von *Reuter*, INDat Report 08/2018, S. 74 (72).; HambKomm/*Frind*, InsO, 9. Auflage, § 56 Rn. 22.

775 *Smid*, DZWIR 2022, S. 335.

776 *Smid*, DZWIR 2022, S. 337, 340 f. (335).

3. Subjektivität des Zulassungsverfahrens: Korruptionsgefahr durch ökonomische Abhängigkeiten

Während es zur Geltungszeit der Konkursordnung schwierig war, überhaupt Konkursverwalter für die Übernahme des Amtes zu finden,[777] ist das Verhältnis von Verfahren und Verwaltern nunmehr gekippt. Es besteht eine wachsende Zahl von Bewerbern bei gleichzeitigem Rückgang der Anzahl der Verfahrenseröffnungen.[778] Vor allem die massereichen (lukrativen) Unternehmensinsolvenzen sind auch aufgrund des zuletzt niedrigen Zinsniveaus stetig rückläufig.[779] Die Konkurrenz unter Verwaltern ist daher groß. Dieser gesteigerte Konkurrenzdruck führt im Zusammenspiel mit der Subjektivität des Zulassungsverfahrens zu einem Problem, das nach Ansicht des Verfassers bisher zu wenig Beachtung fand. In seiner aktuellen Praxis bietet das Auswahlverfahren des Insolvenzverwalters zu viel Raum für Korruptionshandlungen und leidet daher unter einer Missbrauchsanfälligkeit.[780] Diese Anfälligkeit wird maßgeblich durch drei Faktoren begünstigt: (1.) Die Intransparenz des Verfahrens, (2.) die ökonomische Abhängigkeit des Verwalters vom bestellenden Insolvenzrichter und (3.) die erhebliche Entscheidungsmacht des Richters, der zugleich Verfahrensbeteiligter ist.

Die oben dargestellte Intransparenz des Auswahlverfahrens mündet in der mangels gesetzlicher Vorgaben kaum vorhandenen Kontrollierbarkeit der persönlichen Auswahlkriterien des Richters und seiner Ermessensentscheidung. Da die Verwalterauswahl dadurch mit einer gewissen Willkür[781] getroffen werden kann, lässt sich die Bevorzugung bestimmter Verwalter oder die Nichtbeachtung anderer kaum überprüfen. Zudem ist die Bestellung nicht zu begründen, dadurch unterliegt der Richter obendrein keiner Selbstkontrolle.[782]

Von existenziellem Ausmaß ist die ökonomische Abhängigkeit in der Verwalter-Richter-Beziehung nur für den Verwalter. Seine Vergütung wird im Sinne des § 8 Abs. 1 InsVV auf Antrag vom Insolvenzgericht festgesetzt. Zwar ist hierfür grundsätzlich nicht der Richter, sondern der Rechtspfleger zuständig (§§ 3 Nr. 2e, 18 Abs. 1 RPflG), jedoch erfolgt die Verwalterbestellung allein durch den Insolvenz-

777 Vgl. *Graeber*, DZWIR 2005, S. 177.

778 MüKo-InsO/*Graeber*, 4. Auflage, § 56 Rn. 107.

779 Die Zahl der Unternehmensinsolvenzen befindet sich auf einem historischen Tiefstand: Im Jahr 2021 gerieten 13.993 Unternehmens in die Insolvenz (Statistisches Bundesamt Tabelle „Insolvenzen von Unternehmen und übrigen Schuldnern“ vom 10.03.2022).

780 Gemeint sind insbesondere die §§ 331 bis 335 StGB (Straftaten im Amt). Um Missverständnisse zu vermeiden: Vorliegend geht es nicht um den Vorwurf, dass unzählige strafbare Handlungen verübt wurden, sondern darum, dass die Struktur des Auswahlverfahrens einen großen Spielraum für solche Handlungen gewährt.

781 Siehe oben Kritikpunkt 1; so auch schon *Graeber*, DZWIR 2005, S. 188 (177).

782 Vgl. Uhlenbruck/*Zipperer*, InsO, 15. Auflage, § 56 Rn. 47.

richter (§ 18 Abs. 1 Nr. 1 RPflG). Somit ist es der Richter, der die Vergabe von massereichen (und allen anderen) Insolvenzverfahren in den Händen hält, die mitunter Vergütungen in Millionenhöhe ermöglichen.[783] Jede Auswahlentscheidung eines Insolvenzrichters hat daher eine ökonomische und existenzielle Bedeutung für den bestellten Verwalter. Die seit Jahren rückläufigen Verfahrenszahlen wirken abhängigkeitsverschärfend.

Maßgeblich für die Missbrauchsanfälligkeit des Zulassungsverfahrens ist darüber hinaus das Entscheidungsmonopol des Insolvenzrichters. Grundsätzlich kann zwar auch der vorläufige Gläubigerausschuss in den Auswahlprozess einbezogen werden (vgl. §§ 21 Abs. 2 Nr. 1a, 22a, 56a InsO). In der Praxis sind Einflussmöglichkeiten der Insolvenzgläubiger jedoch gering, da der vorläufige Gläubigerausschuss im Sinne des § 22a Abs. 3 InsO zumeist nur in solchen Verfahren eingesetzt werden kann, in denen der schuldnerische Betrieb im Eröffnungsverfahren noch fortgeführt wird.[784] Dabei wird die Bestellung des vorläufigen Gläubigerausschusses vor der Bestellung des vorläufigen Insolvenzverwalters nur dann möglich sein, wenn mit dem Eröffnungsantrag des Insolvenzschuldners die Mitglieder eines vorläufigen Gläubigerausschusses benannt werden.[785] Von einer individuellen Einflussnahme der Gläubiger kann daher in faktischer Hinsicht nicht die Rede sein.

Im Zusammenhang mit dem Bestellungsverfahren wird nur vereinzelt[786] hinterfragt, warum der Gesetzgeber gerade den Richter mit der Auswahlentscheidung belastet. Nicht von der Hand zu weisen ist, dass er grundsätzlich mit der nötigen Sachkenntnis ausgestattet ist, um in einem frühen Verfahrensstadium den (vorläufigen) Verwalter zu bestimmen. Allerdings erschweren Umstände des gerichtlichen Alltags die Durchführung des verfassungsrechtlich gebotenen Auswahlverfahrens:[787] Eine hohe Arbeitsbelastung der Richter bei materiell und personell unzureichender Ausstattung der Insolvenzgerichte lassen eine angemessene Führung der Vorauswahllisten nicht zu.[788] Berücksichtigungswürdig ist ferner, dass der Insolvenzrichter die Stellung eines Verfahrensbeteiligten einnimmt. Denn der In-

---

783 Die Vergütung im Normalverfahren wird durch § 2 Abs. 1 InsVV bestimmt. Gestaffelt in neun Stufen (degressiv) werden bestimmte Prozentsätze des Werts der Insolvenzmasse als Vergütung verdient. So erhält der Insolvenzverwalter von den ersten 35.000 Euro der Insolvenzmasse 40 Prozent, von dem Mehrbetrag ab 35 Millionen bis zu 70 Millionen Euro 1,1 Prozent. Als prominentes Beispiel kann die Vergütung im Rahmen der Karstadt-Insolvenz genannt werden: Der Vergütungsantrag von Verwalter Klaus Hubert Görg wurde in Höhe von 32,31 Millionen Euro festgesetzt (vgl. *Weber*, 07.10.2010, Es ist Zahltag – in eigener Sache, Süddeutsche Zeitung).

784 MüKo-InsO/*Graeber*, 4. Auflage, § 56a Rn. 2.

785 MüKo-InsO/*Graeber*, 4. Auflage, § 56a Rn. 2.

786 Zu nennen ist *Graeber*, DZWIR 2005, S. 183 (177).

787 Vgl. auch HambKomm/*Frind*, InsO, 9. Auflage, § 56 Rn. 22.

788 Vgl. *Vallender*, ZInsO 2017, 2464; HambKomm/*Frind*, InsO, 9. Auflage, § 56 Rn. 14, 22.

solvenzverwalter hat unter anderem verfahrensmäßige Pflichten gegenüber dem Insolvenzgericht zu erfüllen (vgl. §§ 58 ff. InsO), dessen Entscheidungsträger Richter und Rechtspfleger sind.[789] Das Insolvenzgericht ist im Verlauf des Verfahrens dafür zuständig, die Befriedigung der Insolvenzgläubiger und die Wahrung der Rechte des Schuldners in verfahrensrechtlicher Hinsicht bestmöglich zu fördern.[790] Um dies zu gewährleisten, erhält es verschiedene Kontroll- und Eingriffsbefugnisse.[791] Das Insolvenzgericht ist daher als Verfahrensbeteiligter einzuordnen,[792] was gleichermaßen für den zuständigen Richter und Rechtspfleger gilt.

Um die Entscheidungsmacht eines am Verfahren beteiligten Richters zu veranschaulichen, kann ein Vergleich mit dem Strafprozess für das Problem der Abhängigkeiten herangezogen werden: Unter bestimmten Voraussetzungen ist es die Pflicht des (vorsitzenden) Straf- bzw. Ermittlungsrichters, dem Beschuldigten einen Pflichtverteidiger zu bestellen und diesen sogar auszuwählen (vgl. §§ 141, 142 Abs. 3 Nr. 3, Abs. 6 StPO).[793] Auch hier drängt sich die Frage auf, warum gerade der Richter für die Verteidigerbestellung zuständig sein sollte, obwohl er doch selbst am Verfahren beteiligt ist. Denn die Auswahl des Verteidigers beeinflusst maßgeblich die „Bequemlichkeit der Verfahrensführung".[794] Ähnlich verhält es sich im Insolvenzverfahren, da jedes Insolvenzgericht nach pflichtgemäßem Ermessen seine eigenen Maßstäbe für Inhalt und Aufbau von Gutachten im Eröffnungsverfahren und Aufsichtsmaßnahmen wie Auskunftserteilungen, Berichten oder Zwischenrechnungslegungen (§ 58 Abs. 1 S. 2 InsO) aufstellt.[795] Die Verfahrensabwicklung verläuft für das Insolvenzgericht zweifellos angenehmer, wenn der Gutachter oder der (vorläufige) Verwalter seine Arbeitsweise den individuellen Maßstäben und Bedingungen des Insolvenzgerichts anpasst. Sollte sich der Verwalter nicht anpassen, wird seine nächste Bestellung aufgrund der Subjektivität des Zulassungsverfahren möglicherweise an der Voreingenommenheit des Richters scheitern.

---

789 Beck/Depré/*Holzer*, Praxis der Insolvenz, 3. Auflage, § 3 Rn. 3, 6.

790 Beck/Depré/*Holzer*, Praxis der Insolvenz, 3. Auflage, § 3 Rn. 5; vgl. *Smid*, ZIP 1995, S. 1141 (1137) zur Rolle des Konkursgerichts.

791 Dazu ausführlich *Smid*, Handbuch Insolvenzrecht, 7. Auflage, § 1 Rn. 91a f.

792 Beck/Depré/*Holzer*, Praxis der Insolvenz, 3. Auflage, § 3 Rn. 5; Gottwald/Haas/ *Pechartscheck*, Insolvenzrechts-Handbuch, 6. Auflage, § 17 Rn. 1; vgl. *Smid*, ZIP 1995, S. 1141 (1137) zur Rolle des Konkursgerichts.

793 Dazu kritisch: statt aller *Leitmeier*, StV 2016, S. 515; *von der Meden*, Betrifft JUSTIZ Nr. 130, S. 70, der Parallelen zur Verwalterbestellung feststellt.

794 *von der Meden*, Betrifft JUSTIZ Nr. 130, S. 71 (70), der den unter Strafverteidigern bekannten Begriff der „Beiordnungsprostitution" verwendet, welcher den auf dem Rücken des Beschuldigten ausgetragenen Tausch von Anwaltshonorar gegen eine bequeme Verfahrensführung meint.

795 Vgl. *Graeber*, DZWIR 2005, S. 185 (177); K/P/B/*Lüke*, InsO. 95. EL, § 58 Rn. 14.

Diese verfahrensbedingte Nähe zwischen Insolvenzrichtern und Verwaltern wie auch die dadurch ausgelösten Anhängigkeiten werden zusätzlich auf die Probe gestellt, wenn ein Zusammenwirken der Beteiligten auch außerhalb von der Insolvenzverfahrensbewältigung gegeben ist. Exemplarisch lässt sich die Zusammenarbeit im Zuge von Erzeugnissen des insolvenzrechtlichen Schrifttums anbringen. Teilweise werden Kommentare zur Insolvenzordnung, Handbücher oder andere Werke von Insolvenzrichtern herausgegeben und von einem Autorenkreis bearbeitet, der sich aus praktizierenden Insolvenzverwaltern, Richtern und Rechtspflegern desselben Insolvenzgerichtsbezirks zusammensetzt. Ebenfalls veröffentlichen Verwalter und Richter gemeinsame Artikel in Fachzeitschriften. Auch im Rahmen von Fortbildungen und Seminaren besteht eine Zusammenarbeit, wenn Insolvenzverwalter Richter als Referenten einladen (oder andersherum) und dafür zusätzlich vergüten. Insbesondere für den von der Verfahrensvergabe abhängigen Verwalter handelt es sich bei solchen Autoren- oder Referentenverträgen um Angebote, deren Ablehnung bzw. Vergabe in Anbetracht der nächsten Verfahrensbestellung wohl überlegt sein muss. Ohne den Beteiligten an dieser Stelle ihre Professionalität abzusprechen oder gar ein Tauschgeschäft vorzuwerfen, sollen die Beispiele auf ein Näheverhältnis zwischen Insolvenzrichtern und Verwaltern aufmerksam machen, das im Lichte der Subjektivität des Zulassungsverfahren und der ökonomischen Abhängigkeit des Verwalters die vollkommene Unabhängigkeit des Richters bei der Verwalterwahl ins Wanken geraten lässt. Jedenfalls bietet die aktuelle Struktur des Auswahlverfahrens einen ausreichenden Spielraum, um die dargestellten Umstände und eine etwaige Zusammenarbeit sowohl von Richter- als auch von Verwalterseite missbrauchend auszuspielen.

Die Verwalterbestellung als Erwerbsquelle des Insolvenzverwalters sollte aus diesen Gründen nicht allein in den Händen eines verfahrensbeteiligten Richters verbleiben. Wie *Graeber*[796] zutreffend formuliert, würde eine Veränderung der Zulassungsprüfung *„[…] den Zugang zum Beruf des Verwalters aus dem Dunkel des Richterzimmers und dem Ruch der Kumpanei und Vorteilsnahme in das Licht eines objektiven Zulassungsverfahren führen."*

4. Verschärfung bei Konzernsachverhalten

Konzerninsolvenzverfahren sind regelmäßig mit größeren wirtschaftlichen Werten, mehr gefährdeten Arbeitsplätzen und vielschichtigen betriebswirtschaftlichen wie insolvenzrechtlichen Fragestellungen belastet.[797] Die komplexeren Herausforderungen steigern ebenfalls die Anforderungen an die gerichtliche Auswahlent-

796 *Graeber*, DZWIR 2005, S. 188 (177).

797 Vgl. Flöther/*Flöther*, Konzerninsolvenzrecht, 2. Auflage, § 1 Rn. 1.

scheidung und ihre vorangestellte Abstimmung im Falle der Zuständigkeit mehrerer Insolvenzgerichte im Sinne des § 56b InsO.[798] Zwangsläufig verschärfen sich daher auch die vorgenannten Kritikpunkte im Zuge des Auswahlverfahrens eines Konzerninsolvenzverwalters.

Dabei ist zunächst die Frage des *„Ob“* der Gruppeninsolvenzverwaltung durch den oder die Insolvenzrichter zu beantworten.[799] Hierbei drängt sich den Gerichten die Untauglichkeit des potenziellen Einheitsverwalters vor allem dann auf, wenn konzerninterne Interessenkonflikte die Unabhängigkeit des Verwalters gefährden. Dies ist insbesondere gegeben, wenn das Vermögen eines insolventen Konzernunternehmens im Wesentlichen aus nicht feststehenden Ansprüchen gegen andere gruppenangehörige Schuldner besteht.[800] Hierzu zählen die oben genannten[801] Verlustübernahme- und Ausgleichansprüche sowie Anfechtungs- und Haftungsansprüche. So befindet sich der Einheitsverwalter von Schuldnern einer Unternehmensgruppe mit einem Cash-Pool-System naturgemäß in einer ständigen Pflichtenkollision und würde stets entgegen dem Interesse bestimmter Gläubigergruppen agieren. In der Regel ist daher von der Bestellung eines Konzerninsolvenzverwalters in Verfahren über das Vermögen von *zentral*[802] organisierten Konzernen abzusehen, da die enge Verflechtung vielschichtige Anspruchsbeziehungen bedingt. Insofern ist auch die Kritik von *Brünkmans*[803], die Regelung des § 56b InsO sei nicht weitreichend genug und stattdessen sei die einheitliche Verwalterbestellung als Regelfall vorzusehen sei, nicht zielführend. Vielmehr muss der Vielgestaltigkeit von Konzernstrukturen auch bei der Verwalterbestellung mit gleicher Flexibilität begegnet werden. Die Einführung eines Regelmodells liefe dem entgegen.

Im Falle der Zuständigkeit mehrerer angerufener Gerichte erschwert die fehlende Vorgabe bundesweit geltender Zulassungskriterien und die unterschiedlichen Qualitätsstandards der Gerichte die Abstimmung der Insolvenzrichter und die Beantwortung der Frage nach dem *„Wie“*[804] der Gruppenverwaltung. Geeignete Prätendenten sollten insbesondere über die nötigen Kapazitäten verfügen, um den Umfang der Verfahren mehrerer gruppenangehöriger Schuldner zu bewältigen. Hierbei nur die Person des Verwalters zu beleuchten wäre unzureichend, auch die Infrastruktur hinter dem Verwalter muss der gesteigerten Belastung durch ein

798 *Streit*, NZI-Beilage 2018, S. 17 (14).
799 *Streit*, NZI-Beilage 2018, S. 15 f. (14).
800 BT-Drs. 18/407, S. 30.
801 Allgemeiner Teil, Kapitel 3, A.
802 Siehe dazu Allgemeiner Teil, Kapitel 1, A. II. 1.
803 *Brünkmans*, ZIP 2013, S. 198 (193).
804 Vgl. *Streit*, NZI-Beilage 2018, S. 16 (14).

Gruppenverfahren standhalten können. Jedoch ist es in der aktuellen Praxis dem bestellenden Insolvenzrichter gar nicht möglich, einen genauen Überblick über die momentane Arbeitsbelastung des Verwalters zu erlangen: Selbst wenn der Richter eine persönliche Übersicht führt, ist es ihm aufgrund der nicht vorhandenen bundeseinheitlichen Maßnahmen, wie eine einheitliche Listenführung und Überlastungsanzeige, nur mit einem Mehraufwand möglich, die konkrete Belastung durch Verfahren an anderen Insolvenzgerichten einzusehen.[805] Zunächst getroffene und häufig faktisch irreversible Auswahlentscheidungen können sich insofern nach dem Eingang weiterer Eröffnungsanträge gruppenzugehöriger Gesellschaften im Nachhinein als nachteilig erweisen.[806]

Die Bestellentscheidung in Konzerninsolvenzverfahren ist darüber hinaus wegen der oftmals massereichen Verfahren von gesteigerter wirtschaftlicher Tragweite für den Verwaltermarkt. Der Konkurrenzdruck um diese Verfahren ist somit noch erheblicher. Unvermeidlich besteht ein größerer Anreiz, die vorgenannte Missbrauchsanfälligkeit des Auswahlverfahrens auszunutzen. Im Falle der Einrichtung eines Gruppengerichtsstands liegt die Bestellentscheidung weiterhin in den Händen eines einzelnen Insolvenzrichters – die ökonomische Abhängigkeit ist außergewöhnlich hoch. Trotzdem kann diese Entscheidung hinter verschlossener Tür getroffen werden. Insbesondere in Großverfahren löst die Struktur des Zulassungsverfahrens daher Skepsis beim Verfasser aus.

5. Zwischenergebnis

Die vorstehenden Kritikpunkte stellen einen Reformbedarf des Zulassungsverfahrens für Insolvenzverwalter unter Beweis: Die Subjektivität, verbunden mit der Intransparenz und der Uneinheitlichkeit des Auswahlverfahrens, lassen Spielräume für Missbrauchshandlungen zu, die es zu schließen gilt. Es mangelt darüber hinaus an Nachvollziehbarkeit und Kontrollierbarkeit der Bestellentscheidung. Die in aktueller Praxis bestehende Überschneidung von administrativer und richterlicher Tätigkeit[807] im Auswahlverfahren des Insolvenzverwalters kann daher weder im Interesse der Richterschaft noch im Interesse der Prätendenten und der sonstigen Verfahrensbeteiligten liegen. Dabei ist die Möglichkeit des § 56b InsO, einen personenidentischen Insolvenzverwalters für Verfahren über das Vermögen von Schuldnern derselben Unternehmensgruppe zu bestellen, nicht zu kritisieren.

---

805 Vgl. HambKomm/*Frind*, InsO, 9. Auflage, § 56 Rn. 105.

806 *Streit*, NZI-Beilage 2018, S. 16 (14).

807 Vgl. zur Trennung von (Justiz-)Verwaltungsaufgaben und richterlichen Funktionen *Pollmächer/Siemon*, NZI 2017, S. 99 (93).

Vielmehr wurde die Norm im Zuge des KIG in ein bereits fehlerhaftes System implementiert.

Die seit vielen Jahren bestehenden Diskussionen um das Auswahlverfahren und die diversen Forderungen, das Berufsrecht der Verwalter zu reformieren, halten folgerichtig weiterhin an.[808] Nach hiesiger Auffassung sollte jedes Reformvorhaben die Objektivierung und Zentralisierung des Zulassungsverfahrens[809] sowie die Entkoppelung der Auswahlentscheidung vom verfahrensbeteiligten Insolvenzrichter[810] anstreben.

IV. I als Einheitsverwalter der K-Gruppe

Im Zuge der Einordnung der Sachverhaltserweiterung ergibt sich die Frage, ob I im Sinne des § 56b InsO ebenfalls zum Insolvenzverwalter im Verfahren über das Vermögen der M-GmbH bestellt werden sollte.

Dafür könnte sprechen, dass sich I im Rahmen der Verwaltung in dem Verfahren über das Vermögen der T1-GmbH bereits in die rechtliche und wirtschaftliche Ordnung der K-Gruppe eingearbeitet hat; er hätte somit einen Informationsvorsprung gegenüber anderen Verwaltern. Zweifellos brächte die Einheitsverwaltung im vorliegenden Fall auch die vom Gesetzgeber gewünschte personelle Verfahrenskonzentration und dadurch Koordinationsvorteile. Nicht zuletzt hätte die Bestellung des I auch verfahrensökonomische Vorteile, indem eine zusätzliche Verwaltervergütung eingespart würde.

Dagegen streiten jedoch erhebliche Bedenken gegen die Unabhängigkeit des I in der vorliegenden Konstellation: Denn zum einen scheiterten die Vergleichsverhandlungen zwischen I, dem Geschäftsführer G und der B-Bank, wodurch die übertragende Sanierung der T1-GmbH an K nicht realisiert werden konnte und im

---

808 Vgl. *Graeber*, DZWIR 2005, S. 177; *Pollmächer/Siemon*, NZI 2017, S. 93; *Frind*, NZI 2018, S. 729; *Thole*, KTS 2018, S. 244 (225); *Henssler*, NZI 2020, S. 193; HK-InsO/*Riedel*, 10. Auflage, § 56 Rn. 11; MüKo-InsO/*Graeber*, 4. Auflage, §56 Rn. 137; zuletzt vom VID, Pressemitteilung vom 17.02.2022.

809 Dies lässt sich etwa durch das vielfach geforderte bundeseinheitliche Verzeichnis von Insolvenzverwaltern realisieren. Siehe dazu MüKo-InsO/*Graeber*, 4. Auflage, § 56 Rn. 137; *Henssler*, NZI 2020, S. 197 (193); HambKomm/*Frind*, InsO, 9. Auflage, § 56 Rn. 7; ähnlich HK-InsO/*Riedel*, 10. Auflage, § 56 Rn. 11, der darüber hinaus gesetzlich festgelegte Kriterien fordert; mit Schilderung europarechtlicher Gründe *Bluhm*, Die Anwendbarkeit und Auswirkungen der EU-Dienstleistungsrichtlinie auf Auswahl und Bestellung des Insolvenzverwalters, S. 234f. Die staatenweite Lösung wird ebenfalls von Frankreich und Österreich verfolgt, siehe dazu *Thole*, KTS 2018, S. 226ff., 231 ff. (225).

810 Entscheidungsträger könnte zukünftig die Bundesrechtsanwaltskammer (vgl. *Cranshaw*, NZI 2020, S. 147 (143); *Henssler*, NZI 2020, S. 197 (193); auf die regionalen Rechtsanwaltskammern beschränkend siehe Gravenbrucher Kreis, Pressemitteilung vom 12.01.2022) oder die noch einzurichtende Insolvenzverwalterkammer sein (vgl. *Prütting*, INDat Report 07/2018, S. 24 (22); *Zipperer*, ZInsO 2018, S. 2620 (2613); *Vallender*, ZIP 2019, S. 164 (158); kritisch *Smid*, ZInsO 2018, S. 1830 (1825).

Weiteren auch eine Gesamtlösung zur Begleichung der Verbindlichkeiten der Unternehmensgruppe ausblieb. Zum anderen war I an dem Vertragsschluss über die eigenhändige Veräußerung des Betriebsgrundstück der M-GmbH durch G an den Erwerber E beteiligt. Das Vorgehen der Beteiligten führte im Wesentlichen zur Insolvenz der M-GmbH, da diese infolge des Verlustes der Immobilie als Haftungsgegenstand ohne gleichzeitige Entschuldung überschuldet worden ist. Im Verfahren über das Vermögen der M-GmbH ist daher zwingend zu prüfen, ob die Veräußerung des Grundstücks an E im Zuge einer Insolvenzanfechtung reversibel ist. Darüber hinaus könnten die Beteiligten taugliche Gegner von Schadensersatzansprüchen sein, wenn die Herbeiführung der Überschuldung durch eine haftungsrelevante Handlung verwirklicht wurde. In Betracht kommt jedenfalls eine Haftung wegen existenzvernichtenden Eingriffs nach § 826 BGB.[811]

Sowohl Anfechtungsansprüche als auch etwaige Schadensersatzansprüche sind vom Insolvenzverwalter in dem Verfahren über das Vermögen der M-GmbH zu prüfen und geltend zu machen (vgl. § 80 Abs. 1 und § 129 Abs. 1 InsO). Im Rahmen der Anspruchsverfolgung ist es I daher nicht möglich, eine neutrale und unabhängige Position gegenüber den Interessen der Gläubiger und der Schuldnerin zu beziehen, wenn er selbst an der Veräußerung der Immobilie beteiligt war. Vielmehr liegt eine Interessenkollision vor, die die vollumfängliche Beschlagnahme und Verwertung des schuldnerischen Vermögens gefährdet. Das Insolvenzgericht hat deshalb zwingend davon abzusehen, lediglich eine Person – und damit I – zum Insolvenzverwalter der Verfahren der K-Gruppe zu bestellen.

D. Ergebnis

Die Eröffnung eines Insolvenzverfahrens über das Vermögen von Schuldnern derselben Unternehmensgruppe berührt verschiedene Problemfelder:

Die Begründung des Gruppen-Gerichtsstands im Sinne des § 3a InsO erfolgt richtigerweise nicht grundsätzlich am Gerichtsstand der Konzernmutter. Dies widerspräche vor allem der gebotenen und vom Gesetzgeber verfolgten Flexibilität bei der Abwicklung von Konzerninsolvenzverfahren. Die Eröffnung des Gerichtsstands nach dem Prioritätsprinzip überzeugt nicht zuletzt aufgrund der quantitativen Orientierungspunkte in § 3a Abs. 1 S. 2 InsO, da insofern eine gesteigerte Bedeutung

811 Im Rahmen des durch die TRIHOTEL-Entscheidung begründeten Haftungskonzepts nach § 826 BGB reicht für eine Haftungszurechnung an den in Anspruch Genommenen, der selbst kein Gesellschafter der geschädigten Gesellschaft ist und sein muss, eine Beteiligung im Sinne von § 830 BGB aus (vgl. BGH, Urteil v. 16.07.2007 – II ZR 3/04 = NJW 2007, S. 2689).

der jeweiligen Konzerngesellschaft und somit auch eine verdichtete Informationslage am betreffenden Gerichtsstand gesichert ist.

Die Prüfung der Insolvenzgründe führt in Konzernsachverhalten vor allem dann zu praktischen Problemen, wenn nicht jedes Unternehmen mit seiner eigenen Liquiditätssteuerung befasst ist. Hinsichtlich der Prüfung des Eröffnungsgrunds der Zahlungsunfähigkeit sind Cash-Pool-Forderungen nicht mit Zahlungsmitteln gleichzustellen und daher auch nicht als liquide Mittel zu berücksichtigen. Anderenfalls käme es zu einer Verzerrung der Liquiditätsbilanz, da die Anspruchsqualitäten gegenüber der konzerninternen Poolführerin in der Regel nicht so hoch sind wie die gegenüber einem konzernexternen Kreditinstitut. Demgegenüber sind werthaltige, harte Patronatserklärungen der Muttergesellschaft berücksichtigungsfähig. Hinsichtlich der Überschuldungsprüfung sollte die Fortbestehensprognose keine Prüfung der zukünftigen Ertragsfähigkeit beinhalten. Ausganspunkt der Betrachtung ist stets die mögliche Gefährdung der Gläubigeransprüche. Insofern gilt es zu überprüfen, ob die mittelfristige Zahlungsfähigkeit des Unternehmens gesichert ist. Auf die eigenständige Erwirtschaftung der Mittel kommt es indes nicht an. Die Einbeziehung der zukünftigen Ertragsfähigkeit führte bei Unternehmen, die defizitär wirtschaften und auf Fremdkapital angewiesen sind, zur vorschnellen Annahme der Überschuldung.

§ 56b InsO und die Möglichkeit der Bestellung eines gemeinsamen Konzerninsolvenzverwalters wurde in das bereits missbrauchsanfälliges System der Verwalterauswahl eingebettet. Zur Beseitigung des Korruptionspotenzials bedarf es eines bundeseinheitlichen und unabhängig geführten Verwalterverzeichnisses. Auch die Auswahlentscheidung und Bestellung des Verwalters sollte von derselben staatlichen Stelle und nicht vom Insolvenzrichter durchgeführt werden.

In der vorliegenden Sachverhaltserweiterung ist die M-GmbH im Zuge der Fälligstellung der Darlehensrückzahlungsforderung durch B zunächst zahlungsunfähig geworden. Ihre Überschuldung trat sodann mit der Veräußerung des Betriebsgrundstücks ohne gleichzeitige Entschuldung ein. Im Rahmen des Eröffnungsverfahrens hätte von G oder I ein Antrag auf Begründung des Gruppen-Gerichtsstands nach § 3a Abs. 1 S. 1 InsO gestellt werden müssen, um die personelle und örtliche Konzentration der Insolvenzverfahren der K-Gruppe zu gewährleisten. Gleichwohl ist von der Bestellung eines Einheitsverwalters – in diesem Fall I – aufgrund seiner mangelnden Unabhängigkeit abzusehen.

Kapitel 2: Insolvenzanfechtung im Konzern

Im *Allgemeinen Teil* dieser Arbeit wurde bereits ausgeführt, dass mit der Eröffnung des Insolvenzverfahrens auch das Recht des Insolvenzverwalters ausgelöst wird, Insolvenzgläubiger benachteiligende Rechtshandlungen zum Schutze der Gläubigergleichbehandlung anzufechten.[812] Typisch für Konzerninsolvenzen ist zum einen die Anfechtung von Vermögensverschiebungen innerhalb des Konzerns und zum anderen die Anfechtung gegenüber Dritten, die Befriedigungen oder Sicherheiten für ihre Forderungen gegen eine der Gesellschaften erlangt haben.[813] Unter ersteres fällt insbesondere die Weggabe von Vermögensgegenständen an die Gläubiger einer verbundenen Konzerngesellschaft. Letzteres betrifft unter anderem die konzerninterne Darlehensvergabe und Sicherheitengewährung.

Unter Bezugnahme auf die Sachverhaltserweiterung werden im Folgenden die Anfechtung konzerninterner Sicherheiten sowie die Anfechtung der Übertragung von *assets* im Konzerninsolvenzverfahren dargestellt. Bei der vorliegenden Anfechtungskonstellation handelt es sich um ein Mehr-Personen-Verhältnis. Die M-GmbH veräußerte ihr Betriebsgrundstück, vertreten durch G, an E. Der Kaufpreis in Höhe von EUR 1.550.000,00 ist im Wesentlichen an B ausgekehrt worden, die als Grundpfandgläubigerin ihre Forderung gegenüber T1 besichern ließ. Lediglich EUR 50.000,00 vereinnahmte M. Aus Sicht der M liegen somit drei Leistungsverhältnisse vor: Einerseits zwischen ihr und der T1-GmbH aufgrund der Sicherheitengewährung, andererseits zwischen ihr und der B-Bank aufgrund der Schuldentilgung sowie zwischen ihr und E im Zuge der Grundstücksveräußerung. Anfechtungsrechtlich kommt zum einen die Inanspruchnahme von B in Betracht, da sie von Anfang an in die Sanierungsbemühungen und Vertragsgestaltungen eingebunden war. Zum anderen könnte gegenüber der T1-GmbH angefochten werden, da ihre Schuldenmasse um die Zahlung und Befriedigung gegenüber B verringert wurde. Nicht zuletzt könnte sich E als tauglicher Anspruchsgegner eines Notverkaufs herausstellen.

A. Anfechtung konzerninterner Sicherheiten

Um das Ausfallrisiko externer Kreditgeber zu begrenzen, werden die vergebenen Kredite häufig durch verbundene Gesellschaften, die gleichzeitig nicht die Kredit-

812 Siehe oben Allgemeiner Teil, Kapitel 3, B. I. 3.
813 Vgl. *Wenner/Schuster*, ZIP 2008, S. 1513 (1512).

nehmerinnen sind, besichert.[814] Zu den *in praxi* bestellten dinglichen Kreditsicherheiten gehören unter anderem Grundpfandrechte und Pfändungspfandrechte, die im Falle der Insolvenz des Sicherungsgebers den Kreditgeber zur abgesonderten Befriedigung (§§ 49 ff. InsO) berechtigen.[815] Demgegenüber führen persönliche Sicherheiten wie Bürgschaften und Patronatserklärungen zur Eintrittspflicht der sichernden Gesellschaft.[816] Genauso verhält es sich, wenn ein Konzernunternehmen für die Schuld einer verbundenen Gesellschaft dingliche Sicherungsmittel bereitstellt: Im Sicherungsfall kann der Gläubiger die Sicherheit verwerten und sich aus dem Erlös befriedigen. Aus Sicht des konzerninternen Sicherungsgebers handelt es sich dabei um die Besicherung einer fremden Schuld.

I. M-GmbH als Sicherungsgeberin der T1-GmbH

Vorliegend fundierte M als Sicherungsgeberin der T1, indem sie die Forderung der B-Bank gegenüber der T1-GmbH mit einer Grundschuld besicherte. In der Insolvenz des Sicherungsgebers sind up- bzw. downstream-guarantees regelmäßig anfechtbar. Dabei sind upstream-guarantees Sicherheiten, die die Tochtergesellschaft für Verbindlichkeiten der Muttergesellschaft gegenüber Finanzgläubigern stellt und downstream-guarantees Sicherheiten, die die Muttergesellschaft für Verbindlichkeiten der Tochtergesellschaft bereitstellt. Weitverbreitetes Mittel der Konzernfinanzierung sind vorwiegend upstream-guarantees.[817] Im hiesigen Fall ist demgegenüber eine downstream Sicherheit gegeben, die grundsätzlich wie folgt der Insolvenzanfechtung unterliegt.

In der Insolvenz der Muttergesellschaft fällt die freiwillige Sicherheitenstellung weder unter § 135 Abs. 1 Nr. 1 InsO noch unter §§ 130, 131 InsO, weil der Dritte (Sicherungsnehmer) weder Insolvenzgläubiger noch Gesellschafter der Muttergesellschaft ist.[818] Eine Anfechtung gegenüber dem Sicherungsnehmer nach § 134 InsO ist möglich, setzt aber die Unentgeltlichkeit der Sicherheitenstellung voraus. Hieran mangelt es regelmäßig, da es nicht nur darauf ankommt, ob eine etwaige Gegenleistung des Kreditgebers an die Muttergesellschaft selbst erfolgte. Vielmehr kann die Leistungserbringung auch darin liegen, dass das Darlehen an die Tochtergesellschaft ausgezahlt worden ist.[819] Im Falle von downstream-Sicherheiten in der Insolvenz der Konzernmutter ist daher allenfalls das Tochterunternehmen der

---

814 *Sonntag*, Anfechtung in der Konzerninsolvenz, S. 125.
815 Vgl. dazu *Smid*, Kreditsicherheiten in der Insolvenz, 4. Auflage, § 1 Rn. 3, § 2 Rn. 1 ff.
816 Zur Bürgschaft siehe *Smid*, Kreditsicherheiten in der Insolvenz, 4. Auflage, § 27 Rn. 18.
817 Vgl. *Sonntag*, Anfechtung in der Konzerninsolvenz, S. 125.
818 Flöther/*Thole*, Konzerninsolvenzrecht, 2. Auflage, § 4 Rn. 427.
819 Flöther/*Thole*, Konzerninsolvenzrecht, 2. Auflage, § 4 Rn. 428.

richtige Anfechtungsgegner. Denn aus bereicherungsrechtlicher Sicht ist die Sicherheitengewährung durch einen Drittschuldner gegenüber dem Gläubiger auch als Leistung des Sicherungsgebers an den Schuldner einzuordnen.[820] Da sich die Insolvenzanfechtung in Mehr-Personen-Verhältnissen grundsätzlich an den bereicherungsrechtlichen Leistungsbeziehungen orientiert,[821] kommt bei der Sicherung einer für den Insolvenzschuldner fremden Schuld ohne rechtliche Verpflichtung und ohne Erlangung einer Gegenleistung eine Anfechtbarkeit wegen unentgeltlicher Leistung gegenüber dem Schuldner in Betracht.[822] Mithin kann die Gewährung von downstream-Sicherheiten im Drei-Personen-Verhältnis nach § 134 InsO anfechtbar sein.

Schließlich bleibt in dieser Konstellation stets die Anfechtung wegen vorsätzlicher Benachteiligung gegenüber dem Sicherungsnehmer nach § 133 InsO möglich. Entweder in Bezug auf die Sicherheitenstellung oder in Bezug auf die Zahlung bei Eintritt des Sicherungsfalls.[823] Voraussetzung ist freilich, dass der Schuldner mit Benachteiligungsvorsatz handelte und der Gläubiger diesen Vorsatz kannte (vgl. § 133 Abs. 1 S. 1 InsO).

Die dargestellten Grundsätze lassen sich gleichermaßen auf upstream-guarantees übertragen.[824]

II. Anfechtung gegenüber der B-Bank nach § 133 InsO

Im Zuge des Grundstücksverkaufs wurde B aus dem Kaufpreis in Höhe von EUR 1.500.00,00 als Grundpfandgläubigerin befriedigt. Die Zahlungszuwendung könnte gemäß § 133 Abs. 1 S. 1, Abs. 2 InsO anfechtbar sein.

1. Anfechtungsvoraussetzungen

a) Rechtshandlung

Der Anfechtungstatbestand des § 133 Abs. 1 InsO setzt nach seinem Wortlaut eine Rechtshandlung des Schuldners voraus. Folglich müsste die im Kaufvertrag enthaltene Zahlungsanweisung an die B eine Rechtshandlung der M-GmbH sein. Für die Handlung des Schuldners genügt es, dass er zumindest an der Rechtshandlung

---

820 H/H/S/*Kirstein*, Praxis der Insolvenzanfechtung, 5. Auflage, Kap. 5 Rn. 72.

821 Vgl. BGH, Urteil v. 05.02.2004 – IX ZR 437/00 = NJW-RR 2004, S. 984 (983).

822 BGH, Urteil v. 15.12.1982 – VIII ZR 264/81= NJW 1983, S. 1680 (673); BGH, Urteil v. 25.06.1992 – IX ZR 4/91= NJW 1992, S. 2422 (2421).

823 So schon Flöther/*Thole*, Konzerninsolvenzrecht, 2. Auflage, § 4 Rn. 445, 442 u. 423.

824 Vgl. spiegelbildlich *Sonntag*, Anfechtung in der Konzerninsolvenz, S. 185.

einer anderen Person mitgewirkt hat.[825] Durch die Zahlungsanweisung und Weiterleitung des Erlöses hat die M-GmbH an der Befriedigung der B aktiv mitgewirkt. Somit liegt auch eine Rechtshandlung ihrerseits vor.

b) Gläubigerbenachteiligung

Das Merkmal der Gläubigerbenachteiligung ist durch die Verortung in § 129 Abs. 1 InsO eine gemeinsame Anfechtungsvoraussetzung aller Tatbestände der §§ 130 ff. InsO. Die Gläubiger sind durch die Rechtshandlung des Schuldners benachteiligt, wenn die Schuldenmasse vermehrt oder die Aktivmasse verkürzt worden ist, sodass sich die Befriedigung der Insolvenzgläubiger im Falle des Unterbleibens der Rechtshandlung günstiger gestaltet hätte.[826] Es kommt daher allein auf den Standpunkt der Gesamtheit der Insolvenzgläubiger an, ob eine Benachteiligung infolge der Rechtshandlung vorliegt. Demgegenüber ist es ohne Bedeutung, ob die Rechtshandlung vom Standpunkt des Insolvenzschuldners oder eines Einzelgläubigers vorteilhaft erscheint.[827] Nicht gläubigerbenachteiligend und damit auch nicht anfechtbar sind hingegen Rechtshandlungen, die sich für die spätere Masse als wertneutral oder sogar positiv herausstellen.[828] Fraglich ist daher, ob es vorliegend an einer Benachteiligung der Gläubiger fehlt, weil das Betriebsgrundstück der M-GmbH ohnehin mit Grundpfandrechten belastet war. Für die Gläubigerbenachteiligung durch eine Veräußerung belasteter Gegenstände ist maßgeblich, ob eine unanfechtbare wertausschöpfende Belastung vorlag.[829]

aa) Anweisung auf Schuld

Um die Gläubiger der M überhaupt im Zuge der Grundstücksveräußerung zu benachteiligen, müsste zunächst das haftende Vermögen der M betroffen sein. Dies erscheint zweifelhaft, da die anfechtbare Handlung – nämlich die Zahlungsanweisung gegenüber E und die Auskehrung des Teilerlöses – sich unmittelbar nur auf die Geldmittel des E erstreckt.

Es handelt sich hierbei jedoch um einen Fall der *Anweisung auf Schuld.* Bei der Anweisung auf Schuld tilgt der vom Schuldner Angewiesene mit der Zahlung eine

825 BGH, Urteil v. 18.06.2009 – IX ZR 7/07 = ZIP 2009, S. 1434; vgl. MüKo-InsO/*Kayser*/*Freudenberg*, 4. Auflage, § 133 Rn. 8.

826 St. Rspr. BGH, Urteil v. 26.04.2012 – IX ZR 146/11 = NZI 2012, S. 563 (562).

827 Vgl. Rattunde/Smid/Zeuner/*Zeuner*, InsO, 4. Auflage, § 129 Rn 42.

828 K/S/W/*Schäfer*, Insolvenzanfechtung, 3. Auflage, § 129 Rn. B 315.

829 Vgl. Rattunde/Smid/Zeuner/*Zeuner*, InsO, 4. Auflage, § 129 Rn 42; Uhlenbruck/*Borries*/*Hirte*, InsO, 15. Auflage, § 129 Rn. 200; MüKo-InsO/*Kayser*/*Freudenberg*, 4. Auflage, § 129 Rn. 109; K/P/B/*Bartels*, InsO, 95. EL, § 129 Rn. 270.

eigene Verbindlichkeit gegenüber dem Anweisenden.[830] Weil der Schuldner mit der Zahlung an den Dritten seine Forderung gegen den Angewiesenen verliert und der Gegenwert für das, was an den Zuwendungsempfänger gelangt, aus dem Vermögen des Schuldners stammt, führt die Zahlung durch den Angewiesenen dennoch zu einer Gläubigerbenachteiligung.[831] So ist vorliegend das haftende Vermögen von M betroffen, weil E durch die Auskehrung des Erlöses an B seine Verbindlichkeit gegenüber der M-GmbH tilgt. Zugleich unterlag die veräußerte Immobilie der Haftungsmasse der M. Grundsätzlich könnten ihre Gläubiger somit durch die Zahlung von E an B benachteiligt worden sein.

bb) Wertausschöpfend belastete Gegenstände

Der IX. Zivilsenat des BGH schließt eine Gläubigerbenachteiligung regelmäßig aus, wenn der Gegenstand, auf den sich die Rechtshandlung bezog, wertausschöpfend mit unanfechtbaren Grundpfandrechten belastet war. Denn im Insolvenzfall hätte der belastete Gegenstand allein der abgesonderten Befriedigung der gesicherten Gläubiger gedient (§ 49 ff., 165 ff. InsO), wodurch die übrigen Insolvenzgläubiger bei der Verwertung nicht am Erlös partizipiert hätten.[832] Den Gläubigern widerfährt somit bei der Veräußerung wertausschöpfend belasteter Gegenstände kein wirtschaftlicher Verlust, weil auch die Rückgewähr des Grundstücks nach erfolgreicher Anfechtung nicht zu einer Mehrung der Insolvenzmasse geführt hätte.

Ob eine wertausschöpfende Belastung bestanden hat, hängt zum einen davon ab, wie hoch die Grundschuld valutiert,[833] also in welcher Höhe der Grundschuld eine zu sichernde Forderung zugrunde liegt. Und zum anderen ist der gegenüberstehende Wert des Grundstücks maßgeblich.[834] Für die Bewertung des Grundstücks war lange Zeit streitig, ob der Verkehrswert oder – wie für eine Anfechtung nach dem AnfG – der im Rahmen einer Zwangsversteigerung erzielbare Erlös entschei-

---

830 Vgl. K. Schmidt/*K. Schmidt*, InsO, 20. Auflage, § 129 Rn. 65; MüKo-InsO/*Kayser*/*Freudenberg*, 4. Auflage, § 129 Rn. 144.

831 BGH, Urteil v. 21.06.2012 – IX ZR 59/11 = NZI 2012, S. 806 (805); K. Schmidt/*K. Schmidt*, InsO, 20. Auflage, § 129 Rn. 65.

832 Vgl. BGH, Urteil v. 05.12.1985 – IX ZR 165/84 = NJW-RR 1986, S. 538 (536); BGH, Urteil v. 17.06.2004 – IX ZR 124/03 = NJW-RR 2004, S. 1495 f. (1493); BGH, Urteil v. 19.05.2009 – IX ZR 129/06 = NZI 2009, S. 513 (512); zu den Ausnahmen der Anfechtung trotz wertausschöpfender Belastung siehe Uhlenbruck/*Borries*/*Hirte*, InsO, 15. Auflage, § 129 Rn. 201 f. m.w.N.

833 Vgl. BGH, Urteil v. 23.11.2006 – IX ZR 126/03 = NZI 2007, S. 171 (169); Uhlenbruck/*Borries*/*Hirte*, InsO, 15. Auflage, § 129 Rn. 206a.

834 K/S/W/*Schäfer*, Insolvenzanfechtung, 3. Auflage, § 129 Rn. B 480; Uhlenbruck/*Borries*/*Hirte*, InsO, 15. Auflage, § 129 Rn. 206; K/P/B/*Bartels*, InsO, 95. EL, § 129 Rn. 276.

dend ist.[835] Für eine Anfechtung nach der InsO kommt es nach einer Entscheidung des BGH aus dem Jahr 2016 nunmehr darauf an, ob der Insolvenzverwalter zur freihändigen Veräußerung des Grundstücks berechtigt ist.[836] Dies hängt maßgeblich davon ab, ob der infrage kommende Anfechtungstatbestand eine unmittelbare oder mittelbare Gläubigerbenachteiligung voraussetzt:[837] Nur sofern eine unmittelbare Gläubigerbenachteiligung erforderlich ist (z. B. §§ 132 Abs. 1, 133 Abs. 4 InsO), ist die Wertfestsetzung am Erlös im Rahmen eines Zwangsversteigerungsverfahrens zu messen. Denn in Ermangelung einer zum Zeitpunkt der unmittelbaren Gläubigerbenachteiligung (der dem Zeitpunkt der anfechtbaren Rechtshandlung entspricht) bestehenden Verwertungsbefugnis des Insolvenzverwalters kann der Bewertung des Grundstücks nicht der Erlös im Zuge einer freihändigen Verwertung zugrunde gelegt werden.[838] Ist hingegen eine mittelbare Gläubigerbenachteiligend ausreichend (z. B. §§ 130, 131, 133 Abs. 1 bis Abs. 3, 134 InsO), kann für die Wertfestsetzung des Grundstücks auf den bei einer freihändigen Veräußerung durch den Insolvenzverwalter erzielbaren Erlös (Verkehrswert) abgestellt werden, da es nicht auf die Lage vor Verfahrenseröffnung ankommt.[839]

Nach § 133 Abs. 1 S. 1, Abs. 2 InsO genügt eine mittelbare Gläubigerbenachteiligung. Somit ergibt sich aus dem Dargestellten, dass in der vorliegenden Sachverhaltserweiterung für die Wertermittlung des Grundstücks auf den Verkehrswert abzustellen ist. Am Stichtag des Wertgutachtes konnte ein Verkehrswert des Betriebsgrundstücks samt Immobilie in Höhe von EUR 2.100.000,00 festgestellt werden. Demgegenüber besteht eine Darlehensrückzahlungsforderung in Höhe von EUR 1.900.000,00, die in Höhe von EUR 1.700.000,00 von der Grundschuld abgesichert wurde. Mithin übersteigt der Verkehrswert des Grundstücks die Höhe der gesicherten Forderung um den Betrag von EUR 400.000,00. Folglich war das Grundstück nicht wertausschöpfend belastet.

---

835 Vgl. zur Anfechtung nach dem AnfG BGH, Urteil v. 20.10.2005 – IX ZR 276/02 = NJW-RR 2006, S. 552; Uhlenbruck/*Borries*/*Hirte*, InsO, 15. Auflage, § 129 Rn. 206.

836 BGH Urt. v. 09.06.2016 – IX ZR 153/15 = ZIP 2016, S. 1495 (1491); K/S/W/*Schäfer*, Insolvenzanfechtung, 3. Auflage, § 129 Rn. B 482.

837 BGH Urt. v. 09.06.2016 – IX ZR 153/15 = ZIP 2016, S. 1495 (1491); Uhlenbruck/*Borries*/*Hirte*, InsO, 15. Auflage, § 129 Rn. 206; HambKomm/*Decker*, InsO, 9. Auflage, § 129 Rn. 49.

838 BGH Urt. v. 09.06.2016 – IX ZR 153/15 = ZIP 2016, S. 1495 (1491); HambKomm/*Decker*, InsO, 9. Auflage, § 129 Rn. 49.

839 BGH Urt. v. 09.06.2016 – IX ZR 153/15 = ZIP 2016, S. 1495 f. (1491); Uhlenbruck/*Borries*/*Hirte*, InsO, 15. Auflage, § 129 Rn. 206; HambKomm/*Decker*, InsO, 9. Auflage, § 129 Rn. 49.

cc) Nicht wertausschöpfend belastete Gegenstände

Übersteigt der Wert des veräußerten Gegenstands – wie vorliegend – den Wert der valutierenden Belastung, tritt darüber hinaus nur insoweit ein Nachteil für die Gläubiger ein, als für die Wertdifferenz keine ausgleichende Gegenleistung in das Vermögens des Schuldners geflossen ist. Denn eine Benachteiligung der Gläubiger durch die Veräußerung eines nicht wertausschöpfend belasteten Gegenstands kann zweifelsfrei dadurch ausgeglichen werden, dass dem Schuldnervermögen gleichwertige Geldmittel zugeflossen sind.

Das ist vorliegend jedoch nicht der Fall: E zahlte einen Kaufpreis in Höhe von EUR 1.550.000,00, von dem B anteilig EUR 1.500.000,00 erhielt. Dadurch wurden die Passiva der M-GmbH in entsprechender Höhe verkürzt. Weitere EUR 50.000,00 flossen in das aktive Vermögen der Schuldnerin. Gleichwertig wäre die Gegenleistung allerdings nur, wenn auch die übrige Differenz von EUR 550.000,00 zum Verkehrswert des Grundstücks ausgeglichen worden wäre. Daher sind die Gläubiger der M-GmbH durch die Veräußerung des Grundstücks und die Zahlungsanweisung an die B (mittelbar) benachteiligt worden.

c) Benachteiligungsvorsatz

Die M-GmbH bzw. G müsste auch mit Gläubigerbenachteiligungsvorsatz gehandelt haben. Hierfür genügt es, wenn die Benachteiligung der Gläubiger vom Schuldner als Folge seines Handelns erkannt und gebilligt oder als unvermeidliche Nebenfolge eines bezweckten Vorteils in Kauf genommen wurde (*dolus eventualis*).[840]

G war bewusst, dass die Veräußerung des Grundstücks im Wesentlichen der Absonderungsgläubigerin B zugutekommt. Im Vordergrund ging es der M-GmbH und G ebenfalls darum, ihre persönliche Haftung aus den übernommenen Sicherheiten gegenüber der B zu minimieren. Dass die übrigen Gläubiger lediglich in Höhe von EUR 50.000,00 an dem Verkaufserlös partizipierten, obwohl das Betriebsgrundstück einen wesentlich höheren Verkehrswert hatte, nahm die M-GmbH, vertreten durch G, billigend in Kauf. Somit handelte die M-GmbH mit dem Vorsatz, ihre Insolvenzgläubiger zu benachteiligen.

d) Kenntnis der B-Bank

§ 133 Abs. 1 S. 1 InsO erfordert zudem die Kenntnis des Anfechtungsgegners von der vorsätzlichen Benachteiligung des Schuldners. Ausreichend ist, dass der andere Teil Kenntnis von der gläubigerbenachteiligenden Willensrichtung des Schuldners hatte

840 St. Rspr. BGH, Urteil v. 24.01.2013 – IX ZR 11/12 = ZIP 2013, S. 373 (371); BGH, Urteil v. 01.06.2017 – IX ZR 48/15 = ZIP 2017, S. 1282 (1281); Rattunde/Smid/Zeuner/*Zeuner*, InsO, 4. Auflage, § 133 Rn. 23.

und im Allgemeinen von den vorsatzbegründenden Umständen wusste.[841] Die Beweisregel des § 133 Abs. 1 S. 2 InsO erleichtert die Beweislast des Insolvenzverwalters zudem in eine gesetzliche Vermutung, wenn der Anfechtungsgegner wusste, dass die Zahlungsunfähigkeit des Schuldners drohte und dass die Handlung die Gläubiger benachteiligte. Kann der Verwalter also die Kenntnis des Anfechtungsgegners von der (drohenden) Zahlungsunfähigkeit des Schuldners im Zeitpunkt der Rechtshandlung beweisen, ist damit zugleich die Kenntnis von der vorsätzlichen Benachteiligung bewiesen, wenn er sich vor der Kenntnis um weitere ungedeckte Verbindlichkeiten nicht verschließen durfte.[842]

Seit der Insolvenz der T1-GmbH standen die M-GmbH und B in Kontakt. Spätestens mit der Fälligstellung der Rückzahlungsforderung wusste die B ebenfalls um die Liquiditätsprobleme der Muttergesellschaft. Um eine übertragende Sanierung der T1 zu realisieren und die Folgeinsolvenz der M-GmbH zu verhindern, führten die Beteiligten stetig Vergleichsverhandlung. Da die schuldnerischen Gesellschaften unternehmerisch tätig waren, musste die B ebenfalls davon ausgehen, dass der M weitere offene Verbindlichkeiten gegenüberstanden. Somit hatte B im Zeitpunkt der Auskehrung des Kaufpreises Kenntnis von der Zahlungsunfähigkeit der M-GmbH. Sie wusste aufgrund des schuldnerischen Geschäftsbetriebs auch, dass sie nicht die alleinige Gläubigerin der M war. Mithin wird ihre Kenntnis vom Benachteiligungsvorsatz der M gemäß § 133 Abs. 1 S. 2, Abs. 3 S. 1 InsO gesetzlich vermutet.

2. Rechtsfolgen

Gemäß § 143 Abs. 1 S. 1 InsO ist das durch die anfechtbare Handlung aus dem Vermögen des Schuldners Entzogene zur Insolvenzmasse zurückzugewähren. Durch die Rückgewähr soll die Insolvenzmasse in den Zustand versetzt werden, in der sie sich befände, wäre die anfechtbare Handlung unterblieben (*Naturalrestitution*).[843] Vorliegend betrifft die anfechtbare Handlung die Zahlungsanweisung gegenüber E und die Teilauskehrung des Kaufpreises an die B-Bank. Der Rückgewähranspruch gegenüber B umfasst daher EUR 1.500.000,00.

III. Anfechtung gegenüber der T1-GmbH nach § 134 InsO

Aus den soeben dargestellten Grundsätzen zur Anfechtung der downstream-Sicherung ergeben sich mehrere potenziell anfechtbare Rechtshandlungen der M-GmbH:

---

841 BGH, Urteil v. 19.09.2013 – IX ZR 4/13 = NJW-RR 2014, S. 232 (231); Uhlenbruck/*Borries*/*Hirte*, InsO, 15. Auflage, § 133 Rn. 50.

842 Vgl. BGH, Urteil v. 28.03.2019 – IX ZR 7/18 = NZI 2019, S. 595 (594); BGH, Urteil v. 06.12.2012 – IX ZR 3/12 = ZIP 2013, S. 229 (228); HK-InsO/*Thole*, 10. Auflage, § 133 Rn 37.

843 K/S/W/*Kummer*, Insolvenzanfechtung, 3. Auflage, § 143 Rn. P 7.

Zunächst kommt die Anfechtung der Sicherungsleistung gegenüber der Sicherungsnehmerin B in Betracht. Hierbei scheidet jedoch im Unterschied zur Anfechtung der Zahlungszuweisung (s. o.) eine Anfechtung nach § 133 InsO aus, weil M im Zeitpunkt der Sicherheitenstellung ohne Benachteiligungsvorsatz handelte. Ebenso scheidet eine Anfechtung nach § 134 InsO aufgrund der bestehenden Entgeltlichkeit im Zuge der Darlehensauszahlung gegenüber der T1 aus. Allerdings könnte die Sicherheitenstellung zugunsten der Tochter wie auch die (teilweise) Tilgung der Forderung im eingetretenen Sicherungsfall anfechtbar sein.

1. Anfechtung der Schuldentilgung zugunsten der T1 gegenüber B

Tilgt die Muttergesellschaft eine Schuld der Tochter gegenüber dem Gläubiger, so könnte es sich dabei um eine unentgeltliche Leistung der gegenüber der Tochtergesellschaft handeln. Vorliegend ging es der M-GmbH jedoch vordergründig darum, ihre eigenen Verbindlichkeiten gegenüber der B-Bank zu minimieren. Dadurch tilgte sie freiwillig ihre eigene Schuld. Da hierbei eine Gegenleistung im Erlöschen der Forderung liegt, scheidet eine Anfechtung aus.[844]

2. Anfechtung der Sicherheitenstellung zugunsten der T1

Betrachtet man die Sicherungsleistung als anfechtbare Rechtshandlung zugunsten der T1-GmbH scheidet auch hier die Vorsatzanfechtung aus, weil die Sicherheitenstellung durch M nicht unter der vorsätzlichen Benachteiligung ihrer eigenen Gläubiger erfolgte. Insofern kommt zuletzt eine Schenkungsanfechtung der Sicherheitengewährung gemäß § 134 Abs. 1 InsO gegenüber der T1 in Betracht, da die Tochter von der Notwendigkeit enthoben wurde, selbst Sicherheiten zu leisten.[845]

a) Anfechtungsvoraussetzungen

Sicherheiten, mit denen der Schuldner sein eigenes Vermögen belastet, verkürzen die Zugriffsmöglichkeiten der Insolvenzgläubiger auf den Sicherungsgegenstand, wodurch diese benachteiligt werden.[846] Somit führte die Bestellung der Grundschuld am Betriebsgrundstück der M-GmbH zu einer Benachteiligung ihrer Gläubiger.

---

844 Vgl. BGH, Urteil v. 09.12.2010 – IX ZR 60/10 = ZIP 2011, S. 391 (390); Rattunde/Smid/Zeuner/*Zeuner*, InsO, 4. Auflage, § 134 Rn. 22; siehe auch *Obermüller*, Insolvenzrecht in der Bank-praxis, 9. Auflage, Rn. 6.122 f.

845 So zur Schenkungsanfechtung der Besicherung einer Verbindlichkeit der Mutter- durch die Tochtergesellschaft Flöther/*Thole*, Konzerninsolvenzrecht, 2. Auflage, § 4 Rn. 429.

846 MüKo-InsO/*Kayser*/*Freudenberg*, 4. Auflage, § 129 Rn. 150.

Wie oben ausgeführt, stellt die Sicherung einer für den Insolvenzschuldner fremden Schuld ohne rechtliche Verpflichtung und ohne Erlangung einer Gegenleistung auch eine unentgeltliche Leistung dar. Dies trifft vorliegend zu, da die M-GmbH nicht aufgrund von Erhaltungspflichten oder Ähnlichem gegenüber der T1 zu Sicherheitengewährung verpflichtet werden konnte. Zur Begründung der Entgeltlichkeit genügt es nach der Rechtsprechung des IX. Zivilsenats auch nicht, dass die Sicherheitengewährung – so wie es vorliegend vermutet werden könnte – im Interesse des Konzerns erfolgte.[847] Ebenfalls erbrachte die T1-GmbH im Zuge der Besicherung ihrer Verbindlichkeit weder gegenüber B noch gegenüber M eine Gegenleistung. Daher erfolgte die im anfechtungsrelevanten Vier-Jahres-Zeitraum liegende Sicherheitenstellung durch die M-GmbH unentgeltlich. Die Anfechtungsvoraussetzungen des § 134 Abs. 1 InsO sind erfüllt.

b) Rechtsfolgen

Fraglich ist jedoch, was die T1 überhaupt erlangt hat und was somit Gegenstand des Rückgewähranspruchs ist.[848] Um § 143 Abs. 1 S. 1 InsO gerecht zu werden und der Insolvenzmasse jedenfalls einen im Verhältnis zum Verlust gleichwertigen Rückgewähranspruch einzuräumen, ist ausschließlich auf die Sicherung selbst abzustellen.[849] Die Rückgewähr der Grundschuld ist der T1-GmbH jedoch unmöglich (§ 275 Abs. 1 Alt. 1 BGB), da nicht sie, sondern B die Sicherungsgläubigerin war. Der Anspruch zielt daher darauf ab, den Sicherungsgeber von der Belastung freizustellen.[850] Dies führt allerdings zu keinem Mehrwert für die Insolvenzmasse der M-GmbH, da das Grundstück rechtmäßig an E übereignet wurde. Solange sich also das belastete Grundstück nicht in der Masse des Insolvenzschuldners befindet, muss auf die Rechtsfolgen des § 143 Abs. 1 S. 2 InsO abgestellt werden. Der Rechtsfolgenverweis führt unter anderem zu einem Wertersatzanspruch nach § 143 Abs. 1 S. 2 InsO i.V.m. §§ 819 Abs 1, 818 Abs 4, 292 Abs 1, 989 BGB.[851] Durch die Weiterveräußerung des belasteten Grundstücks ist der Insolvenzmasse möglicherweise im Zuge eines Mindererlöses ein wirtschaftlicher Nachteil entstanden. Um die T1 für den vorliegend nicht ermittelbaren Schaden haftbar zu machen, müsste sie jedoch die Unmöglichkeit der Rückgewähr in Natur verschuldet haben.[852] Die Veräußerung

847 BGH, Urteil v. 01.06.2006 – IX ZR 159/04 = NJW-RR 2006, 1282f. (1281).

848 Flöther/*Thole*, Konzerninsolvenzrecht, 2. Auflage, § 4 Rn. 430.

849 So auch Flöther/*Thole*, Konzerninsolvenzrecht, 2. Auflage, § 4 Rn. 430, der sich ferner gegen die Orientierung an einer marktüblichen Avalprovision ausspricht.

850 Flöther/*Thole*, Konzerninsolvenzrecht, 2. Auflage, § 4 Rn. 430.

851 Vgl. Uhlenbruck/*Borries*/*Hirte*, InsO, 15. Auflage, § 143 Rn. 29.

852 Der Wertersatzanspruch setzt stets ein Verschulden des Anfechtungsgegners voraus. Siehe dazu Nerlich/Römermann/*Nerlich*, InsO, 46. EL, § 143 Rn. 25.

wurde von G in Vertretung der M-GmbH durchgeführt. Ein Verschulden der T1 liegt somit nicht vor. Dadurch scheidet ein Wertersatzanspruch aus. Ohnehin hätte die anfechtungsrechtliche Inanspruchnahme der T1-GmbH aufgrund ihrer eigenen Insolvenz keinen nennenswerten wirtschaftlichen Vorteil für die Insolvenzmasse der M-GmbH eingebracht.

IV. Zwischenergebnis

Als Sicherungsgebering der T1-GmbH hat die M-GmbH nach Eintritt des Sicherungsfalls einen Rückgewähranspruch in Höhe von EUR 1.500.000,00 gegenüber B, da die Zahlungszuweisung an B im Rahmen der Grundstücksveräußerung nach § 133 Abs. 1 S. 1, Abs. 2 InsO anfechtbar ist. Ferner ist die Gewährung der Grundschuld gegenüber der T1-GmbH nach § 134 InsO anfechtbar. Auf Rechtsfolgenseite ist § 143 Abs. 1 S. 2 InsO i.V.m. §§ 819 Abs 1, 818 Abs 4, 292 Abs. 1, 989 BGB heranzuziehen. Der Wertersatzanspruch scheitert jedoch am fehlenden Verschulden der T1 an der Unmöglichkeit der Rückgewähr.

B. Anfechtung von Notverkäufen

Zu den anfechtungsrelevanten Konzernsachverhalten gehört ebenfalls die Übertragung von Vermögensgegenständen (*assets*) innerhalb des Verbunds wie auch an außenstehende Dritte. Denn regelmäßig beinhalten Um- oder restrukturierungsmaßnahmen in der Krise eines Konzerns die Übertragung von Vermögensgegenständen wie Verträge, Grundstücke und Bauwerke oder ganze Unternehmensteile.[853] Konzernintern wird die Übertragung von Vermögensgegenständen insbesondere zur Kapitalerhöhung sowie als Leistung in die freien Kapitalrücklagen der erwerbenden Gesellschaft genutzt.[854] Demgegenüber dient die Veräußerung an Dritte regelmäßig der kurzfristigen Liquiditätsgewinnung. Asset-Notverkäufe – insbesondere Immobilien – sind oftmals der letzte Ausweg aus der Krise. Die Käuferseite profitiert von der Notlage des Verkäufers, wenn die Vermögensgegenstände preislich unter dem marktüblichen Wert veräußert werden.

Es stellt sich die Frage, inwiefern der Notverkauf unter Wert anfechtungsrechtlich relevant ist. Anfechtungsrisiken bestehen jedenfalls dann, wenn über das Vermögen des veräußernden Konzernunternehmens nach Abschluss des Notverkaufs das Insolvenzverfahren eröffnet wird. Dies trifft vorliegend zu, da M, vertreten durch G, ihr Betriebsgrundstück an E veräußerte, um sich schnellstmög-

853 Vgl. Buth/Hermanns/*Lütcke*/*Stenzel*, RSI, 5. Auflage, § 41 Rn. 49.
854 *Gleim*, ZIP 2017, S. 1000.

lich von den Verbindlichkeiten gegenüber der B-Bank zu befreien. Ihre Entschuldung trat hingegen nicht ein.

I. Anfechtung bei Notverkauf innerhalb des Dreimonatszeitraums, §§ 130, 132 InsO

Von der Kongruenz der Deckung ausgehend spielt der Wert der erbrachten oder zu erbringenden Gegenleistung für eine Anfechtung des Verpflichtungs- oder des Verfügungsgeschäfts[855] nach § 130 InsO grundsätzlich keine Rolle. Auch der Ausschlussgrund des Bargeschäfts nach § 142 Abs. 1 InsO kommt für die Anfechtung des Rechtsgeschäfts nicht in Betracht, da bei der Veräußerung unter Wert gerade keine gleichwertige Gegenleistung in das Vermögen des späteren Insolvenzschuldners gelangt. Liegt die Zahlungsunfähigkeit des Verkäufers bereits im Zeitpunkt des Rechtsgeschäfts vor und ist dies dem Käufer bekannt, ist die Veräußerung daher grundsätzlich nach § 130 Abs. 1 Nr. 1 InsO anfechtbar, wenn sie im Dreimonatszeitraum vor der Antragsstellung vorgenommen worden ist.

Unter den Auffangtatbestand des § 132 Abs. 1 InsO fällt die Anfechtbarkeit von Rechtsgeschäften, die der Schuldner vorgenommen hat und die eine unmittelbare Benachteiligung für die Gläubiger darstellen.[856] Zu den anfechtbaren Rechtsgeschäften gehören insbesondere auch (Not-)Verkäufe unter Wert.[857] Voraussetzungen ist im Gegenteil zu den anderen Anfechtungstatbeständen eine *unmittelbare* Gläubigerbenachteiligung. Sie liegt dann vor, wenn die Gläubiger bereits durch die Vornahme des Rechtsgeschäfts selbst einen Nachteil erfahren.[858] Hierzu muss das Schuldnervermögen im Zeitpunkt der Vornahme des Rechtsgeschäfts verkürzt worden sein.[859] Ob im Falle eines Notverkaufs der Vermögensgegenstand unter Wert verkauft wurde, wird nach dem objektiv zu ermittelnden Marktpreis beurteilt – Unterschreitungen aufgrund krisenbedingter Eilbedürftigkeit des abgeschlossenen Rechtsgeschäfts sind nicht zu berücksichtigen.[860] Wird der Verkauf unterhalb des marktüblichen Preisrahmens durchgeführt liegt daher eine unmittelbare Benachteiligung für die Gläubiger des Veräußerers vor. Fällt das Rechtsge-

---

855 Zur anfechtbaren Rechtshandlung bei zweiseitigen Rechtsgeschäften siehe statt aller K/P/B/*Bartels*, InsO, 95. EL, § 129 Rn. 35 ff.

856 Vgl. Rattunde/Smid/Zeuner/*Zeuner*, InsO, 4. Auflage, § 132 Rn. 4.

857 MüKo-InsO/*Kayser*/*Freudenberg*, 4. Auflage, § 132 Rn. 1; Rattunde/Smid/Zeuner/*Zeuner*, InsO, 4. Auflage, § 132 Rn. 11; Uhlenbruck/*Borries*/*Hirte*, InsO, 15. Auflage, § 132 Rn. 2; Nerlich/Römermann/*Nerlich*, InsO, 46. EL, § 132 Rn. 6.

858 Rattunde/Smid/Zeuner/*Zeuner*, InsO, 4. Auflage, § 132 Rn. 15.

859 MüKo-InsO/*Kayser*/*Freudenberg*, 4. Auflage, § 132 Rn. 11.

860 Vgl. BGH, Urteil v. 13.03.2003 – IX ZR 64/02 = NJW 2003, S. 1866 (1865); Uhlenbruck/*Borries*/*Hirte*, InsO, 15. Auflage, § 132 Rn. 9.

schäft in den Dreimonatszeitraum vor Antragstellung und ist der Veräußerer bereits zahlungsunfähig, ist der Notverkauf unter Wert grundsätzlich nach § 132 Abs. 1 Nr. 1 InsO anfechtbar, wenn dem Käufer die Zahlungsunfähigkeit bekannt ist.

Da im vorliegenden Fall unbekannt ist, ob der Notverkauf des Betriebsgrundstücks in den letzten drei Monaten vor dem Antrag auf Eröffnung des Insolvenzverfahrens über das Vermögen der M-GmbH erfolgte, ist eine Prüfung der §§ 130, 132 InsO unerheblich.

II. Anfechtung des Notverkaufs gegenüber E nach 134 InsO

Indes könnte der Notverkauf gegenüber E nach § 134 Abs. 1 InsO anfechtbar sein.

1. Anfechtungsvoraussetzungen

a) Rechtshandlung

Im Rahmen einer Grundstücksveräußerung liegen wegen des *Abstraktionsprinzips* mehrere, anfechtungsrechtlich selbständige Rechtshandlungen (Verpflichtungs- und Verfügungsgeschäft) vor, obwohl sie in einem sachlichen Zusammenhang stehen.[861] Oftmals folgt aus der Anfechtbarkeit des Verpflichtungsgeschäfts auch die Anfechtbarkeit des Verfügungsgeschäfts, weil die schuldrechtliche Vereinbarung der Leistungspflichten auch ihre dingliche Durchführung erfasst. So vereinbarten die Parteien im vorliegenden Kaufvertrag die Kaufpreiszahlung und Teilauskehrung an B. In entsprechender Weise erfolgte die Durchführung der Verfügungen. In der Praxis empfiehlt es sich, sowohl das Verfügungs- als auch das Verpflichtungsgeschäft anzufechten.[862] Insofern ist vorliegend die schuldrechtliche und die dingliche Willenserklärung der M-GmbH, vertreten durch G, als anfechtbare Rechtshandlung einzuordnen. Im Folgenden wird auf die Veräußerung als gesamtes Rechtsgeschäft, einschließlich beider Rechtshandlungen, abgestellt.

b) Gläubigerbenachteiligung

Die Veräußerung des Betriebsgrundstücks führte zu einer Benachteiligung der Gläubiger der M. Da das Grundstück nicht wertausschöpfend belastet war, handelte es sich nicht um eine wirtschaftlich neutrale Handlung für die Insolvenzmasse der Schuldnerin.[863] Eine ausgleichende Gegenleistung ist ebenfalls nicht in das haftende Vermögen der M geflossen.

---

861 Vgl. Gottwald/Haas/*Huber*, Insolvenzrechts-Handbuch, 6. Auflage, § 46 Rn. 42.

862 Gottwald/Haas/*Huber*, Insolvenzrechts-Handbuch, 6. Auflage, § 46 Rn. 42; HK-InsO/*Thole*, 10. Auflage, § 129 Rn. 18.

863 Dazu oben Besonderer Teil II, Kapitel 2, A. II. 1. b).

c) Unentgeltlichkeit

aa) Zweistufige Entgeltlichkeitsprüfung

Für die Anfechtung des Notverkaufs unter Wert ist maßgeblich, wann eine Leistung als unentgeltlich im Sinne der Vorschrift einzustufen ist. Da es für die Einordnung der (Un-)Entgeltlichkeit nicht auf die Gleichwertigkeit von Leistung und Gegenleistung, sondern auf die Angemessenheit des Wertverhältnisses ankommt (s. o.), kann eine Anfechtung auch in Betracht kommen, wenn ein Missverhältnis dergestalt bestanden hat, dass der Gegenstandswert den Betrag, der dem Schuldnervermögen zufließt, übersteigt. Dabei ist stets die im Vergleich zu § 516 BGB weite Auslegung des Tatbestandsmerkmals der Unentgeltlichkeit zu berücksichtigen.[864]

Ob die Leistung im Zwei-Personen-Verhältnis entgeltlich oder unentgeltlich ist, wird von der Rechtsprechung in zwei Schritten ermittelt:[865] Im ersten Schritt wird ein objektiver Wertvergleich zwischen Leistung und Gegenleistung vorgenommen; die subjektiven Vorstellungen der Beteiligten sind erst von Bedeutung, wenn im zweiten Schritt zu beurteilen ist, ob die Parteien der Gegenleistung trotz Wertinadäquanz einen vollständig entgeltlichen Charakter zusprechen.[866] Im Falle des Notverkaufs von Vermögensgegenständen wird die objektive Wertrelation häufig ergeben, dass sich Leistung und Gegenleistung nicht in ihrem Wert entsprechen, weil der Kaufpreis der Sache typischerweise unterhalb des marktüblichen Rahmens liegt. Unentgeltlichkeit ist daher nach objektiven Wertverhältnissen jedenfalls teilweise zu bejahen, weil der Leistung des Verkäufers zwar eine werthaltige Gegenleistung gegenübersteht, diese aber nicht adäquat ist. Folglich sind Notverkäufe unter Wert im Sinne der Zweistufigkeit auch subjektiv zu betrachten.

Für die subjektive Beurteilung, ob eine angemessene Gegenleistung vorliegt, steht den Parteien ein gewisser Bewertungsspielraum zu.[867] Anderenfalls liefe § 134 InsO dem Grundsatz der Privatautonomie entgegen, indem Rechtsgeschäfte, bei denen die gegenüberstehenden Leistungen unter einer Wertediskrepanz leiden, im späteren Insolvenzverfahren stets anfechtbar wären. Eine nach objektiver Betrachtung teilweise unentgeltliche Leistung ist daher nur insoweit anfechtbar, als

---

864 Vgl. BGH, Urteil v. 03.03. 2005 – IX ZR 441/00 = NJW 2005, S. 1868 (1867); K. Schmidt/*Ganter*/*Weinland*, InsO, 20. Auflage, § 134 Rn. 20.

865 Rattunde/Smid/Zeuner/*Zeuner*, InsO, 4. Auflage, § 134 Rn. 13; HK-InsO/*Thole*, 10. Auflage, § 134 Rn. 16; a. A. *Ganter*, NZI 2015, S. 258 (249), der für die Bewertung der (Un-)Entgeltlichkeit subjektive Maßstäbe den objektiven überordnet.

866 Vgl. BGH, Urteil v. 24.06.1993 – IX ZR 96/92 = NJW-RR 1993, S. 1381 (1379); BGH, Urteil v. 01.04. 2004 – IX ZR 305/00 = NZI 2004, S. 378 (376).

867 BGH, Urteil v. 24.06.1993 – IX ZR 96/92 = NJW-RR 1993, S. 1381 (1379); BGH, Urteil v. 01.04.2004 – IX ZR 305/00 = NZI 2004, S. 378 (376); Rattunde/Smid/Zeuner/*Zeuner*, InsO, 4. Auflage, § 134 Rn. 13; HambKomm/*Rogge*/*Leptien*, InsO, 9. Auflage, § 134 Rn. 23.

dass sie den Wert der Gegenleistung übersteigt und die Parteien zudem ihren subjektiven Bewertungsspielraum überschritten haben.[868] Die Einordnung der subjektiven Überschreitung ist naturgemäß einzelfallabhängig, richtet sich aber nach den objektiven Gegebenheiten. Das heißt, dass sich die Vorstellungen der Parteien nicht zu weit von den objektiven Verhältnissen entfernen dürfen – maßgebend ist eine ökonomische Beurteilung des Gesamtvorgangs.[869] Bei Notverkäufen unter dem allgemeinen Marktwert wird teilweise angenommen, dass die Parteien die objektiv zu geringe Gegenleistung als vollwertig ansehen und daher eine (teilweise) Unentgeltlichkeit ausscheide.[870] In dieser Pauschalität wird die (Un-)Entgeltlichkeit bei Notverkäufen unter Wert nach hiesiger Auffassung hingegen nicht zu bewerten sein. Vielmehr sind Notverkäufe auch dann nach § 134 InsO anfechtungsrelevant, wenn sich der Verkäufer nur auf das Rechtsgeschäft einlässt, um in der Krise dringend benötigte Liquidität zu gewinnen und wirtschaftlicher Zwang dazu motiviert, die subjektiven Vorstellungen von den objektiven Gegebenheiten unverhältnismäßig zu distanzieren. Die Wertdiskrepanz darf daher den Bereich nicht verlassen, der bei objektiver Beurteilung ernsthaft zweifelhaft sein kann.[871] Eine starre Wertgrenze lässt sich hierbei aufgrund der Einzelfallabhängigkeit des subjektiven Bewertungsumfangs nicht ziehen.[872]

Insofern sind Notverkäufe nur als entgeltlich einzuordnen, wenn die Gegenleistung von den Parteien unter der Berücksichtigung der Gesamtumstände und dem dargestellten Rahmen als angemessen angesehen werden darf.

bb) Unentgeltliche Leistung der M-GmbH

Unter Anwendung der zweistufigen Entgeltlichkeitsprüfung (s. o.) ergibt sich für den vorliegenden Fall, dass die objektive Wertrelation inadäquat ist. Denn das Betriebsgrundstück hat einen Verkehrswert von EUR 2.100.000,00. Demgegenüber zahlte E einen Kaufpreis in Höhe von nur EUR 1.550.000,00. Unentgeltlichkeit ist daher in objektiver Hinsicht teilweise zu bejahen. Folglich kommt es darauf an, ob die Parteien auch ihren subjektiven Bewertungsspielraum überschritten haben. Das trifft zu, wenn sich die Vorstellungen der Parteien bei ökonomischer Betrachtung des Gesamtvorgangs zu weit von den objektiven Verhältnissen entfernt haben (s. o.). Dies ist nach vorstehend postulierter Auffassung bei Notverkäufen der Fall, wenn

868 BGH, Urteil v. 24.06.1993 – IX ZR 96/92 = NJW-RR 1993, S. 1381 (1379); BGH, Urteil v. 01.04.2004 – IX ZR 305/00 = NZI 2004, S. 378 (376); HK-InsO/*Thole*, 10. Auflage, § 134 Rn. 17.

869 MüKo-InsO/*Kayser*/*Freudenberg*, 4. Auflage, § 134 Rn. 40; K/P/B/*Bork*, InsO, 95. EL, § 134 Rn. 44.

870 Nerlich/Römermann/*Nerlich*, InsO, 46. EL, § 134 Rn. 35; K/P/B/*Bork*, InsO, 95. EL, § 134 Rn. 44.

871 So auch *Kayser*, ZIP 2019, S. 297, (293).

872 *Schlinkmann*, Der Begriff der Unentgeltlichkeit im Insolvenzrecht, S. 49.

sich der Verkäufer nur auf das Rechtsgeschäft einlässt, um in der Krise dringend benötigte Liquidität zu gewinnen und ihn wirtschaftliche Zwänge dazu bewegen, die subjektiven Vorstellungen von den objektiven Gegebenheiten unverhältnismäßig zu distanzieren. Vorliegend entschloss sich G nach erstmals unerfolgreichen Verhandlungsgesprächen hinsichtlich einer übertragenden Sanierung der T1-GmbH dazu, das Betriebsgrundstück eigenhändig zu veräußern, um ausreichende Liquidität für die Tilgung der im Sicherungsfall entstandenen Verbindlichkeiten der M-GmbH zu gewinnen. Auch aus dem Grund, sich von seiner persönlichen Schuld jedenfalls teilweise entlasten zu können, schloss G mit dem erstbesten Kaufinteressenten E den Kaufvertrag ab. In Anbetracht der Eilbedürftigkeit der Veräußerung ist den Parteien bei der (Un-)Entgeltlichkeitsprüfung ein weiterer subjektiver Bewertungsspielraum einzuräumen. Denn eine „schnelle" Veräußerung hat auch für die nachmalige Insolvenzmasse der M einen ökonomischen Mehrwert, indem die Verzugszinsen (vgl. § 288 Abs. 1 S. 1, Abs. 2 BGB) verringert werden. Der Vorteil eines schnellen Abschlusses der Veräußerung berechtigt hingegen nicht dazu, weit unter dem Marktwert liegende Verkaufserlöse hinzunehmen. G, bzw. die M-GmbH, gab sich jedoch mit einem Kaufpreis zufrieden, der EUR 550.000,00 unter dem Verkehrswert des Grundstücks liegt. Ferner genügte die Teilauskehrung an B nicht, um die M-GmbH von ihrer persönlichen Schuld in Höhe von EUR 1.900.000,00 freizustellen. Die Vertragsparteien durften insbesondere nicht von einer annähernden Gleichwertigkeit der Leistungen ausgehen, da das vor Vertragsschluss erstellte Wertgutachten bekannt war. Beide Parteien sind sich daher der Diskrepanz ihrer Leistungen bewusst gewesen. Der objektiv ungleichwertige Gegenwert der Leistung der M-GmbH erhält dadurch einen durch wirtschaftliche Not bedingten Freigiebigkeitscharakter. Eine angemessene Ausübung des subjektiven Bewertungsspielraums der Vertragsparteien ist somit nicht gegeben. Folglich liegt hinsichtlich der Wertdifferenz eine Unentgeltlichkeit der Leistung der M-GmbH vor.

2. Rechtsfolgen

Als Rechtsfolge der Anfechtung einer nur teilweise unentgeltlichen Leistung ist primär der Wertüberschuss der schuldnerischen Leistung an die Insolvenzmasse zurückzugewähren.[873] Dies gilt hingegen nur, sofern die Leistung teilbar ist. Ist die höherwertige Leistung des Insolvenzschuldners demgegenüber unteilbar, zielt der Anfechtungsanspruch auf die Rückgewähr der gesamten Leistung Zug um Zug ge-

873 MüKo-InsO/*Kayser*/*Freudenberg*, 4. Auflage, § 134 Rn. 42.

gen Erstattung der erbrachten Gegenleistung ab.[874] Die Leistung der M lag in der Übertragung des Betriebsgrundstücks, es handelt sich somit um eine unteilbare Leistung. Das Grundstück befindet sich zudem noch im Eigentum des E, sodass eine mögliche Entreicherung nach § 143 Abs. 2 S. 1 InsO nicht greift. Daher hat E das Grundstück an die M-GmbH rückaufzulassen.

Fraglich ist demgegenüber, wie E seine Leistung zurückerlangt, da er den wesentlichen Teil des Kaufpreises im Zuge der Anweisung auf Schuld durch M an die B-Bank auskehrte. Grundsätzlich steht dem Anspruchsgegner eines anfechtungsrechtlich ausgelösten, Zug um Zug zu erfüllenden Rückgewährschuldverhältnisses gemäß § 144 Abs. 2 S. 1 InsO ein Anspruch gegen die Masse im Sinne des § 55 Abs. 1 Nr. 3 InsO zu.[875] Die Regelung des Abs. 2 gelangt jedoch nur zur Anwendung, soweit es sich bei dem angefochtenen Kausalgeschäft (Verpflichtungsgeschäft) um ein obligatorisches gegenseitiges Rechtsgeschäft handelt.[876] Das trifft vorliegend zu, da Leistung und Gegenleistung im Zuge der Erfüllung des anfechtbaren Kaufvertrags erbracht worden sind. Weitere Voraussetzung ist, dass sich die Gegenleistung oder ihr Wert zur Zeit der Rückgewähr der angefochtenen Leistung noch ganz oder zum Teil unterscheidbar in der Masse des Insolvenzschuldners befindet.[877] Die M-GmbH vereinnahmte nur EUR 50.000,00 in ihr Aktivvermögen. Die restlichen EUR 1.500.000,00 wurden an B ausgekehrt und hierdurch lediglich die Passiva der Schuldnerin verkürzt. Ebenso verhielte es sich, hätte M den Kaufpreis vollständig vereinnahmt und mit den gewonnenen Geldmitteln eigenständig die Forderung der B getilgt. Ein wesentlicher Teil der Gegenleistung von E befindet sich daher nicht in der Insolvenzmasse der M-GmbH. Gemäß § 144 Abs. 2 S. 2 InsO verbleibt E allein die Anmeldung seines Erstattungsanspruchs zur Insolvenztabelle als einfache Insolvenzforderung in Höhe von EUR 1.500.000,00.[878] Den Betrag von EUR 50.000,00 hat die M-GmbH an E zu erstatten.

---

874 Zur Rückauflassung eines Grundstücks siehe BGH, Urteil v. 07.04.1989 – V ZR 252/87 = NJW 1989, S. 2122; MüKo-InsO/*Kayser*/*Freudenberg*, 4. Auflage, § 134 Rn. 42; Nerlich/Römermann/*Nerlich*, InsO, 46. EL, § 134 Rn. 42.

875 Uhlenbruck/*Borries*/*Hirte*, InsO, 15. Auflage, § 144 Rn. 11.

876 H/H/S/*van Rossum*, Praxis der Insolvenzanfechtung, 5. Auflage, § 144 Rn. 16 f; Rattunde/Smid/Zeuner/*Zeuner*, InsO, 4. Auflage, § 144 Rn. 4.

877 Uhlenbruck/*Borries*/*Hirte*, InsO, 15. Auflage, § 144 Rn. 11.

878 Vgl. Rattunde/Smid/Zeuner/*Zeuner*, InsO, 4. Auflage, § 144 Rn. 8.

C. Doppelinsolvenzen und Verbot der Besserstellung

Doppelinsolvenzen können zur Konkurrenz von Anfechtungsansprüchen führen. Tritt – wie vorliegend – die Muttergesellschaft für die Tilgung bzw. Sicherung einer Verbindlichkeit ihrer Tochtergesellschaft ein und wird ein Insolvenzverfahren über das jeweilige Vermögen der Gesellschaften eröffnet, ergeben sich regelmäßig Anfechtungsansprüche für beide Insolvenzmassen. In diesen Fällen muss der betreffende Leistungsempfänger vor einer doppelten Rückgewährpflicht geschützt werden.[879] Insbesondere bei Doppelinsolvenzen sind daher konkurrierende Anfechtungsansprüche in Einklang zu bringen. Dabei ist stets zu berücksichtigen, dass die Insolvenzmasse infolge der Anfechtung nicht bessergestellt werden soll, als sie ohne die anfechtbare Rechtshandlung gestanden hätte.[880] Es gilt vor allem eine ungerechtfertigte Bereicherung der Insolvenzmasse zu vermieden.[881]

Da potenzielle Anfechtungsansprüche der T1-GmbH nicht Gegenstand der Untersuchung sind, ist auf eine doppelte Inanspruchnahme der B-Bank nicht einzugehen. Auch die oben geprüften Anfechtungsansprüche stehen in keinem Konkurrenzverhältnis. Denn die Anfechtungsgründe wegen vorsätzlicher Benachteiligung (§ 133 InsO) und wegen unentgeltlicher Leistung (§ 134 InsO) stehen grundsätzlich nebeneinander.[882] Zudem richten sich die Anfechtungsansprüche gegen personenverschiedene Anfechtungsgegner.

Im Zuge der Gesamtrückabwicklung der erbrachten Leistungen zugunsten der Insolvenzmasse der M-GmbH ist jedoch das Verbot der Besserstellung der Insolvenzmasse zu beachten: Die Anfechtung gegenüber der B-Bank nach § 133 InsO führt nämlich zur Rückgehwähr der ausgekehrten Kaufpreiszahlung in Höhe von EUR 1.500.000,00. Gleichwohl hätte E infolge der Anfechtung nach § 134 InsO das Grundstück an die M-GmbH rückaufzulassen. Dadurch wäre die Insolvenzmasse sowohl um den Vermögenswert des Betriebsgrundstücks als auch um den wesentlichen Teil der Kaufpreiszahlung bereichert. Sie wäre damit bessergestellt, als sie ohne die anfechtbaren Rechtshandlungen gestanden hätte, weil vormals nur das belastete Grundstück in die Haftungsmasse der M fiel. Allerdings führt die Rückgewährpflicht der B-Bank dazu, dass sich die Gegenleistung des E wiederum unterscheidbar in der Masse des Insolvenzschuldners befindet bzw. die Masse um

879 BGH, Urteil v. 16.11.2007 – IX ZR 194/04 = ZIP 2008, S. 125; siehe ausführlich zum Anfechtungsrisiko bei Doppelinsolvenzen *Onusseit*, FS Pape, S. 297 ff. (295).

880 HambKomm/*Rogge*/*Leptien*, InsO, 9. Auflage, § 144 Rn. 1.

881 BGH, Urteil v. 29.04.1986 – IX ZR 145/85 = NJW-RR 1986, S. 992 (991); K/P/B/*Jacoby*, InsO, 95. EL, § 144 Rn. 1.

882 Uhlenbruck/*Borries*/*Hirte*, InsO, 15. Auflage, § 129 Rn. 14.

den Wert des Anfechtungsanspruchs bereichert ist.[883] Daher beinhaltet die anfechtungsrechtlich ausgelöste Gesamtrückabwicklung im Deckungsverhältnis die Rückauflassung des Grundstücks von E an M und im Gegenzug die Rückgewähr der Teilzahlung von EUR 50.000,00. Im Vollzugsverhältnis hat B den übrigen Teil der Kaufpreiszahlung von EUR 1.550.000,00 an E zurückzugewähren. Demgegenüber lebt ihre Sicherung gegenüber der M-GmbH wieder auf. Erfolgt nun eine freie Veräußerung des Grundstücks durch den Insolvenzverwalter der M-GmbH ist die B-Bank als Absonderungsgläubigerin bevorzugt aus dem Verkaufserlös zu befriedigen (vgl. §§ 49 ff., 165 ff. InsO).

D. Ergebnis

Das Instrument der Insolvenzanfechtung ist auch in Konzernsachverhalten isoliert von jeweiligen Insolvenzverwalter der Einzelgesellschaften anzuwenden.

Zentral organisierte Konzerne nutzen regelmäßig gegenseitige Besicherungen externer Kreditgeber als Teil einer konzernweiten Finanzplanung. Die konzerninterne Sicherheitengewährung für die Verbindlichkeit eines Gruppenunternehmens ist regelmäßig nur gegenüber dem verbundenen Unternehmens nach § 134 InsO anfechtbar, da es sich bei der Besicherung einer fremden Schuld ohne rechtliche Verpflichtung und ohne Erlangung einer Gegenleistung um eine unentgeltliche Leistung handelt.

Auch die Übertragung von Vermögensgegenständen an Dritte kann Anfechtungslagen auslösen. Notverkäufe unter Wert können den Anfechtungstatbestand einer unmittelbar benachteiligenden Rechtshandlung (§ 132 InsO) erfüllen, wenn der Käufer die Zahlungsunfähigkeit kannte. Bei der Anfechtung nach § 134 InsO kommt es maßgeblich darauf an, ob die Parteien ihren subjektiven Bewertungsspielraum für die Bewertung einer angemessenen Gegenleistung überschritten haben. Entscheidend dafür ist eine ökonomische Beurteilung des Gesamtvorgangs. Eine pauschale Verneinung der Anfechtbarkeit ist aufgrund der starken Einzelfallabhängigkeit dieser Frage abzulehnen.

Für die Gläubigerbenachteiligung durch die Veräußerung eines belasteten Vermögensgegenstands ist maßgeblich, ob der betreffende Gegenstand wertausschöpfend belastet ist. Die Wertausschöpfung ist anhand einer Gegenüberstellung der zu sichernden Forderung mit dem Wert des veräußerten Gegenstands zu ermitteln. Ob die Bewertung eines belasteten Grundstücks anhand des Verkehrswerts oder durch den im Rahmen einer Zwangsversteigerung erzielbaren Erlös erfolgt,

883 Vgl. K/P/B/*Jacoby*, InsO, 95. EL, § 144 Rn. 29.

hängt davon ab, ob der Insolvenzverwalter im Zeitpunkt der (un-)mittelbaren Gläubigerbenachteiligung zur freihändigen Veräußerung des Grundstücks berechtigt war.

Kapitel 3: Organrechtliche Innenhaftung

Die deutsche Rechtsordnung erlaubt unter der Geltung des *Rechtsträger-* und *Trennungsprinzips* eine Differenzierung zwischen Herrschaft und Haftung bei Kapitalgesellschaften.[884] Denn die Haftung solcher Gesellschaften ist kraft Gesetzes grundsätzlich auf das Gesellschaftsvermögen beschränkt (vgl. dazu Besonderer Teil I, Kapitel 1, C.). Damit verfolgt die Rechtsordnung das volkswirtschaftlich relevante Ziel, Unternehmern zu wirtschaftlicher Betätigung anzuregen, ohne Angst vor einer persönlichen Haftung haben zu müssen.[885] Diese Haftungsprivilegierung der Gesellschaftsorgane ist jedoch kein Freifahrtschein für einen beliebigen Umgang mit dem Wirtschaftshaushalt einer unternehmerisch tätigen Gesellschaft. In der (Konzern-)Insolvenz können diejenigen, die grundsätzlich durch Haftungsbeschränkungen geschützt sind, taugliche Adressaten von Rückzahlungs- und Erstattungsansprüchen werden.[886] In wirtschaftlicher Schieflage sind darüber hinaus insbesondere die zur Geschäftsführung berufenen Organvertreter der Gesellschaft gehalten, ihre Obliegenheiten krisengemäß zu erfüllen. Anderenfalls können sie in der nachmaligen Insolvenz der Gesellschaft vom Insolvenzverwalter in Anspruch genommen werden, um die Haftung gegenüber der Gesellschaft durchzusetzen und so die Insolvenzmasse anzureichern. Die organrechtliche Innenhaftung ist daher von überragender Bedeutung für Unternehmensinsolvenzverfahren. Demgegenüber stellt sie für die betroffenen Organvertreter *de facto* das wohl größte zivilrechtliche Risiko in der Gesellschaftskrise dar.[887] Ein generelles Haftungskonzept der Geschäftsleitungsorgane in der Gesellschaftskrise kennt weder das Gesellschafts- noch das Insolvenzrecht; die relevanten Haftungsregeln sind vielmehr verstreut.

Unter Bezugnahme auf den vorliegenden Fall stellt sich die Frage, ob G als Geschäftsführer der K-Gruppe und seiner maßgeblichen Beteiligung an der Grundstücksveräußerung, die zur Überschuldung der Muttergesellschaft führte, haftungsrechtliche Konsequenzen zu tragen hat. Für die Einordnung der Sachverhaltserweiterung bedarfs es zunächst der Erläuterung des Pflichtenmaßstabs und

---

884 Anderes gilt bei Personengesellschaften (hiervon ausgenommen ist die GmbH & Co. KG), zum geltenden Grundsatz des Gleichlaufs von Herrschaft und Haftung siehe *Sanders/Berisha*, NZG 2020, S. 1295 (1290).

885 Vgl. *Kruse*, FS Smid, S. 192, zum Haftungsprivileg bei der GmbH.

886 Siehe exemplarisch § 15b Abs. 4 S. 1, Abs. 1 InsO, §§ 30, 31 Abs. 3 S. 1, Abs. 1 GmbHG, § 43 Abs. 2 S. 1 GmbHG; § 62 Abs. 1 S. 1 AktG; § 93 Abs. 2 S. 1 AktG.

887 *Poertzgen*, Haftungsvermeidung in der Unternehmenskrise, 2. Auflage, S. 96.

der Pflichtenkreise der geschäftsführenden Organvertreter im Konzern. Die deliktsrechtliche Existenzvernichtungshaftung bleibt außer Betracht.[888]

A. Organschaftliche Pflichtbindung und Haftung

I. Pflichtenmaßstab konzernrelevanter Kapitalgesellschaften

Die Innenhaftung der Geschäftsführungsorgane – also die Haftung gegenüber der Gesellschaft – ist im jeweiligen Gesetz der betreffenden Gesellschaftsform isoliert geregelt. Für die konzernrelevanten Kapitalgesellschaften AG, KGaA und GmbH finden sich jeweils ähnliche Formulierungen, die den Pflichten- und Sorgfaltsmaßstab der Geschäftsführungsorgane konkretisieren.[889]

1. Aktienrechtlicher Maßstab

Der aktienrechtliche Sorgfaltsmaßstab wird von § 93 Abs. 1 S. 1 AktG bestimmt. Danach haben die Vorstandsmitglieder *„[...] bei ihrer Geschäftsführung die Sorgfalt eines ordentlichen und gewissenhaften Geschäftsleiters anzuwenden.“* Derselbe Maßstab gilt für die persönlich haftenden Gesellschafter der KGaA, da § 283 Nr. 3 AktG auf die Sorgfaltspflicht und Verantwortlichkeit des Vorstands der AG und somit auf § 93 AktG verweist. In § 93 Abs. 1 S. 2 AktG ist zudem die *Business Judgment Rule* normiert. Hiernach verstößt die Geschäftsleitung nicht gegen ihre Sorgfaltspflichten, wenn *„[...] das Vorstandsmitglied bei einer unternehmerischen Entscheidung vernünftigerweise annehmen durfte, auf der Grundlage angemessener Informationen zum Wohle der Gesellschaft zu handeln.“*

Haben die Vorstandsmitglieder ihre Sorgfaltspflichten verletzt, bestimmt § 93 Abs. 2 S. 1 AktG eine gesamtschuldnerische Ersatzpflicht des aus der Pflichtverletzung entstandenen Schadens. Zusätzlich führt § 93 Abs. 3 AktG mehrere Sondertatbestände zur Ersatzpflicht führenden Verhaltens auf. Es handelt sich dabei um besonders schwerwiegende Verletzungen kapitalschützender Pflichten.[890]

2. GmbH-rechtlicher Maßstab

Die GmbH-rechtliche Parallelvorschrift zu § 93 AktG ist § 43 GmbHG. Nach Abs. 1 haben die Geschäftsführer einer GmbH *„[...] in den Angelegenheiten der Gesellschaft die Sorgfalt eines ordentlichen Geschäftsmannes anzuwenden.“* Die Vorschrift regelt

---

888 Dazu ausführlich *Kruse*, FS Smid, S. 196 ff. (191).

889 Vgl. *Gehrlein*, NZG 2020, S. 801.

890 *Koch*, AktG, 17. Auflage, § 93 Rn. 148.

damit in einem ähnlichen Wortlaut wie § 93 AktG die organschaftliche Pflichtbindung des Geschäftsführers gegenüber der Gesellschaft.[891] Im Unterschied dazu ist in § 43 GmbHG nicht die Business Judgment Rule niedergeschrieben.[892]

Geschäftsführer, welche ihre Obliegenheiten verletzen, haften der Gesellschaft nach Abs. 2 ebenfalls gesamtschuldnerisch für den entstandenen Schaden. Für Verletzung von Organpflichten, die sich auf das Stammkapital der Gesellschaft beziehen, statuiert Abs. 3 zur verschärften Schadensersatzpflicht führende Sonderfälle des Abs. 2.[893] Demnach tritt eine verschärfte Haftung ein, wenn entgegen den Bestimmungen des § 30 GmbHG Zahlungen aus dem zur Erhaltung des Stammkapitals erforderlichen Vermögen der Gesellschaft gemacht oder entgegen den Bestimmungen des § 33 GmbHG eigene Geschäftsanteile der Gesellschaft erworben worden sind.

3. Restrukturierungsrechtlicher Maßstab

Kern des am 01.01.2021 in Kraft getretenen SanInsFoG ist das Gesetz über den Stabilisierungs- und Restrukturierungsrahmen für Unternehmen (StaRUG).[894] Auch das StaRUG bestimmt durch § 43 Abs. 1 S. 1 einen eigenen restrukturierungsrechtlichen Sorgfaltsmaßstab. Demzufolge haben die Geschäftsleiter einer Kapitalgesellschaft darauf hinzuwirken, dass *„[...] der Schuldner die Restrukturierungssache mit der Sorgfalt eines ordentlichen und gewissenhaften Geschäftsleiters betreibt und die Interessen der Gesamtheit der Gläubiger wahrt."* Auch hier fällt der zu den gesellschaftsrechtlichen Normen ähnliche Gesetzeswortlaut ins Auge. Die generalklauselartig normierte Pflicht zur ordentlichen Sanierungsgeschäftsführung wird demgegenüber durch § 32 StaRUG in nicht abschließender Weise konkretisiert.[895]

Verletzen die geschäftsleitenden Organvertreter ihre Sorgfaltspflicht haften sie auch nach § 43 Abs. 1 S. 2 StaRUG gesamtschuldnerisch in Höhe des den Gläubigern entstandenen Schadens gegenüber der Gesellschaft. In § 43 StaRUG ist die Business Judgment Rule ebenfalls nicht niedergeschrieben, soll aber nach herrschender Meinung des Schrifttums[896] für den Beurteilungsspielraum im Zuge des Betreibens der Restrukturierungssache herangezogen werden können.

---

891 Vgl. Habersack/Casper/Löbbe/*Paefgen*, GmbHG, 3. Auflage, § 43 Rn. 2.

892 Dazu unten Besonderer Teil II, Kapitel 3, A. III. 2.

893 BGH, Urteil v. 29.9.2008 – II ZR 234/07 = NJW 2009, S. 70 (68);

894 Die Vorschriften §§ 84 bis 88 StaRUG (öffentliche Restrukturierungssachen) traten erst am 17.07.2022 in Kraft.

895 Pannen/Riedemann/Smid/*Riedemann*, StaRUG, 1. Auflage, § 43 Rn. 4.

896 Vgl. *Bea/Dressler*, NZI 2021, S. 68 (67); *Guntermann*, WM 2021, S. 220 f. (214); *Scholz*, ZIP 2021, S. 224 (219); BeckOK-StaRUG/*Mock*, § 43 Rn. 10; Pannen/Riedemann/Smid/*Riedemann*, StaRUG, 1. Auflage, § 43 Rn. 32; kritisch Flöther-StaRUG/*Goetker*, § 43 Rn. 39.

Im Unterschied zu § 93 AktG und § 43 GmbHG gelten §§ 43, 32 StaRUG ausschließlich für einen bestimmten zeitlichen Anwendungsbereich, da sie sich stets auf eine vorliegende Restrukturierungssache beziehen. Somit setzt ihre Anwendung die Rechtshängigkeit einer Restrukturierungssache voraus.[897] Da die vorliegende Arbeit die Innenhaftung als Kehrseite eines Vermögensentzugs im nachmaligen Insolvenzverfahren der vermögensgebenden Gesellschaft untersucht, bleiben weitere Ausführungen zum Stabilisierungs- und Restrukturierungsrahmen außer Betracht.

4. Insolvenzrechtlicher Maßstab

Auch die InsO statuiert nunmehr mit § 15b Abs. 1[898] einen insolvenzrechtlichen Pflichtenmaßstab für die Vertretungsorgane der Kapitalgesellschaften. Nach S. 1 dürfen die antragspflichtigen Mitglieder des Vertretungsorgans einer juristischen Person – somit die Geschäftsführung[899] – nach dem Eintritt eines Insolvenzgrundes keine Zahlungen mehr für diese vornehmen. Etwas anderes gilt nur für Zahlungen, *„[...] die mit der Sorgfalt eines ordentlichen und gewissenhaften Geschäftsleiters vereinbar sind."* Der Sorgfaltsmaßstab wird in den Abs. 2, 3 und 8 der Norm konkretisiert. So handelt es sich in der Regel um sorgfaltswidrige Zahlungen, wenn der für die rechtzeitige Antragstellung maßgebliche Zeitpunkt verstrichen ist (Abs. 3 S. 1). Die Norm stellt für die organschaftliche Pflichtbindung der Antragsberechtigten somit ebenfalls auf einen ähnlichen Wortlaut wie die vorgenannten Normen ab, knüpft jedoch an einen anderen Zeitpunkt an: Während § 93 AktG und § 43 GmbHG fortlaufend und nicht nur in wirtschaftlicher Schieflage der Gesellschaft Anwendung finden, setzt § 15b InsO den Eintritt der materiellen Insolvenzreife voraus.

Nehmen die antragspflichtigen Organe sorgfaltswidrige Zahlungen vor sind sie der Gesellschaft gemäß Abs. 4 der Vorschrift zur Erstattung verpflichtet.

---

897 Wolgast/Grauer/*Hirschberger*/*Herms*, StaRUG, 3. Auflage, § 43 Rn. 3.

898 § 15b InsO entstand ebenfalls mit der Verabschiedung des SanInsFoG am 17.12.2020. Vorige in gesellschaftsrechtlichen Kodifikationen verteilte Regelungen zu Zahlungsverboten im Falle der Insolvenzreife von haftungsbeschränkten Rechtsträgern (§ 64 GmbHG, § 92 Abs. 2 AktG, § 130a Abs. 1, auch i.V.m. § 177 S. 1 HGB, § 99 GenG) wurden zur allgemeinen und rechtsformneutralen Vorschrift des § 15b InsO zusammengefasst und rechtssystematisch den Regelungen zur Insolvenzantragspflicht zugeordnet (vgl. BR-Drs. 619/20, S. 224 f.).

899 Siehe dazu Besonderer Teil II, Kapitel 1, A. I.

5. Folgerung: Gleichlauf der Maßstäbe[900] und Interessenwechsel

Die dargestellten Vorschriften gleichen sich darin, dass sie für Handlungen der Geschäftsführungsorgane auf die Sorgfalt eines ordentlichen und gewissenhaften Geschäftsleiters (§ 93 AktG, § 43 StaRUG und § 15b InsO) bzw. auf die Sorgfalt eines ordentlichen Geschäftsmannes (§ 43 GmbHG) abstellen. Die vergleichbaren Formulierungen lassen eine genaue Differenzierung des Pflichtenmaßstabs der organschaftlichen Vertreter schwerlich zu. Allerdings ist eine Differenzierung nach ganz herrschender Auffassung[901] überhaupt nicht notwendig: Denn trotz des leicht abweichenden Wortlauts besteht Einigkeit darin, dass die Formulierungen von § 93 AktG und § 43 GmbHG gleichzusetzen sind;[902] der Zusatz „gewissenhaft" führt daher nicht zu einer erweiterten Sorgfaltspflicht. Gleiches muss konsequenterweise für den von § 43 StaRUG und § 15b InsO aufgestellten Pflichtenmaßstab gelten.

Im Sinne einer ordentlichen (und gewissenhaften) Geschäftsleitung hat sich das Geschäftsführungsorgan wie jemand in selbständiger treuhänderischer Wahrnehmung fremder Vermögensinteressen zu verhalten.[903] Dieser Grundsatz ist somit allen vorangestellten Maßstäben gemeinsam. Im Zuge der Inanspruchnahme von Restrukturierungsinstrumenten des StaRUG oder mit Eintritt der Insolvenzreife findet allerdings ein Wechsel in der Trägerschaft der Vermögensinteressen statt: Während § 93 AktG und § 43 GmbHG stets an den Gesellschaftszweck und damit an das Interesse der Gesellschaft anknüpfen,[904] betrachten § 43 StaRUG und § 15b InsO die Einhaltung der Sorgfaltspflicht aus der Perspektive der Gesamtheit der Gesellschaftsgläubiger. Daraus folgt, dass eine sorgfaltspflichtgemäße Unternehmensleitung vor der Krise primär im Gesellschaftsinteresse und während der Krise primär im Gläubigerinteresse auszuüben ist. Dieser Wechsel der zu berücksichtigenden Interessen wird als *shift of fiduciary duties* bezeichnet.[905]

---

900 So schon *Gehrlein*, NZG 2020, S. 803 (801).

901 Vgl. OLG Naumburg, Urteil v. 23.01.2014 – 2 U 57/13 = ZIP 2014, S. 1736 (1735); M/H/L/S/*Ziemons*, GmbHG, 4. Auflage, § 43 Rn. 408; MüKo-GmbHG/*Fleischer*, 4. Auflage, § 43 Rn. 10; *Gehrlein*, NZG 2020, S. 803 (801); *Altmeppen*, GmbHG, 11. Auflage, § 43 Rn. 3; N/S/H/*Beurskens*, GmbHG, 23. Auflage, § 43 Rn. 34; BeckOGK-AktG/*Fleischer*, § 93 Rn. 10.

902 Statt aller siehe *Altmeppen*, GmbHG, 11. Auflage, § 43 Rn. 3.

903 BGH, Urteil v. 20.02.1995 – II ZR 143/93 = NJW 1995, S. 1291 (1290); *Gehrlein*, NZG 2020, S. 803 (801).

904 Vgl. statt aller Baumbach/Hueck/*Haas*, GmbHG, 22. Auflage, § 64 Rn. 89

905 Vgl. Pannen/Riedemann/Smid/*Weitzmann*, StaRUG, 1. Auflage, § 1 Rn. 27.

II. Pflichtenkreise

1. Pflichten des § 93 Abs. 1 AktG und § 43 Abs. 1 GmbHG

§ 93 Abs. 1 AktG und § 43 Abs. 1 GmbH enthalten mit der Statuierung der Sorgfaltspflicht eine generalklauselartige (Verhaltens-)Pflichtenquelle.[906] Die Abs. 1 der Vorschriften haben somit nach ganz herrschender Meinung eine Doppelfunktion: Sie umschreiben einerseits einen Verschuldensmaßstab und bezeichnen andererseits Verhaltenspflichten, aus denen sich tatbestandlich konkretisierte Einzelpflichten ergeben können.[907] Der vorgenannte Grundsatz, dass die Geschäftsführungsorgane so zu handeln haben wie jemand, der treuhänderisch fremde Vermögensinteressen wahrnimmt, ist stets an die konkreten Verhältnisse des jeweiligen Unternehmens – insbesondere Gegenstand, Größe und situationsbedingte Umstände und besondere Aufgaben des einzelnen Geschäftsführers bzw. des einzelnen Vorstandsmitglieds – anzupassen.[908] Verallgemeinernd verpflichtet der Grundsatz die Geschäftsführungsorgane dazu, den Vorteil der Gesellschaft und ihren Zweck zu wahren sowie Schaden von ihr abzuwenden; daher sind falsche und die Gesellschaft schädigende Maßnahmen zu unterlassen.[909] Im Einzelnen lassen sich die Organpflichten in vier größere Pflichtenkreise[910] einordnen:

Erstens, die *Legalitätspflicht.* Zur Beachtung der Legalitätspflicht hat jedes Mitglied der Geschäftsführung im Außenverhältnis die rechtlichen Pflichten und Vorgaben der Rechtsordnung einzuhalten; hierunter fallen sämtliche allgemeinen Gesetzespflichten.[911] Innerhalb der Gesellschaft haben die Geschäftsführer bzw. die Vorstandsmitglieder darüber hinaus die ihnen als Organmitglieder durch das jeweilige Gesetz auferlegten Pflichten einzuhalten.[912] Zu nennen sind insbesondere die Einhaltung der nach § 82 Abs. 2 AktG und § 37 Abs. 1 GmbHG von den Organen wie auch der von der Satzung und Geschäftsordnung vorgegebenen Grenzen.

Zweitens, die organschaftliche *Überwachungspflicht.* Diese ergibt sich aus dem Grundsatz der Gesamtverantwortung und umfasst zum einen die organinterne Selbstüberwachung (horizontale Überwachungspflicht), welche alle Vertreter des Geschäftsführungsorgans dazu verpflichtet, die Geschäfte über ihre jeweiligen

---

906 MüKo-GmbHG/*Fleischer*, 4. Auflage, § 43 Rn. 10; *Koch*, AktG, 17. Auflage, § 93 Rn. 7.

907 Vgl. M/H/L/S/*Ziemons*, GmbHG, 4. Auflage, § 43 Rn. 54; MüKo-GmbHG/*Fleischer*, 4. Auflage, § 43 Rn. 10; N/S/H/ *Beurskens*, GmbHG, 23. Auflage, § 43 Rn. 7; MüKo-AktG/*Spindler*, 5. Auflage, § 93 Rn. 21; *Koch*, AktG, 17. Auflage, § 93 Rn. 7.

908 BGH, Urteil v. 20.02.1995 – II ZR 143/93 = NJW 1995, S. 1291 (1290); M/H/L/S/*Ziemons*, GmbHG, 4. Auflage, § 43 Rn. 414; Habersack/Casper/Löbbe/*Paefgen*, GmbHG, 3. Auflage, § 43 Rn. 39.

909 Vgl. BGH, Urteil v. 27.09.1956 – II ZR 144/55 = NJW 1956, S. 1754 (1753); MüKo-GmbHG/*Fleischer*, 4. Auflage, § 43 Rn. 11; für Vorstandsmitglieder siehe MüKo-AktG/*Spindler*, 5. Auflage, § 93 Rn. 26.

910 Vgl. MüKo-GmbHG/*Fleischer*, 4. Auflage, § 43 Rn. 12; BeckOGK-AktG/*Fleischer*, § 93 Rn. 28.

911 Vgl. Hölters/Weber/*Hölters*, AktG, 4. Auflage, § 93 Rn. 67; BeckOGK-AktG/*Fleischer*, § 93 Rn. 28.

912 Hölters/Weber/*Hölters*, AktG, 4. Auflage, § 93 Rn. 54.

Ressortgrenzen hinweg stetig zu überwachen.[913] Zum anderen haben die Geschäftsleiter ebenfalls ihre nachgeordneten Unternehmensebenen zu überwachen (vertikale Überwachungspflicht); dabei muss im jeweiligen Ressort für ein gesetzeskonformes Verhalten der Mitarbeiter gesorgt und der Missachtung gesetzlicher Bindungen entgegengewirkt werden.[914] Die Gesamtaufgaben des Geschäftsführungsorgans (z. B. die Insolvenzantragspflicht nach § 15a InsO) können jedoch nicht durch die Ressortaufteilung zugewiesen werden – es sind stets alle Geschäftsführer bzw. Vorstandsmitglieder verantwortlich.[915]

Drittens, die *Sorgfaltspflicht im engeren Sinne.* Hierunter ist die Bestimmung des Pflichtenprogramms eines sorgfältigen Geschäftsführungsorgans aus unterschiedlichsten Verhaltensnormen zu verstehen, die sich vor allem aus Art, Größe und Industriezweig des Unternehmens ergeben.[916] Unter anderem treffen die Geschäftsführer bzw. Aufsichtsratsmitglieder besondere Pflichten aus dem Anstellungsvertrag oder aufgrund von Berufspflichten der einschlägigen Branche.[917] Auch betriebswirtschaftliche Grundsätze sind im Zuge der Sorgfaltspflicht im engeren Sinne zu beachten. Die Organvertreter sind zur Unternehmensplanung und -steuerung sowie zur Überwachung der Liquiditäts- und Finanzlage, insbesondere in Krisensituationen, verpflichtet.[918]

Sowohl in die Legalitäts- als auch in die Überwachungspflicht der Geschäftsführungsorgane kann darüber hinaus die *Compliance-Pflicht* verankert werden.[919] Im Sinne der Compliance-Pflicht haben die Geschäftsführer bzw. Vorstandsmitglieder über ihre eigene Rechtstreue hinaus auch auf den nachgeordneten Unternehmensebenen für rechtskonformes Verhalten zu sorgen.[920] Die Legalitätskontrolle gepaart mit der Überwachungsverantwortung der geschäftsleitenden Organe

913 Vgl. BGH, Urteil v. 15.10.1996 – VI ZR 319/95 = NJW 1997, S. 132 (130); BeckOGK-AktG/*Fleischer*, § 93 Rn. 128 f; MüKo-GmbHG/*Fleischer*, 4. Auflage, § 43 Rn. 135.

914 Vgl. BGH, Urteil v. 18.06.2014 – I ZR 242/12 = NZG 2014, S. 993 (991); BeckOGK-AktG/*Fleischer*, § 93 Rn. 130; MüKo-GmbHG/*Fleischer*, 3. Auflage, § 43 Rn. 110.

915 BGH, Urteil v. 06.11.2018 – II ZR 11/17 = ZIP 2019, S. 262 (261); Bork/Schäfer/*Klöhn*, GmbHG, 5. Auflage, § 43 Rn. 29.

916 Dazu ausführlich MüKo-GmbHG/*Fleischer*, 3. Auflage, § 43 Rn. 48; siehe auch BeckOGK-AktG/*Fleischer*, § 93 Rn. 57.

917 BeckOGK-AktG/*Fleischer*, § 93 Rn. 59; Bork/Schäfer/*Klöhn*, GmbHG, 5. Auflage, § 43 Rn. 25, zu den bestimmten Einzelbereichen Rn. 27 m.w.N.

918 BGH, Urteil v. 06.06.1994 – II ZR 292/91 = ZIP 1994, S. 1106 (1103); Bork/Schäfer/*Klöhn*, GmbHG, 5. Auflage, § 43 Rn. 26.

919 Vgl. Bork/Schäfer/*Klöhn*, GmbHG, 5. Auflage, § 43 Rn. 35, der die Compliance-Pflicht hingegen der Sorgfaltspflicht im engeren Sinne zuordnet; grundlegend dazu *Verse*, ZHR 175, S. 401 ff; *Paefgen*, WM 2016, S. 433 ff.

920 MüKo-GmbHG/*Fleischer*, 4. Auflage, § 43 Rn. 178.

kann bei Gefahrenpotential zur Pflicht führen, präventiv ein Compliance-System einzuführen, um Haftungsvermeidung und Risikokontrolle zu gewährleisten.[921] Für herrschende Konzernunternehmen leitet sich hieraus jedoch keine generelle Compliance-Pflicht hinsichtlich der Kontrolle ihrer Tochterunternehmen ab. Unter Berücksichtigung des Trennungsprinzips haben vielmehr die Mitglieder der Leitungsorgane jeder Tochtergesellschaft die Compliance-Pflicht zu beachten.[922] Dennoch trifft die Geschäftsleitung der Obergesellschaft jedenfalls eine Schadensabwendungspflicht, sobald das Eigeninteresses ihrer Gesellschaft betroffen ist.[923]

Viertens, die *Treuepflicht.*[924] Sie findet weder in § 93 AktG noch in § 43 GmbHG eine ausdrückliche Erwähnung, leitet sich aber als Korrelat der Befugnis zur treuhänderischen Verwaltung fremden Vermögens und aus dem Organverhältnis der Geschäftsleitung zu der Gesellschaft ab, das auf einem Vertrauensverhältnis beruht.[925] Kerngehalt der Treuepflicht ist, dass der Vorstand zu rücksichtsvollem Handeln gegenüber dem Gesellschaftszweck, den Interessen der Gesellschaft sowie den Aktionären verpflichtet ist.[926] Die Treuepflicht ist für die AG-Geschäftsführung gegenüber den vorgenannten Pflichten hingegen von geringerer Bedeutung, da sie im Zuge der treuhänderischen Funktion von vornherein in den Vorstandspflichten enthalten ist.[927]

2. Konkret-spezifisches Zahlungsverbot des § 15b Abs. 1 InsO

Demgegenüber normiert § 15b Abs. 1 S. 1 InsO eine konkrete Verhaltenspflicht: Im Zustand der materiellen Insolvenz der Gesellschaft sind Zahlungen durch die Antragsberechtigten grundsätzlich zu unterlassen. Das Zahlungsverbot knüpft dabei an die Insolvenzantragspflicht des § 15a Abs. 1 InsO an. Beide Vorschriften stellen eine einzeltatbestandliche Konkretisierung der generalklauselartigen Verhaltenspflichten des § 93 Abs. 1 AktG und § 43 Abs. 1 GmbHG dar.[928]

Im Falle der Insolvenzreife orientiert sich der Pflichtenkreis der Geschäftsführungsorgane nicht mehr ausschließlich nach den vorangestellten Verhaltenspflichten. Vielmehr ist er an dem besonderen Zweck auszurichten, die Vermögensmasse der

---

921 Vgl. LG München I, Urteil v. 10.12.2013 – 5 HK O 1387/10 = NZG 2014, S. 345.

922 *Verse*, ZHR 175, S. 412 (401); *Paefgen*, WM 2016, S. 441 (433).

923 Vgl. *Verse*, ZHR 175, S. 408 (401).

924 Dazu bereits Besonderer Teil I, Kapitel 2, B. I.

925 BGH, Urteil v. 21.12.2005 – 3 StR 470/04 = NJW 2006, S. 522 (524); MüKo-AktG/*Spindler*, 5. Auflage, § 93 Rn. 125; Hölters/Weber/*Hölters*, AktG, 4. Auflage, § 93 Rn. 96.

926 Besonderer Teil I, Kapitel 2, B. I.

927 Vgl. BGH, Urteil vom 21.12.2005 – 3 StR 470/04 = NJW 2006, S. 524 (522); MüKo-AktG/*Spindler*, 5. Auflage, § 93 Rn. 125.

928 Ähnlich *Altmeppen*, GmbHG, 11. Auflage, § 43 Rn. 1.

insolventen Gesellschaft im Interesse der Gesamtheit ihrer Gläubiger zu erhalten und eine zu ihrem Nachteil ausgeführte bevorzugte Befriedigung einzelner Gläubiger zu verhindern.[929]

III. Privilegierung unternehmerischer Entscheidungen

1. Business-Judgment-Rule, § 93 Abs. 1 S. 2 AktG

Die dargestellten Pflichtenkreise erwecken den Anschein, dass den Vorstandsmitgliedern einer AG unter dem Druck ihrer Verhaltenspflichten für unternehmerische Entscheidungen lediglich ein sehr enger Beurteilungsspielraum mit wenig Platz für Risikoentscheidungen zur Verfügung steht. Allerdings fallen nicht alle Maßnahmen, die nicht den versprochenen Erfolg eingebracht haben, unter einen Sorgfaltspflichtverstoß: Denn eine unternehmerische Entscheidung in einem dynamischen Marktgeschehen ist stets mit einem (angemessenen) wirtschaftlichen Risiko verbunden.[930] Die Business Judgment Rule (§ 93 Abs. 1 S. 2AktG) räumt den Verantwortlichen deswegen einen Ermessensspielraum ein.

Ihre Notwendigkeit kann in zwei wesentlichen Punkten zusammengefasst werden: Zum einen stünde eine Risikoscheu der Organmitglieder den Interessen der Aktionäre entgegen und schädigte ebenfalls die Volkswirtschaft.[931] Nicht zuletzt, weil unternehmerische Entscheidungen selten gänzlich sicher sind und häufig unter großem Zeitdruck gefällt werden.[932] Zum anderen hilft die Figur des Geschäftsleiterermessens in aktienrechtlichen Haftungsprozessen der richterlichen *ex-ante* Beurteilung, indem nachträglichen Prognosen aufgrund von später bekannt gewordenen Tatsachen (sog. *hindsight bias*) entgegengewirkt wird.[933] Die Regelung des § 93 Abs. 1 S. 2 AktG geht daher von der Differenzierung zwischen fehlgeschlagenen unternehmerischen Entscheidungen einerseits und der Verletzung der oben aufgeführten Pflichten andererseits aus.[934] Durfte das Vorstandsmitglied somit bei angemessener Informationslage und pflichtgemäßer Ermessensausübung annehmen, im Sinne der Gesellschaft zu handeln, liegt keine Pflichtverletzung vor.

---

929 Vgl. *Gehrlein*, NZG 2020, S. 804 (801).

930 Vgl. *Koch*, AktG, 17. Auflage, § 93 Rn. 26 f.

931 BGH, Beschl. v. 24.02.1997 – II ZB 11/96 = NJW 1997, S. 1925 (1923); *Fleischer*, ZIP 2004, S. 685.

932 MüKo-AktG/*Spindler*, 5. Auflage, § 93 Rn. 48; BeckOGK-AktG/*Fleischer*, § 93 Rn. 80.

933 *Fleischer*, ZIP 2004, S. 686 (685); zu nachträglichen richterlichen Prognosen siehe *Bär*, ZBJV 106 (1970), S. 462 (457).

934 *Gehrlein*, NZG 2020, S. 806 (801).

2. GmbH-Geschäftsführerermessen

Demgegenüber fällt auf, dass die Business Judgment Rule trotz des Gleichlaufs der Pflichtenmaßstäbe zwischen den Vorschriften in § 43 GmbHG fehlt. Gleichwohl gilt diese nach ganz herrschender Auffassung ebenfalls für den GmbH-Geschäftsführer.[935] Denn die vorangestellten Notwendigkeitsgründe für einen Ermessensspielraum der Geschäftsleitung sind gleichermaßen auf die unternehmerischen Entscheidungen eines GmbH-Geschäftsführers übertragbar.[936] Die Geschäftsführung einer GmbH trifft ebenso zukunftsrelevante Entscheidungen für die Gesellschaft wie die Vorstandsmitglieder einer AG. Fehleinschätzungen sind unter den Umständen eines dynamischen Markts und geschäftlicher Risiken auch bei noch so verantwortungsbewusstem Handeln des Unternehmensleiters nie auszuschließen.[937] Daher greift die Rechtsprechung auch in GmbH-Sachverhalten auf die Figur des Geschäftsleiterermessens zurück.[938]

Im Unterschied zum AG-Vorstand ist es der GmbH-Geschäftsführung jedoch zuzumuten, die jeweilige Risikoeinstellung der Gesellschafter zu berücksichtigen, da diese typischerweise einen Großteil ihres eigenen Vermögens in die Gesellschaft eingebracht haben.[939] Gegenüber den Aktionären sind die Gesellschafter daher einem höheren Risiko ausgesetzt; nicht zuletzt, weil ihnen regelmäßig Diversifikationsmöglichkeiten fehlen.[940] Insbesondere unter Berücksichtigung der Vorlagepflicht des § 49 Abs. 2 GmbHG ist es dem Geschäftsführer deshalb zumutbar, bei schwierigen Prognoseentscheidungen die Stellungnahme der Gesellschafter einzuholen.[941] Darüber hinaus verfügt der GmbH-Geschäftsführer anders als der AG-Vorstand (§ 76 Abs. 1 AktG) über keine eigenverantwortliche Leitungsmacht, sondern unterliegt den Weisungen der Gesellschafter (§ 37 Abs. 1 GmbHG). Die Gesellschafter sind dadurch in der Lage, Geschäftsführerhandlungen vorzugeben oder zu begrenzen.[942] In der Konsequenz reduziert sich der Ermessensspielraum des

---

935 BGH, Urteil v. 04.11.2002 – II ZR 224/00 = NZG 2003, S. 82 (81); M/H/L/S/*Ziemons*, GmbHG, 4. Auflage, § 43 Rn. 134; Habersack/Casper/Löbbe/*Paefgen*, GmbHG, 3. Auflage, § 43 Rn. 2; *Altmeppen*, GmbHG, 11. Auflage, § 43 Rn. 14.

936 Vgl. N/S/H/*Beurskens*, GmbHG, 23. Auflage, § 43 Rn. 34; siehe ausführlich zu den Legitimationsgrundlagen *Fleischer*, NZG 2011, S. 522 ff. (521).

937 BGH, Urteil v. 21.04.1997 – II ZR 175/95 = NJW 1997, S. 1927 (1926).

938 Vgl. BGH, Urteil v. 04.11.2002 – II ZR 224/00 = NZG 2003, S. 81; BGH, Beschl. v. 14.07.2008 – II ZR 202/07 = NZG 2008, S. 751.

939 *Fleischer*, NZG 2011, S. 523 (521).

940 *Jungmann*, FS K. Schmidt, S. 850 (831); *Fleischer*, NZG 2011, S. 523 (521).

941 *Fleischer*, NZG 2011, S. 525 (521).

942 Vgl. N/S/H/*Beurskens*, GmbHG, 23. Auflage, § 37 Rn. 1.

Geschäftsführers; befolgt er die Vorgaben der Gesellschafter, handelt er unabhängig von den Voraussetzungen der Business Judgment Rule grundsätzlich rechtmäßig.[943]

B. Haftung des G aus § 43 Abs. 2, Abs. 1 GmbHG

Aus dem Vorgenannten ergibt sich für den vorliegenden Sachverhalt die Möglichkeit einer Haftung des G nach § 43 Abs. 2, Abs. 1 GmbHG. Die Vorschrift normiert eine gesamtschuldnerische Haftung der Geschäftsführungsorgane gegenüber der Gesellschaft, sollten die Geschäftsführer ihre Verhaltenspflichten verletzt haben.

I. Haftungsvoraussetzungen

Voraussetzung für den Anspruch der Gesellschaft ist, dass die Geschäftsführer pflichtwidrig einen Schaden verursacht haben.[944] Indem G das Betriebsgrundstück der M-GmbH unter Wert an E veräußerte, ohne dass ihre gleichzeitige Entschuldung eintrat, könnte G seine Pflicht zur sorgfältigen Geschäftsführung verletzt haben.

1. Pflichtverletzung

a) Krisenpflichten

Die tatbestandsmäßige Pflichtverletzung erstreckt sich auf den Bruch jener Organpflichten, die sich aus dem o.g. Pflichtenkreis des § 43 Abs. 1 GmbHG ergeben. Den Geschäftsführungsorganen ist dabei grundsätzlich der in der Business Judgment Rule verankerte Ermessensspielraum bei unternehmerischen Entscheidungen grundsätzlich zuzubilligen.

In der Gesellschaftskrise hingegen treffen die Organvertreter vom Normalzustand abweichende erweiterte Pflichten. Denn der Wechsel der zu berücksichtigenden Interessen bewirkt gleichermaßen eine Neuausrichtung der Geschäftsführerpflichten. Für das Vorfeld der Insolvenz normiert § 1 StaRUG nunmehr ausdrücklich allgemeine und rechtsformübergreifende Krisenfrüherkennungs- und -reaktionspflichten der Geschäftsleiter haftungsbeschränkter Rechtsträger.[945] Die Vorschrift knüpft allerdings an Regelungen des bereits geltenden Rechts an (vgl. § 91 Abs. 2 AktG). Besondere Krisenpflichten ergaben sich daher schon vor Einführung des StaRUG aus den generalklauselartigen Vorschriften der § 43 GmbHG und § 93

---

943 *Lutter*, ZIP 2007, S. 848 (841); zu den Ausnahmen rechtmäßigen Handelns trotz vorliegender Gesellschafterweisung siehe unten Besonderer Teil II, Kapitel 3, B. I. 2

944 Vgl. Habersack/Casper/Löbbe/*Paefgen*, GmbHG, 3. Auflage, § 43 Rn. 165.

945 Dazu ausführlich Pannen/Riedemann/Smid/*Weitzmann*, StaRUG, 1. Auflage, § 1 Rn. 1ff.

AktG.[946] So sind die geschäftsführenden Organvertreter zur kontinuierlichen Kontrolle der finanziellen Situation der Gesellschaft wie auch zur Beobachtung der Stellung des Unternehmens am Markt (wirtschaftliche Selbstkontrolle) verpflichtet.[947] Befindet sich die (Konzern-)Gesellschaft bereits in wirtschaftlicher Schieflage, ist der im Grundsatz gestattete unternehmerische Beurteilungsspielraum stark eingeschränkt, weil dem Unternehmenserhalt stets der Vorrang gegenüber finanziellen Wagnissen zu gewähren ist.[948] Daher wandelt sich die Früherkennungs- und Kontrollpflicht in der Gesellschaftskrise zu einer Restrukturierungs- und Sanierungspflicht der Geschäftsführungsorgane.[949]

Im Zuge derer haben die Organvertreter im ersten Schritt zu prüfen, auf welcher Grundlage die wirtschaftlichen Verluste basieren und ob überhaupt Sanierungschancen bestehen.[950] Dabei setzt eine ordnungsgemäße Sanierungsprüfung voraus, dass eine sorgfältige Recherche der maßgeblichen Entscheidungsgrundlagen vorgenommen wird und dadurch eine umfassende Aufnahme des Unternehmen-Ist-Zustands erfolgt.[951] Eine Sanierungsfähigkeit darf dabei pflichtgemäß erst angenommen werden, wenn die Möglichkeit zum Ausschluss oder zur Beseitigung der Insolvenzreife besteht.[952]

Im zweiten Schritt ist – sofern Sanierungschancen bestehen – ein Sanierungskonzept zu entwickeln und die konkreten Sanierungsmaßnahmen sind umzusetzen.[953] Dabei sind insbesondere existenzgefährdende Maßnahmen im Sinne einer *„alles oder nichts“* Vorgehensweise zwingend zu unterlassen.[954] Die Geschäftsführungsorgane handeln sorgfaltswidrig, sobald eine Sanierungsmaßnahme Risiken birgt, die im Falle ihrer Verwirklichung zum Untergang des gesamten Un-

---

946 Vgl. MüKo-AktG/*Spindler*, 5. Auflage, § 93 Rn. 177; Habersack/Casper/Löbbe/*Paefgen*, GmbHG, 3. Auflage, § 43 Rn. 135.

947 BGH, Urteil v. 26.01.2016 – II ZR 394/13 = NZG 2016, S. 660 (658); Gottwald/Haas/*Haas*/*Kolmann*/*Kurz*, Insolvenzrechts-Handbuch, 6. Auflage, § 90 Rn. 11 f., zur GmbH-Geschäftsführung; siehe auch *Bork*, ZIP 2011, S. 102 (101); zu den Vorstandspflichten vgl. MAH-InsO/*Kreplin*, 3. Auflage, § 9 Rn. 5.

948 Vgl. *Gehrlein*, NZG 2020, S. 807 (801).

949 *Bork*, ZIP 2011, S. 103 (101); MüKo-GmbHG/*Fleischer*, 4. Auflage, § 43 Rn. 76; *Poertzgen*, Haftungsvermeidung in der Unternehmenskrise, 2. Auflage, S. 28.

950 MüKo-GmbHG/*Fleischer*, 4. Auflage, § 43 Rn. 76; *Poertzgen*, Haftungsvermeidung in der Unternehmenskrise, 2. Auflage, S. 28.

951 *Bork*, ZIP 2011, S. 106 (101).

952 *Bork*, ZIP 2011, S. 107 (101).

953 *Poertzgen*, Haftungsvermeidung in der Unternehmenskrise, 2. Auflage, S. 28.

954 Vgl. OLG Stuttgart, Beschl. v. 19.06.2012 – 20 W 1/12 = NZG 2012, S. 1150; *Gehrlein*, NZG 2020, S. 807 (801).

ternehmens führen.[955] Unangemessenen Risiken für die Gesellschaft gilt es daher auszuweichen, auch wenn der Erfolg einer risikobehafteten Sanierungsmaßname den sicheren Unternehmenserhalt bedeutete.

Die Pflichtenveränderungen in der Unternehmenskrise zeigen, dass das Risikomanagement der Geschäftsführungsorgane einer Gesellschaft bei drohender und inmitten der Krise stark eingeschränkt ist. Dies ist vor allem darin begründet, dass mit dem Eintritt der Insolvenzreife das schutzwürdige Interesse der Gläubiger in den Vordergrund rückt.[956] Verstoßen die Organvertreter in der Gesellschaftskrise mit einer Sanierungsmaßnahme gegen die aufgezeigten Pflichten, ist eine tatbestandsmäßige Pflichtverletzung im Sinne des § 43 Abs. 2 GmbHG gegeben.

b) Veräußerung von Vermögenswerten in der Krise

Vorliegend veräußerte G das Betriebsgrundstück an E zu einem Kaufpreis von EUR 1.550.000,00. Aus dem Kaufpreis sollte im Wesentlichen die Großgläubigerin B-Bank befriedigt werden, was zu einer erheblichen finanziellen Entlastung der M-GmbH beigetragen hätte. Sollen Vermögenswerte der Gesellschaft veräußert werden, um kurzfristig Liquidität zu gewinnen und dadurch die Insolvenzreife zu beseitigen, ist unter Berücksichtigung der soeben beschriebenen Krisenpflichten zu beachten, dass der Sanierungserfolg erst dann pflichtgemäß angenommen werden darf, wenn die Maßnahme tatsächlich tauglich ist, den Insolvenzgrund zu beseitigen. Dies trifft vorliegend nicht zu. Denn die Auskehrung des Kaufpreises und die übrigen liquiden Mittel der M genügten nicht, um die Gesellschaft vollständig von ihren Verbindlichkeiten gegenüber B zu befreien. Indes verschärfte sich die Insolvenz der M-GmbH infolge des veräußerungsbedingten Eigentumsverlustes am Betriebsgrundstück, indem sie neben der ungenügenden Befreiung von Zahlungspflichten obendrein überschuldet worden ist.

Obwohl die Maßnahme von G der Beseitigung der Insolvenzreife dienen sollte, intensivierte sich die Insolvenz der M-GmbH. Diese Krisenintensivierung entstand durch die Übertragung von Gesellschaftsvermögen unter Wert (Grundstücks-Verkehrswert: EUR 2.100.000,00). Bei ordnungsgemäßer Prüfung der wirtschaftlichen Lage hätte G erkennen können, dass die Veräußerung zu diesen Konditionen nicht genügt, um die M-GmbH aus der Insolvenzreife zu befreien. Somit verletzte er im Zuge der Grundstücksveräußerung die ihm obliegenden Krisenpflichten.

---

955 OLG Düsseldorf Beschl. v. 09.12.2009 – I-6 W 45/09 = ZIP 2010, S. 32 (28); OLG Koblenz, Urteil v. 23.12.2014 – 3 U 1544 /13 = WM 2015, S. 434 (340).

956 *Gehrlein*, NZG 2020, S. 807 (801).

2. Haftungsbeschränkung durch Weisung in der Einpersonen-GmbH?

Problematisch erscheint, ob die vorgenannte Pflichtverletzung durch G auszuschließen ist, da er als geschäftsführende Alleingesellschafter der M-GmbH handelte.

a) Problemdarstellung und Meinungsstand

Insofern könnte die organisationsrechtliche Besonderheit der Einpersonen-GmbH eine Minderung des Pflichten- und Sorgfaltsmaßstabs bewirken, was zum Ausschluss der Pflichtverletzung des G führen könnte.[957] Denn in der Einpersonen-GmbH liegt zwangsläufig das Einverständnis zwischen Geschäftsführer und Gesellschafter vor. Hierdurch handelt der geschäftsführende Alleingesellschafter stets mit dem Einverständnis des höchsten Organs der GmbH.[958] Folglich entspricht der Wille des Alleingesellschafters dem Willen der Gesellschaft, sodass seine Haftung für organschaftliche Pflichtverletzungen von vornherein ausscheiden könnte.[959] Anderenfalls stünde der geschäftsführende Alleingesellschafter schlechter als ein Geschäftsführer, der dem Weisungsbeschluss seiner Gesellschafter folgt und dadurch von seiner Haftung befreit wird.[960]

Problematisch ist, ob eine Pflichtverletzung durch das Gesellschaftereinverständnis auch dann ausgeschlossen werden kann, wenn das im Grundsatz pflichtwidrige Verhalten zur Insolvenzreife der Gesellschaft führt oder bereits im Stadium der Insolvenzreife erfolgte. Denn wie oben dargestellt, tritt im Zuge der materiellen Insolvenz der Gesellschaft ein Wechsel vom zu berücksichtigen Gesellschafterinteresse zum Gläubigerinteresse ein. So ließe sich vorliegend eine Haftung des G für die Insolvenzverschärfung der M-GmbH begründen, wenn die allgemeine Geschäftsführerhaftung bereits ab Eintritt der materiellen Insolvenz primär dem Gläubigerschutz dient. Die Frage nach dem Zeitpunkt der Interessenzäsur und der haftungsmäßigen Berücksichtigung des Wandels der Schutzrichtung durch § 43 Abs. 2 GmbHG ist umstritten:[961]

957 Vgl. BGH, Urteil v. 28.09.1992 – II ZR 299/91 = NJW 1993, S. 193; Altmeppen, ZIP 2001, S. 1843 (1837); M/H/L/S/*Ziemons*, GmbHG, 4. Auflage, § 43 Rn. 439; *Bitter/Baschnagel*, ZInsO 2018, S. 560 f. (557); Habersack/Casper/Löbbe/*Paefgen*, GmbHG, 3. Auflage, § 43 Rn. 220; *Altmeppen*, GmbHG, 11. Auflage, § 43 Rn. 135 ff; N/S/H/*Beurskens*, GmbHG, 23. Auflage, § 43 Rn. 63.

958 Statt aller *Altmeppen*, GmbHG, 11. Auflage, § 43 Rn. 135.

959 So entschied der BGH in seinem Urteil v. 28.09.1992 – II ZR 299/91 = NJW 1993, S. 193 f.

960 Vgl. Habersack/Casper/Löbbe/*Paefgen*, GmbHG, 3. Auflage, § 43 Rn. 215.

961 Vgl. *Bitter/Baschnagel*, ZInsO 2018, S. 566 f. (557), in Bezug auf die Haftung in Eigenverwaltung; instruktiv Bork/Schäfer/*Klöhn*, GmbHG, 5. Auflage, § 43 Rn. 2.

Nach Ansicht der Rechtsprechung und Teilen des Schrifttums stellt § 43 Abs. 2 GmbHG keine spezifische gläubigerschützende Haftungsnorm dar.[962] Eine Orientierung an dem übergeordneten Gesellschafts- oder Gläubigerinteresse sei vorbehaltlich der Regelungen des Abs. 3 abzulehnen. Denn Abs. 2 behandele nur die Haftung der Geschäftsführer bei Verletzung ihrer Pflichten aus dem zwischen ihnen und der Gesellschaft bestehenden Rechtsverhältnis. Ein vom Gesellschafterinteresse unabhängiges Gesellschaftsinteresse oder Gläubigerinteresse sei daher grundsätzlich nicht anzuerkennen.[963]

Demgegenüber lehnt eine Minderansicht des Schrifttums die Herabstufung des Pflichten- und Sorgfaltsmaßstabs in der Einpersonen-GmbH generell ab.[964] Hiernach erfülle die Vorschrift des § 42 Abs. 2 GmbHG entgegen der höchstrichterlichen Auffassung auch eine gläubigerschützende Funktion, indem sich die Sorgfaltspflichten der Geschäftsführung auch auf die Insolvenzvermeidung bzw. Insolvenzvorsorge und damit auf das Interesse der Gesellschaftsgläubiger erstrecken. Somit seien die Gläubiger jedenfalls vor einer willkürlichen Verwirtschaftung des Gesellschaftsvermögens zu schützen.[965]

b) Stellungnahme

Nach hiesiger Ansicht bedarf es einer differenzierten Lösung – die mitunter im Schrifttum verfolgt wurde[966] –, um dem Haftungsproblem gerecht zu werden: Die vorwiegend von *Ziemons* vertretene Auffassung, eine Herabstufung des Pflichten- und Sorgfaltsmaßstabs in der Einpersonen-GmbH generell abzulehnen, überspannt den Gläubigerschutz des § 42 Abs. 2 GmbHG, da die Gläubiger unabhängig vom Vorliegen eines Insolvenzgrundes vor der Verwirtschaftung des Gesellschaftsvermögens geschützt werden sollen. Dem widerspricht jedoch der im Grundsatz bestehende freie Umgang mit dem Gesellschaftsvermögen, welches oberhalb der

---

962 BGH, Urteil v. 28.9.1992 – II ZR 299/91 = NJW 1993, S. 194 (193); BGH, Urteil v. 07.04.2003 – II ZR 193/02 = ZIP 2003, S. 946 (945); BGH, Urteil v. 18.06.2013 – II ZR 86/11 = ZInsO 2013, S. 1753; MüKo-GmbHG/*Fleischer*, 4. Auflage, § 43 Rn. 18; Bork/Schäfer/*Klöhn*, GmbHG, 5. Auflage, § 43 Rn. 5.

963 Vgl. MüKo-GmbHG/*Fleischer*, 4. Auflage, § 43 Rn. 18; Bork/Schäfer/*Klöhn*, GmbHG, 5. Auflage, § 43 Rn. 6.

964 M/H/L/S/*Ziemons*, GmbHG, 4. Auflage, § 43 Rn. 439.

965 M/H/L/S/*Ziemons*, GmbHG, 4. Auflage, § 43 Rn. 434.

966 *Altmeppen* schlägt vor, die Pflichtverletzung eines Einmann-Gesellschafter-Geschäftsführers nicht durch Einverständnis auszuschließen, wenn der Mindeststandard ordnungsgemäßen unternehmerischen Verhaltens verletzt wurde und die Geschäftsleiterhaftung darüber hinaus zur Gläubigerbefriedigung erforderlich ist (vgl. *Altmeppen*, GmbHG, 11. Auflage, § 43 Rn. 139); zur Insolvenzverursachungshaftung im Konkursrecht nach § 43 GmbHG siehe *K. Schmidt*, ZIP 1988, S. 1503 (1497).

Stammkapitalziffer liegt, sofern sich die Gesellschafter einverstanden erklärt haben.[967] Dem geschäftsführenden Alleingesellschafter muss daher die alleinige Entscheidungsmacht über den Umgang mit seinem zur Deckung des Stammkapitals nicht benötigten Vermögens eingeräumt werden. Die Verwirtschaftung des Gesellschaftsvermögens sollte allerdings begrenzt werden, sobald eine Beeinträchtigung der Gesellschaftsgläubiger bevorsteht.

Während *Ziemons* das Gläubigerinteresse „zu früh" berücksichtigt, greift die aktuelle Rechtsprechung „zu spät" ein und hinterlässt Haftungslücken. Denn derzeit beschränk der BGH den Gläubigerschutz auf den Anwendungsbereich des § 43 Abs. 3 GmbHG und die Haftung des Geschäftsführers im Zuge der Existenzvernichtung.[968] § 43 Abs. 3 GmbH erfasst jedoch allein Zahlungen an die Gesellschafter aus dem zum Erhalt des Stammkapitals erforderlichen Vermögen (§ 30 Abs. 1 S. 1 GmbHG) sowie den Erwerb eigener Geschäftsanteile entgegen den Bestimmungen des § 33 GmbHG. Bloße Liquiditätsabflüsse, egal ob insolvenzverursachend oder nicht, erfasst der gläubigerschützende Abs. 3 hingegen nicht. Demgegenüber setzt die Existenzvernichtungshaftung nach § 826 BGB, welche zwar insolvenzverursachende bzw. -vertiefende und kompensationslose Vermögensminderungen erfasst, eine vorsätzliche Verursachung voraus.[969] Der (grob) fahrlässig verursachte und sorgfaltspflichtwidrige Vermögensentzug durch den geschäftsführenden Alleingesellschafters fällt mithin weder in den Tatbestand der Existenzvernichtungshaftung noch in den des § 43 Abs. 3 GmbHG. Diese Haftungslücke wird auch nicht durch § 43 StaRUG oder § 15b InsO geschlossen. Denn die Schadensersatzpflicht des § 43 Abs. 1 S. 2 StaRUG setzt die Rechtshängigkeit einer Restrukturierungssache und die Erstattungspflicht des § 15b Abs. 4 S. 1 InsO den Eintritt der materiellen Insolvenz voraus. Folglich fallen – sofern kein Restrukturierungsverfahren betrieben wird – jedenfalls fahrlässig verursachte, insolvenzverschärfende Maßnahmen des geschäftsführenden Alleingesellschafters durch das Netz des gesellschafts- und insolvenzrechtlichen Schutzkonzepts, obwohl sie im Stadium der drohenden Gesellschaftsinsolvenz erfolgen.

---

967 BGH, Urteil v. 21.06.1999 – II ZR 47/98 = ZIP 1999, S. 1352.

968 Vgl. BGH, Urteil v. 16.09.2002 – II ZR 107/01 = NJW 2002, S. 3777 („*[…] solange nicht der Anwendungsbereich des § 43 III GmbHG betroffen ist […]*"); mit seiner Trihotel-Entscheidung (BGH, Urteil v. 16.07.2007 – II ZR 3/04 = NJW 2007, S. 2689) hat der BGH innerhalb kurzer Zeit seine Rspr. geändert und das im Bremer-Vulkan-Urteil (BGH, Urteil v. 17.09.2001 – II ZR 178/99 = NJW 2001, S. 3622) entwickelte Konzept einer Haftung wegen existenzvernichtenden Eingriffs aufgegeben und durch eine Innenhaftung nach § 826 BGB ersetzt; dazu ausführlich MüKo-GmbHG/*Liebscher*, 4. Auflage, Anhang zu § 13 Rn. 540 ff.

969 MüKo-GmbHG/*Liebscher*, 4. Auflage, Anhang zu § 13 Rn. 545.

Um diese Haftungslücke durch § 43 Abs. 2 GmbHG im Fall der Einpersonen-GmbH zu schließen, muss der Norm über den Abs. 3 hinaus eine gläubigerschützende Funktion zugesprochen werden. Hiergegen spricht auch nicht, dass der geschäftsführende Alleingesellschafter grundsätzlich beliebig mit seiner Gesellschaft umgehen kann; denn sogar die Liquidation und Auflösung steht ihm jederzeit zu.[970] Doch gerade die Gesellschaftsliquidation ist unter Geltung der §§ 65 ff. GmbHG bzw. den Vorschriften der InsO auf die Einhaltung der berechtigten Belange der Gläubiger gestützt.[971] In beiden Abwicklungsverfahren ist eine vorrangige Befriedigung der Gesellschaftsgläubiger vorgesehen (vgl. § 73 GmbHG und § 1 InsO). Folglich geht auch das GmbHG von einem begrenzten Bestandsschutz der Gesellschaft aus, um Vermögensschmälerungen bis zum Ausmaß der Auflösung stets an die Berücksichtigung des Gläubigerschutzes zu knüpfen.[972] Dieser Bestandsschutz streitet gegen die verspätete Wahrung der Gläubigerinteressen in den Fällen des § 43 Abs. 3 GmbHG und § 826 BGB, sodass § 43 Abs. 2 GmbHG eine bestands- und gläubigerschützende Funktion inhärent sein muss. Die Auffassung, Pflichtverletzungen des geschäftsführenden Alleingesellschafters generell auszuschließen, ist daher abzulehnen, sofern der Bestandsschutz der Gesellschaft und der Gläubigerschutz von der Geschäftsführerhandlung betroffen sind.

Des Weiteren ist fraglich, wann bei der Verletzung von Geschäftsführerobliegenheiten auf die Gläubigerbelange abgestellt werden darf. Nach hiesiger Auffassung ist es erforderlich, den Interessenwechsel mit eintretendem Zustand der drohenden Zahlungsunfähigkeit der Gesellschaft zu vollziehen.[973] Die Notwendigkeit eines Gläubigerschutzes im Stadium der drohenden Zahlungsunfähigkeit erfasste bereits der Gesetzesentwurf der Bundesregierung zum SanInsFoG. Demnach sah § 3 RegE-StaRUG eine Haftung des Geschäftsführers vor, der seine Pflichten bei Eintritt der drohenden Zahlungsunfähigkeit der Gesellschaft (vgl. § 2 RegE-StaRUG) verletzte.[974] § 2 Abs. 2 S. 2 RegE-StaRUG ordnete zudem an, dass Beschlüsse und Weisungen der Gesellschaftsorgane unbeachtlich sind, soweit sie der gebotenen Wahrung der Gläubigerinteressen entgegenstehen.[975] Sinn und Zweck dieser Vor-

970 Vgl. Ulmer/Habersack/Löbbe/*Casper*, 2. Auflage, Anhang nach § 77 Rn. 96; Habersack/Casper/Löbbe/*Paefgen*, GmbHG, 3. Auflage, § 43 Rn. 235.

971 MüKo-GmbHG/*Liebscher*, 4. Auflage, Anhang zu § 13 Rn. 538.

972 Vgl. Ulmer/Habersack/Löbbe/*Casper*, 2. Auflage, Anhang nach § 77 Rn. 96; MüKo-GmbHG/*Liebscher*, 4. Auflage, Anhang zu § 13 Rn. 538.

973 A. A. *Jacoby*, FS Vallender, S. 271 f. (261), der die Interessen-Zäsur erst mit Eröffnung des Insolvenzverfahrens annimmt; auf den Eintritt der materiellen Insolvenz abstellend *Klein*/*Thiele*, ZInsO 2013, S. 2240 (2233); unentschlossen *Bitter*/*Baschnagel*, ZInsO 2018, S. 566 f. (557).

974 Vgl. BT-Drs. 19/24181, S. 14.

975 Vgl. BT-Drs. 19/24181, S. 14.

schriften war es, die Gläubiger in der Gesellschaftskrise vor Verlusten zu bewahren, die diese infolge einer ihre Interessen nicht hinreichend berücksichtigenden Geschäftsführung erleiden.[976] Richtigerweise stellte die Bundesregierung in ihrem Entwurf fest, dass der Pflichtenumschwung der Geschäftsleitung auf die Hinwendung des Gesellschaftszwecks zu den Interessen der Gläubigerschaft folgen muss, da die Gläubiger in der Übergangsphase zur Insolvenz die Gesellschafter in der Rolle der Residualberechtigten am Unternehmensvermögen allmählich ablösen.[977] Nach der Beschlussempfehlung des Ausschusses für Recht und Verbraucherschutz entfielen jedoch §§ 2, 3 RegE-StaRUG; mit Blick auf ihr unklares Verhältnis zu den im Gesellschaftsrecht verankerten Sanierungspflichten seien diese zu streichen.[978] Der Ausschuss ging davon aus, dass trotzdem keine Haftungslücken hinterblieben, da das Bedürfnis nach Gläubigerschutz durch die gesellschaftsrechtlichen Haftungsnormen aufgefangen werde.[979] Bei der Rechtsform der GmbH ist dies nach den gewonnen Erkenntnissen nur anzunehmen, wenn § 43 Abs. 2, Abs. 1 GmbHG[980] die Interessen der Gläubiger ausreichend erfasst, wovon der BGH und Teile des Schrifttums – wie dargelegt – nur bedingt ausgehen.

Für die Übertragung der restrukturierungsrechtlichen Haftungskonzepts auf § 43 GmbHG spricht, dass der Übergang von den allgemeinen Geschäftsführerpflichten vor dem Eintritt der drohenden Zahlungsunfähigkeit zu den besonderen Krisenpflichten ein fließender ist. Der Pflichtenumschwung des Geschäftsführers orientiert sich nicht erst am Gläubigerinteresse, wenn die materielle Insolvenz der Gesellschaft vorliegt, sondern bereits dann, wenn die materielle Insolvenz einzutreten droht. Die Verletzung von Krisenpflichten nicht nach § 43 Abs. 2 GmbH zu sanktionieren, nur weil der Schutz von Gläubigerinteressen in den Vordergrund tritt, wäre inkonsequent, da es doch gerade dem inhärenten Pflichtenumschwung widerspräche. Ferner ist ab dem Zustand der drohenden Zahlungsunfähigkeit zugleich der Bestand der Gesellschaft gefährdet. Die Pflichten des Geschäftsführers betreffen daher gleichermaßen den Bestands- und Gläubigerschutz. Die Berücksichtigung von Gläubigerinteressen widerspricht somit nicht – wie höchstrichterlich angenommen – dem zwischen der Geschäftsführung und der Gesellschaft bestehenden Rechtsverhältnis. Nur durch die Erweiterung der Haftung nach § 43 Abs. 2 GmbHG ab dem Zeitpunkt der drohenden Zahlungsunfähigkeit können die dargestellten und vom Gesetzgeber herangezogenen Haftungslücken der geltenden Rechtsprechung aufgefangen werden.

---

976 BT-Drs. 19/24181, S. 108.
977 BT-Drs. 19/24181, S. 108.
978 BT-Drs. 19/25353, S. 6.
979 BT-Drs. 19/25353, S. 6.
980 Dasselbe gilt für die Rechtsform der AG und § 93 AktG.

Das Haftungssystem sähe sodann wie folgt aus: Der Gläubigerschutz für die besonderen Fälle des § 43 Abs. 3 GmbHG bleibt erhalten, weiterhin gilt die Existenzvernichtungshaftung nach § 826 BGB für die vorsätzliche Herbeiführung der Insolvenzreife außerhalb der Krise. § 43 Abs. 2 GmbHG sanktioniert nun zusätzlich die fahrlässige und insolvenzverschärfende Verletzung von Geschäftsführerpflichten ab dem Zustand der drohenden Zahlungsunfähigkeit und wird durch die insolvenzrechtliche Erstattungspflicht für Zahlungen ab Eintritt der materiellen Insolvenz nach § 15b Abs. 4 S. 1 InsO flankiert. Zu einem Normenkonflikt zwischen § 43 Abs. 2 GmbHG und § 15b Abs. 4 InsO kommt es dabei nicht. Denn ein Geschäftsführer, der zwar schuldhaft Krisenpflichten verletzt, aber rechtzeitig Insolvenzantrag stellt und keine Zahlungen mehr leistet, verletzt nicht § 15b Abs. 4 InsO.[981] Umgekehrt verstößt ein Geschäftsführer, der im Rahmen einer unverschuldeten Krise keine Sanierungschancen mehr erkennt, nicht gegen § 43 Abs. 2 GmbHG, aber gegen § 15b Abs. 4 InsO, wenn er den Antrag hinauszögert und weitere Zahlungen leistet.[982] Zu einer Anspruchskonkurrenz kommt es allein, wenn über das Vermögen der betreffenden Gesellschaft das Insolvenzverfahren eröffnet wird und die Geschäftsführerhandlung beide Tatbestände erfüllt. Dennoch liegt auch dann kein Normenkonflikt vor, da die Ansprüche nebeneinander bestehen.[983] Die Haftung des GmbH-Geschäftsführers folgt dadurch systematisch seinem Pflichtenumschwung in der Gesellschaftskrise zum Zweck des Bestands- und Gläubigerschutzes.

c) Zwischenergebnis

Im Sinne des vorstehend postulierten Haftungssystems erfasst § 43 GmbHG über den Abs. 3 hinaus den Bestandsschutz der Gesellschaft sowie den Schutz der Interessen der Gesellschaftsgläubiger. Die Schutzrichtung folgt dem Pflichtenumschwung des Geschäftsführers mit Eintritt der drohenden Zahlungsunfähigkeit.

Für den geschäftsführenden Alleingesellschafter G hat dies zur Folge, die durch seine Veräußerung des Betriebsgrundstücks begründete Pflichtverletzung nicht durch sein eigenes Einverständnis als Gesellschafter ausschließen zu können. Die Veräußerung erzielte einen unzureichenden Liquiditätsgewinn im Zustand der materiellen Insolvenz und verletzte daher sowohl den Bestandsschutz der M-GmbH als auch die Interessen ihrer Gläubiger.

---

981 So schon *K. Schmidt*, ZIP 1988, S. 1504 (1497), zum Zusammenspiel zwischen § 43 GmbHG und dem inzwischen weggefallenen § 64 GmbHG.

982 *K. Schmidt*, ZIP 1988, S. 1504 (1497).

983 Dazu unten Besonderer Teil II, Kapitel 3, E.

3. Verschulden

Die Innenhaftung der geschäftsführenden Organvertreter setzt das Verschulden der unsorgfältigen (pflichtverletzenden) Geschäftsführung voraus;[984] der Schadenseintritt muss demgegenüber nicht verschuldet worden sein. Verschulden im Sinne der gesellschaftsrechtlichen Vorschriften meint entsprechend der allgemeinen Definition des § 276 Abs. 1 S. 1 BGB Vorsatz und jede Art von Fahrlässigkeit.[985] Jeder Organvertreter hat dabei nur für sein eigenes Verschulden einzustehen, weil die geschäftsführenden Kollegen nicht seine Erfüllungs- oder Verrichtungsgehilfen sind, sondern ihre eigenen Pflichten gegenüber der Gesellschaft erfüllen.[986] Der Verschuldensmaßstab richtet sich allein nach objektiven Kriterien, die an die Anforderungen der Organtätigkeit und die Verhältnisse der jeweiligen Gesellschaft sowie den Aufgabenbereich des jeweiligen Organvertreters anknüpfen (objektiv-relativer Verschuldensmaßstab).[987]

Vorliegend hat G die Pflichtverletzung auch zu verschulden: Trotz seiner Kenntnis über den im Sachverständigengutachten angegebenen Verkehrswert veräußerte er das Betriebsgrundstück der M-GmbH weit unter diesem Wert, wodurch die Gesellschaft zusätzlich überschuldete. Folglich ließ er seine erforderliche Geschäftsführersorgfalt in der Krise der M-GmbH in besonders schwerem Maße außer Acht und handelte grob fahrlässig.

In praxi kommt der Haftungsvoraussetzung des Verschuldens regelmäßig nur geringe Bedeutung zu, da durch die Doppelfunktion des § 43 Abs. 1 GmbHG (Pflichtwidrigkeits- und Verschuldensmaßstab) nur selten eine Haftungslage gegeben ist, in der zwar eine objektive, aber keine subjektive Pflichtwidrigkeit vorliegt.[988]

4. Zurechenbarer Schaden

Der M-GmbH müsste ferner ein Schaden entstanden sein, der eine zurechenbare Folge der Pflichtverletzung darstellt.[989]

---

984 MüKo-GmbHG/*Fleischer*, 4. Auflage, § 43 Rn. 308 m.w.N.
985 Habersack/Casper/Löbbe/*Paefgen*, GmbHG, 3. Auflage, § 43 Rn. 167.
986 Vgl. BGH, Urteil v. 20.09.2011 – II ZR 234/09 = NJW-RR 2011, S. 1672 (1670); MüKo-GmbHG/*Fleischer*, 4. Auflage, § 43 Rn. 312.
987 Habersack/Casper/Löbbe/*Paefgen*, GmbHG, 3. Auflage, § 43 Rn. 168.
988 MüKo-GmbHG/*Fleischer*, 4. Auflage, § 43 Rn. 308.
989 Vgl. M/H/L/S/*Ziemons*, GmbHG, 4. Auflage, § 43 Rn. 445.

a) Schaden

Im Sinne der Vorschriften über unsorgfältige Geschäftsführung meint „*Schaden*" jede Minderung des geldwerten Gesellschaftsvermögens.[990] Schrifttum und Rechtsprechung befürworten vereinzelt die Geltung eines besonderen gesellschaftsrechtlichen Schadensbegriffs, um die geschäftsführenden Organvertreter von ihrer Beweislast zu befreien: Demnach müsse der Schaden eine dem Unternehmenszweck widersprechende und auf unrechtmäßige unternehmerische Zweckverfolgung zurückführbare Beeinträchtigung enthalten.[991] Diesem engen Schadensverständnis ist zu entgegnen, dass den organhaftungsrechtlichen Aspekten der Pflicht- und Zweckwidrigkeit bereits auf Ebene der Pflichtverletzung Rechnung getragen wird.[992] Auch die Beweislastverteilung streitet nicht mehr für den gesellschaftsrechtlichen Schadensbegriff seitdem der BGH entschieden hat, dass im Organhaftungsprozess die Beweislast für den Eintritt eines Schadens wie auch für das verursachende Verhalten des Geschäftsleiters nunmehr die Gesellschaft trifft.[993] Der besondere gesellschaftsrechtliche Schadensbegriff ist daher abzulehnen.

Vorliegend wurde der Erlös aus der Veräußerung des belasteten Betriebsgrundstücks im Wesentlichen zur Tilgung der Verbindlichkeiten aus dem Darlehensverhältnis mit der B-Bank eingesetzt. Daher ist zunächst fraglich, ob der M-GmbH überhaupt ein Schaden entstanden ist.[994] Da das Grundstück nicht wertausschöpfend belastet war, ist es grundsätzlich möglich, dass sich die Veräußerung schadensbegründend auswirkt.[995] Konkret spricht hierfür, dass der Veräußerungserlös die Verbindlichkeiten gegenüber der B-Bank unvollständig beglichen hat. Zu einem vollständigen Vorteilsausgleich kam es daher nicht, obwohl der Verkehrswert des Grundstücks einen höheren Erlös und somit eine vollständige Tilgung der Forderung hergegeben hätte. Somit ist der M-GmbH durch den Notverkauf auch ein Schaden entstanden.

---

990 Vgl. *Altmeppen*, GmbHG, 11. Auflage, § 43 Rn. 101.

991 OLG Naumburg, Urteil v. 30.11.1998 – 11 U 22/98 = NZG 1999, S. 355 (353); *Mertens*, FS H. Lange, S. 563 (561).

992 So schon die überwiegende Meinung im Schrifttum, vgl. M/H/L/S/*Ziemons*, GmbHG, 4. Auflage, § 43 Rn. 447 f; MüKo-GmbHG/*Fleischer*, 4. Auflage, § 43 Rn. 317; Habersack/Casper/Löbbe/*Paefgen*, GmbHG, 3. Auflage, § 43 Rn. 180.

993 BGH, Urteil. v. 15.01.2013 – II ZR 90/11 = NZG 2013, S. 296 (293); Habersack/Casper/Löbbe/*Paefgen*, GmbHG, 3. Auflage, § 43 Rn. 180.

994 Vgl. *Jacoby*, FS Vallender, S. 265 (261), der einen Vorteilsausgleich annimmt, wenn die Gesellschaft durch die Verwertung von Aussonderungsgut von sonstigen Verbindlichkeiten befreit wird.

995 Siehe oben Besonderer Teil II, Kapitel 2, A. II. 1. b).

b) Zurechenbarkeit

Der entstandene Schaden ist jedoch nur ersatzfähig, wenn er durch die Pflichtverletzung *adäquat kausal* bedingt wurde – also ein Ursachenzusammenhang zwischen Pflichtwidrigkeit und Schaden besteht.[996] An diesem notwendigen Zusammenhang fehlt es, wenn der Schaden auch bei pflichtgemäßem Verhalten eingetreten wäre (sog. *rechtmäßiges Alternativherhalten*) oder die eingetretenen Folgen außerhalb aller Wahrscheinlichkeiten liegen (*Adäquanztheorie*).[997] Der Kausalzusammenhang ist daher im Allgemeinen gegeben, wenn der Schaden bei sorgfaltsgerechtem Verhalten des geschäftsführenden Organvertreters ausgeblieben wäre.

Die vorliegend eingetretene Insolvenzvertiefung lag nicht außerhalb aller Wahrscheinlichkeiten, sondern war vielmehr zu erwarten. Der notwenige adäquatkausale Zusammenhand zwischen Pflichtverletzung und Schadenseintritt liegt somit vor.

In der Krise eines Vertragskonzerns besteht die Besonderheit, dass durch sorgfaltswidriges Verhalten der Geschäftsleitung eine doppelte Schadensersatzpflicht ihrerseits ausgelöst werden kann: Denn eine pflichtwidrige und schadensauslösende Weisung des Organvertreters der Muttergesellschaft gegenüber der Tochtergesellschaft führt nicht nur zu einer Minderung des Vermögens der abhängigen Gesellschaft, sondern gleichzeitig auch zur Wertminderung der Anteile der herrschenden Gesellschaft.[998] Dadurch könnte der Organvertreter von der Tochtergesellschaft nach § 309 Abs. 2 S. 1 AktG (analog) und zusätzlich von der Muttergesellschaft nach § 93 Abs. 2 S. 1 AktG bzw. § 43 Abs. 2 GmbHG in Anspruch genommen werden. Damit es durch doppelte Ersatzzahlungen des betreffenden Organvertreters nicht zu einer ungerechtfertigten Vermögensmehrung der Muttergesellschaft kommt, ist nach dem Grundsatz der Kapitalerhaltung ausschließlich und direkt gegenüber dem abhängigen Unternehmen Schadensersatz zu leisten.[999] Dies führt auch nicht zu einer Benachteiligung des herrschenden Unternehmens, da ihre Anteile im Wert äquivalent zur Entschädigung des abhängigen Unternehmens steigen.

c) Art und Umfang

Art und Umfang des Schadensersatzes richten sich bei der Organhaftung nach den §§ 249 ff. BGB.[1000] Der Organvertreter hat somit grundsätzlich den Zustand herzu-

---

996 M/H/L/S/*Ziemons*, GmbHG, 4. Auflage, § 43 Rn. 440.
997 Vgl. *Altmeppen*, GmbHG, 11. Auflage, § 43 Rn. 105 f.
998 Vgl. Hölters/Weber/*Hölters*, AktG, 4. Auflage, § 93 Rn. 249 zum Ersatz beim AG-Konzern.
999 Hölters/Weber/*Hölters*, AktG, 4. Auflage, § 93 Rn. 249.
1000 Habersack/Casper/Löbbe/*Paefgen*, GmbHG, 3. Auflage, § 43 Rn. 181.

stellen, der bestehen würde, wenn die Organpflichtverletzung nicht eingetreten wäre. Insofern ist der Schaden nach der Differenzhypothese zu bestimmen, indem die tatsächlich eingetretene Vermögenslage mit der hypothetischen Vermögenslage, die ohne die Verletzung der Organpflicht eingetreten wäre, verglichen wird.[1001]

Da vorliegend eine Schadensrestitution (§ 249 Abs. 1 BGB) nicht in Betracht kommt, ist der Vermögensverlust der M-GmbH nach § 251 Abs. 1 BGB in Geld zu kompensieren. Zum Schadensausgleich gehört dabei auch der entgangene Gewinn, den die Gesellschaft bei sorgfaltsgemäßem Verhalten der Geschäftsleitung erhalten hätte (§ 252 BGB).[1002] Zweifelhaft ist, in welchen Umfang die Kompensation erfolgen muss. Ausgehend vom Verkehrswert des Betriebsgrundstücks (EUR 2.100.000,00) bestünde der Schaden in der Differenz zum erzielten Veräußerungserlös (EUR 1.550.000,00) – mithin EUR 550.000,00. Zu berücksichtigen ist jedoch, dass der dem Verkehrswert entsprechende Veräußerungserlös nicht die alleinige rechtmäßige Handlungsalternative des G gewesen ist. Denn Notverkäufe können in der Gesellschaftskrise ein probates Mittel sein, um schnell Liquidität zu gewinnen und Krisenursachen zu beseitigen.[1003] Dabei muss den geschäftsführenden Organvertretern ermöglicht werden, in Maßen vom marktüblichen Wert des Vermögensgegenstandes abzuweichen, um ein besonders attraktives Angebot zu kreieren und die Vorteile eines schnellen Liquiditätszuflusses zu nutzen. Dies ist bei der Ermittlung des Schadensersatzumfangs zu berücksichtigen. Denn unter mehreren pflichtgemäßen Handlungsalternativen ist zugunsten des Geschäftsführers von derjenigen auszugehen, bei der die auszugleichende Schadensdifferenz am geringsten ausfällt.[1004] Vorliegend hätte G bei pflichtgemäßem Handeln wenigstens einen solchen Erlös erzielen müssen, der die Verbindlichkeiten von M gegenüber B gedeckt hätte, sodass im Zuge der Grundstücksveräußerung jedenfalls ein Vorteilsausgleich eingetreten und die Zahlungsunfähigkeit beseitigt worden wäre. Insofern ist der M-GmbH ein in der Differenz zwischen Veräußerungserlös (EUR 1.550.000,00) und der vollständigen Begleichung ihrer Verbindlichkeiten (EUR 1.900.000,00) liegender Schaden entstanden. Der Kompensationsumfang beträgt somit EUR 350.000,00.

5. Kein Verzicht nach §§ 43 Abs. 3 S. 2, 9b GmbHG

Ein Verzicht der M-GmbH auf die Durchsetzung des Schadensersatzanspruchs gegenüber G ist nicht möglich. Die Organhaftung des GmbH-Geschäftsführers nach

1001 Ausführlich zur Differenzhypothese MüKo-BGB/*Oetker*, 9. Auflage, § 249 Rn. 16 ff.

1002 *Altmeppen*, GmbHG, 11. Auflage, § 43 Rn. 101.

1003 Siehe oben Besonderer Teil II, Kapitel 2, B.

1004 *Altmeppen*, GmbHG, 11. Auflage, § 43 Rn. 101; Habersack/Casper/Löbbe/*Paefgen*, GmbHG, 3. Auflage, § 43 Rn. 194.

§ 43 Abs. 2 GmbHG ist zwar grundsätzlich disponibel und vor allem durch die Gesellschafter zu entlasten.[1005] Die eigene Entlastung des geschäftsführenden Alleingesellschafters ist entsprechend der vorstehenden Ausführungen[1006] für fahrlässige Pflichtverletzungen im Zustand der drohenden Zahlungsunfähigkeit der Gesellschaft und einer insolvenzverschärfenden Wirkung jedoch auszuschließen. Erst im eröffneten Insolvenzverfahren über das Gesellschaftsvermögen darf der Insolvenzverwalter wirksam auf den Schadensersatzanspruch verzichten oder sich mit dem Geschäftsführer vergleichen.[1007]

II. Zwischenergebnis

G hat sich gegenüber der M-GmbH nach § 43 Abs. 2 GmbHG haftbar gemacht. Er ist ihr gegenüber zum Schadensersatz in Höhe von EUR 350.000,00 verpflichtet.

C. Haftung des G aus § 15b Abs. 4 S. 1, Abs. 1 InsO

Mündet die Krise – wie vorliegend – in einer Insolvenz der Gesellschaft, geht es bei einer späteren Inanspruchnahme der Organvertreter regelmäßig um Verletzungen des Zahlungsverbots nach § 15b Abs. 1 InsO.[1008] Hintergrund dieser Vorschrift ist der oben hervorgehobene Interessenwechsel, durch den die Gläubigerinteressen am Erhalt der Haftungsmasse mit Eintritt der materiellen Insolvenz der Gesellschaft in den Vordergrund rücken.[1009] Abs. 4 S. 1 der Vorschrift normiert daher einen Erstattungsanspruch der Gesellschaft für Zahlungen, die die geschäftsführenden Organvertreter entgegen den Vorgaben des Abs. 1 geleistet haben.

Folglich könnte G für die Veräußerung des Betriebsgrundstücks der M-GmbH ebenfalls nach § 15b Abs. 4 S. 1, Abs. 1 InsO erstattungspflichtig sein.

I. Haftungsvoraussetzungen

Dafür müsste G trotz bestehender Insolvenzreife der Muttergesellschaft Zahlungen geleistet haben, die seinen Geschäftsführerobliegenheiten zuwiderliefen.

1005 *Altmeppen*, GmbHG, 11. Auflage, § 43 Rn. 120.
1006 Besonderer Teil II, Kapitel 3, B. I. 2. c).
1007 Vgl. N/S/H/*Beurskens*, GmbHG, 23. Auflage, § 43 Rn. 83.
1008 *Poertzgen*, Haftungsvermeidung in der Unternehmenskrise, 2. Auflage, S. 29.
1009 Vgl. K/P/B/*Bork*/*Kebekus*, InsO, 95. EL, § 15b Rn. 6.

1. Insolvenzreife

§ 15b Abs. 1 S. 1 InsO knüpft für das Zahlungsverbot an den Zeitpunkt der Zahlungsunfähigkeit oder der Überschuldung an.[1010] Obschon das Geschäftsführungsorgan im Zuge von Sanierungsbemühungen innerhalb der dreiwöchigen Schonzeit des § 15a Abs. 1 Satz 1 InsO noch keinen Antrag auf Eröffnung des Insolvenzverfahrens stellen muss, haben die Organvertreter dennoch das Gesellschaftsvermögen für den Fall des Fehlschlags der Sanierung zu sichern, um den Gläubigerinteressen gerecht zu werden.[1011] Das Zahlungsverbot gilt somit bereits ab Eintritt der Insolvenzreife.

G veräußerte das Betriebsgrundstück der M-GmbH als sie bereits im Sinne des § 17 Abs. 2 S. 1 InsO zahlungsunfähig war.[1012] Somit war M im Zeitpunkt des Vermögensentzugs insolvenzreif.

2. Masseschmälernde Zahlung

Zudem müsste eine Zahlung im Sinne der Vorschrift vorliegen.

„Zahlungen" ist im Sinne der masseschützenden Zielrichtung des § 15b InsO weit auszulegen und umfasst daher auch solche Vermögensschmälerungen, die nicht in Form einer reinen Geldleistung erfolgen.[1013] Im Ergebnis sind daher – wie schon zu den Vorgängervorschriften höchstrichterlich bestätigt – alle vermögensschmälernden Leistungen der Gesellschaft erfasst.[1014] Dadurch werden die Gesellschaftsgläubiger vor einer Verringerung der im Insolvenzverfahren als Haftungssubstrat dienenden Aktivmasse geschützt.[1015] Maßgeblich für die Haftungsbegründung ist daher, ob der konkrete Vermögensabfluss die Masse bei wirtschaftlicher Betrachtung zulasten der Gläubiger schmälert; die bloße Begründung einer Verbindlichkeit reicht hierfür nicht aus.[1016]

Durch die Übertragung des Grundstücks an E verlor die Aktivmasse der M-GmbH den Gegenwert des Grundstücks als Haftungssubstrat. Hinsichtlich der Grundschuld wird auf die Darstellung der wert- bzw. nicht wertausschöpfenden Belastung im Rahmen der Gläubigerbenachteiligung bei Insolvenzanfechtung ver-

1010 Zu den Voraussetzungen der Insolvenzgründe siehe Besonderer Teil II, Kapitel 1, B.

1011 *Gehrlein*, ZRI 2020, S. 184 (183).

1012 Siehe oben Besonderer Teil II, Kapitel 1, B. I. 3.

1013 BT-Drs. 19/24181, S. 194.

1014 Vgl. BGH, Urteil v. 06.06.1994 – II ZR 292/91 = NJW 1994, S. 2223 (2220); K/P/B/*Bork*/*Kebekus*, InsO, 95. EL, § 15b Rn. 16.

1015 K/P/B/*Bork*/*Kebekus*, InsO, 95. EL, § 15b Rn. 17.

1016 BGH, Urteil v. 04.07.2017 – II ZR 319/15 = NZG 2017, S. 1035 (1034); K/P/B/*Bork*/*Kebekus*, InsO, 95. EL, § 15b Rn. 17 m.w.N.

wiesen.[1017] Durch die nicht wertausschöpfende Belastung des Betriebsgrundstücks verblieb M ein die Grundschuld übersteigender Gegenwert von EUR 400.000,00. Folglich war die Veräußerung grundsätzlich dazu geeignet, das Vermögen der M-GmbH zu schmälern.

a) Haftungsbeschränkung durch Vermögenszuflüsse?

Umstritten ist allerdings, ob die Geschäftsleitung für jeden einzelnen Vermögensabfluss nach Insolvenzreife haftet oder ob und inwieweit etwaige Vermögenszuflüsse den Haftungsumfang beschränken können.[1018] Vorliegend ist daher fraglich, inwiefern die Belastung des Grundstücks und die Gegenleistung von E zu berücksichtigen sind.

In seiner jüngsten Rechtsprechung zu dieser Problematik berücksichtigte der BGH den Ausgleich verbotswidriger Zahlungen durch in das Gesellschaftsvermögen erbrachte Gegenleistungen unter einschränkenden Voraussetzungen:[1019] Demnach liege in der Regel keine masseschmälernde Zahlung vor, soweit der Vermögensabfluss in einem unmittelbaren Zusammenhang mit einer Gegenleistung ausgeglichen werde, sodass im wirtschaftlichen Ergebnis lediglich ein Aktiventausch vorliege.[1020] Es komme allerdings nicht darauf an, ob die ausgleichende Gegenleistung noch bei Eröffnung des Insolvenzverfahrens vorhanden ist, maßgeblich sei allein der Zeitpunkt, in dem die Masseverkürzung durch einen Massezufluss ausgeglichen wird.[1021] Im Unterschied zum Bargeschäftsprivileg des Anfechtungsrecht (vgl. § 142 InsO) sei für die Kompensation des Masseabflusses aber erforderlich, dass zuerst die Schuldnerin leiste und erst danach die Gegenleistung erbracht werde.[1022] Verbotswidrige Zahlungen können folglich nach aktueller Rechtsprechung nicht durch Vorleistungen des Zahlungsempfängers kompensiert werden.

b) Stellungnahme

Nach hiesiger Auffassung ist der höchstrichterlichen Grundsatzentscheidung in ihren Ansätzen, jedoch nicht vollumfänglich zuzustimmen: Schwierigkeiten bereitet die starre Grenzziehung bei der Nicht-Berücksichtigung von Vorleistungen als

---

1017 Besonderer Teil II, Kapitel 2, A. II. 1. b).

1018 Vgl. *Bitter/Baschnagel*, ZInsO 2018, S. 581 f. (557); *Gehrlein*, NZG 2021, S. 59 ff; Graf-Schlicker/*Bremen*, InsO, 6. Auflage, § 15b Rn. 11 f; K/P/B/*Bork/Kebekus*, InsO, 95. EL, § 15b Rn. 22 ff.

1019 Vgl. BGH, Urteil v. 27.10.2020 – II ZR 355/18 = NZG 2021, S. 69 f. (66).

1020 BGH, Urteil v. 18.11.2014 = NJW-RR 2015, S. 419 (418); BGH, Urteil v. 27.10.2020 – II ZR 355/18 = NZG 2021, S. 69 (66).

1021 BGH, Urteil v. 27.10.2020 – II ZR 355/18 = NZG 2021, S. 69 (66).

1022 BGH, Urteil v. 27.10.2020 – II ZR 355/18 = NZG 2021, S. 70 (66).

Zahlungsausgleich. Falsch wäre es, Vorleistungen der Vertragspartner in Gänze und ohne Einschränkungen als Ausgleich von Masseschmälerungen zu betrachten. Denn im Stadium der Insolvenzreife zahlt eine unternehmerische Gesellschaft regelmäßig nur noch unter erheblichem Zeitverzug auf bereits empfangene Vorleistungen.[1023] § 15b Abs. 4 S. 1 InsO verlöre daher seinen Anwendungszweck, wenn weit vor dem Masseabfluss erbrachte Gegenleistungen der Vertragspartner als Ausgleich der späteren Vermögensschmälerung dienten. Gleichwohl wird auch die ausnahmslose Ablehnung von Vorleistungen als Kompensationsmöglichkeit nicht dem Zweck des Erstattungsanspruchs gerecht. Im Fall eines zeitlich eng zusammenhängenden Leistungsaustauschs führte die Sichtweise des BGH nämlich zu willkürlichen Ergebnissen, wenn die Gegenleistung bei fehlender Vereinbarung einer Leistungszeit rein zufällig kurz vor oder nach dem schuldnerischem Vermögensabfluss erfolgt.[1024] Insbesondere, weil der II. Zivilsenat im vorgenannten Urteil einen zeitlichen Zusammenhang für nicht notwendig erklärte, leuchtet nicht ein, warum der demgegenüber erforderliche unmittelbare wirtschaftliche Zusammenhang nicht auch Vorleistungen einbezieht. Denn zweifellos lässt sich ein wirtschaftlicher Zusammenhang bejahen, wenn die kompensierende Leistung bereits vor der masseschmälernden Zahlung erfolgt ist.[1025] Um den Zweck des § 15b Abs. 4 S. 1 InsO, die Massesicherung im Interesse der gleichmäßigen Gläubigerbefriedigung,[1026] zu wahren, empfehlen Teile des Schrifttums daher auf die Wertung des § 142 InsO zurückzugreifen und jedenfalls kurz vor dem Masseabfluss empfangene Gegenleistungen zu berücksichtigen.[1027] Denn wie im Falle des Bargeschäfts sei die zeitliche Reihenfolge des Leistungsaustauschs unerheblich, wenn die Kompensation der Masse kurz vor oder kurz nach der Auszahlung erfolgt. Voraussetzung sei allein, dass der unmittelbare Zusammenhang gegeben und der Zufluss werthaltig ist.[1028] Dieser Ansicht ist zuzustimmen, da sie gegenüber der Sichtweise des BGH die unternehmerische Realität ausreichend berücksichtigt. Um seine persönliche Haftung zu mildern, müsste der geschäftsführende Organvertreter auf Grundlage der jüngsten Rechtsprechung stets selbst zuerst leisten, damit die spätere Gegenleis-

1023 So schon *Gehrlein*, NZG 2021, S. 61 (59).

1024 So schon *Casper*, ZIP 2016, 796 (793); *Kordes*, NZG 2017, S. 1141 (1140); *Gehrlein*, NZG 2021, S. 61 (59); Habersack/Casper/Löbbe/*Casper*, GmbHG, 3. Auflage, § 64 Rn. 126.

1025 Vgl. *Baumert*, NZG 2016, S. 380 f. (379); *Altmeppen*, NZG 2016, S. 522 (521); *Casper*, ZIP 2016, 796 (793); *Gehrlein*, ZHR 181 (2017), S. 509 (482); Gottwald/Haas/*Haas*/*Kolmann*/*Kurz*, Insolvenzrechts-Handbuch, 6. Auflage, § 90 Rn. 202; Habersack/Casper/Löbbe/*Raiser*, GmbHG, 3. Auflage, § 64 Rn. 125 f.

1026 HambKomm/*Schmidt*, InsO, 9. Auflage, § 15b Rn. 3.

1027 Vgl. *K. Schmidt*, NZG 2015, S. 132 (129); *Baumert*, NZG 2016, S. 381 (379); *Casper*, ZIP 2016, S. 796 (793); *Habersack*/*Foerster*, ZGR 2016, S. 180 f. (153); Habersack/Casper/Löbbe/*Raiser*, GmbHG, 3. Auflage, § 64 Rn. 126; *Gehrlein*, NZG 2021, S. 61 (59).

1028 Statt aller Habersack/Casper/Löbbe/*Raiser*, GmbHG, 3. Auflage, § 64 Rn. 126.

tung seine verbotswidrige Zahlung ausgleicht. Hierdurch trägt jedoch die Insolvenzmasse das Risiko einer ausbleibenden Gegenleistung des Vertragspartners und damit das Risiko einer Intensivierung der Krise. Zudem sind Unternehmen in wirtschaftlicher Schieflage regelmäßig auf Vorleistungen angewiesen, um den Betrieb bestmöglich aufrecht zu erhalten. Trotz Insolvenzreife kann die Betriebsfortführung von erheblichem Vorteil für die Abwicklung des späteren Insolvenzverfahrens sein und zur Masseanreicherung beitragen. Die ausnahmslose Sanktionierung des Empfangs von Vorleistungen ist insofern auch aus Gläubigersicht nicht zwangsläufig von Vorteil. Daher sollte die Geschäftsleitung nicht für solche Zahlungen haften, die in einem unmittelbaren Zusammenhang mit einem Vermögenszufluss stehen – und zwar auch dann, wenn die werthaltige Gegenleistung kurz vor der Masseschmälerung empfangen wurde.

c) Zwischenergebnis

Daraus folgt, dass hinsichtlich der Gegenleistung des E ist zunächst zu klären ist, ob die Direktleistung an B (EUR 1.500.000,00) und die damit verbundene Minderung der Verbindlichkeiten von M gegenüber B überhaupt als Gegenleistung gewertet werden kann.

Dagegen könnte sprechen, dass die Leistung des E nie in das Aktivvermögen der M-GmbH gelangt und ihr daher keine verwertbare Masse zugeflossen ist. Ausgehend von den Befriedigungschancen der Gläubiger muss hingegen auch eine Drittschuldnerzahlung und die damit verbundene Verkürzung der Passiva als Gegenleistung anerkannt werden. Denn bei rechnerischer Betrachtung wirken sich die Verkürzung der Passiva und die Mehrung der Aktiva im selben Verhältnis auch gleichermaßen auf die Befriedigungschancen der Gläubiger aus. Hierfür spricht zudem die soeben genannte Auffassung des BGH, nach der es für die schadensschmälernde Berücksichtigung von Gegenleistungen nicht darauf ankommt, ob die verwertbare Gegenleistung noch bei Insolvenzeröffnung vorhanden ist. Die Gegenleistung des E würde daher ebenso berücksichtigt werden, wenn M die Zahlung kurzzeitig vereinnahmt und sodann selbst an B ausgezahlt hätte.

Darüber hinaus ist unbekannt, ob M die Leistung des E vor oder nach der Übertragung des Grundstücks zugutekam. Jedoch kann es nach oben postulierter Auffassung dahinstehen, ob die Erbringung der ausgleichenden Gegenleistung kurz vor oder nach der schuldnerischen Leistung erfolgte, solange ein unmittelbarer wirtschaftlicher Zusammenhang gegeben ist. Dies ist zu bejahen, da den ausgetauschten Leistungen vorliegend dasselbe Rechtsgeschäft zugrunde liegt.

Daher kann die Leistung des E vollständig als kompensierender Vermögenszufluss bzw. kompensierende Verkürzung der schuldnerischen Passiva berücksichtigt werden (EUR 1.550.000,00). Mithin liegt ein jedenfalls anteiliger Aktiventausch vor, sodass durch die Grundstücksveräußerung eine Masseschmälerung in Höhe von EUR 550.000,00 eingetreten ist. Unter Berücksichtigung der Grundschuldbelastung verbleibt eine Masseschmälerung in Höhe von EUR 400.000,00.

3. Keine privilegierte Zahlung

Das Zahlungsverbot gilt nach § 15b Abs. 1 S. 2 InsO nicht für solche Zahlungen, die mit der Sorgfalt eines ordentlichen und gewissenhaften Geschäftsleiters vereinbar sind. Maßstab der Sorgfaltspflicht ist entsprechend des oben genannten Interessenwechsels nunmehr das Gläubigerinteresse.

Privilegierte Zahlungen sind zunächst immer solche, die keine echte Schmälerung der Insolvenzmasse zur Folge haben.[1029] Hierunter fallen insbesondere Zahlungen, die die Befriedigungsmöglichkeiten der übrigen Gläubiger nicht beeinträchtigen, wie beispielsweise Zahlungen zugunsten von ab- oder aussonderungsberechtigten Gläubigern.[1030] Mit der Sorgfaltspflicht vereinbar sind darüber hinaus Zahlungen, die im ordnungsgemäßen Geschäftsgang erfolgen, was ausdrücklich in Abs. 2 S. 1 geregelt ist. Der Gesetzgeber hat hingegen nicht erläutert, was unter *„ordnungsgemäßen Geschäftsgang“* zu verstehen sein soll. Synonym zur ordentlichen Geschäftsleitung kann die Formulierung jedenfalls nicht verstanden werden, weil sie in diesem Fall eine unerhebliche Repetition darstellte.[1031] Feststeht, dass der Gesetzgeber jedenfalls solche Masseschmälerungen duldet, die innerhalb des Zeitraums einer rechtzeitigen Antragstellung erfolgen (Drei- bzw. Sechswochenfrist, § 15a Abs. 1 S. 1 InsO) und der Aufrechterhaltung des Geschäftsbetriebs dienen.[1032] Hierunter fallen insbesondere die betrieblichen Fixkosten wie Energiekosten, Mieten und Löhne.[1033] Das Privileg gilt gemäß § 15b Abs. 2 S. 2 InsO allerdings nur, solange die Geschäftsleitung in tatsächlicher Hinsicht Maßnahmen zur nachhaltigen Beseitigung der Insolvenzreife oder zur Vorbereitung eines Insolvenzantrags mit der Sorgfalt eines ordentlichen und gewissenhaften Geschäftsleiters tätigt. Hinsichtlich geeigneter Maßnahmen zur Beseitigung der Insolvenzgründe kann auf die Pflichten der Geschäftsführung in der Gesellschaftskrise verwiesen werden (s. o.). Im Umkehrschluss greift diese Privilegierung nicht, wenn keine Sanierungschancen bestehen und die Insolvenz somit nur verschleppt werden würde. Oberste Pflicht der Geschäftsleitung ist sodann allein die Insolvenzantragstellung. Der Privilegierungszeitraum ist in diesem Fall bisher unklar, sollte

---

1029 HambKomm/*Schmidt*, InsO, 9. Auflage, § 15b Rn. 34.

1030 Vgl. N/S/H/*Haas*, GmbHG, 23. Auflage, § 64 Rn. 165.

1031 So auch HambKomm/*Schmidt*, InsO, 9. Auflage, § 15b Rn. 37.

1032 *Bitter*, ZIP 2021, S. 325 (321).

1033 Vgl. BGH, Beschl. v. 05.11.2007 – II ZR 262/06 = ZIP 2008, S. 73 (72); *Gehrlein*, DB 2020, S. 2393 f.

aber nur wenige Tage betragen.[1034] Insbesondere zählen dabei solche Maßnahmen nicht zum ordnungsgemäßen Geschäftsgang, die unproblematisch aufgeschoben werden können, ohne die Antragstellung zu gefährden.[1035]

Abs. 3 konkretisiert die Ausnahmeregelung des Abs. 1 S. 2, indem Zahlungen *„in der Regel“* nicht mit der Sorgfalt eines ordentlichen und gewissenhaften Geschäftsleiters vereinbar sind, wenn der für eine rechtzeitige Antragstellung maßgebliche Zeitpunkt verstrichen ist. Der Wortlaut lässt also einen engen Spielraum für Zahlungen, die trotz eines Verstreichens des rechtszeitigen Antragszeitraums sorgfaltsgemäß erfolgen können. Die Vorschrift wird sich vor allem in Ausnahme-Zahlungen erschöpfen, die der Abwehr eines unmittelbar drohenden Schadens für die (spätere) Insolvenzmasse dienen und insofern auch vom vorläufigen Verwalter veranlasst worden wären.[1036] In allen anderen Fällen wird eine Widerlegung der Vermutung durch den geschäftsführenden Organvertreter aufgrund des klaren gesetzgeberischen Haftungskonzepts kaum möglich sein.[1037]

Vorliegend ist die Veräußerung des Betriebsgrundstücks nicht von der Privilegierung des § 15b Abs. 1 S. 2 InsO erfasst. Die Masseschmälerung diente weder der Bewältigung betrieblicher Fixkosten noch zur nachhaltigen Beseitigung der Insolvenzreife oder zur Vorbereitung des Insolvenzantrags. Vielmehr vertiefte die Sanierungsmaßnahme des G die Insolvenz der M-GmbH. Eine Privilegierung scheidet aus.

4. Verschulden

Der Ersatzanspruch gegen die Geschäftsleitung aus § 15b Abs. 4 S. 1 InsO setzt ferner das Verschulden der Geschäftsleitung bezüglich der verbotswidrigen Zahlungen voraus, wobei einfache Fahrlässigkeit genügt.[1038] Für die Annahme des Verschuldens ist nicht erforderlich, dass die vermögensschmälernde Handlung durch den geschäftsführenden Organvertreter selbst erfolgte; ausreichend ist vielmehr, dass sie durch diesen zurechenbar veranlasst worden ist.[1039] Unter Berücksichtigung der Überwachungs- und Kontrollpflicht kann es daher genügen, dass der Vermögensabfluss hätte verhindert werden können.[1040] So veranlasst der Geschäftsleiter einer Gesellschaft auch Zahlungen seiner zuständigen Mitarbeiter in ihm zurechenba-

1034 So auch *Gehrlein*, DB 2020, S. 2394 (2393); *Bitter*, ZIP 2021, S. 326 (321).
1035 N/S/H/*Haas*, GmbHG, 23. Auflage, § 64 Rn. 117.
1036 *Gehrlein*, DB 2020, S. 2393 f; *Thole*, BB 2021, S. 1353 (1347).
1037 HambKomm/*Schmidt*, InsO, 9. Auflage, § 15b Rn. 50.
1038 Vgl. K/P/B/*Bork*/*Kebekus*, InsO, 95. EL, § 15b Rn. 33.
1039 *Gehrlein*, ZRI 2020, S. 184 (183).
1040 M/H/L/S/*Nerlich*, GmbHG, 3. Auflage, § 64 Rn. 14.

rer Weise, wenn er den unternehmerischen Betrieb trotz vorliegender Insolvenzgründe unverändert fortführt.[1041]

Zugunsten der Gesellschaft wird das Verschulden der Geschäftsleitung vermutet, wenn die betreffende Zahlung nach Eintritt der Insolvenzreife vorgenommen wurde.[1042] Hinsichtlich der Insolvenzreife ist keine positive Kenntnis erforderlich, es genügt die ebenfalls vermutete Erkennbarkeit des Insolvenzeintritts.[1043]

Wie bereits im Rahmen der Haftung aus § 43 Abs. 2 GmbHG dargestellt, hat G die Masseschmälerung durch die Veräußerung des Betriebsgrundstücks auch zu verschulden.

5. Kein Ausschluss oder Verzicht nach § 15b Abs. 4 S. 3 u. 4 InsO

Gemäß Abs. 4 S. 3 kann die Erstattungspflicht des Geschäftsführers nicht dadurch ausgeschlossen werden, dass dieser in Befolgung eines Beschlusses eines Organs der juristischen Person gehandelt hat, soweit die Erstattung zur Befriedigung der Gläubiger erforderlich ist. Das Erfordernis der Unentbehrlichkeit der Ersatzleistung für die Befriedigung der Gesellschaftsgläubiger ist – wie im hiesigen Sachverhalt – in Fällen verbotener Zahlungen nach dem Eintritt von Zahlungsunfähigkeit regelmäßig gegeben.[1044] G kann sich daher nicht als geschäftsführender Alleingesellschafter auf sein eigenes Einverständnis für die Veräußerungsmaßnahme berufen.

Gleichermaßen ist der Verzicht auf die Erstattungszahlung gemäß Abs. 4 S. 4 ausgeschlossen. Die Ausnahmen des Abs. 4 S. 5 liegen nicht vor.

II. Zwischenergebnis

Der Tatbestand des § 15b Abs. 4 S. 1, Abs. 1 InsO ist erfüllt. G hat die durch die Veräußerung des Betriebsgrundstücks entstandene Masseschmälerung in Höhe von EUR 400.000,00 zu erstatten. Im Sinne des Abs. 4 S. 2 ist mangels entgegenstehender Sachverhaltsangaben von einem Gesamtgläubigerschaden in Höhe der verbotswidrig geleisteten Zahlungen auszugehen. Eine Beschränkung der Erstattung nach Abs. 4 S. 2 InsO ist daher nicht ersichtlich.[1045]

1041 *Gehrlein*, ZRI 2020, S. 184 (183).

1042 Vgl. BGH, Urteil v. 27.10.2020 – II ZR 355/18 = NZG 2021, S. 71 (66).

1043 Vgl. BGH, Urteil v. 27.03.2012 – II ZR 171/10 = NZG 2012, S. 673 (672).

1044 K. Schmidt/*K. Schmidt*/*Herchen*, InsO, 20. Auflage, § 15b Rn. 31.

1045 Vgl. dazu K/P/B/*Bork*/*Kebekus*, InsO, 95. EL, § 15b Rn. 69 ff.

D. Beweislast

In der nachmaligen Insolvenz der Gesellschaft trägt grundsätzlich der Insolvenzverwalter die Beweis- und Darlegungslast für die Verwirklichung aller haftungsbegründenden Tatbestandsvoraussetzungen einer unsorgfältigen Geschäftsführung.[1046] Von diesem Grundsatz macht § 93 Abs. 2 S. 2 AktG eine Ausnahme, wenn der Sorgfaltsverstoß eines Vorstandsmitglieds streitig ist. Es kommt zu einer Beweislastumkehr: Danach hat der geschäftsführende Organvertreter darzulegen und zu beweisen, dass er die Sorgfalt eines ordentlichen und gewissenhaften Geschäftsleiters angewandt hat.[1047] § 43 GmbHG enthält zwar keine ausdrückliche Beweislastumkehr, jedoch stellt sich die Darlegungs- und Beweislage bei Organhaftungsansprüchen der GmbH wie bei der AG dar, sodass nach ganz herrschender Auffassung die Beweislastumkehr entsprechend anzuwenden ist.[1048]

Für die Durchsetzung des Erstattungsanspruchs aus § 15b Abs. 4 S. 1, Abs. 1 InsO hat der Insolvenzverwalter lediglich die Insolvenzreife sowie die Masseschmälerung darzulegen und zu beweisen.[1049] Zu seiner Entlastung müsste der geschäftsführende Organvertreter demgegenüber darlegen, dass er die Zahlungen nicht zu verschulden hat, insbesondere, weil er trotz gebotener Sorgfalt die Insolvenzreife nicht erkennen konnte.[1050] Diesbezüglich gelten die oben dargestellten allgemeinen Sorgfalts- und Verhaltenspflichten sowie die Krisenfrüherkennungs- und -reaktionspflichten. Die Geschäftsleitung ist ferner beweis- und darlegungspflichtig für die Vereinbarkeit der Masseschmälerungen mit der ordnungsgemäßen Sorgfalt.[1051]

E. Anspruchskonkurrenz

Die vorangestellten Ansprüche der organrechtlichen Haftung richten sich auf eine Innenhaftung der Geschäftsleitung gegenüber der Gesellschaft. Während die Anspruchsgrundlagen stets auf den gleichen Sorgfaltsmaßstab zurückgreifen, nor-

---

1046 BGH, Urteil v. 16.03.2009 – II ZR 32/08 = NZI 2009, S. 486; K/P/B/*Bork*/*Kebekus*, InsO, 95. EL, § 15b Rn. 88.

1047 Vgl. MüKo-GmbHG/*Fleischer*, 4. Auflage, § 43 Rn. 336; Hölters/Weber/*Hölters*, AktG, 4. Auflage, § 93 Rn. 258.

1048 Vgl. BGH, Urteil v. 04.11.2002 – II ZR 224/00 = NJW 2003, S. 359 (358); BGH, Beschl. v. 26.11.2007 – II ZR 161/06 = NZG 2008 S. 105 (104); M/H/L/S/*Ziemons*, GmbHG, 4. Auflage, § 43 Rn. 471; Habersack/Casper/Löbbe/*Paefgen*, GmbHG, 3. Auflage, § 43 Rn. 205 m. w. N.

1049 K/P/B/*Bork*/*Kebekus*, InsO, 95. EL, § 15b Rn. 88.

1050 *Bitter*/*Baschnagel*, ZInsO 2018, S. 593 (557).

1051 HambKomm/*Schmidt*, InsO, 9. Auflage, § 15b Rn. 96.

miert § 15b Abs. 1 S. 1 InsO im Gegensatz zu den generalklauselartigen gesellschaftsrechtlichen Normen eine konkrete Verhaltenspflicht. § 15b InsO ist zudem erst ab Eintritt der Insolvenzreife anwendbar. Die Vorschriften enthalten daher flankierende Haftungstatbestände und sind nebeneinander anwendbar.[1052]

Da die Handlung des G nach hiesiger Auffassung sowohl den Tatbestand des § 43 Abs. 2, Abs. 1 GmbHG als auch den des § 15b Abs. 4 S. 1, Abs. 1 InsO erfüllt, ist eine echte Anspruchskonkurrenz gegeben. Einen Anwendungsvorrang besitzt keine der Normen. Der Insolvenzverwalter im Verfahren über das Vermögen der M-GmbH ist jedoch dazu verpflichtet, zur Masse gehörende Forderungen bestmöglich durchzusetzen. Aufgrund des größeren Erstattungsumfangs ist daher § 15b Abs. 4 S. 1, Abs. 1 InsO vorrangig gegenüber G durchzusetzen.

F. Ergebnis

Die organrechtliche Innenhaftung ist in der Insolvenz von Kapitalgesellschaften und damit auch in der Konzerninsolvenz von besonders großer Bedeutung. Sie stellt dadurch ein erhebliches Risiko für die in der Krise geschäftsführenden Organvertreter dar.

Für die konzernrelevanten Kapitalgesellschaften der AG, KGaA und GmbH regeln die einzelnen Vorschriften der jeweiligen Gesellschaftsform (§ 93 AktG und § 43 GmbHG) einen im Wortlaut ähnlichen Pflichten- und Sorgfaltsmaßstab der Geschäftsführungsorgane. Trotz des leicht abweichenden Wortlauts sind die Formulierungen gleichzusetzen. Entsprechendes gilt für die insolvenz- und sanierungsrechtlichen Pflichtenmaßstäbe des § 15b InsO und § 43 StaRUG. Die Pflichtenmaßstäbe verdeutlichen, dass im Zuge des Krisenverlaufs einer Kapitalgesellschaft ein Wechsel der zu berücksichtigenden Vermögensinteressen stattfindet (*shift of fiduciary duties*). So knüpfen § 93 AktG und § 43 GmbHG vor der Krise zunächst an den Gesellschaftszweck und damit an das Interesse der Gesellschafter an. § 43 StaRUG und § 15b InsO betrachten demgegenüber zu Beginn der Krise und im eröffneten Insolvenzverfahren die Einhaltung der Sorgfaltspflicht aus der Perspektive der Gesellschaftsgläubiger.

Ebendieser Interessenwechsel muss bei der Haftung der geschäftsführenden Organvertreter nach § 93 AktG und § 43 GmbHG berücksichtigt werden. Denn bereits mit Einsetzen der ersten Krisenzeichen und spätestens ab dem Eintritt der drohenden Zahlungsunfähigkeit treffen die Geschäftsführungsorgane besondere

1052 Vgl. N/S/H/*Haas*, GmbHG, 23. Auflage, § 64 Rn. 293 ff; siehe auch *Bitter*, ZIP 2021, S. 334 (321), zur Anwendbarkeit von § 15b InsO neben § 43 StaRUG.

Krisenpflichten. Das von der aktuellen Rechtsprechung berücksichtigte Haftungssystem erfasst allerdings keine fahrlässigen und insolvenzverschärfenden Verletzungen der besonderen Krisenpflichten durch den geschäftsführenden Alleingesellschafter bzw. durch den unter Einverständnis der Gesellschafter handelnden Geschäftsführer, sofern kein Restrukturierungsverfahren im Sinne des StaRUG betrieben wird. Diese Haftungslücke wird weder dem Bestandsschutz der betreffenden Gesellschaft noch den Interessen der Gesellschaftsgläubiger gerecht. Das gesellschafts- und insolvenzrechtliche Haftungsnetz darf daher nicht nur bei vorsätzlichen und insolvenzbegründenden Eingriffen oder ab Eintritt der materiellen Insolvenz zur Anwendung gelangen. Vielmehr muss es dem Interessenwechsel im Verlauf der Gesellschaftskrise auf dem Fuße folgen. Die konsequente Berücksichtigung des Interessenwechsels lässt sich durch eine weite Anwendung der Haftung nach § 43 Abs. 2 GmbHG bzw. § 93 Abs. 2 S. 1 AktG erreichen.

Schluss: Zusammenfassung der wesentlichen Ergebnisse

Die Hauptergebnisse der Untersuchung lassen sich in den folgenden Punkten abschließend zusammenfassen:

1. Der Gesetzgeber führte mit der Reform zur Erleichterung der Bewältigung von Konzerninsolvenzen kein eigenständiges Konzerninsolvenzrecht ein. Vielmehr wurden lockere Steuerungsinstrumente der Verfahrenskooperation und -koordination geschaffen.[1053]

2. Eine der Besonderheiten in der Insolvenz konzernierter Rechtsträger ist der *Dominoeffekt.* Die Gefahr des Übergreifens der Insolvenz auf weitere Konzernglieder wird durch wirtschaftliche und haftungsrechtliche Verstrickungen unter den Konzernunternehmen verschärft.[1054] Dabei ist das Schädigungspotential umso größer, je enger die Konzernglieder miteinander verflochten sind. Zur Eindämmung dieses Insolvenzbeschleunigers brachte die Einführung des KIG keine Regelungen hervor, die eine Zwangskooperation oder -koordination unter den insolventen Konzerngliedern ermöglichen.[1055]

3. Weder der Konzern in seiner Gesamtheit noch ein einzelnes Konzernunternehmen ist Rechtssubjekt eines Insolvenzverfahrens. Vielmehr ist der hinter jedem Unternehmen stehende Träger im Sinne des § 11 InsO ausschließlicher Bezugspunkt des Verfahrens.[1056] Im Falle der Insolvenz im Konzern ist der Rechtsträger regelmäßig eine Kapitalgesellschaft.

4. Die *de lege lata* vorausgesetzte und höchstrichterlich bestätigte Freigabebefugnis des Insolvenzverwalters lässt sich allein in Sinne der *Amtstheorie* mit der rechtssystematischen Stellung des Verwalters in Einklang bringen.[1057]

5. Dem historischen Grundsatz *„Ein Rechtsträger, ein Vermögen, ein Verfahren“* und seinen vier Subprinzipien kommt nach wie vor eine hohe Bedeutung zu; sie wirken jedoch nicht absolut. Vielmehr erfahren die Prinzipien, nicht zuletzt infolge der Entwicklung eines grenzüberschreitenden (europäischen) Insolvenzrechts, diverse (partielle) Durchbrechungen.[1058] Auch die strikte Verfahrens- und Vermögenstrennung mehrerer Konzerninsolvenzverfahren, die dem *Grundsatz der rechtlichen Selbstständigkeit* und dem *Trennungsprinzip* inhärent sind, werden teilweise

1053 Siehe unter Allgemeiner Teil, Kapitel 2, A. II.
1054 Siehe unter Allgemeiner Teil, Kapitel 3, A.
1055 Siehe unter Allgemeiner Teil, Kapitel 3, A. IV.
1056 Siehe unter Allgemeiner Teil, Kapitel 3, B.
1057 Siehe unter Allgemeiner Teil, Kapitel 3, B. II. 2. f).
1058 Siehe unter Besonderer Teil I, Kapitel 1.

https://doi.org/10.1515/9783111437347-006

aufgeweicht. Die Vorschriften des KIG ermöglichen zumindest eine örtlich-personelle Konzentration der Einzelverfahren, die das Bundesjustizministerium im Jahr 1985 unter Berufung auf die vorgenannten Grundsätze klar ablehnte.[1059] Die Entwicklungen der Fallgruppen zur Durchgriffshaftung sowie die Ausgleichs- und Verlustübernahmevorschriften für verbundene Kapitalgesellschaften führten ferner zu partiellen Durchbrechungen des *Trennungsprinzips.*[1060]

6. Die Existenz partieller Durchbrechungen des historischen Grundsatzes ebnet den Weg für Mechanismen, die den Entzug und die Übertragung von Vermögenswerten zwischen Konzernunternehmen im eröffneten Insolvenzverfahren ermöglichen. Hierbei muss zwischen freiwilligem und zwangsweisem Vermögensentzug differenziert werden:

a) Die zwangsweise Übertragung von Vermögenswerten zwischen zwei oder mehreren Gesellschaften desselben Konzernverbunds ist ausschließlich auf der Grundlage abgestimmter Insolvenzpläne möglich.[1061] Voraussetzung ist daher, dass über die Vermögen aller in den Vermögensentzug involvierten Gesellschaften das Insolvenzverfahren eröffnet wurde. Die Erstellung eines einheitlichen Konzerninsolvenzplans, der alle (insolventen) Konzernglieder erfasst ist nicht möglich. Im Wege der Harmonisierung der einzelnen Insolvenzpläne kann hingegen die Bildung einer *Masseverwertungs- und Verteilungseinheit* als Maßnahme in den einzelnen gestaltenden Teil aufgenommen werden.[1062] Die dadurch erzeugte konsolidierende Wirkung führt zur partiellen Außerkraftsetzung der Vermögenstrennung. Die abgestimmten Insolvenzpläne können ferner Übertragungen einzelner Vermögenswerte zwischen den Gesellschaften vorsehen.[1063] Sowohl der Konsolidierungsmechanismus als auch die Übertragung von Vermögenswerten stehen unter dem Vorbehalt der Annahmen und Bestätigungen der Insolvenzpläne.[1064] Zwangswirkungen entstehen nur dort, wo die Zustimmung zum Plan von dissentierenden Gläubigergruppen fingiert[1065] oder der Minderheitenschutz einzelner Gläubiger versagt[1066] wird. Die Fallhöhe obstruierender Gläubiger ist begrenzt: Das *Schlechterstellungsverbot* gewährleistet ihnen, nicht schlechter gestellt zu werden als sie ohne den Insolvenzplan stünden (§§ 245 Abs. 1 Nr. 1, 251 Abs. 1 Nr. 2, 245a InsO). Vom Insolvenzplan benachteiligte Gläubiger oder Gläubigergruppen können zudem

1059 Siehe unter Besonderer Teil I, Kapitel 1, C. II.
1060 Siehe unter Besonderer Teil I, Kapitel 1, C. II.
1061 Siehe unter Besonderer Teil I, Kapitel 2, A. III. 2. a) cc).
1062 Siehe unter Besonderer Teil I, Kapitel 2, A. III. 2 a) cc) (3).
1063 Siehe unter Besonderer Teil I, Kapitel 2, A. III. 2 a) cc) (3) (c).
1064 Siehe unter Besonderer Teil I, Kapitel 2, A. III. 2 a) cc) (4).
1065 Siehe unter Besonderer Teil I, Kapitel 2, A. III. 2 a) cc) (4) (a).
1066 Siehe unter Besonderer Teil I, Kapitel 2, A. III. 2 a) cc) (4) (d).

durch die Verteilung von Zuschlägen berücksichtigt werden, um ihrer negativen Abstimmung entgegenzuwirken.[1067]

b) Ein Zugriff auf das Vermögen der solventen Konzerngesellschaften ist ohne ihre freiwillige Mitwirkung nicht möglich: Der *Grundsatz der rechtlichen Selbstständigkeit* sowie das gesellschafts- und insolvenzrechtliche *Trennungsprinzip* halten eine klare Verfahrens- und Vermögenstrennung zum insolventen Gruppenunternehmen aufrecht. Eine Durchbrechung der Trennung infolge der Einheitsbetrachtung auf der Grundlage abgestimmter Insolvenzpläne scheitert bereits an der fehlenden Insolvenz der liquiden Gesellschaften. Die Übertragung von Vermögenswerten oder die Erzeugung einer konsolidierenden Wirkung unterliegt nicht mehr den autonomen Entscheidungen in den Abstimmungsgruppen, sobald Vermögensmassen einer solventen Konzerngesellschaft involviert sind.[1068] Eine Legitimation scheidet somit aus. Die solvente Konzerngesellschaft kann daher niemals gegen ihren Willen in das Planverfahren einbezogen werden.

c) Der Entzug von Vermögenswerten eines verbundenen Unternehmens kann darüber hinaus nicht durch die Statuierung von aktiven Förderungs- oder Mitwirkungspflichten in der Konzerninsolvenz erzwungen werden. Zwar löst der Verbund zum Konzern eine besondere mitgliedschaftliche Rechte- und Pflichtenlage aus, die vor allem gesteigerte *Treuepflichten* des herrschenden Konzernunternehmens begründen.[1069] Allerdings überträfe eine verpflichtende aktive Förderung jegliche der gesellschaftsrechtlichen Treubindung innewohnenden Maxime und begründete eine erhebliche Ausweitung des eigenen Insolvenzrisikos der Konzernmutter.[1070]

d) Lediglich in der Organisationsform des Vertragskonzerns kann der Muttergesellschaft die Pflicht zur Existenzsicherung der Tochtergesellschaft auferlegt werden.[1071] Besteht ein Beherrschungs- oder Gewinnabführungsvertrag zwischen Mutter- und Tochtergesellschaft kann es ausschließlich zum Fall der Doppelinsolvenz kommen. Die Verlustausgleichspflicht der herrschenden Gesellschaft nach § 302 Abs. 1 AktG (analog) wird dabei zur Insolvenzforderung der abhängigen Gesellschaft, sofern nicht auf ihre Durchsetzung verzichtet wird.[1072]

e) Ist der Erfolg der Bewältigung einer Konzerninsolvenz von der aktiven Förderung durch verbundene solvente Gesellschaften abhängig, kann die Übertragung von Vermögenswerten auf individualvertraglicher Ebene vereinbart werden.

1067 Siehe unter Besonderer Teil I, Kapitel 2, A. III. 2 a) cc) (4) (a).
1068 Siehe unter Besonderer Teil I, Kapitel 2, A. III. 2 a) cc) (3) (c)
1069 Siehe unter Besonderer Teil I, Kapitel 2, B. I. 1.
1070 Siehe unter Besonderer Teil I, Kapitel 2, B. I. 1. b).
1071 Siehe unter Besonderer Teil I, Kapitel 2, B. II. 2.
1072 Siehe unter Besonderer Teil I, Kapitel 2, B. II. 3.

Als schuldrechtliche Grundlage eignen sich die unter *Besonderer Teil I, Kapitel 2, C. I.* aufgeführten Vertragstypen.

f) Die solventen Konzernunternehmen können ebenfalls freiwillig in das Insolvenzplanverfahren einbezogen werden. § 230 Abs. 3 und § 249 S. 1 InsO geben den Planerstellern die Möglichkeit, Verpflichtungserklärungen Dritter in den Plan aufzunehmen.[1073] Exemplarisch kann auch die Übertragung eines Vermögensgegenstands von einer verbundenen Gesellschaft in den Sanierungsplan der insolventen Konzerngesellschaft aufgenommen werden. Im Rahmen des § 249 S. 1 InsO ist die versprochene Leistung oder Maßnahme noch vor der gerichtlichen Planbestätigung zu erbringen.[1074] § 230 Abs. 3 InsO begründet keine eigenständige Rechtswirkung, die Verpflichtungserklärung kann jedoch über § 158 Abs. 1 BGB an die Planbestätigung gekoppelt werden.[1075]

7. Ein Vermögensentzug bzw. eine Vermögensverschiebung im Konzern kann zur Insolvenzgefahr für die vermögensgebende Gesellschaft werden. Realisiert sich diese Gefahr bietet die Insolvenzordnung nach § 3a die Möglichkeit, einen Gruppen-Gerichtsstand zu errichten. Die Begründung des Gruppen-Gerichtsstands erfolgt richtigerweise nach dem Prioritätsprinzip. Eine grundsätzliche Errichtung am Gerichtsstand der Konzernmutter widerspräche der gewünschten Flexibilität des Konzerninsolvenzverfahrens.[1076]

8. Das Vorliegen von Insolvenzgründen ist bei Konzernunternehmen vor allem dann schwerer zu prüfen, wenn eine gesellschaftsübergreifende Liquiditätssteuerung gegeben ist. Im Rahmen der Zahlungsunfähigkeit sind Cash-Pool-Forderungen nicht mit Zahlungsmitteln gleichzustellen und daher auch nicht als liquide Mittel zu berücksichtigen.[1077] Demgegenüber sind werthaltige harte Patronatserklärungen der Muttergesellschaft berücksichtigungsfähig.[1078] Die innerhalb der Überschuldungsprüfung abzugebende Fortbestehensprognose sollte keine Prüfung der zukünftigen Ertragsfähigkeit beinhalten, sondern sich darauf beschränken, ob die mittelfristige Zahlungsfähigkeit des Unternehmens gesichert ist.[1079] Auf die eigenständige Erwirtschaftung zukünftiger Mittel kommt es nicht an.[1080]

1073 Siehe unter Besonderer Teil I, Kapitel 2, C. II.
1074 Siehe unter Besonderer Teil I, Kapitel 2, C. II. 2.
1075 Siehe unter Besonderer Teil I, Kapitel 2, C. II. 1. b).
1076 Siehe unter Besonderer Teil II, Kapitel 1, A. II. 3.
1077 Siehe unter Besonderer Teil II, Kapitel 1, B. I. 2. a).
1078 Siehe unter Besonderer Teil II, Kapitel 1, B. I. 2. b).
1079 Siehe unter Besonderer Teil II, Kapitel 1, B. III. 2. c).
1080 Siehe unter Besonderer Teil II, Kapitel 1, B. III. 2. c).

9. Das aktuelle Verfahren der Insolvenzverwalterbestellung ist reformbedürftig:[1081] Vorauswahllisten, die von jedem Insolvenzrichter anhand persönlicher Auswahlkriterien zu führen sind, leiden an einem fehlenden einheitlichen Qualitätsstandard und an Intransparenz. Die Subjektivität des Zulassungsverfahrens gepaart mit den enormen ökonomischen Abhängigkeiten der Insolvenzverwalter von Insolvenzrichtern eröffnet darüber hinaus einen erheblichen Spielraum für Missbrauchs- und Korruptionshandlungen der Beteiligten. Die aufgezeigten Schwachstellen des Auswahlverfahrens verschärfen sich aufgrund der gesteigerten Komplexität in Konzerninsolvenzverfahren und im Zuge der Möglichkeit, nach § 56b InsO nur eine Person zum Insolvenzverwalter aller betreffenden Gruppenunternehmen zu bestellen.

10. Die konzernweiten rechtlichen und ökonomischen Verstrickungen zwischen den Unternehmen begünstigen im eröffneten Insolvenzverfahren konzerninterne Anfechtungslagen. Grundsätzlich gilt, je enger die konzerninternen Verflechtungen bestehen, umso häufiger wurden im Vorfeld der Insolvenz anfechtungsrelevante Handlungen vorgenommen.[1082] Das Anfechtungsrecht ist auch in Konzernsachverhalten isoliert für die jeweilige Gesellschaft vom Verwalter anzuwenden.[1083]

a) Die konzerninterne Sicherheitengewährung für die Verbindlichkeit eines Gruppenunternehmens ist regelmäßig nur gegenüber dem verbundenen Unternehmen nach § 134 InsO anfechtbar, da es sich bei der Besicherung einer fremden Schuld ohne rechtliche Verpflichtung und ohne Erlangung einer Gegenleistung um eine unentgeltliche Leistung handelt.[1084]

b) Anfechtungsrelevant sind ebenfalls Übertragungen von *assets* innerhalb des Konzerns und an außenstehende Dritte. In der Krise dient die Übertragung von Vermögenswerten an Dritte regelmäßig eines schnellen Zuflusses liquider Mittel. Handelt es sich dabei um einen Notverkauf unter Wert kann dies den Anfechtungstatbestand einer unmittelbar benachteiligenden Rechtshandlung (§ 132 InsO) erfüllen, wenn die veräußernde Gesellschaft bereits zahlungsunfähig war und der Käufer die Zahlungsunfähigkeit kannte.[1085] Im Zuge einer Anfechtung nach § 134 InsO kommt es maßgeblich darauf an, ob die Parteien ihren subjektiven Bewertungsspielraum für die Bewertung einer angemessenen Gegenleistung überschritten haben. Entscheidend dafür ist die ökonomische Beurteilung des Gesamtvor-

1081 Siehe unter Besonderer Teil II, Kapitel 1, C. IIII.
1082 Siehe unter Besonderer Teil II, Kapitel 2.
1083 Siehe unter Allgemeiner Teil, Kapitel 3, B. I. 3.
1084 Siehe unter Besonderer Teil II, Kapitel 2, A. I. u. III.
1085 Siehe unter Besonderer Teil II, Kapitel 2, B. I.

gangs. Eine pauschale Verneinung der Anfechtbarkeit ist aufgrund der starken Einzelfallabhängigkeit dieser Frage abzulehnen.[1086]

c) Im Falle des Notverkaufs eines belasteten Vermögensgegenstands ist für die Prüfung der infolge der Veräußerung eingetretenen Gläubigerbenachteiligung entscheidend, ob der betreffende Gegenstand wertausschöpfend belastet war.[1087] Die Wertausschöpfung ist anhand einer Gegenüberstellung der zu sichernden Forderung mit dem Wert des veräußerten Gegenstands zu ermitteln. Ob die Bewertung eines belasteten Grundstücks anhand des Verkehrswerts oder durch den im Rahmen einer Zwangsversteigerung erzielbaren Erlös erfolgt, hängt davon ab, ob der Insolvenzverwalter im Zeitpunkt der (un-)mittelbaren Gläubigerbenachteiligung zur freihändigen Veräußerung des Grundstücks berechtigt war.[1088]

11. Die organrechtliche Innenhaftung ist von überragender Bedeutung für Unternehmensinsolvenzverfahren und stellt zugleich ein erhebliches Risiko für die in der Krise geschäftsführenden Organvertreter dar. Ein generelles Haftungskonzept der Geschäftsleitungsorgane in der Konzern- bzw. Gesellschaftskrise kennt hingegen weder das Gesellschafts- noch das Insolvenzrecht.[1089]

a) Die haftungsbegründenden Vorschriften des Gesellschafts-, Insolvenz- und Restrukturierungsrechts gleichen sich darin, dass sie für Handlungen der Geschäftsführungsorgane auf die Sorgfalt eines ordentlichen und gewissenhaften Geschäftsleiters bzw. auf die Sorgfalt eines ordentlichen Geschäftsmannes abstellen. Trotz des leicht abweichenden Wortlauts sind die Maßstäbe der Sorgfaltspflichten gleichzusetzen.[1090]

b) Im Zuge des Krisenverlaufs kommt es zu einem Pflichtenumschwung des Geschäftsführungsorgans: Während § 93 AktG und § 43 GmbHG stets an den Gesellschaftszweck und damit an das Interesse der Gesellschaft anknüpfen, betrachten § 43 StaRUG und § 15b InsO die Einhaltung der Sorgfaltspflicht aus der Perspektive der Gesamtheit der Gesellschaftsgläubiger. Daher ist die sorgfaltspflichtgemäße Unternehmensleitung vor der Krise primär im Gesellschaftsinteresse und während der Krise primär im Gläubigerinteresse auszuüben.[1091]

c) Das von der aktuellen Rechtsprechung verfolgte System der organrechtlichen Innenhaftung in der Gesellschaftskrise erfasst keine fahrlässigen und insolvenzverschärfenden Verletzungen der besonderen Krisenpflichten durch den geschäftsführenden Alleingesellschafter bzw. durch den unter Einverständnis der

---

1086 Siehe unter Besonderer Teil II, Kapitel 2, B. II. 1. c).

1087 Siehe unter Besonderer Teil II, Kapitel 2, A. II. 1. b) bb) u. cc).

1088 Siehe unter Besonderer Teil II, Kapitel 2, A. II. 1. b) bb).

1089 Siehe unter Besonderer Teil II, Kapitel 3.

1090 Siehe unter Besonderer Teil II, Kapitel 3. A. I. 5.

1091 Siehe unter Besonderer Teil II, Kapitel 3. A. I. 5.

Gesellschafter handelnden Geschäftsführer, sofern kein Restrukturierungsverfahren im Sinne des StaRUG betrieben wird.[1092] Diese Haftungslücke wird weder dem Bestandsschutz der betreffenden Gesellschaft noch den Interessen der Gesellschaftsgläubiger gerecht.

d) Um diese Haftungslücken zu schließen, muss der Interessenwechsel im Krisenverlauf von § 93 AktG und § 43 GmbHG berücksichtigt werden:[1093] Denn bereits mit Einsetzen der ersten Krisenzeichen und spätestens ab dem Eintritt der drohenden Zahlungsunfähigkeit treffen die Geschäftsführungsorgane besondere Krisenpflichten. Soweit das aktuelle Haftungssystem nur bei vorsätzlichen und insolvenzbegründenden Eingriffen oder erst ab Eintritt der materiellen Insolvenz zur Anwendung gelangt, erfolgt dies zu spät. Vielmehr muss es dem Interessenwechsel im Verlauf der Gesellschaftskrise auf dem Fuße folgen. Die adäquate Berücksichtigung des Interessenwechsels lässt sich durch eine weite Anwendung der Haftung nach § 43 Abs. 2 GmbHG bzw. § 93 Abs. 2 S. 1 AktG verfolgen.

e) Im Rahmen der Betrachtung von masseschmälernden Zahlungen im Sinne des § 15b Abs. 4 S. 1, Abs. 1 InsO sollten solche Zahlungen als Gegenleistung angesehen werden, die in einem unmittelbaren Zusammenhang mit einem Vermögenszufluss stehen.[1094] Dies sollte entgegen der geltenden Rspr. auch dann zutreffen, wenn die werthaltige Gegenleistung kurz vor der Masseschmälerung empfangen wurde.

1092 Siehe unter Besonderer Teil II, Kapitel 3. B. I. 2.
1093 Siehe unter Besonderer Teil II, Kapitel 3. B. I. 2. b).
1094 Siehe unter Besonderer Teil II, Kapitel 3. C. I. 2. b).

Literaturverzeichnis

Altmeppen, Holger: Zur Entstehung, Fälligkeit und Höhe des Verlustausgleichsanspruchs nach § 302 AktG, in: DB 1999, S. 2453.

Ders.: Grundlegend Neues zum „qualifiziert faktischen" Konzern und zum Gläubigerschutz in der Einmann-GmbH, in: ZIP 2001, S. 1837.

Ders.: Cash Pooling und Kapitalerhaltung bei bestehendem Beherrschungs- oder Gewinnabführungsvertrag, in: NZG 2010, S. 361.

Ders.: Cash Pooling und Kapitalerhaltung im faktischen Konzern, in: NZG 2010, S. 401.

Ders.: Masseschmälernde Zahlungen, in: NZG 2016, S. 521.

Ders.: GmbHG Kommentar, 11. Auflage, München 2023, zitiert: *Altmeppen*, GmbHG.

Andres, Dirk/Leithaus, Rolf/Dahl, Michael: Insolvenzordnung Kommentar, 4. Auflage, München 2018, zitiert: Andres/Leithaus/*Bearbeiter*, InsO.

Andres, Dirk/Möhlenkamp, Andreas: Konzerne in der Insolvenz – Chance auf Sanierung?, in: BB 2013, S. 579.

Armbrüster, Christian: Kurzkommentar zu BGH, Urteil v. 19.10.2009 – II ZR 240/08, in: EWiR 2009, S. 739.

Bär, Rolf: Verantwortlichkeit des Verwaltungsrates der Aktiengesellschaft, in: ZBJV 106. Band 1970, S. 457.

Baumbach, Adolf (Begr.)/*Hueck, Alfred:* GmbHG Kurzkommentar, 22. Auflage, München 2019, zitiert: Baumbach/Hueck/*Bearbeiter*, GmbHG.

Baumert, Andreas J.: Zahlungseingang aus Erlösen des Verkaufs von Sicherungseigentum auf ein debitorisches Bankkonto: offene Fragen bei § 64 S. 1 GmbHG rund um Masseneutralität und Sanierungsprivileg, in: NZG 2016, S. 379.

Baums, Theodor: Recht der Unternehmensfinanzierung, München 2017, zitiert: *Baums*, Recht der Unternehmensfinanzierung.

Bayerle, Katrin: Trennungs- und Abstraktionsprinzip in der Fallbearbeitung, in: JuS 2009, S. 1079.

Bea, Sylwia Maria/Dressler, Maximilian: Business Judgement Rule versus Gläubigerschutz? – Praktische Erwägungen zur Organhaftung im Kontext des StaRUG, in: NZI 2021, S. 67.

beck-online.Großkommentar zum AktG, hrsg. v. *Henssler, Martin*, Stand: 01.04.2023, München 2023, zitiert: BeckOGK-AktG/*Bearbeiter.*

beck-online.Großkommentar zum Zivilrecht, hrsg. v. *Gsell, Beate/Krüger, Wolfgang/Lorenz, Stephan/Reymann, Christoph*, BGB, Stand: 01.01.2023, München 2023, zitiert: BeckOGK-BGB/*Bearbeiter.*

Beck, Lukas: Perspektiven eines Konzerninsolvenzrechts, in: DZWIR 2014, S. 381.

Beck, Siegfried/Depré, Peter: Praxis der Insolvenz, 4. Auflage, München 2023, zitiert: Beck/Depré/*Bearbeiter*, Praxis der Insolvenz.

Beck'scher Online-Kommentar GmbHG, hrsg. v. *Ziemons, Hildegard/Jaeger, Carsten/Pöschke, Moritz*, 55. Edition, München 2023, zitiert: BeckOK-GmbHG/*Bearbeiter.*

Beck'scher Online-Kommentar InsO, hrsg. v. *Fridgen, Alexander/Geiwitz, Arndt/Göpfert, Burkard*, 30. Edition, München 2023, BeckOK-InsO/*Bearbeiter.*

Beck'scher Online-Kommentar StaRUG, hrsg. v. *Skauradszun, Dominik/Fridgen, Alexander*, 8. Edition, München 2023, zitiert: BeckOK-StaRUG/*Bearbeiter.*

Bergmann, Alfred: Die Verwaltungsbefugnis des Insolvenzverwalters über einen zur Insolvenzmasse gehörenden GmbH-Geschäftsanteil, in: ZInsO 2004, S. 225.

Berthold, Dorothee: Unternehmensverträge in der Insolvenz, Köln 2004, zitiert: *Berthold*, Unternehmensverträge in der Insolvenz.

https://doi.org/10.1515/9783111437347-007

Bieg, Thorsten/Borchardt, Peter-Alexander/Frind, Frank: Unternehmenssanierung und Betriebsfortführung, 1. Auflage, München 2021, Bieg/Borchardt/Frind/*Bearbeiter*, Unternehmenssanierung u. Betriebsfortführung.

Birnbreier, Friedrich: Begründung und Fortbestehen des Gruppen-Gerichtsstands, in: NZI-Beilage 2018, S. 11.

Bitter, Georg: Geschäftsleiterhaftung in der Insolvenz – Alles neu durch SanInsFoG und StaRUG?, in: ZIP 2021, S. 321.

Bitter, Georg/Baschnagel, Markus: Haftung von Geschäftsführern und Gesellschaftern in der Insolvenz ihrer GmbH – Teil 1, in: ZInsO 2018, S. 557.

Bitter, Georg/Kresser, Matthias: Positive Fortführungsprognose trotz fehlender Ertragsfähigkeit?, in: ZIP 2012, S. 1733.

Bluhm, Alexander: Die Anwendbarkeit und Auswirkungen der EU-Dienstleistungsrichtlinie auf Auswahl und Bestellung des Insolvenzverwalters, Frankfurt am Main 2015, zitiert: *Bluhm*, Die Anwendbarkeit und Auswirkungen der EU-Dienstleistungsrichtlinie auf Auswahl und Bestellung des Insolvenzverwalters.

Bork, Reinhard: Die Unabhängigkeit des Insolvenzverwalters – ein hohes Gut, in: ZIP 2006, S. 58.

Ders.: Pflichten der Geschäftsführung in Krise und Sanierung, in: ZIP 2011, S. 101.

Ders.: Zum Stand der Diskussion um den Überschuldungstatbestand und zum Vorschlag einer Rückkehr zum Überschuldungstatbestand von 1999, in: ZIP 2019, S. 1.

Bork, Reinhard/Schäfer, Carsten: Kommentar zum GmbHG, 5. Auflage, Köln 2022, Bork/Schäfer/*Bearbeiter*, GmbHG.

Boujong, Karlheinz: Das Trennungsprinzip des § 13 Abs. 2 GmbHG und seine Grenzen in der neueren Judikatur des Bundesgerichtshofs, in: Festschrift für Walter Odersky zum 65. Geburtstag am 17. Juli 1996, S. 739, Berlin 1996.

Bous, Ulrich: Die Konzernleitungsmacht im Insolvenzverfahren konzernverbundener Kapitalgesellschaften, Köln 2001, zitiert: *Bous*, Konzernleitungsmacht im Insolvenzverfahren.

Braun, Eberhard: Insolvenzordnung Kommentar, 9. Auflage, München 2022, Braun/*Bearbeiter*, InsO.

Brünkmans, Christian.: Die Koordinierung von Insolvenzverfahren konzernverbundener Unternehmen nach deutschem und europäischem Insolvenzrecht, Berlin 2009, *Brünkmans*, Die Koordinierung von Insolvenzverfahren konzernverbundener Unternehmen.

Ders.: Entwurf eines Gesetzes zur Erleichterung der Bewältigung von Konzerninsolvenzen: Kritische Analyse und Anregungen aus der Praxis, in: ZIP 2013, S. 193.

Ders.: Sanierungstransaktionen in Insolvenzplänen – gilt die Formfiktion des § 254a InsO für Erklärungen außenstehender Dritter?, in: ZIP 2015, S. 1052.

Brünkmans, Christian/Thole, Christoph: Handbuch Insolvenzplan, 2. Auflage, Köln 2020, zitiert: Brünkmans/Thole/*Bearbeiter*, HB Insolvenzplan.

Buchalik, Robert/Hiebert, Olaf: Insolvenzanfechtung und Insolvenzplan, in: ZInsO 2014, S. 109.

Bultmann, Britta: Der Gewinnabführungsvertrag in der Insolvenz, in: ZInsO 2007, S. 785.

Bundesministerium der Justiz: Erster Bericht der Kommission für Insolvenzrecht, Köln 1985.

Buth, Andrea K./Hermanns, Michael: Restrukturierung, Sanierung, Insolvenz, 5. Auflage, München 2022, zitiert: Buth/Hermanns/*Bearbeiter*, RSI.

Casper, Matthias: Die Haftung für masseschmälernde Zahlungen nach § 64 Satz 1 GmbHG: Hat der BGH den Stein der Weisen gefunden?, in: ZIP 2016, S. 793.

Cranshaw, Friedrich L.: Berufsbilder des Insolvenzverwalters (und verwandter Berufe) vor dem Hintergrund von Koalitionsvertrag und Restrukturierungsrichtlinie, in: NZI 2020, S. 143.

Ebke, Werner F./Seagon, Christopher/Blatz, Michael: Die Praxis der Unternehmensrestrukturierung und der Berufsstand des Insolvenzverwalters, Baden-Baden 2017, zitiert: Ebke/Seagon/Blatz/*Bearbeiter*, Die Praxis der Unternehmensrestrukturierung und der Berufsstand des Insolvenzverwalters.

Ehlers, Harald: Anforderungen an die Fortführungsprognose, in: NZI 2011, S. 161.

Ehricke, Ulrich: Die Zusammenfassung von Insolvenzverfahren mehrerer Unternehmen desselben Konzerns, in: DZWIR 1999, S. 353.

Eidenmüller, Horst: Verfahrenskoordination bei Konzerninsolvenzen, in: ZHR 169. Band 2005, S. 528.

Ders.: Der Insolvenzplan als gesellschaftsrechtliches Universalwerkzeug, in: NJW 2014, S. 17.

Emmerich, Volker/Habersack, Mathias: Aktien- und GmbH-Konzernrecht Kommentar, 10. Auflage, München 2022, zitiert: Emmerich/Habersack/*Bearbeiter*, Aktien- und GmbH-Konzernrecht.

Erne, Roland: Praxisleitfaden für GmbH-Geschäftsführer zur Haftungsvermeidung bei Cash-Pooling Systemen, in: GWR 2009, S. 387.

Fleischer, Holger: Die „Business Judgment Rule“: Vom Richterrecht zur Kodifizierung, in: ZIP 2004, S. 685.

Ders.: Das unternehmerische Ermessen des GmbH-Geschäftsführers und seine GmbH-spezifischen Grenzen, in: NZG 2011, S. 521.

Flöther, Lucas F.: Konzerninsolvenzrecht Handbuch, 2. Auflage, München 2018, zitiert: Flöther/*Bearbeiter*, Konzerninsolvenzrecht.

Ders.: StaRUG Kommentar, 1. Auflage, München 2021, zitiert: Flöther-StaRUG/*Bearbeiter.*

Flöther, Lucas F./Hoffmann, Stefan: Eigenverwaltung in der Konzerninsolvenz, in: Festschrift für Bruno Kübler zum 70. Geburtstag, S. 147, München 2015.

Fölsing, Philipp: Konzerninsolvenz: Gruppen-Gerichtsstand, Kooperation und Koordination, in: ZInsO 2013, S. 413.

Frind, Frank: Die Überregulierung der „Konzern“insolvenz, in: ZInsO 2013, S. 429.

Ders.: Gefahren und Probleme bei der insolvenzgesetzlichen Regelung der Insolvenz der „Unternehmensgruppe“, in: ZInsO 2014, S. 927.

Ders.: Zur Geltungsreichweite und Nutzen einer Berufsverordnung für Insolvenzverwalter, in: NZI 2018, S. 729.

Frind, Frank/Pannen, Klaus: Einschränkung der Manipulation der insolvenzrechtlichen Zuständigkeiten durch Sperrfristen – ein Ende des Forum Shopping in Sicht?, in: ZIP 2016, S. 398.

Ganter, Gerhard: Zum Begriff der „Unentgeltlichkeit“ nach § 134 InsO in Zwei-Personen-Verhältnissen, in: NZI 2015, S. 249.

Gehrlein, Markus: Insolvenzanfechtungsrecht als Auslegungshilfe bei den Tatbeständen der Haftung für verbotene Zahlungen, in: ZHR 181. Band 2017, S. 482.

Ders.: Neuregelung und Konzentration der Zahlungsverbote in § 15b InsO-E, in: DB 2020, S. 2393.

Ders.: Sorgfaltsmaßstab der Organ- und Insolvenzverwalterhaftung – Anwendbarkeit der Business Judgement Rule, in: NZG 2020, S. 801.

Ders.: Exkulpation des Geschäftsführers für nach Insolvenzreife erfolgte Zahlungen, in: ZRI 2020, S. 183.

Ders.: Kompensation verbotener Zahlungen – eine unendliche Geschichte?, in: NZG 2021, S. 59.

Geiwitz, Arndt: Betriebswirtschaftliche Anforderungen an eine erfolgreiche Konzernsanierung, in: NZI-Beilage 2018, S. 54.

Gleim, Jakob: Ist die Übertragung von Vermögensgegenständen (assets) durch eine Gesellschafterin auf ihre (Tochter-)GmbH nach § 134 InsO anfechtbar?, in: ZIP 2017, S. 1000.

Göcke, Torsten/Rittscher, Hauke: Cash-Pooling in Krise und Insolvenz, DZWIR 2012, S. 355.

Gottwald, Peter/Haas, Ulrich: Insolvenzrechts-Handbuch, 6. Auflage, München 2020, zitiert: Gottwald/Haas/*Bearbeiter*, Insolvenzrechts-Handbuch.

Graeber, Thorsten: Die Auswahl und Bestellung des Insolvenzverwalters, in: DZWIR 2005, S. 177.

Graf-Schlicker, Marie Luise: Kommentar zur Insolvenzordnung, 6. Auflage, Köln 2022, zitiert: Graf-Schlicker/*Bearbeiter*, InsO.

Gravenbrucher Kreis: Gravenbrucher Kreis begrüßt einheitliche Kriterien für das Listing von Insolvenzverwaltern, Pressemitteilung vom 12.01.2022, abrufbar unter: https://www.gravenbrucher-kreis.de/2022/01/12/gravenbrucher-kreis-begrüßt-einheitliche-kriterien-für-das-listing-von-insolvenzverwaltern/.

Grigoleit, Hans Christoph: Aktiengesetz Kommentar, 2. Auflage, München 2022, zitiert: Grigoleit/*Bearbeiter*, AktG.

Guntermann, Anabel: Neuausrichtung der Geschäftsleiterpflichten bei drohender Zahlungsunfähigkeit?, in: WM 2021, S. 214.

Haarmeyer, Hans/Huber, Michael/Schmittmann, Jens M.: Praxis der Insolvenzanfechtung, 5. Auflage, Köln 2023, zitiert: H/H/S/*Bearbeiter*, Praxis der Insolvenzanfechtung.

Habersack, Mathias: Aufsteigende Kredite nach MoMiG, in: Festschrift für Harald Schaumburg zum 65. Geburtstag, S. 1291, Köln 2009.

Habersack, Mathias/Casper, Matthias/Löbbe, Marc: Großkommentar GmbHG, Band 1 und 2, 2. und 3. Auflage, Tübingen 2019, zitiert: Habersack/Casper/Löbbe/*Bearbeiter.*

Hamburger Kommentar zum Insolvenzrecht, hrsg. v. *Schmidt, Andreas*, 9. Auflage, Köln 2021, zitiert: HambKomm/*Bearbeiter*, InsO.

Hanisch, Hans: Einheit oder Pluralität oder ein kombiniertes Modell beim grenzüberschreitenden Insolvenzverfahren?, in: ZIP 1994, S. 1.

Harder, Sebastian: Das neue deutsche Konzerninsolvenzrecht im Überblick, in: NJW-Spezial 2017, S. 469.

Harz, Michael/Bornmann, Martina/Conrad, Günther/Ecker, Tobias: Zahlungsunfähigkeit, drohende Zahlungsunfähigkeit und Überschuldung, in: NZI 2015, S. 737.

Häsemeyer, Ludwig: Insolvenzrecht, 4. Auflage, Köln 2007, zitiert: *Häsemeyer*, Insolvenzrecht.

Ders.: Obstruktion gegen Sanierungen und gesellschaftsrechtliche Treupflichten, in: ZHR 160. Band 1996, S. 109.

Heinrich, Jens: Insolvenzstrafrecht im Überblick – Ein „Starterkit" für die Praxis, in: NZWiSt 2020, S. 346.

Henckel, Wolfram: Vom Wert und Unwert juristischer Konstruktionen im Konkursrecht, in: Festschrift für Friedrich Weber zum 70. Geburtstag, S. 237, Berlin 1975.

Henssler, Martin: Die Neuordnung des Berufsrechts der Insolvenzverwalter in Deutschland, in: NZI 2020, S. 193.

Herchen, Axel: Die Befugnis des Insolvenzverwalters zur Änderung der Firma im Rahmen der übertragenden Sanierung, in: ZInsO 2004, S. 1112.

Herresthal, Carsten: Formbedürftigkeit der Vollmacht zum Abschluss eines Verbraucherdarlehens – BGH, NJW 2001, 1931; 2963, in: JuS 2002, S. 844.

Hirte, Heribert: Die Tochtergesellschaft in der Insolvenz der Muttergesellschaft als Verpfändung von „Konzern"-Aktiva an Dritte – Überlegungen zur Entwicklung eines Konzerninsolvenzrechts, in: Festschrift für Karsten Schmidt zum 70. Geburtstag, S. 641, Köln 2009.

Hoffmann-Becking, Michael: Münchener Handbuch des Gesellschaftsrechts, Band 4, 5. Auflage, München 2020, zitiert: *Bearbeiter*, Münchener Handbuch Gesellschaftsrecht.

Hölters, Wolfgang/Weber, Markus: Aktiengesetz Kommentar, 4. Auflage, München 2022, zitiert: Hölters/Weber/*Bearbeiter*, AktG.

Hölzle, Gerrit: Der Insolvenzantrag als Sanierungsoption – auch gegen den Willen von Gesellschaftern?, in: ZIP 2013, 1846.

Hommelhoff, Peter: Eigenkapital-Ersatz im Konzern und in Beteiligungsverhältnissen, in: WM 1984, S. 1105.

Hong, Yan: Materielle Konsolidierung bei Konzerninsolvenz, Baden-Baden 2019, zitiert: *Hong*, Materielle Konsolidierung bei Konzerninsolvenz.

Hopt, Klaus J.: HGB Kommentar, 42. Auflage, München 2023, zitiert: Hopt/*Bearbeiter*, HGB.

Hopt, Klaus J./Wiedemann, Herbert: AktG Großkommentar, Band 8, 4. Auflage, Berlin 2013, zitiert: Großkomm-AktG/*Bearbeiter.*

Humbeck, Jochen: Plädoyer für ein materielles Konzerninsolvenzrecht, in: NZI 2013, S. 957.

Jacoby, Florian: Die Haftung des Sanierungsgeschäftsführers in der Eigenverwaltung, in: Festschrift für Heinz Vallender, S. 261, Köln 2015.

Jaeger, Ernst: Konkursordnung Kommentar, 8. Auflage, 1. und 2. Halbband, Berlin 1972, zitiert: Jaeger/*Bearbeiter*, KO.

Jaeger, Ernst (Begr.)/*Henckel, Wolfram/Gerhardt, Walter:* Insolvenzordnung Großkommentar, Band 1 und 2, 2. Auflage, Berlin 2004/2007, zitiert: Jaeger/*Bearbeiter*, InsO.

Jakobs, Carsten: Das Konzerninsolvenzverfahren, Berlin 2019, zitiert: *Jakobs*, Das Konzerninsolvenzverfahren.

Jauernig, Othmar (Begr.)/*Stürner, Rolf:* BGB Kommentar, 18. Auflage, München 2021, zitiert: Jauernig/*Bearbeiter*, BGB.

Jensen, Christoph: Der Konzern in der Krise, Berlin 2018, zitiert: *Jensen*, Konzern in der Krise.

Jungmann, Carsten: Die Business Judgment Rule – ein Institut des allgemeinen Verbandsrechts?, in: Festschrift für Karsten Schmidt zum 70. Geburtstag, S. 831, Köln 2009.

Kayser, Godehard: Die Anfechtung als unentgeltliche Leistung – eine Allzweckwaffe des Insolvenzverwalters zur Massegenerierung?, in: ZIP 2019, S. 293.

Kayser, Godehard/Thole, Christoph: Heidelberger Kommentar zur Insolvenzordnung, 10. Auflage, Heidelberg 2020, zitiert: HK-InsO/*Bearbeiter.*

Kern, Jens-Hendrik: Die Bedeutung der gesellschaftsrechtlichen Treuepflicht im Insolvenzplanverfahren, Berlin 2017, zitiert: *Kern*, Die Bedeutung der gesellschaftsrechtlichen Treuepflicht im Insolvenzplanverfahren.

Kessler, Wolfgang/Kröner, Michael/Köhler, Stefan: Handbuch Konzernsteuerrecht, 3. Auflage, München 2018, zitiert: Kessler/Kröner/Köhler/*Bearbeiter*, Konzernsteuerrecht.

Klein, Christian/Thiele, Frank: Der Sanierungsgeschäftsführer einer GmbH in der Eigenverwaltung – Chancen und Risiken im Spannungsfeld der divergierenden Interessen, in: ZInsO 2013, S. 2233.

Klinck, Fabian/Gärtner, Matthias: Versetzt das MoMiG dem Cash-Pooling den Todesstoß?, in: NZI 2008, S. 457.

Koch, Jens: Kurz-Kommentar zum AktG, 17. Auflage, München 2023, zitiert: *Koch*, AktG.

Ders.: Die Patronatserklärung, Tübingen 2005, zitiert: *Koch*, Die Patronatserklärung.

Kölling, Lars: Der qualifizierte faktische GmbH-Konzern, in: NZG 2000, S. 8.

Kordes, Jan: Entfallen der Ersatzpflicht des Organs für Zahlungen nach Insolvenzreife – Keine entsprechende Anwendung der Regeln des Bargeschäfts nach § 142 InsO aF, in: NZG 2017, S. 1140.

Körnert, Jan/Wagner, Kristin: Verlängerte Befristung der Überschuldungsdefinition der InsO nach dem FMStG durch das Gesetz zur Erleichterung der Sanierung von Unternehmen – eine kritische Stellungnahme, in: ZInsO 2009, S. 2131.

Kropff, Bruno: Textausgabe des Aktiengesetzes vom 06.09.1965 mit Begründung des Regierungsentwurfs, Düsseldorf 1965, zitiert: *Kropff*, RegBegr.

Krüger, Stefan/Pape, Maximilian: Patronatserklärungen und Beseitigung von Zahlungsunfähigkeit, in: NZI 2011, S. 617.

Kruse, Remo: Einzelfragen der Haftung wegen existenzvernichtenden Eingriffs – Ein Wegweiser für den Rechtsanwender –, in: Festschrift für Stefan Smid zum 65. Geburtstag, S.191, München 2022.

Kübler, Bruno M.: Konzern und Insolvenz – Zur Durchsetzung konzernmäßiger Sanierungsziele an den Beispielsfällen AEG und Korf –, in: ZGR 1984, S. 560.

Ders.: Handbuch Restrukturierung in der Insolvenz, 3. Auflage, Köln 2019, zitiert: Kübler/*Bearbeiter*, HRI.

Kübler, Bruno M./Prütting, Hanns/Bork Reinhard/Jacoby, Florian: Insolvenzordnung Kommentar, Band 1, 95. EL (März 2023), Köln 2023, K/P/B/*Bearbeiter*, InsO.

Kuhn, Georg/Uhlenbruck, Wilhelm: Kommentar zur Konkursordnung, 11. Auflage, München 1994, Kuhn/Uhlenbruck/*Bearbeiter*, KO.

Kummer, Joachim/Schäfer, Berthold/Wagner, Eberhard: Insolvenzanfechtung und Insolvenzplan, 3. Auflage, Köln 2017, zitiert: K/S/W/*Bearbeiter*, Insolvenzanfechtung.

Laroche, Peter: Das neue Konzerninsolvenzrecht nach InsO und EuInsVO – Probleme und Fragen aus gerichtlicher Sicht, in: ZInsO 2017, S. 2585.

Lehmann, Jürgen: Der qualifizierte faktische Konzern – ein Phantom?, in: Festschrift für Karl Beusch zum 68. Geburtstag, S. 479, Berlin 1993.

Leitmeier, Lorenz: Zwei gegen einen – zur Verfassungswidrigkeit des § 142 StPO, in: StV, S. 515.

Leonhardt, Peter/Smid, Stefan/Zeuner, Mark: Internationales Insolvenzrecht, 2. Auflage, Stuttgart 2012, zitiert: LSZ-*Bearbeiter*, Internationales Insolvenzrecht.

Lepa, Brita: Insolvenzordnung und Verfassungsrecht, Berlin 2002, zitiert: *Lepa*, Insolvenzordnung und Verfassungsrecht.

Leutheusser-Schnarrenberger, Sabine: Dritte Stufe der Insolvenzrechtsreform – Entwurf eines Gesetzes zur Erleichterung der Bewältigung von Konzerninsolvenzen, in: ZIP 2013, S. 97.

Liebscher, Thomas: Die Erfüllung des Verlustausgleichsanspruchs nach § 302 AktG, in: ZIP 2006, S. 1221.

Lüke, Wolfgang: Die Aufnahme des Insolvenzverwalters in die gerichtliche Vorauswahlliste – Irrwege bei Ausübung des freien Auswahlermessens, in: ZIP 2007, S. 701.

Lutter, Marcus: Theorie der Mitgliedschaft: – Prolegomena zu einem Allgemeinen Teil des Korporationsrechts, in: Archiv für die civilistische Praxis, 180. Band, April 1980, S. 84

Ders.: Die Business Judgment Rule und ihre praktische Anwendung, in: ZIP 2007, S. 841.

Madaus, Stephan: Der Insolvenzplan, Tübingen 2011, zitiert: *Madaus*, Der Insolvenzplan.

Ders.: Möglichkeiten und Grenzen von Insolvenzplanregelungen, in: ZIP 2016, S. 1141.

Ders.: Das Konzerninsolvenzrecht – die Ziele des Gesetzgebers, in: NZI-Beilage 2018, S. 4.

Medicus, Dieter/Petersen, Jens: Allgemeiner Teil des BGB, 11. Auflage, Heidelberg 2016, zitiert: Medicus/Petersen, BGB-AT.

Meister, Burkhardt W.: Der Ausgleichsanspruch nach § 302 Abs. 1 AktG bei Beherrschungs- und Gewinnabführungsverträgen als Kreditsicherheit, in: WM 1976, S. 1182.

Mertens, Hans-Joachim: Empfiehlt sich die Einbeziehung eines konzernbezogenen Reorganisationsverfahrens?, in: ZGR 1984, S. 542.

Ders.: Schadensfragen im Kapitalgesellschaftsrecht, in: Festschrift für Hermann Lange zum 70. Geburtstag, S. 561, Stuttgart 1992.

Michalski, Lutz (Begr.)/*Heidinger, Andreas/Leible, Stefan/Schmidt, Jessica:* Kommentar zum GmbHG, 4. Auflage, München 2023, zitiert: M/H/L/S/*Bearbeiter*, GmbHG.

Möhlmann-Mahlau, Thomas/Schmitt, Jens: Der „vorübergehende" Begriff der Überschuldung, in: NZI 2009, S. 19.

Mothes, Rudolf: Beschlagnahme nach Wesen, Arten und Wirkungen, Leipzig 1903, zitiert: *Mothes*, Beschlagnahme nach Wesen, Arten und Wirkungen.

Münchener Kommentar zum AktG, hrsg. v. *Goette, Wulf/Habersack, Mathias/Kalss, Susanne*, Band 1 und 5, 5. Auflage, München 2020/2019, zitiert: MüKo-AktG/*Bearbeiter.*

Münchener Kommentar zum BGB, hrsg. v. *Säcker, Franz Jürgen/Rixecker, Roland/Oetker, Hartmut/Limperg, Bettina*, Band 1, 2, 3, 4 und 7, 8. und 9. Auflage, München 2022/2019, zitiert: MüKo-BGB/*Bearbeiter.*

Münchener Kommentar zum GmbHG, hrsg. v. *Fleischer, Holger/Goette, Wulf*, Band 1 und 2, 4. Auflage, München 2023/2022, zitiert: MüKo-GmbHG/*Bearbeiter.*

Münchener Kommentar zum HGB, Hrsg. v. *Drescher, Ingo/Fleischer, Holger/Schmidt, Karsten*, Band 4, 4. Auflage, München 2020, zitiert: MüKo-HGB/*Bearbeiter.*

Münchener Kommentar zur InsO, Hrsg. v. *Stürner, Rolf/Eidenmüller, Horst/Schoppmeyer, Heinrich*, Band 1, 2 und 3, 4. Auflage, München 2019, zitiert: MüKo-InsO/*Bearbeiter.*

Nerlich, Jörg/Kreplin, Georg: Münchener Anwalts Handbuch Insolvenz und Sanierung, 3. Auflage, München 2019, zitiert: MAH-InsO/*Bearbeiter.*

Nerlich, Jörg/Römermann, Volker: Insolvenzordnung Kommentar, 46. EL, München 2022, zitiert: Nerlich/Römermann/*Bearbeiter*, InsO.

Noack, Ulrich: Sonderband 1 (Gesellschaftsrecht) zu Kübler/Prütting, InsO, Köln 1999, zitiert: Kübler/Prütting/*Noack*, Sonderband Gesellschaftsrecht.

Noack, Ulrich/Servatius, Wolfgang/Haas, Ulrich: Kurz-Kommentar GmbHG, 23. Auflage, München 2022, zitiert: N/S/H/*Bearbeiter*, GmbHG.

Nodoushani, Manuel: Abschlagszahlungen unter einem BGAV, in: NZG 2017, S. 728.

Obermüller, Manfred: Insolvenzrecht in der Bankpraxis, 9. Auflage, Köln 2016, zitiert: *Obermüller*, Insolvenzrecht in der Bankpraxis.

Onusseit, Dietmar: Anfechtung nach Tilgung fremder Schulden in der Doppelinsolvenz, in: Festschrift für Gerhard Pape zum 65. Geburtstag, S. 295, Köln 2019.

Paefgen, Walter G.: „Compliance" als gesellschaftsrechtliche Organpflicht?, in: WM 2016, S. 433.

Pannen, Klaus: Aspekte der europäischen Konzerninsolvenz, in: ZInsO 2014, S. 244.

Pannen, Klaus/Riedemann, Susanne/Smid, Stefan: StaRUG Kommentar, 1. Auflage, München 2021, zitiert: Pannen/Riedemann/Smid/*Bearbeiter*, StaRUG.

Pape, Gerhard: Eigenverwaltungsverfahren im Spiegel der Rechtsprechung nach Inkrafttreten des ESUG, in: ZInsO 2013, S. 2129.

Ders.: Zum Verhältnis von Insolvenzanfechtung und Insolvenzplan, in: Festschrift für Bruno Kübler zum 70. Geburtstag, S. 487, München 2015.

Paulus, Christoph G.: Konzernrecht und Konkursanfechtung, in: ZIP 1996, S. 2141.

Ders.: Überlegungen zu einem modernen Konzerninsolvenzrecht, in: ZIP 2005, S. 1948.

Paulus, Christoph G./Zenker, Wolfgang: Grenzen der Privatautonomie, in: JuS 2001, S. 1.

Pawlowski, Hans-Martin: Allgemeiner Teil des BGB, 6. Auflage, Heidelberg 2022, zitiert: *Pawlowski*, BGB-AT.

Pleister, Christian/Sturm, Michael: Die Herausforderungen des neuen Konzerninsolvenzrechts, in: ZIP 2017, S. 2329.

Pluta, Michael: Zuständigkeit des AG Essen für das Quelle-Insolvenzverfahren, in: ZIP 2009, S. 1826.

Poertzgen, Christoph: Haftungsvermeidung in der Unternehmenskrise, 2. Auflage, Wiesbaden 20121, zitiert: *Poertzgen*, Haftungsvermeidung in der Unternehmenskrise.

Pollmächer, Frank/Siemon, Klaus: Der Bundesinsolvenzverwalter für die InsO oder die unverbindliche Vorauswahlliste, in: NZI 2017, S. 93.

Priester, Hans-Joachim: Verlustausgleich nach § 302 AktG – zwingend in Geld?, in: BB 2005, S. 2483.

Prosteder, Dorothee: Der Begriff der Unternehmensgruppe – § 3 e InsO nF, in: NZI-Beilage 2018, S. 9.

Prütting, Hanns: Eigenständige Berufsordnung zwingend erforderlich, in: INDat-Report 07/2018, S. 22.

Raiser, Thomas: Die Treuepflichten im GmbH-Recht als Beispiel der Rechtsfortbildung, in: ZHR 151. Band 1987, S. 422.

Rattunde, Rolf: Sanierung von Großunternehmen durch Insolvenzpläne – Der Fall Herlitz, in: ZIP 2003, S. 596.

Ders.: Sanierung durch Insolvenz, in: ZIP 2003, S. 2103.

Rattunde, Rolf/Smid, Stefan/Zeuner, Mark: Insolvenzordnung Kommentar, Band 1 und 2, 4. Auflage, Stuttgart 2018, zitiert: Rattunde/Smid/Zeuner/*Bearbeiter*, InsO.

Rechtswörterbuch, begr. v. *Creifelds, Carl*, hrsg. v. *Weber, Klaus*, 23. Auflage, München 2019, zitiert: Creifelds/*Bearbeiter*, Rechtswörterbuch.

Reichert, Jochem: Handbuch GmbH & Co. KG, 8. Auflage, München 2021, zitiert: Reichert/*Bearbeiter*, GmbH & Co. KG.

Reif, Sebastian/Walter, Tim: Die gesellschaftsrechtliche Treuepflicht, in: JuS 2021, S. 630.

Rendels, Dietmar: Die ESUG-Evolution weitergedacht, in: INDat-Report 09/2018, S. 44.

Reuter, Peter: Bitte keine große Sache, in: INDat-Report 08/2018, S. 72.

Rittscher, Hauke: Cash-Management-Systeme in der Insolvenz, Baden-Baden 2007, zitiert: *Rittscher*, Cash-Management-Systeme in der Insolvenz.

Roth, Jan: Insolvenzsteuerrecht, 3. Auflage, Köln 2020, zitiert: *Roth*, Insolvenzsteuerrecht.

Rotstegge, Jochen P.: Konzerninsolvenz – die verfahrensrechtliche Behandlung von verbundenen Unternehmen nach der Insolvenzordnung, Baden-Baden 2007, *Rotstegge*, Konzerninsolvenz.

Sanders, Anne/Berisha, Shkelqim: Der persönlich haftende Gesellschafter, in: NZG 2020, S. 1290.

Schlinkmann, Isabel: Der Begriff der Unentgeltlichkeit im Insolvenzrecht, Hamburg 2015, zitiert: *Schlinkmann*, Der Begriff der Unentgeltlichkeit im Insolvenzrecht.

Schmidt, Jessica: Das Prinzip „eine Person, ein Vermögen, eine Insolvenz“ und seine Durchbrechungen vor dem Hintergrund der aktuellen Reformen im europäischen und deutschen Recht, in: KTS 2015, S. 19.

Schmidt, Karsten: Die konzernrechtliche Verlustübernahmepflicht als gesetzliches Dauerschuldverhältnis – Eine rechtsdogmatische Problemskizze zu § 302 AktG –, in: ZGR 1983, S. 513.

Ders.: Anwendung von Handelsrecht auf Rechtshandlungen des Konkursverwalters – Zum Urteil des BGH vom 25. 2. 1987, in: NJW 1987, S. 1905.

Ders.: Das Insolvenzrecht und seine Reform zwischen Prozeßrecht und Unternehmensrecht, in: KTS 1988, S. 1.

Ders.: Konkursverschleppungshaftung und Konkursverursachungshaftung, in: ZIP 1988, S. 1497.

Ders.: Unterbrechung und Fortsetzung von Prozessen im Konkurs einer Handelsgesellschaft – Fragen und Thesen zu §§ 240 ZPO, 10 ff. KO (96 ff. InsO), in: KTS 1994, S. 309.

Ders.: Gesellschaftsrecht, 4. Auflage, Köln 2002, zitiert: *K. Schmidt*, Gesellschaftsrecht.

Ders.: Konzern-Insolvenzrecht – Entwicklungsstand und Perspektiven –, in: KTS 2010, S. 1.

Ders.: Das „Gruppenbild“ im Konzerninsolvenzrecht – Ein Ausblick auf den geplanten § 3e InsO –, in: Festschrift für Bruno Kübler zum 70. Geburtstag, S. 633, München 2015.

Ders.: Konsistenzprobleme im gesellschafts- und insolvenzrechtlichen Pflichtenkreis, in: ZIP 2018, S. 853.

Ders.: Insolvenzordnung Kommentar, 20. Auflage, München 2023, zitiert: K. Schmidt/*Bearbeiter*, InsO.

Schmidt, Karsten/Schulz, Wolf: Konkursfreies Vermögen insolventer Handelsgesellschaften?, in: ZIP 1982, S. 1015.

Scholz, Philipp: Die Krisenpflichten von Geschäftsleitern nach Inkrafttreten des StaRUG, in: ZIP 2021, S. 219.

Schorlemer, Benedikt v./Stupp, Matthias: Kapitalerhöhung zu Sanierungszwecken – zur Reichweite der Zustimmungspflicht des Minderheitsgesellschafters mit Sperrminorität, in: NZI 2003, S. 345.

Schulze, Reiner/Grziwotz, Herbert/Lauda, Rudolf: BGB, Kommentiertes Vertrags- und Prozessformularbuch, 4. Auflage, Baden-Baden 2020, zitiert: Schulze/Grziwotz/Lauda/*Bearbeiter*, BGB Vertrags- und Prozessformularbuch.

Schumann, Ekkehard: Die Unabhängigkeit des Insolvenzverwalters – Sicherung der Integrität des Insolvenzverfahrens, in: Festschrift für Reinhold Geimer zum 65. Geburtstag, S. 1043, München 2002.

Schumann, Fabian: Die Unternehmensgruppe im Insolvenzrecht, Baden-Baden 2020, zitiert: *Schumann*, Unternehmensgruppe im InsR.

Siemon, Klaus/Frind, Frank: Der Konzern in der Insolvenz – Zur Überwindung des Dominoeffekts in der (internationalen) Konzerninsolvenz, in: NZI 2013, S. 1.

Smid, Stefan: Grund und Grenzen der Rechtsmittelbefugnis des Konkursverwalters, in: ZIP 1995, S. 1137.

Ders.: Die Aufgaben des neuen Insolvenzverfahrens, in: DZWIR 1997, S. 309.

Ders.: Gerichtliche Bestätigung des Insolvenzplan trotz Versagung seiner Annahme durch Abstimmungsgruppen von Gläubigern, in: Festschrift für Hans-Martin Pawlowski zum 65. Geburtstag, S. 387, Berlin 1997.

Ders.: Deutsches und europäisches internationales Insolvenzrecht, 1. Auflage, Stuttgart 2004, zitiert: *Smid*, Deutsches und europäisches internationales Insolvenzrecht.

Ders.: Gerichtsverfassungsrechtliche Fragen zum künftigen Konzerninsolvenzrecht, in: ZInsO 2016, S. 1277.

Ders.: Kritische Anmerkungen zur Diskussion um Verwalterauswahl und Insolvenzverwalterkammer, in: ZInsO 2018, S. 1825.

Ders.: Handbuch Insolvenzrecht, 7. Auflage, Berlin 2018, zitiert: *Smid*, Handbuch Insolvenzrecht.

Ders.: Kreditsicherheiten in der Insolvenz, 4. Auflage, Stuttgart 2021, zitiert: *Smid*, Kreditsicherheiten in der Insolvenz.

Ders.: Anmerkungen zu Modellen der Auswahl des Insolvenzverwalters und Neuordnungen seines Berufsrechts, in: DZWIR 2022, S. 335.

Smid, Stefan/Rattunde, Rolf/Martini, Torsten: Der Insolvenzplan, 4. Auflage, Stuttgart 2015, zitiert: *Smid/Rattunde/Martini*, Der Insolvenzplan.

Sonntag, Hannah Maria: Anfechtung in der Konzerninsolvenz, Baden-Baden 2021, zitiert: *Sonntag*, Anfechtung in der Konzerninsolvenz.

Spahlinger, Andreas: Sekundäre Insolvenzverfahren bei grenzüberschreitenden Insolvenzen, Tübingen 1998, zitiert: *Spahlinger*, Sekundäre Insolvenzverfahren.

Specovius, Detlef: Der Koordinationsplan, in: NZI-Beilage 2018, S. 35.

Spliedt, Jürgen D.: Insolvenz der Gesellschaft ohne Recht der Gesellschaft, in: ZInsO 2013, S. 2155.

Stapper, Florian: Neue Anforderungen an den Insolvenzverwalter, in: NJW 1999, S. 3441.

Staudinger, Julius von: J. von Staudingers Kommentar zum BGB, Buch 1: Allgemeiner Teil: §§ 164–240, Berlin 2019, zitiert: Staudinger/*Bearbeiter*, BGB.

Stöber, Michael: Strukturmaßnahmen im Insolvenzplanverfahren und gesellschaftsrechtliche Treuepflicht – der Fall Suhrkamp, in: ZInsO 2013, S. 2457.

Streit, Georg: Auswirkungen des § 56 b InsO im Rahmen des neuen Konzerninsolvenzrechts auf die Praxis der Bestellung von Insolvenzverwaltern, in: NZI-Beilage 2018, S. 14.

Thole, Christoph: Treuepflicht-Torpedo? Die gesellschaftsrechtliche Treuepflicht im Insolvenzverfahren, in: ZIP 2013, S. 1937.

Ders.: Das neue Konzerninsolvenzrecht in Deutschland und Europa, in: KTS 2014, S. 351.

Ders.: Die Disposition über Insolvenzanfechtungsansprüche im Regelverfahren und im Insolvenzplan, in: ZIP 2014, S. 1653.

Ders.: Insolvenzverwalterberufe in Europa – wie machen es die Nachbarn?, in: KTS 2018, S. 225.

Ders.: Die Geschäftsleiterhaftung im StaRUG und nach § 15b InsO nF, in: BB 2021, S. 1347.

Uhlenbruck, Wilhelm: Wirtschaftliche, rechtliche und verfahrensmäßige Grenzen einer Bewältigung von Unternehmenskrisen durch ein Insolvenzrechts-Reformgesetz, in: BB 1983, S. 1485.

Ders.: Konzerninsolvenzrecht als Problem der Insolvenzrechtsreform, in: KTS 1986, S. 419.

Ders.: Konzerninsolvenzrecht über einen Insolvenzplan?, in: NZI 1999, S. 41.

Ders.: Insolvenzordnung Kommentar, Band 1, 15. Auflage, München 2019, zitiert: Uhlenbruck/*Bearbeiter*, InsO.

United Nations Commission on International Trade Law: Legislative Guide on Insolvency Law, Part three: Treatment of enterprise groups in insolvency, New York 2012, zitiert: UNCITRAL, Part three.

Vallender, Heinz: Aktuelle und künftige neue Herausforderungen für Insolvenzrichter und Rechtspfleger, in: ZInsO 2017, S. 2464.

Ders.: Große oder kleine Lösung? – Überlegungen zu einem künftigen Berufsrecht für Insolvenzverwalter, in: ZIP 2019, S. 158.

Verband Insolvenzverwalter und Sachwalter Deutschlands: Neue Impulse für ein geregeltes Berufsrecht der Insolvenzverwalter, Pressemitteilung vom 17. 02. 2022, abrufbar unter: https://www.vid.de/pressemitteilung/neue-impulse-fuer-ein-geregeltes-berufsrecht-der-insolvenzverwalter/.

Verhoeven, Alexander: Die Konzerninsolvenz – Eine Lanze für ein modernes Insolvenzrecht, Köln 2011, zitiert: *Verhoeven*, Die Konzerninsolvenz.

Ders.: Konzerninsolvenz: Die Büchse der Pandora geöffnet – Teil II, in: ZInsO 2012, S. 1757.

Ders.: Konzerne in der Insolvenz nach dem Regierungsentwurf zur Erleichterung der Bewältigung von Konzerninsolvenzen (RegE) – Ende gut, alles gut … und wenn es nicht gut ist, dann ist es noch nicht das Ende!, in: ZInsO 2014, S. 217.

Verse, Dirk A.: Compliance im Konzern, in: ZHR 175. Band 2011, S. 401.

von der Meden, Philip: Diener zweier Herren, in: Betrifft JUSTIZ Nr. 130, S. 70.

Weber, Friedrich: Die Funktionsteilung zwischen Konkursverwalter und Gesellschaftsorganen im Konkurs der Kapitalgesellschaft, in: KTS 1970, S. 73.

Weber, Stefan: Es ist Zahltag – in eigener Sache, in: Süddeutsche Zeitung vom 07. 10. 2010, abrufbar unter: https://www.sueddeutsche.de/wirtschaft/karstadt-insolvenzverwalter-goerg-es-ist-zahltag-in-eigener-sache-1.1009404.

Wede, Marek: Die Pflicht zur Verlustübernahme im GmbH-Vertragskonzern – Erforderlichkeit und Rechtfertigung einer Analogie von § 302 AktG im GmbH-Recht, Köln 2016, zitiert: *Wede*, Die Pflicht zur Verlustübernahme im GmbH-Vertragskonzern.

Wenner, Christian/Schuster, Michael: Insolvenzanfechtung im Konzern, in: ZIP 2008, S. 1512.

Wilhelm, Marco: Konzerninsolvenzrecht, 1. Auflage, Berlin 2018, zitiert: Wilhelm/*Bearbeiter*, Konzerninsolvenzrecht.

Wimmer-Leonhardt, Susanne: Konzernhaftungsrecht, Tübingen 2004, zitiert: *Wimmer-Leonhardt*, Konzernhaftungsrecht.

Wimmer, Klaus (Begr.)/Bornemann, Alexander: Frankfurter Kommentar zur InsO, Köln 2018, zitiert: FK-InsO/*Bearbeiter.*

Wolgast, Matthias/Grauer, Philipp: StaRUG online-Kommentar, 3. Auflage, Hamburg 2022, zitiert: Wolgast/Grauer/*Bearbeiter*, StaRUG.

Zipperer, Helmut: 20 Jahre Insolvenzverwalterbestellung – Variable und Konstante, in: ZInsO 2018, S. 2613.

Zöllner, Wolfgang: Treupflichtgesteuertes Aktienkonzernrecht, in: ZHR 162. Band 1998, S. 235.

Zöllner, Wolfgang/Noack, Ulrich: Kölner Kommentar zum AktG, Band 6, 2. Auflage, Köln 2004, zitiert: KölnerKomm-AktG/*Bearbeiter.*